中华历代帝王传

清太祖

努尔哈赤传

宋璐璐◎编著

团结出版社

图书在版编目（CIP）数据

努尔哈赤传 / 宋璐璐编著 . -- 北京 ：团结出版社，2015.8

ISBN 978-7-5126-3738-2

Ⅰ．①努… Ⅱ．①宋… Ⅲ．①努尔哈赤（1559～1626）—传记 Ⅳ．① K827=49

中国版本图书馆 CIP 数据核字（2015）第 176311 号

出版：团结出版社

（北京市东城区东皇根南街 84 号　邮编：100006）

电话：（010）65228880　65244790（出版社）

（010）65238766　65113874　65133603（发行部）

（010）65133603（邮购）

网址：http://www.tjpress.com

E-mail：65244790@163.com（出版社）

fx65133603@163.com（发行部邮购）

经销：全国新华书店

印刷：三河市华骏印务包装有限公司

开本：155mm×220mm　16 开

印张：24

印数：3000 册

字数：300 千字

版次：2015 年 8 月第 1 版

印次：2019 年 11 月第 2 次印刷

书号：978-7-5126-3738-2

定价：29.00 元

前　言

在我们五千年的历史长河中，历朝历代的皇帝们占据了重要的角色，他们的存在，很大程度上影响着百姓的生活、历史的发展。皇帝作为历史的重要角色之一，是当时左右和影响国家、民族命运的关键人物，研究他们的是非功过，治乱兴替，在一定意义上事关国家盛衰、民族兴亡、个人成败，并对我们现代人有极大的借鉴意义。

这套《帝王传大系》，以帝王们的一生为主线。从他们的家族渊源入手，以历史小说的形式系统地介绍帝王们一生的沉浮。在打天下与守天下的风云战场中凸显出人物的性格特点、历史功绩，最大限度地将帝王和他的大臣们的传奇人生，不遗余力地展现在读者的眼前，让读者在趣味阅读的过程中，享受完美的历史文化盛宴。

尽管这些曾经叱咤风云、指点江山的帝王们已成过眼烟云，但又有谁能够遗忘他们站在历史之巅所承受与经历的一切？

恍然间，我们仿佛看到了"千古一帝"秦始皇"横扫六合"的雄伟身姿；大汉朝开国皇帝刘邦从"市井无赖"到"真龙天子"的大变身；汉武帝刘彻雄赳赳地将中华帝国带上顶峰的威风场景；光武帝刘秀吞血碎齿战八方，于乱世中成就霸业的冲天豪情；乱世枭雄曹操耍尽"奸计"，玩转三国的高超智慧；亡国之君隋炀帝的骄纵狂妄；唐高祖李渊率众起义、揭竿而起，建立唐王朝的惊天伟业；唐太宗李世民玄武门兵变的狠辣果断；一代女皇武则天勇于创造命运的步步惊心；宋太祖赵匡胤"杯酒释兵权"的聪明睿智；一代天骄成吉思汗开创铁血王朝的钢铁毅力；元世祖忽必烈以蒙古铁骑横扫欧亚大陆的英雄豪迈；"草根皇帝"朱元璋从"乞丐"到"皇帝"的辛酸血泪；清太祖努尔哈赤以十三副铠甲起兵，开辟锦绣前程的创业史；大清王朝第一帝皇太极夺取江山的谋略手段；少年天子顺治为爱妃做到极致的痴心情意；清军入关后的第二位皇帝康熙除权臣，平叛逆，锐意改革的天才谋略；最富争议的皇帝雍正的精彩人生；乾隆皇帝钟情于香妃的风流韵事；慈禧太后将清朝操纵于股掌之间的惊天手段……

我们无法否认，在浩瀚无边的中国历史长河之中，帝王始终是核心人物，或直接或间接地掌控着历史的舰舵，所以，了解他们的传奇人生，研究他们的功过是非，仍然可以让读者借鉴与警醒！

然而，刻板的阅读模式使得纸媒每年都在流失受众，基于此，我们决定利用小说的形式去呈现帝王的传奇，语言风格也有别于传统的叙述方式。这套书在编排体例上突破了以往同类书严肃、枯燥、干巴巴的"讲授"形式，以更加细腻、更加精练、更加活泼幽默诙谐的语言，用一种立体的方式将一个帝王的多样性与丰富性展现在广大的读者面前。

全书妙语如珠，犀利峥嵘，细述每个帝王的政治生活、历史功绩、家庭生活、情感逸事等，充满了故事性、知识性与趣味性，让读者在轻松愉悦的享受中体味人生的变化莫测；在"观看帝王大片"的过程中收取成功的法门秘诀。

为了保证书稿的质量，编辑工作者查阅了大量的相关资料与文献，并且专门请教了很多长期从事历史教学与研究的专家学者。不过，由于时间与精力有限，本套图书或许还存在着些许错误，敬请广大的读者朋友们批评指正。

目　录

努尔哈赤传

NUERHACHIZHUAN

目

录

第一章
一代天骄　道英雄出身

提起努尔哈赤，大多数人都会翘着大拇指夸赞他是"一代天骄"，是了不起的大英雄。从他起兵开始到生命结束，其政治军事生涯共44年。历史学家在盘点努尔哈赤的历史贡献，举其大端，主要包括十件，比如统一女真各部落，统一东北地区，制定满族文字，创建八旗制度，促进满族形成，建立后金政权，制定抚蒙政策，推动社会改革，决策迁都沈阳等。想要进一步了解这位大英雄的事迹，我们还得从头说起。

东北长白山、黑龙江一带的广阔地域，就是努尔哈赤先世活动的气势磅礴的舞台。

那个时候，女真部族逐渐发展起来，大体上来说，有三大集团：建州女真、海西女真以及野人女真。其中又有几十个部落，各自为政，并且时不时地相互攻杀。

努尔哈赤的直系祖先，最早的记载是他的六世祖猛哥帖木尔。

努尔哈赤的这位老老爷爷，据说曾经做过元朝末年的万户。万户的官职是世袭的，猛哥帖木尔统领着自己的女真军与其他女真万户一起为元朝把守着北方的大门。到了明朝之后，猛哥帖木尔仍然担任这个职位，但是他为了躲避明朝与被驱逐的蒙古人的战争，就率领部族迁移到图们江下游的斡木河一带更适合游牧与耕种的地方。

明成祖朱棣在得到皇位后整顿边事，派千户王教化等持他的手谕到斡木河去招抚猛哥帖木尔，并表彰他"能够恭听朕命，归心朝廷，朕甚嘉之"。

猛哥帖木尔当然也不会放过这一大好的巴结朝廷的机会，跟随着王教化进了当时的京城南京入朝。明成祖"授猛哥帖木尔建州卫都指挥使，赐印信、官袍、金带，赐其妻濮卓、衣服、金银和绮帛"。这样一来，猛哥帖木尔又成了大明的正式官员。所以说努尔哈赤也是簪缨世族出身了！

永乐十年，猛哥帖木尔再一次来朝（这一次是到迁都后的北京），明朝增设建州左卫，敕封他为建州左卫指挥使。从此，他与明廷的关系变得更加密切了。永乐二十年，猛哥帖木尔还参加了明成祖反击鞑靼军的亲征，并且立有战功。接连被封为都督佥事、右都督佥事，成为明朝镇守辽东一带的骁将。

猛哥帖木尔对明朝的耿耿忠心，对包括努尔哈赤在内的后裔们，有着非常深刻的影响。努尔哈赤的五世祖是董山（也译作童仓），是猛哥帖木尔的次子。在父亲被"野人"杀害之后，他与他的叔父争夺袭建州卫的官职。明廷为了平息争端，设置了建州右卫。这样，建州女真就有三卫了。他们共处一地，互相联姻，后来成为满洲民族的主体部分。

董山的势力发展很快，大有统一建州三卫之势。在明朝看来，这是不被允许的。因为明朝对东北女真的政策是："分其枝，离其势，互令争长仇杀，以贻中国之安。"也就是说，利用他们的矛盾，挑拨离间，好对他们进行统治，以保持中原王朝边境的平安。

对于明朝朝廷的这一手，女真的上层贵族当然看得清清楚楚，明明白白，于是董山起而反抗了。他以反对明朝政府的压迫为借口，经常出兵辽东地区"犯抢"，掠夺耕牛、马匹、财物和人口，给辽东人民带来很大的灾难。这是猛哥帖木尔之后，建州女真头一次和中原明朝发生的冲突。

当然了，明朝朝廷是绝不会让建州女真发展为自己的强敌的。成化三年，明朝朝廷找个理由杀死了董山，又命大臣李秉、赵辅统兵分路并进，对烟突山下的董山屯寨进行了血洗，并且扬言要"捣其巢穴、绝其种类"。这次用兵，共斩、擒建州三卫一万多人，使他们"焚荡殆尽、部落残破"，给建州女真造成几十年平复不了的创伤。

董山被诛之后，明朝朝廷就让他儿子妥罗执掌建州左卫。弘治中又晋升其为一品大都督。他曾经五次进京朝觐。从这事上看，明朝朝廷也够愚蠢的，杀了人家的父亲之后，又让儿子袭了父亲的职，人家怎么可能不记仇呢？但是，这也是那个时候的常理：董山被诛，是他自己有罪，让他的儿子袭职是天皇的恩典，他一家只能感恩戴德。再说，董山一家在建州仍然有很大的势力，也只有他们才可出头收拾残局。

妥罗是一个笨蛋，软弱无能，直到他死也没能把建州恢复到父亲时的兴盛，只有给明廷朝觐纳贡的本领。明朝朝廷当然最喜欢这样的代理人了。

努尔哈赤的高祖叫锡宝齐篇古。他是董山的三子，也就是妥罗的弟弟。他一辈子没做出什么像样的事来，大概和他的兄长一样的无能吧？

他留下了一个儿子，叫福满。这使他在大清的历史上堂皇地记了一笔。因为福满是努尔哈赤的曾祖，后来，清朝尊他为兴祖直皇帝。

福满有六个儿子。长德世库，次刘阐，三索长阿，四觉昌安，五包朗阿，六宝实。称为六贝勒。四贝勒觉昌安，就是努尔哈赤的祖父。他们六人环卫而居，最远的也不过二十里。董山之后，干出点名堂来的，也就是这个觉昌安了。历史上说他"英勇善战、素多才智"，后来被清朝尊为景祖翼皇帝。他袭了位后，把都督府设在赫图阿拉（今辽宁新宾县境内）。他率领兄弟子侄打败了相临的强悍寨主硕色纳、加虎等，收服了五岭以东、苏克素浒河以西二百里内的诸部落，势力日渐强盛起来。

觉昌安接受他的祖爷——董山的教训，明白如果想扬名立万、扩大版图，就必须与大明王朝搞好关系不可。于是，他费尽心思地与明朝的官员相互勾结，并且得到了他们的支持。

觉昌安有五个儿子。大儿子礼敦，二儿子额尔衮，三儿子界堪，四儿子塔克世，五儿子塔察篇古。而塔克世也是"一世才俊"，十分受他的父亲的赏识。他帮着觉昌安做了很多大事，被认定为觉昌安的接班人。最重要的是他就是努尔哈赤的父亲，后来被清朝尊为显祖宣皇帝。

第二章

战乱将起 商讨决策

太阳刚刚下山，余晖刚刚消散，天边就涌起了一团黑云，一道闪电划破长空，顿时雷声四起，震撼着被群山环绕的赫图阿拉山屯。

赫图阿拉城堡依山傍水，方圆二十余里的范围内都环绕着营寨，住着爱新觉罗一大家族。清澈的苏子河绕屯寨流过，河谷两岸，地势平坦，土壤肥沃。远处的山林茂密，远远看上去一片郁郁葱葱。近处栽种着很多庄稼，有熟透了的红高粱、黄谷子、绿秋菜，就像色彩斑驳的宝石一样镶嵌在大地之上。

此刻，在河套里，一群群牧马听到了这不同寻常的雷声，猝然受惊，都咴咴地叫着，四散逃开了。它们有的顺流而下，有的逆水狂奔，更有几匹牧马直接跑到了附近的山冈之上，一些聪明的马儿则跑回了自己屯中的马棚里，一直嘶叫不停。

这时正在屯中主持分配战利品的穆昆达和本屯的长老觉昌安，当他们听到马的嘶叫，立刻放下了手中的貂皮，然后跳上两尺多高的树桩，用手打着眼罩向河套那边看去。他们不禁怔然了一下。穆昆达凭借着多年骑马射猎的经验，顷刻间镇静下来，快速地从腰间拔出一只半尺多长的牛角号，对着远处的河套"嘟嘟"一吹，刚刚还惊慌的马儿瞬间像得到了诏令一般安静下来，附近的马群当即停止了嘶鸣，远处正在狂奔的马儿也昂首顾盼，看到同伴们在这边安静地等待着召唤，它们也调转头往回跑。

这就是爱新觉罗氏的游牧生活，他们住的屯子属于长白山西山区的一个富屯，再加之该氏族的长老觉昌安已被大明王朝封为建州左卫都指挥使，所以当地的房宅建造得十分气派。

太阳落山之时，觉昌安家里的烟囱呼呼地冒着白烟，今天是一家人一起聚餐的好日子。平时，爱新觉罗父子因狩猎、挖参、耕作等工作都非常繁忙，因此他们并不常在一起聚会。今晚觉昌安为了尽父辈之情，特意邀请自己的儿子们到家里吃饭，备置了满满一桌子酒菜，等待着自己儿子的到来。

没多久，觉昌安的几个儿子就来了，他们一一向觉昌安打千问安，然后便按照次序入座了。席宴设在正房的西间，将三张并起来的炕桌摆在了正中间。觉昌安坐在上手的位置，一一接过了儿子们敬的酒，相继喝干之后，心里顿时觉得十分舒坦。觉昌安感受着浓郁的家庭气氛，心中十分高兴，自然就多喝了几杯。酒过三巡之后，觉昌安喝得两腮赤红，额头和眼角的皱纹似乎也因为高兴而舒展开了。

觉昌安又呷了一口酒，然后看着儿子们，将他傍晚听到尼堪外兰要发兵的消息告诉了五个儿子。这时候他一改刚刚的高兴的样子，眉头差点蹙成了疙瘩，担忧地说道："看来，尼堪外兰仗势欺人，想在此处兴妖作怪啊！"塔克世听完，勃然站起，脸因为喝酒，或许是因为气愤，涨得通红，活像关公一样。他的右手扶住腰间的玉柄短剑，声音仿佛要将窗户纸震碎似地说道："难道我们还怕他个小小的城主吗？他敢兴妖作怪，咱就来个降龙伏虎！"

觉昌安看着这个性格莽撞的儿子，摇摇头，心事重重地说道："我们不能总是刀对刀，枪对枪蛮干了！"

"阿玛所说极是！"二子额尔衮盘腿坐着，活像一尊弥勒佛，他自斟自酌了一阵儿，然后慢慢地抬起那张宽脸盘，挤了挤发涩的眼睛，似乎很是赞成地说道："我们爱新觉罗家族，兄弟叔伯虽有多人，但眼下四散分居，一旦敌人入侵，根本就来不及召唤。何不聚居，联合起来共相守卫？"

坐在一旁的礼敦听完这话，将那张脸拉得老长，瞪着一双圆圆的眼睛，反对道："假如我们住在一起，那么加起来有数千匹马，你将它们放置在何处？还有这么多人，在何处耕种，如何开犁？"

"那我们就忍气吞声，像先祖那样，任人践踏、蒙受耻辱，都不敢反抗吗？"塔克世听完阿哥礼敦的话，便敲着木桌争辩道："我辈之人不能再任人凌辱了，需要攥紧拳头，痛击犯我之辈！"

"此言有理！"一直端坐在那里沉默不语的老五此时也点头称赞道，"现在阿玛是大明朝封的左卫都指挥使，假如咱们兵力不足，阿玛可以向明朝皇帝请示，借助他们的官兵，这样我们岂不是有了抵御的资本？"

"不可！不可！"觉昌安听完了小儿子的话，摇着手中的筷子说，"前车之鉴，切莫忘记！"

"明朝一直奉行'以夷制夷'的政策，我们千万不能上当啊！"

正当觉昌安父子为此时争论不休时，塔克世家的一个小阿哈一手拎着马鞭子，一手举着松树明子，闯进了屋里。他朝觉昌安施礼打千问安，然后便面带笑容地报告道："大贝勒！真该恭喜您，您又得了个大孙子！"

接着，小阿哈又转身朝向塔克世笑脸禀报："贺喜，贺喜，您得了个大胖儿子！"

觉昌安听完禀报，才如梦方醒般地捋着长须笑道："看来，我爱新觉罗部又添一名虎子，待他日成了气候，小小的尼堪外兰能奈我何？"

塔克世见阿玛如此高兴，便挂上了自己的龙虎纹宝剑，然后转头对着觉昌安道："阿玛，您就给这个孩子起个名字吧！"

觉昌安望着小阿哈手中的野猪皮鞭子，愣了好一会儿，忽然站起来一把夺过了小阿哈手中的鞭子，拿在自己手里轻轻捋着鞭梢道："我看，就叫努尔哈赤吧！你们看这野猪皮耐热耐冷又耐磨，之所以为我的孙儿起这个名字，是希望将来我的孙儿能经得起千锤百炼，最终成为我爱新觉罗家族的栋梁之才。"

"努尔哈赤！努尔哈赤！好名字！"众人听完了觉昌安的解释，都齐声夸赞。此时，只见屋外一道闪电凌空划过，接着就是一串惊天动地的滚雷炸响。

四野里仿佛由远及近地扩散着一个声浪——"努尔哈赤""努尔哈赤"，很快这声音就向着四面八方扩张而去……

明朝嘉靖三十八年，也就是公元1559年的一个深秋之夜，中国的历史上又出现了一个改朝换代的风云人物。

第三章

爷孙习武　望子变成龙

隆庆二年的春天来得似乎很早，谷雨刚过，烟筒山、鸡鸣山向阳的山坡上，就已林木成荫，山花盛开。道旁水沟的四周，开满了黄的、蓝的、紫的野花。苏子河上下，成群的牧马、牛羊，它们在此处奔腾跳跃，耍欢嘶鸣，让这里的春天更显得生机盎然。

一大清早，觉昌安就带着十岁的努尔哈赤和两个背着刀枪剑戟的阿哈来到了苏子河的一条小河边，一行四个人钻进一片小桦树林，爷孙两个就开始了一天一次的习武生活。

觉昌安并不急着教努尔哈赤武功，他找到一块平整的空地，走到一棵歪脖树下，席地而坐，装上一袋旱烟点着，将背靠在歪脖树身上，然后就悠闲地抽了起来。他一边有滋有味地吧嗒着老旱烟，一边眯着双眼打量这个奔跑在花间草丛中，正在捕捉蚂蚱的大孙子，他在心底暗自赞赏着：多漂亮多英俊的孩子啊，鼻直嘴阔，虎头虎脑，红扑扑的脸蛋上更显露出几分少有的豪气。

烟雾袅袅上升缭绕在他的眼前，他闭上眼睛，想起了努尔哈赤出生的那个秋夜，更想到了爷孙相伴的这十个春秋的朝朝暮暮。他清晰地记得，努尔哈赤出生的第二天，他就折来了一根桃木，然后将其做成桃木弓箭，亲手将它挂在塔克世家的门框上，因为他盼望自己的孙子将来能够成为一个优秀的射手。那天早晨他刚把桃木弓箭挂好，就从屯南的方向飞来一对白脖喜鹊，然后落在了塔克世家院的核桃树上，在上面"喳喳"地叫个不停，似乎在拼命向他贺喜。觉昌安听着喜鹊的叫声，心里感到一阵欣慰，仿佛从喜鹊的叫声里他已经看到了努尔哈赤将来的丰功伟绩。

当努尔哈赤长到了六七岁时，觉昌安又特意砍了一截水曲柳，为自己最喜欢的这个大孙子做了一副木制的弓箭，然后就开始了对他的教导。觉昌安教他拉弓射箭，早射燕雀，晚射飞鸿。觉昌安看着自己

的孙子一天天进步，心里甚是欢喜，更让觉昌安喜爱的是努尔哈赤记忆力非常好，几乎就是过目不忘，而且还懂得举一反三。你教他一招，他能练会两招。没有几年工夫，还不到十岁的努尔哈赤，就已经成为能骑善射、舞剑弄棒的小英雄了。为此，觉昌安对努尔哈赤更加宠爱，几乎将兴旺爱新觉罗家族的殷切期望全部寄托在他的身上。有时候他想起阿骨打教子练"嘎拉哈"的故事，于是自己便暗暗下定决心：一定要把自己的大孙子磨炼成像阿骨打、成吉思汗那样的人物。因此，无论酷暑还是严冬，无论刮风还是下雨，他总是准时带着自己的大孙子来到这片树林，习枪练武。有时他还开玩笑地给自己的孙子起小名叫"罕子"，击节叫好。是呀！罕者，就是稀少的意思。这孩子生下来脚心就长着七颗痦子，塔昂列放的那把火，竟然没把他烧死，这不都是非常罕见之事吗？再者，罕者，就是汗的同音，在女真语里面，就是王的意思。哪个做长辈的，不是"望子成龙"呀！

近日，觉昌安发现努尔哈赤武艺又有了很大长进，心中非常高兴。

今天一早，他就合计着是不是该让自己的大孙子换上真枪实刀进行比试，看看努尔哈赤到底有多大本事，他打量着小努尔哈赤，合计着再教给他一些新的招法。

觉昌安烟抽完了，蓦地站起，把努尔哈赤叫到跟前说："小罕子，古人常说，'刀法在身，赛过黄金。'今天爷爷就为了咱爱新觉罗山寨的安全，为了你美好的未来和你比试比试怎么样啊？"

"嗻！"小罕子机灵地应道。说罢，爷孙二人便更衣整帽。只见，觉昌安身穿两侧开襟的青布短袍，腰束宽带，手拿红缨扎枪，岿然屹立；小罕子则头盘青丝，身穿粉红色缎袍，手握着一柄利剑，昂首挺胸，英武异常。

觉昌安瞧着小罕子准备停当，寿眉一扬，对着小努尔哈赤大喝一声："起步！"

努尔哈赤应声轻步跃进草坪，一时行如风，剑似闪，步法稳健，动作轻盈。他的剑法很准，挥剑的姿态健美。或刺，或劈，或撩，或崩，旁人看起来异常分明。轻捷处，就好像云中飞燕；勇猛时，好比凌空雄鹰；蹦跳间，就像林间松鼠一样；劈杀时，又好似水中蛟龙……

努尔哈赤练完了四段完全相同套路的剑术之后，垂手直立，不喘不慌，只等着祖父再次下达口令。

觉昌安运足了气，大喊一声："看枪！"接着便跟爷孙两个真得对刺起来。觉昌安跑过来先来了一个弓步平刺，努尔哈赤迅速跃步上挑，只听"咔嚓"一声，扎枪就被他挑到了半空之中；觉昌安随即又来了个虚步下扎，还没等枪头绕过来，努尔哈赤就猝然回身，长剑后撩，"咣当"一声，把扎枪拨了老远。

这时，只听周围看热闹的人连声叫好，声震山谷。

努尔哈赤觉得用剑过重，就慌忙上前，把踉踉跄跄的祖父扶住，然后立正，屈膝道："孙儿失礼！孙儿失礼！"

觉昌安连连摆手，笑道："比武场上，不分长幼尊卑。"

众人发疯似的喝彩，觉昌安十分得意，他连忙将努尔哈赤搂在怀里，自豪地说："吾族能有尔等大将之才，愚公就放心长眠喽！"

一个小阿哈见觉昌安贝勒兴致极好，就拍手吆喝道："请大阿哥再练几支箭，叫小奴们再看看好不好？"

看热闹的过路人，也众声吆喝，拍手请邀。有个侍箭的老阿哈是个汉人，他平时爱开玩笑，为了逗弄老贝勒高兴、开心，就抱着满筒的箭，往地上一蹾，然后自己先抽一支，搭在弦上，举臂拉弓起射，可他脸儿憋得通红，皮弓子却连弯都没弯，箭头只弹出两步远，就落在草地上。惹得大伙捧腹大笑。

另一个侍箭的阿哈，从小就跟着觉昌安当听差，舞棒弄拳学过几手，他见同伙太丢丑，就弯腰捡起长弓，从箭袋里拔出一支箭，搭在弦上，弦弓子略微弯弯，箭出去仅有丈多远。

老阿哈连忙上前捡过弓子，挖苦地说："咱们都是猪八戒的脊梁——无能之背（辈），还是请大阿哥露一手吧。"

觉昌安为了使众人了解此弓，还特意介绍道："这弓是明朝授我指挥使的，是上好的楠木弓。弓力甚强，无举千钧之力，就无奈它何！我爱新觉罗氏族只有两人能把它拉开。"

众人听觉昌安说得如此神乎其神，就连连叫好："大阿哥快射，大阿哥快射！"

觉昌安把弓箭递到努尔哈赤手里，说道："给你三支箭，叫众人高兴高兴。"

努尔哈赤不慌不忙，接过弓箭，脚跟站稳，运足底气，准备好上

弦之箭，瞥了祖父一眼，犹言：发令吧！

　　觉昌安马上道："三丈外，第二棵杨树顶最高的那片叶子。"

　　话音刚落，只听"嗖"的一声，努尔哈赤就将三丈外杨树顶上的那片叶子射了下来。众人一看小小年纪就有如此精准的箭法，纷纷拍手叫好。

　　觉昌安想继续试探孙子的箭术，便将自己手中的木片扔了出去，让努尔哈赤练习。那桦木片刚刚落水，就被努尔哈赤射出的利箭穿中，木片带着箭头，在水湍急的水流的冲刷下飘向了远方。人们大声惊呼，随后就变成一阵赞扬。

　　由于喝彩声太大，将苇荡里休息的三只大雁惊醒。觉昌安看到一齐飞出的大雁，马上唤道："射头雁。"声落箭飞，转瞬间那只头雁就落了下来。

　　这时叫好声一浪高过一浪。当天，草原就传出了"小神箭手"努尔哈赤的名字。

第四章

幼担重任　受辱逃抚顺

努尔哈赤本出生于显赫的家族，但在童年的时候家道便已经中落。他同自己的阿玛塔克世住着三间泥草房，从外面看上去非常寒酸。自打喜塔喇氏，也就是努尔哈赤的母亲落水死后，塔克世就续娶了哈达贝勒的族女纳拉氏。虽然家里有了女人，但父子俩的生活并没有多少改观，因为此人又懒又馋，为人非常刻薄，这让本就败落的家庭，更加一蹶不振。

这样，努尔哈赤作为长子，就和阿玛共同挑起维持家庭生活的重担。每年三月至五月、七月至十月的采摘季节，他不得不邀伴结伙，进入长白山莽莽林海，每日起早贪黑，挖人参、采松子、捡榛子、打野兽。白天翻山越岭，晚上栖于草棚。当他劳累了数日，带着山货回到家里，继母不是拉着长脸指桑骂槐，就是摔碟子打碗，给努尔哈赤脸色看。有一次，努尔哈赤打来一只紫貂，剥好皮子，交到纳拉氏的手里，她接过油黑发亮的貂皮看了看，发现貂皮背上有个半寸大的窟窿，就绷着凹口脸，薄嘴唇吧嗒着说："败家子！败家子！这么好的皮子，你为啥捅了这么大的口子？"

努尔哈赤毕恭毕敬地说："那是箭射的口子，缝两针就好了！"

"什么？"纳拉氏眼珠子瞪得溜圆，发着脾气，"叫我缝两针？你真是站着说话不知腰疼。俺从小就没摸过针，进到你们这个穷家，就受你这个毛孩子指使。"

努尔哈赤忍气吞声地退出屋外，纳拉氏吵吵嚷嚷地追出门口，非要他把貂皮窟窿用嘴舔平不可。这时，几个邻近的本族媳妇走过来，好说歹说，才算了事。

不久，努尔哈赤受不了继母的虐待，便半夜骑着一匹马，逃向抚顺。

夏夜清爽，明月高悬。努尔哈赤骑在大青马上，顺着苏子河谷，

由东而西，策马飞驰。

马蹄嘚嘚，河水潺潺，他骑在马上，仰望星空，远眺群山，耳听阵阵蛙声，犹如鱼儿入水，鸟儿出笼。大青马越过古勒山，跨过萨尔浒，黎明时分，努尔哈赤便来到辽东边墙。

这几年，他常听爷爷讲，抚顺城是关外一座热闹的都城。

自明朝天顺八年，抚顺城东三十里设马市后，这里每月初一至初五，十六至二十二，两次开市。每逢开市，成百上千的女真人，骑马驾车，携妻带子，带着人参、松子、榛子、蘑菇、木耳、蜂蜜、东珠、马匹、貂皮等到这里同汉人交换耕牛、铧子、木锨、布匹、铁锅、水靴、针线等生产工具和生活用品。同时在这天，打地摊的，说书唱戏的，变戏法的，耍猴的，卖书卖药的，卖古玩的，算命卜卦的，从事各种买卖的小商小贩，也都云集于市场。女真人、汉人、蒙古人、高丽人穿着不同的服装，说着不同的语言，熙来攘往，热闹非凡。

都市的繁华，场面的热闹，一直吸引着好奇心特别强的努尔哈赤。所以当他下决心离家，独自谋生时，就毫不犹豫地奔向抚顺。

努尔哈赤身穿单袍，头戴凉帽，他来到边墙外，跳下马，把马拴在河边的一棵大柳树上，蹲到河边洗了把脸，觉得肚子叽里咕噜，才感觉有些饿了。他直起腰，刚好发现一个挑担的汉人进城，就跟他打起招呼来。说来也巧，原来这个头缠方巾、身穿宽衣大袖的汉人是个卖火烧的老汉。努尔哈赤没有独自买过东西，换过物品，他从马背上取下一张貂皮，望着老汉绛紫色的面庞，用汉语说道：“老伯，换两个火烧吧。”

那卖火烧的老汉一惊，连忙摇头，笑着说：“两个火烧，还值不了一张貂皮的腿，哪能收你的貂皮呀！”随之，从柳条筐里掏出两个烧饼，递到努尔哈赤的手里。

努尔哈赤接过烧饼，见卖烧饼的老汉不收貂皮，手里拿着烧饼，也不肯下口了。他迟疑了一阵儿，就把烧饼塞到老汉的筐子里。

卖烧饼的老汉见这少年如此懂事可爱，就又弯下腰捡出烧饼，边递边说：“好孩子，两个烧饼值几个钱？吃吧，吃吧。下回我再见到你，如果我累了，骑骑你的马，你还能跟我要钱吗？”

几句话，把努尔哈赤说乐了，他接过烧饼，就狼吞虎咽地吃起来。他吃过烧饼，又跑到河边，双手捧起清凉的河水，喝了个够。当他回身去找卖烧饼的老汉时，老汉已越过边墙，进了抚顺边界。

日升一丈，努尔哈赤来到抚顺马市。这时市场上已熙熙攘攘，拥拥挤挤。他牵着大青马，站在一个高坡上朝市场上看去，只见在一条南北大街两侧，席棚草屋鳞次栉比，户户相挨，形成东西两排铺面。东面是蛋禽、鱼肉、菜蔬、五谷杂粮，西面是布匹、毛皮、鞋帽、日用杂品。在大街的南头有个小小平场，平场里，柳荫中，一群群马匹、牛羊、活猪，都用草绳子拦着，自然形成行市。他暗想：这就是马市吧？其实，马市就是商市的通称。他回头再看眼下，只见饭铺、茶馆的烟囱冒着青烟，那一副副花花绿绿的罗圈幌子，在晨光的照耀下，耀人眼目。随着和煦的晨风，一阵阵炸鱼、烧肉、炒青椒的香味，迎面扑鼻。他咽着唾沫，又呆望了一会儿，就决定把马寄放在一家小院里，独自去逛逛闹市。

旭日东升，淡淡的红光涂在席棚上，幌子上，人们笑逐颜开地走来串去。努尔哈赤在这一片杂乱、喧嚣的气氛中，身着蓝布面马蹄袖长袍，脚蹬长靴，腰系装饰考究的腰刀，使他那浓眉大眼，彪悍的身躯，更显得英俊可爱。他东瞅瞅，西看看，只觉得五光十色，眼花缭乱。尤其是汉人的多彩的锦缎，造型别致的器皿，品种繁多的日杂用品，更引起他的浓厚兴趣。他看到那质地光洁、做工细致的瓷缸、瓷碗，就想：这东西是什么做的？为什么在光滑的瓷面上，能印上山水、花鸟、美人？那花鸟、山水、美人会不会退色？他看见那耀眼的红绿缎子，又想：那细细的丝线是怎么纺的？那颜色是印的还是染的？为啥颜色那么漂亮？

小努尔哈赤第一次出寨子，哪里见过如此繁华的街道集市，他心情极好，一会儿东瞅瞅，一会儿西望望，这里所有的一切对他来说都是那么新奇。抚顺，这个可爱的地方，让努尔哈赤第一次认识到：原来世界上并不仅仅有马皮牛羊，打猎射雕，还有这么多他不知道的事情。这个认识让努尔哈赤好奇而又激动。

第五章

游街看戏　勇救范梨花

　　他走到面容慈善的长者面前，看他正在聚精会神地作画，那挥笔即成的神态，一时将小努尔哈赤看呆了。只见那老艺人，手握粗笔，东勾西抹，仅是一眨眼间的工夫，纸上就出现了一副秀丽的田园画面，而且惟妙惟肖。他暗自惊叹道：天下真得有这样的能人！

　　努尔哈赤十分喜爱，就从胳膊肘挎着的褡裢里，拎出一张貂皮，对那卖画的老人道："老先生，这张画换给我吧？"

　　卖画老人看了看他，接过貂皮，笑道："哎哟哟，山野之人，拙笔淡墨，陋画一幅，焉能值一张貂皮乎？"

　　努尔哈赤虽从小从汉人阿哈那里学了些汉语，但对这老人说的之乎者也却似懂非懂。他只好说："我们山里有的是这东西，一点也不金贵，您就收下吧。"

　　卖画老人推辞不下，只好收下貂皮，将画卷起来，双手送给努尔哈赤，连连抱歉地点头。

　　努尔哈赤接过画，小心翼翼地用手托着，直奔西南角搭着席棚的戏台走去。

　　他挤入人丛，来到庙宇似的戏台前，只见戏台上正演杂剧《拳打镇关西》。在紧锣密鼓声中，屠户镇关西仰仗权势，正拦劫民女金翠莲，百般调戏，强娶那身穿罗裙、身姿婀娜的少女做小妾。

　　台上金翠莲呼天叫地，台下看戏的人骂声不止。不知哪来的一个山东好汉，从席地而坐的看戏人群里猛然站起，攥着拳头，一边奔戏台走去，一边喊叫道："打死这个仗势欺人的东西！"那好汉刚走到台下，忽然后台掀帘走出一个面圆耳大，鼻直口方，满脸络腮胡子，身穿黄靴战袍的提辖。那提辖官豪爽好义，立刻上前阻止拦劫民女的镇关西。屠户骄横无比，哪里肯依。于是镇关西手操杀猪刀，号叫着要与提辖拼杀。提辖早已义愤填膺，他见屠户凶顽可憎地扑来，就顺手牵羊抓住屠户的左手，往他小肚子上猛踢一脚，那屠户便被踢出一丈多远。接着，提辖又追上去，右脚踏住屠户的胸脯，又朝屠户脸上猛击一拳，只见那屠户满脸鲜血，倒在地上，再也爬不起来了……

台下叫好声雷动，努尔哈赤也站在人丛里欢呼跳跃起来，身上好像增添了几分力量。他镇静下来，转脸问身边的一个扎方巾的汉人："那提辖叫什么？""鲁达。"

努尔哈赤的秀目一亮："鲁提辖？"努尔哈赤离开戏台，又绕到一片柳荫下。这时，树荫里摆地摊儿的卖唱艺人，正咿呀唱着，招来了一伙伙听唱的男人、女人、老人、小孩。他走近围得水泄不通的戏场，见难以钻进场里，就索性把那张国画卷成筒，塞到后褡裢里，噌噌爬上一棵碗口粗的老柳树，蹲在树杈上，瞪着大眼睛，好奇地听着看着。他仔细打量着那卖唱的，才发现是一男一女，那男的是个长须老头，头盘发结，穿身绛紫色的明服长袍，坐在一条方凳上，闭目弹着三弦。那女的，是个十四五岁的小姑娘，长得眉清目秀，大方自若。她一边敲着八角鼓，一边唱着。声似银铃，如泣如诉，婉转动听。努尔哈赤细听了几句唱词，方听出唱的是《赵氏孤儿》。当唱到奸臣屠岸贾残杀赵盾全家，又千方百计搜捕孤儿时，他想起继母的狡黠凶残；当唱到赵家门客程婴和公孙杵臼定计救出赵武，并由程婴抚育时，他想起家里对他很好的阿哈和清早相遇的卖烧饼的老人，更惦记着疼爱他的爷爷。句句唱词，都勾起了种种联想，使他激动得落下泪来。他把自己的命运和赵氏孤儿的命运，紧紧地联系一起。他佩服程婴和公孙杵臼，痛恨奸臣屠岸贾。

父女二人正唱着，忽然从那柳林东边闯进两个身穿袍褂的女真汉子，那俩汉子拨开众人，走进圈内，从腰里拔出腰刀，逼近那卖唱的女孩子，嬉皮笑脸地说："恭喜！恭喜！我们二人奉命请你进山，快快收拾收拾吧，别当这要饭花子啦。"

那弹三弦的老人见势不妙，慌忙丢下三弦琴，上前施礼道："官人莫急！官人莫急！俺父女本是贫寒之家，进不了高门贵府，望官人高抬贵手。"

那个虎背熊腰的汉子，见老头答话就把腰刀插进腰间，又龇牙笑着，对弹三弦的老人道："莫客气！莫客气！我家祖宗，是苏子河建州有名的酋长，和李总兵有老交情，他最喜欢汉人小姐。只要你们父女愿意，尼堪外兰酋长贫富都不会嫌弃的。"

努尔哈赤一听尼堪外兰的名字，直觉得心在翻腾，血往上涌。他想起见义勇为的鲁提辖，也就顾不得通名报姓，"噌"的一声，像林间的飞鼠，猛然从树杈上跳到戏场，抢起拳头，朝着彪形大汉打去。他虽年少，却拳如重锤，并且边打边骂："强盗！恶棍！光天化日之下竟敢抢人，真丢尽了女真人的脸！"

看戏的人眼看就要闹出人命，就"轰"的一声四处散开。人还没散出一竿子远，看热闹的人又像滚到海岸的浪头，重新又卷回来。一时小孩哭，大人叫，吵吵嚷嚷，噼里啪啦，闹得翻江倒海。不一会儿，这边的声响引起了镇守抚顺边官李游击的注意，他马上派兵丁过来查问。两个兵丁闯进戏场，见有抢人斗殴之事，马上以"扰乱马市""聚众斗殴"为名，把努尔哈赤和尼堪外兰的两个打手绳捆索绑起来。

卖唱父女见明官不分青红皂白，将人一律抓走，一时慌了手脚，特别是急坏了小姑娘。

这小姑娘，姓范，名梨花，是抚顺军士范鸿的孙女。嘉靖十四年，辽东巡抚吕经对军士克扣军饷，并将给军队的牧马田勒令收回，改为租用田，压榨军士血汗，修城盖楼，引起广大军士的愤怒。他们冲进巡抚大院，砸烂城门，痛打吕经的爪牙，火烧私造的役册。并在广宁将吕经逮住，五花大绑，头上插标，环城游街。在此感召下，抚顺军士范鸿、王经等也将剥削军士的备御指挥刘雄抓住，将其搜刮的财物平分给兵卒，把刘雄关进班房。兵变之后，当局恐慌万分，以莫须有的罪名把范鸿一家老小发配到长白山。

嘉靖四十五年春天，范鸿的儿子、儿媳相继染病死去，只剩下他与小孙女范梨花，祖孙二人相依为命，开荒狩猎度日。去年秋天，范鸿带着十四岁的小孙女，偷偷地到天齐庙赶庙会，不料被一伙横冲直撞的明军官兵冲散，至今爷孙二人天各一方。范梨花丢失后，恰巧在抚顺城东门，遇到一位王老汉，这老汉是王经的本家，多年卖艺，闯荡江湖，就收留下范梨花认为义女，带她学艺卖唱，流落辽东。

范梨花本就出身于军士名门，生来就带有侠士气质，再加上幼时受到的教育，更是侠义风范十足。她看着努尔哈赤被他们无辜地抓走，赶忙捡起努尔哈赤丢下的褡裢、画卷等物品，随即收拾好自己随身携带的卖艺之物，一路小跑，就追着那群抓人的人跑了。等梨花父女追赶到马市南的一座大庙前时，李游击已经带着努尔哈赤骑马回到了抚顺城。

第六章

结交官僚　打虎成英雄

李永芳与辽东总兵李成梁是本家，二人为叔侄关系，过往甚密。他虽在抚顺城是一介未入品的武官，但掌管着抚顺边城的防守应援工作，因此也是财运亨通，才到抚顺没多久，就成为了抚顺城中的殷富之家。努尔哈赤在这里一连住了好几日，吃的、用的不知道要比在家时好上多少倍呢。天天吃着白馍、各种菜肴，忽然觉得这里的生活如此舒心，就是多住上几天也没有关系啊。

一天，李游击穿着便服，带着努尔哈赤到高尔山后边的荒郊进行打猎，未经世事的努尔哈赤根本就猜不透李游击的意图，只当是带着他玩而已。其实李游击是有意考证努尔哈赤的武艺和箭法。

高尔山，南临浑河，三面接山，山势峻峭，拔地而起。此时，正值盛夏，山上草木繁茂，到处长满桑、槐、榆、柳，那一簇簇、一堆堆的荆条、榛树、丁香与过膝高的艾蒿、白茅、狗尾巴草杂混在一起，使人难以插足。这里，由于山高临水，狼獾鼠兔，野鸡大雁，结伙成群，欢跳不止，自然形成一个天然的好猎场。

李永芳、努尔哈赤一行三人，从东山坡慢慢爬上高尔山，他们穿过榛子林，绕过野葡萄藤子，走到一株槐花树下，放下刀、枪、箭袋，刚想坐下歇脚，忽然六十多步远的一片丁香树丛里传来"咔嚓咔嚓"的声响。

努尔哈赤警觉地竖起耳朵，朝有声响的地方看去，只见草木丛中，隐约地露出毛色焦黄油亮的脑袋和两只竖起的耳朵。这时，他悄悄地从身上摘下鹿皮弓子，从箭袋里掏出一支雕翎箭，然后俯到李永芳耳边，压低声音说："一只狍子。"

李永芳见机点头道："射脑门。"

努尔哈赤会意地点了点头，接着大喝一声，正当狍子抬头拼命逃窜之际，努尔哈赤张弓搭箭，只听"嗖"的一声，那狍子便应声向前一蹿，一头栽到地上。

李永芳暗自为努尔哈赤的机灵和稳准娴熟的箭法叫好。

努尔哈赤和另一名兵士跑着、跳着，钻进树丛，不一会将那只猎获的狍子四腿捆好，用一根棍子抬到槐树下。他俩把大狍子斜放在平地上，努尔哈赤就把木棍从捆着狍子双脚的胯裆里抽出来，顺手扔向斜坡。那棍子刚落到一百多步远的草窠子里，突然惊起一群野猪，直奔槐树方向跑来。

这里的野猪眼尖耳灵，嗅觉灵敏，性情凶悍强暴，平时猎人捕获野猪要十分小心。特别是受伤的野猪，如果猎人略微一疏忽，它就会疯狂地朝猎人扑去，行动之迅速，往往使猎人处于险境。

也许刚才努尔哈赤扔的棍子无意打伤了哪只野猪，那群野猪尖叫着，在一头又高又大、有四五百斤重的大公猪带领下，潮水似的涌到李永芳三人跟前。大公猪奔跑着，跳出草丛，抬起拱嘴，露出尖利的白色獠牙，竖着耳朵，凶恶的眼睛盯住穿着枣红色宽领阔袖衫的李永芳。

紧跟在大公猪后边的一群小猪，也一个个尖叫着、奔跑着，拥拥挤挤，排山倒海般地袭来。

李永芳紧张地抓起护身剑，他虽手握剑柄，可手却在打颤，几十只野猪一起涌来，挡哪个好？他心急促地跳着，心想完喽！堂堂辽东总兵的堂侄，没死在千军万马的厮杀战场，想不到今天就要被野猪咬死……

嗖！嗖！努尔哈赤连发两支雕翎箭，应着箭声，那只跑在前头的大公猪和紧跟在它后面的老母猪，都扑通扑通相继倒下。几十只小猪崽儿，一时群龙无首，都慌张地尖叫着，回头就跑，狼狈逃窜，不时传来猪群踩断树枝的咔嚓声……

李永芳蜡黄的脸上渐渐露出血色，他惊喜地跑向努尔哈赤，张开双臂紧紧地抱住努尔哈赤的双肩："神箭！神箭！长大必是强将！从今以后，你就跟我当兵吧！"

努尔哈赤连连摇头，不信任地说："跟你当兵？不行。"

"为啥？"李永芳蹙着一字眉问。

"我一不犯法，二不犯罪，把我活活抓来，你办事太不仗义！再说，我的大青马，还在马市上寄放着，你也不闻不问，为此……"

李游击哈哈大笑,他拍着努尔哈赤的肩膀,说:"真调皮!好好好,大哥给你赔个不是。"说着李游击拱手施礼,又道:"至于大青马,明天我派人骑回来,不就得了嘛!"

李游击几句话,把努尔哈赤说得咧嘴直乐。笑了半天,努尔哈赤向李游击还了个汉人礼,道:"如此关照,等我能领兵之日,一定不忘李游击的大恩。"二人正说笑着,忽听背后有人笑道:"哈,李游击,您从哪找来这么个漂亮的'山音阿哥'呀?"

李游击回头,见三位商人打扮的伙计,各自牵着一匹马,从崎岖的山道上走来。起初,树荫挡住了人身子,他没看清说话的人是谁。等三人走近,李游击连忙对打头的那位商人拱手寒暄道:"佟大哥,发财!发财!"

努尔哈赤见来人二十多岁,修长的身材,淡淡的眉毛,笑眯眯的细眼,长相十分面善,就转脸朝李永芳递了个眼色。

李游击马上会意地介绍道:"这位是抚顺城商贾富豪佟养性!"然后转身又对佟养性介绍道:"这是我的神箭手,女真人名叫——"这位习惯于戎马生活,而又不熟悉女真语的李游击,一时竟忘了努尔哈赤的名字,然而他又不好问,就哼哈地打着糊涂语儿说:"佟大哥,你就叫他小家伙吧!"

佟养性见努尔哈赤长得膀阔腰圆,两眼有神,气宇非凡,心里十分喜爱。他把马拴在一棵老榆树上,笑着问道:"小兄弟,当今你们女真人有几大部?"

努尔哈赤眨眨眼睛,昂着头,回答道:"大部落有建州部、海西部、东海部、长白部。"

"每个部都住在啥地方呀?"

"建州部住在浑河、苏子河、佟佳江一带;海西部住在松花江以西,辽河以东;东海部,世居宁古塔以东,锡霍特山里;长白部,顾名思义,就住在长白山。"

佟养性见眼前这个小伙子,对答如流,更加喜悦。

佟养性笑笑说:"只要你说出喝哪条河的水,我就知道你是哪一族的?"

"真的?"

佟养性点点头。就听努尔哈赤说:"我家天天喝苏子河的水。"

佟养性哈哈笑道："不用再说，我知道你是苏克素护河部，爱新觉罗的后代，住在烟筒山下。"

努尔哈赤眨着眼睛，不解地盯着佟养性，希望他能说出其中的奥妙。

佟养性凭着他买卖人出身，善于察言观色的本领，卖起了关子："怎么样？小老弟，佟某能掐会算，能上算八百年，下算八百年，人称二诸葛。"

努尔哈赤跟佟养性几个人坐在树荫下歇息，佟养性借机给努尔哈赤讲了几段《三国》里的三顾茅庐、三气周瑜的故事。佟养性正讲得两嘴冒白沫，忽然山北跑来一队人马，他们慌忙站起向山北看去，只见十多个穿着盔甲的明军，正追赶一只二岁左右的小虎崽子。

努尔哈赤眼疾手快，他大叫一声，弯腰捡起一根一丈多长的木杆子，左抡右挥，把树丛草棵子搅得哗哗乱响。

小虎崽子跑到离努尔哈赤十多步远的地方，被这突然的嘈杂声惊呆了。这时，努尔哈赤趁虎崽子东张西望之际，纵身一跳，正好骑在虎背上，只见他右手抓住虎崽天灵盖，左手掐住虎脖子，把只小牛犊子似的虎崽子按倒在地。

明军策马赶来，一个个翻身下马，立刻把虎崽子捆上，装进马背上的笼子里。为首的一个赤红脸子、长着浅白麻子的军士转身拍着努尔哈赤的厚肩膀，嘿嘿笑道："跟我走吧！"

"噢！马林老兄！"佟养性看见那麻子军士，赶忙走过来，拱手施礼，笑脸相迎。

马林军士点了点头，紧绷着一张脸儿，对着众人说道："佟老弟，马某今天身负军务，恕不奉陪！"随后便调转马头，要走的样子。但马林手里的鞭子还未挥下，便回过头对着其继续说道："你回去代我告诉李游击，就说让他好生招待这位捉虎少年，总兵府一定有赏！"说罢，便挥鞭疾驰而去。

努尔哈赤也听不懂他们话中的意思，索性在那里自己玩。突然走过来两个汉子，将其一架，便被驮上了一匹大白马，随着明军的马队，信马由缰。努尔哈赤一时蹙眉，不知道这对于自己来说是祸是福。

第七章

变身亲兵　梨花入李府

第二天日落之时，努尔哈赤骑着马跟随着马林来到了广宁城东南方向的一座山丘上。他举目远眺，看到被笼罩在暮霭中的古城，高耸的城墙，角楼也显现出威严，每一道堞口，都挺立着一位披甲执枪的明军，就好像山庙里的罗汉，好不威风！

广宁城也算是辽东的重镇，街市的建筑自然要比抚顺那个小城里的建筑更阔气一些。努尔哈赤骑在马上，欣赏着这些青砖灰瓦，飞檐起拱的城楼，再加上街道上一字儿排开的店铺厅堂，从里面出出进进的人都衣着华丽，这让马背上的少年顿觉繁华富丽。

走着，走着，忽听远处传来鼓瑟笙箫之音。他正直身远望，突然背后的一个明军高声叫道："李府到！"

话音刚落，只见一座金碧辉煌、纱灯耀眼的阔绰府第出现在眼前。

此处，正是辽东总兵、赫赫有名的明将李成梁的官府。

李成梁，字汝契，铁岭人。此人英勇善战，才智过人，但因家贫，到了四十岁，还是不得重用的军士。后来巡按御史发现他有大将之才，于是便启用了他。以后在与女真人交战中，屡立战功，李成梁被晋升为辽东的参将。隆庆二年，在辽东永平之战中，赴援有功，又晋为辽阳副总兵。以后深得皇上宠爱，直至做了辽东总兵，驻守广宁。李成梁官运亨通，居功自傲，日益骄横，随之花天酒地，纸醉金迷，三妻四妾，连娶了五个小老婆。为了讨好妻妾，显示虎威，他特意在城西北修了个老虎圈子，养了几只东北猛虎，每年找来几个大力士，举行斗虎表演，拿人命讨妻妾欢心。为此，他专门组成以马林为首的捕虎队，四处捕虎，寻找斗虎的勇士。

鼓乐之声盈耳。努尔哈赤被眼前的高门大院、雕梁画栋的建筑吸引住了。他走到大门口，看见两尊张嘴眯眼的石狮子，自己也乐得咧开憨厚的嘴唇，快跑了两步，走到大门右侧的石狮子旁，去抚摸那蹲伏着的石狮子的脊背，轻捋它脖子上的绒毛。

　　跨进高高的门槛，绕过影壁墙，只见前院梨花满枝，罂粟遍地，东西厢房门前，悬灯结彩，就连房脊上的石狮石虎也抿嘴直乐，弄得努尔哈赤一时眼花缭乱。此刻，李成梁五儿子的满月酒刚刚结束，好友亲朋陆续送走。李成梁既高兴又疲倦。他刚回到正房，斜躺在斑竹椅上，吸了几口银制的水烟袋，喷出香雾。这时，家人进屋来报："总兵大人，马大麻子从抚顺捕来一只虎崽子，还带来一个捉虎的少年！"

　　"快去叫来！"李成梁把水烟袋往桌上一礅，连忙立身站起，整了整月白色的便服，端坐在太师椅上等候。

　　不一会儿，马林带着努尔哈赤走到李成梁跟前，撩起衣襟，跪拜道："禀报总兵大人，卑职从高尔山弄来这个逮虎的小勇士！"

　　"免礼。"李成梁瞟了一眼马林身后的努尔哈赤，对马林和气地说。

　　马林迈着小碎步，凑到李成梁耳边悄悄地把怎样遇到猛虎，怎样率兵追撵虎崽子，怎样把努尔哈赤抬上马，急忙说了一遍。

　　李成梁听罢，脸上有些不悦地道："李游击乃是我的近亲。只要我说声跟他要人，他不乖乖地给我把人送来？"说完，又用爱抚的眼光瞟了努尔哈赤一眼，道："此次，让这位小'布特哈'受惊了！"

　　站在一旁的一位家仆，见努尔哈赤不懂大明的礼节，就对努尔哈赤挤了挤眼，小声道："总兵大人都向你道歉了，还不快快还礼致谢？"

　　努尔哈赤双手垂立，眼望着眼前这位白净脸、立剑眉、杏核眼、神逸潇洒的总兵大人，连忙打千。他的右手刚伸到右腿一侧，又想起对明官应施汉人礼节，于是又屈膝跪在地上大拜。李成梁见了十分赏识地捋着颔下三绺胡子笑了。

　　当晚，李府对努尔哈赤以勇士相待，视如宾客。以后一连数天也都酒肉招待。努尔哈赤住在李府，早晚练拳习棒，有的时候也陪李成梁出游狩猎之外。

　　那个时候正是多事之秋，特别是东蒙古诸部落不时地入边抢掠，作为戍边大将的李成梁必然要东征西讨。每逢出征，他总是把努尔哈赤带在身边。他有很多亲兵，其中有许多人对他忠心耿耿，而努尔哈赤却是一个陌生的女真少年。李成梁到底喜欢他什么呢？也许是他那张浓眉大眼的脸，也许是他那默默无声的性格？抑或是他一行一动中透露的勤勉忠诚呢？谁也说不准，但后来的一件事证实了李成梁的

眼力。

有一次，蒙古土蛮部进犯长勇堡，李成梁率兵前去迎击，战事激烈，他把身边的预备队都发出去了，没想到一小股蒙古人从他身后的山坳里冒了出来。李成梁有点着慌，因为他面前只有包括努尔哈赤在内的几个护卫。这个时候，努尔哈赤却表现出了李成梁意想不到的神勇。

他一手举刀，一手拿盾挡在了李成梁前面，与蒙古人展开了肉搏。他的行动鼓励了别的护卫，他们也以努尔哈赤为榜样，在李成梁前面组成了一道不可摧毁的人墙。就这样，他们一连打退了敌人几次冲锋，等李成梁的部队回救，努尔哈赤和他的伙伴们已经是个个鲜血淋漓了……

从那以后，李成梁更加喜欢努尔哈赤了。

使努尔哈赤不能忘怀的是他跟随李成梁的京都之行。万历六年，李成梁进京述职，他问努尔哈赤："愿不愿意跟我到京都去？"

努尔哈赤没有说话，但是他的眼睛亮了。

"努尔哈赤，我看得出你是一个有出息的小伙子。将来，你也许能够袭了你父亲的职，可是到死你也出不了你们女真人那个窝巢。你要想跟我干大事业，那就得读汉书、见大世面！在当今天下，论人文荟萃、论繁华鼎盛，那是没有胜过京都的了！"

那是努尔哈赤头一次进京，他被北京的盛景惊呆了！

李将军到宫中觐见皇上，或去拜访朋友，他就在北京里蹀躞着。他围绕着紫禁城转了三天。那蜿蜒的红墙，那金碧辉煌的殿阁，那高大的阁楼和城门，那威武雄壮的一队队士兵，使他瞠目结舌。他觉得有一种说不出的气势压抑着他，把他七尺男儿压得很小很小，小得就像一条蜷缩在红墙下面的小虫儿。

在过去，他觉得建州就是整个天下，他的赫图阿拉就是女真人最大的城市。他也知道有个大明的京都，可是他想，那京都再大也不过有赫图阿拉的几倍大吧？

现在他明白自己错了。眼前的京都不仅大得不得了，而且有着赫图阿拉永远不会有的东西！北京是一轮照耀天下的太阳，而赫图阿拉至多是一颗小小的星星……

他哭了，为什么呢？他说不出。是为女真人而哭吗？是为自己的渺小而哭吗？是为面前有一个他不能理解的势力而哭吗？

以后几天，他开始在北京的大街小巷溜达。他看到了北京人的生活。那整齐的街道几乎看不到赫图阿拉触眼皆是的牛羊，更看不到一堆堆的粪便。就是最偏僻的去处，那房舍也比女真人的百姓好十倍！靠近市中心的建筑那更是令人羡慕。即使是女真贵族也是住不上的！

后来，努尔哈赤从北京城的表面注意到更加重要的东西，那就是汉族人的生活和文化。他并没有接触几个读书人，他从北京一家挨一家的商业铺面和拥挤在大街小巷的络绎客商，从触眼的布告、公告和广告，从北京人的交往和谈吐，从书房的琅琅书声和各家各户门板上的对联和庙堂里的碑碣……他都感觉到扑面而来的深厚的文化意蕴。他感到似烈火烧灼般的痛苦，他坠入嫉妒的深渊……

他一遍一遍地问自己：女真人在强大的汉族人面前，难道永世不得翻身吗？就只能做他们的附庸，被他们蹂躏、统治吗？难道"长生天"就是这么安排的吗？

直到这时，他才发觉不知何时，在他的内心深处，就潜伏着对大汉族的反抗的火种。过去，他一直没有觉察到，现在，在古老的北京城里，它浮现出来了！

在回程的路上，他比过去更加沉默了。

"努尔哈赤，这几天，你看遍了北京么？"李将军问他。

"北京城太大了！"

"是呀，北京城是很大，但核心是紫禁城。你绕着紫禁城转了几遍？"

"三遍。"

"有些什么想法？"

努尔哈赤好久不说话。他心里是有很多想法的，但他不知从哪里说起。直到李成梁再三地要他说一说，他才用袖口抹一抹汗津津的额角说"那紫禁城使人想不到的高大，使人想不到的巍峨，想不到的富丽堂皇……"

"是的，你是想不到。从没见过嘛！——还想到些什么呢？"

"还想到……它……它压在全中国人的心上，永远使他们翻身不动身！"

李成梁听了努尔哈赤的话，想了想，哈哈大笑起来。他说："努尔哈赤，你真是和别的女真人不一样……其实，你说得也没错。北京城就是要镇服全中国的蒙古人、女真人、南苗人、西番人……无论什么人都要接受天朝的统治。有些异族的头领，在自己的窝巢里作威作福，觉得自己是个大人物，可是一到北京城，绕着紫禁城转一遭，就认识了自己不过是蜷缩在荒草野坡里的一只兽……"

努尔哈赤的眼角里又渗出泪珠。

他觉得李将军的话是对的，就像天是湛蓝的、太阳是金黄的一样对，可是他心里却受到了压抑，有点透不过气来。

"努尔哈赤，像你的父祖那样归顺天朝吧！永远做天朝的顺民，老老实实地为天朝守边，几代后，你们也就是汉族了！"

努尔哈赤不能反驳李成梁的话，他却听出了其中的滋味，那不过仍把他们看做是几条为朝廷守边的狗……

回到辽阳之后，李成梁待努尔哈赤更好了。只要有时间，他就把努尔哈赤叫到面前，教他读汉书，讲汉族的历史典故。这也使努尔哈赤十分痛苦。因为，他们女真人的历史，只能数上几代去，再往上就是些迷离恍惚的民间故事了。

努尔哈赤贪婪地学着，就像干涸的土地吸吮着雨水。

历史有这样的记载：说他们的关系融洽，"形同父子"。

日子就这样过着，不知不觉到了这一年的乞巧节。

乞巧节是汉人的民族节日，到了这一天，按照民俗，姑娘、媳妇们，都要整天忙着准备瓜果，到晚上摆在院子里供桌上，仰望着织女星，顶礼膜拜，乞求织女赐教，使自己能有一双巧手，织出如霞似锦的布匹，绣出世上最美的花朵。

这天，李成梁特别高兴，一则小儿子长得白胖可爱，二则克扣盐课又得巨款。尽管乞巧节是妇道人家的节日，他还是答应女儿、媳妇们，拜过织女星，请城里的名流艺人，进府唱唱小曲，全家在一起乐和乐和。

中午，李成梁用过饭后，就派李府总管韩老七到城里查访，看看城里是否又进来名艺丽人。韩老七凭借总管的权势，耳目甚多，他虽为李府佣人，出门却也狐假虎威地骑上栗色高头大马，从东关串到西关，又从南关查到北关。他查遍了戏楼、戏院，都没访到合适的艺人，最后韩总管在一条小巷里找来卖艺的梨花。

梨花耳听总兵府邀她父女进府唱戏，心中暗喜。多少天来，不就是盼着能有此良机吗？梨花自从在抚顺城马市，被努尔哈赤见义勇为救了之后，她就一直想找到努尔哈赤道谢。当时，他们父女见努尔哈赤无辜被抓，心中十分焦急，连夜逢人便问，匆匆赶到抚顺城里，四处打听努尔哈赤的下落。等王老汉打听到努尔哈赤的消息时，努尔哈赤已被李成梁的人马驮回广宁。于是，他们又日夜兼程，顺着浑河向西走，经沈阳直奔广宁。所以，梨花一听进总兵府，能有机会见到曾经搭救过自己的小恩人，就赶忙收摊，装起锣鼓琴弦，准备赶往李府。

李总兵府坐落在城内十字街东头路北。小梨花随着李府的一个小厮，绕过十字街口，不一会儿来到坐北朝南、门楼高耸、一进二出的总兵府大院。她抬头看去，只见清一色的砖瓦门楼、黑漆大门，显得十分威严。她刚走近半尺高的门槛，黑漆大门就"吱扭"一声开了。小厮把她让进门里。绕过影壁墙，她举目仰望，顿觉天地开阔。她从前院走到后院，越过东院墙的月亮门，不一会儿，登上假山，步入小亭。

小梨花把义父肩上的褡裢接下，放在亭子右侧的长凳上，拭了拭汗，站在这全城的最高处，环顾四野，顿觉心胸开阔。她俯视城南一家挨一家的店铺商号，遥望城北高耸的双塔寺，远眺西山的北镇古庙，便情不自禁地吟咏起先辈范仲淹的名句："登斯楼也，则有心旷神怡……"

晚饭过后，李家的姑娘媳妇们，在院子里摆上高桌，供上瓜果，就赶忙来到假山花园，听小梨花唱《天河配》。

傍晚的时候，努尔哈赤陪着李成梁在校场练习了一会女真的弓法。吃过晚饭后，他听到后花园之中热闹非凡，就随口哼着家乡的小曲溜进去凑热闹了。他站在回廊一个不起眼的角落里，听着远处的艺人唱戏。他朝戏台看去，因为离得太远，再加上小梨花着浓妆，根本就看不清楚真面目。努尔哈赤只是觉得唱戏艺人似曾相识；再侧耳细听，觉得这个声音更是耳熟。他疑惑起来，暗自问道：难道此人就是抚顺马市上那个卖唱的……

戏场里纱灯高悬，明如白昼。努尔哈赤在回廊里抓耳挠腮，沉默苦思此人的场景早被站在台上的小梨花发现。她一边唱戏，一边借机向努尔哈赤做暗示，无奈努尔哈赤一次也没发觉。

第八章

梨花忍辱　施计见旧人

晚上散了戏，按照离家的旧习，每晚都要吃顿夜宵。今晚韩总管让丫鬟为李成梁端来一碗面，但他却连碗筷都没动，只是蹲在那里一边抽烟，一边对韩老七夸奖小梨花相貌长得俊，戏也唱得好，同时让韩老七仔细打听一下小梨花的门第和籍贯。

韩总管跟了李成梁这么多年，早就吃透了他的心思，只是几句话的事，他就明白了李梁成的所思所想。李成梁今晚在戏场上不寻常的举动早已让韩总管起疑，再加上眼下关切周详的问语，他立刻明白过来：李成梁这是看上小梨花了，想讨小梨花做小妾。

韩总管对主子的眼神，心领神会。于是，当晚把小梨花父女安排在李府住下，以礼相待。小梨花父女流落江湖几年，从没有哪家官府如此厚待，视为上宾，他们一时未免受宠若惊，惴惴不安。王老汉生怕福尽祸来，几次同义女商量，应早早离开李府，向府内提了几次，可李成梁都摇头不允，婉言劝留。

其实，李成梁也有难言之隐。他喜欢小梨花，爱她的娇媚，爱她的绝艺，有心想留小梨花为侍妾，天天在跟前侍奉自己。但，转念一想，一则，小梨花出身贫寒，门不当，户不对，若成门亲事，恐怕叫人耻笑。二则，自己已白霜染鬓，与小梨花相配，犹如爷爷与孙女，又怕妻室儿女不依。想来想去，纳小梨花为妾，实难张口。

韩总管把这一切都看在眼里，于是就替主子暗生一计：以总兵大人好艺学唱为名，先收留小梨花父女住下，然后再从长计议。这样，李成梁就可以天天与小梨花在一起，跟她学学戏，唱唱曲，甚至学起弹三弦。朝夕相处，同室同坐，李成梁免不了对小梨花动手动脚。

可是，小梨花心灵眼快，从不上当。她知道，落到这样有权有势人家手里，很难逃出罗网。再说，来到李府虽多日，还未曾见到自己的小恩人，怎好施计脱身。于是她对李成梁的邪念，都肃然处之。只盼找个机会见到努尔哈赤，再作商议。

李成梁家的住室分前后两层院。走进大门后，圆圆的月亮门，把院子隔成前后两院。前院东西厢房住的是衙役、仆人、护兵；后院，住着李氏家族的妻儿老小。努尔哈赤住在前院，小梨花给安排在后院左侧的一间耳房里。平时李家家法森严，没有老人之命，谁也不许越出院门一步。高高的院墙，把人隔得各自一方。八月初一那天，李成梁带兵去沈阳处理军务，清早全府出动，欢送总兵官到东城门外。回府的路上，小梨花借进店买行头的机会，离开李家妻室婢女，慢慢地跟在男差壮夫之后。她眼望着努尔哈赤的背影，既高兴，又焦急。高兴的是真真切切地见到了小恩人；焦急的是，两人都好不容易出来一次，应该趁此机会，叙谈叙谈。可是努尔哈赤只知道傻走，连头也不回。这样下去，如果人都跨进李府大门，岂不错失良机？

小梨花边走边琢磨计策，当男差快要走进李府院门洞时，突然一条大黄狗从葡萄园里窜出来，小梨花见狗，急忙想出一计，猫腰捡起一块石子来，赶忙朝黄狗打去，正巧石头子打在狗的耳朵上，疼得它一时嗷嗷直叫。男差们听到狗的嚎叫，都回头查看。有狩猎经验的努尔哈赤不仅听狗叫，看狗跑，还四处搜寻狗跑的起因。他根据黄狗来去方向，从一棵大榆树后边，发现了隐藏在树后露出半张粉脸儿的小梨花。

小梨花朝努尔哈赤摆了摆手，于是努尔哈赤装系鞋带儿，落在众人之后，等大伙相继入院，他便悄悄地奔大榆树走去。

小梨花机灵多智，她为掩人耳目，就轻轻的溜进葡萄园，找到一株枝繁叶茂的葡萄架，停下脚步。她怦怦乱跳的心，刚平静下来，努尔哈赤就赶到她眼前。小梨花平时唱戏，人山人海都不怕。可此刻，在一个十四五的少年面前竟发起窘来，她红着脸，从袖筒里抽出一幅画卷儿，"唰啦"一声展开，然后鞠了一躬说："多谢阿哥搭救之恩！"

努尔哈赤望着小梨花的粉脸蛋儿，一时不好意思起来，连连摇头，憨笑着。

"小阿哥如此仗义，请问尊姓大名？""我叫……"努尔哈赤警觉的四处看了看，然后说："我叫爱新觉罗·努尔哈赤。"

"噢，听哥哥的名字，一定是女真人喽！"

"是的，是的。"

NUERHACHIZHUAN

"女真人是人，汉人也是人，怕他们干什么？"小梨花把胸脯一挺，秀美的眉毛一挑，又说，"人活在世上，就应该堂堂正正地做人！"

"哥哥也是如此想法。"

"那你为啥不离开这害人坑，"小梨花指了指李府，跺着脚道，"受那帮老爷差使？"

努尔哈赤怕小梨花误解，就略把自己的家世：继母如何虐待，父亲如何粗暴，尼堪外兰如何欺负他家，都一五一十地讲述出来。

小梨花听了既同情他的遭遇，又痛恨当今世道，她愤世嫉俗地骂道："当今大明朝奸臣当道，腐败无能，民不聊生。想不到，世居深山的女真各族，也有恶狗败类！"

努尔哈赤被小梨花凛然的正气感染了，他立刻想起这几天听汉人兄弟讲的花木兰、穆桂英以及《水浒》《三国》里的女中豪杰，眼前的小梨花，不正是那些可敬的巾帼英豪吗？想到这里，他便仔仔细细地盘问起小梨花的身世及个人遭遇。努尔哈赤听了既感叹，又遗憾地说："相见恨晚！我也想不到你有那么多不幸，你真是个刚强的女子！"

当！当！当！城北双塔寺的钟声响了。每当这钟声响起，李府里接来送往，迎亲待客就开始了。于是家仆、听差、衙役就开始了一天的忙碌活计。小梨花、努尔哈赤听到了钟声，再不敢多留，于是小梨花从左手指上，摘下一枚翠玉戒指，放到努尔哈赤的手里，海誓山盟："阿哥，等我们逃出虎口，小妹愿……"

努尔哈赤接过戒指，还想听小梨花喃喃细语，可惜，收拾葡萄园的园丁，手拎着长把剪刀，已走进篱笆门，他们不得不恋恋不舍地分手，各自悄悄地溜回总兵府。

广宁城热得像座火炉，街道两旁的大叶杨纹丝不动，耷拉着叶子，路旁的小草蔫蔫巴巴，像遭受了一场严霜，躲在树荫下的小狗儿，热得趴在地上，伸长舌头，急促地喘着气。中午，李成梁带着一伙人马从沈阳卫赶回广宁城，热得前胸后背的袍子都湿透了。他回府刚洗漱完毕，换上缎子面天蓝色圆领绸褂，坐在客厅里吸烟，忽听门口传来高声呼喊："建州部图伦城主尼堪外兰求见大人！"

李成梁急忙放下水烟袋，再整衣装，迎到客厅门口。

这时，尼堪外兰一行十多人，已相继脚蹬下马石下鞍。李家仆人将大礼十件接过，抬进大门。李成梁透过二道月亮门，只见礼架礼盒后面，紧跟着一个倭瓜脸、耗子眼、五短身材、凉帽绸袍的胖汉子。他越过小花池，忽然仆人送上一份礼单，红纸上工工整整写着：人参两袋、貂皮十张、鹿茸两架、野鸡十对、猴头五筐、大鲤鱼八条、活兔五对、活狍子两只、核桃两包、鲜山果两筐。如此厚礼，顿时乐坏了李成梁。李成梁从月亮门刚露出身影，尼堪外兰的高嗓门就放开了："总兵大人，您好！很久就想来孝敬您老，可惜事多，总脱不开身。"

李成梁连连点头，打着哈哈，笑吟吟地将尼堪外兰迎进穿堂客厅。李成梁与尼堪外兰寒暄了一阵子，这时酒宴已备齐。

李府的客厅分里外五间，西两间会见客人，东间一间专藏古玩书画，另一间是宴请客人的宴会厅。开宴时，中间放一张水曲柳八仙桌，四周摆着几案靠椅。家仆到西间与李成梁耳语了几句，李成梁就客气地对尼堪外兰说："薄酒粗菜，请你这远道的客人吃个便饭。"

尼堪外兰步出门槛，只见对面八仙桌上，已摆好四个冷盘：白鸡、酱鸭、闽生果、无锡脆鳝；檀香木条几上，放着杏花村"竹叶青"酒。等尼堪外兰、李成梁与陪客分宾主坐好后，家人又马上端来一道道名菜：芙蓉蛋、白汁鲴鱼、茄汁虾仁、红焖牛肉、糖醋里脊、南煎猪肝、软熘肉片、宫爆鸡丁。随着每一道菜上来，宴厅里不断飘散出味道各异的菜肴香味。侍女为宾主斟完了酒，大厅里顿时响起碰杯之声。美酒、佳肴令人贪杯。李成梁一口口"竹叶青"酒落肚，脸也红了，话也多了。他同尼堪外兰一连干了半两装的三瓷盅，禁不住吟咏起古人盛赞"竹叶青"的诗句：

三杯"竹叶"穿胸过，

两朵桃花飞上来。

李成梁摇头晃脑吟罢，又讲起"竹叶青"酒一千三百多年的历史。他从得天独厚的"古井亭"，讲到"竹叶青"酒的清澈、幽雅、绵甜的"三绝"。

尼堪外兰见主人如此兴奋、健谈，一时受宠若惊，连连起立致谢，说起一套套恭维话。李成梁越喝越高兴，最后命侍女将小梨花找来陪酒。不一会儿，梨花翩翩走来，她一边斟酒，一边唱着小曲，使李成梁顿时飘飘若仙，自己仿佛成了仙人。于是他以居高临下的架势，向尼堪外兰问道："尼堪外兰城主，此次远道而来，不知卑职能为你做点儿什么？"

李成梁的客气，更叫尼堪外兰坐立不安。于是他欠起屁股，摇着滚圆的脑袋说："我建州女真，地域广大，如今已分左卫、右卫，各卫又设都指挥使，而战……"

"你又不笨不傻，怎么不从觉昌安、王杲之手夺回指挥使的敕书？"

"大人，您有所不知。如今王杲与觉昌安拧成一股绳，实难下手呀！十几年来，为掰开他们，我都弄成了满鬓白发，大人……"李成梁未等尼堪外兰说完，就理解了这位远方客人的来意。他想起正统七年，女真人董山与凡察争夺建州左卫指挥使官职的历史，就笑着说："好说，好说，有左、有右，还缺中吗？"

尼堪外兰似懂非懂，似笑非笑地说："不过，觉昌安这东西，容不得我呀！"他自斟了一盅，一饮而尽，又说："如今他又添了个百步穿杨的大孙子，听说这小子左脚心上生了七颗红痦子，恐怕将来……"

"什么？"李成梁霍地站起来，自语道，"我左脚心上生了三颗黑痦子，就当了总兵这么大个官儿。他生了七颗红痦子，恐怕将来要比我官大得多呀！"

"这正是小人来意之一。"尼堪外兰见李成梁上钩，就从中调唆说，"如果这小子一旦做官发迹，您这个总兵往哪儿摆呀？"

"以你之见呢？"李成梁忧心忡忡地问道。

尼堪外兰没有说话，只是咬着牙，用手做个砍头的手势。

"那么，生痦子的小子现在在哪里？"李成梁追问了一句。

"正在您府上。"

"是那个女真神箭手？"

尼堪外兰奸笑着，像啄木鸟似的点着头。

李成梁额上渗出汗珠，他惴惴不安地刚坐下，忽然辽东巡抚差人送来一道圣上密旨。他站起来毕恭毕敬地拆封速阅黄绢密旨。只见上面写道："近日钦天监夜观天象，发现辽东地面升起真龙天子的祥云。朕为此夜不能寐，限镇守辽东文官武将七日内缉捕钦犯，押解进京。"

李成梁放下密旨，顿觉浑身发冷。天哪，偌大个辽东，关卫罗列，人海茫茫，何处去寻钦犯？七天，七天若拿住钦犯，当然可以官升三级、赐世袭王位，可逾期不获，岂不招来杀身之祸，满门抄斩？

屋外树上的知了，焦躁地叫着。李成梁一时心烦意乱、六神无主地在客厅里倒背着双手，踱来踱去。

尼堪外兰见总兵大人如此惶惶不安，就好奇地偷看了一眼密旨，然后小眼睛快速地眨了眨，嘻嘻一笑："总兵大人，莫发愁！小人知道那钦犯是谁。"

李成梁抓着尼堪外兰的胳膊，就像老鹰抓住兔子一样，瞪大眼睛问道："到底是谁？"

尼堪外兰瞪着眼睛，颤抖着声音回答道："就是那个脚上长着七颗红痦子，人称有帝王之命的小崽子。"

"是努尔哈赤对吗？"

尼堪外兰知道李梁成已经上当，得意地奸笑道："真是'踏破铁鞋无觅处，得来全不费工夫'啊！"

"好！"李成梁高兴一拍面前的八仙桌子，对着外面大声说道："传令准备好囚车，明日我就要将努尔哈赤押解进京，交给皇上，问罪斩首。图伦城主，假如卑职能因此获得加封，日后一定重赏，一定保你步步高升。来，干！"

屋里的两个人因为得意，坐在一起把酒言欢，举杯碰盏，仿佛看到了自己步步高升的仕途，都异常兴奋。

第八章　梨花忍辱　施计见旧人

第九章

毒计将施　难逃美人计

李成梁和尼堪外兰两个人一直喝到烂醉着沉沉睡去，一觉醒来，已是掌灯时分。他坐起来，感到一阵疲乏，但一想到明天就能升官发财，就又浑身轻松。他站起身，打了个哈欠，向外招呼一声就进来了一名侍女，侍女在屋子里点好蜡烛，放在墙角的蜡台上。转身刚要走，却被李成梁叫住，只好又折回来。李梁成笑眯眯地摸了一把侍女的粉脸蛋儿，说："翠儿，你去告诉一声韩总管，让他把努尔哈赤找来！"

小侍女红着脸，作了个揖，赶忙退出总兵的卧室。不一会儿，努尔哈赤独自走进来。

努尔哈赤对这突如其来的召见，一时摸不着头脑。他低头走在灰砖地上，暗想：是明天总兵叫我去斗虎，还是进山捉虎？不，如果是这等差事，只需韩总管传令给我就是了，也许明天我陪他打猎？不，这样随叫随走的事，用不着召见。那到底为何找我呢？

"努尔哈赤到！"总兵官卧室门口的男仆，站在门口的一座风灯下喊道。

努尔哈赤一怔神，在门口停下脚步。

"进来！进来！"李总兵格外客气地在屋里招呼着。

努尔哈赤抬脚跨进门槛儿，只见李成梁正光脚坐在太师椅上，斜歪着身子，半眯着杏儿眼，哼着小曲儿。总兵看见努尔哈赤拘束地走来，就笑着说："快去打盆洗脚水，帮我洗洗脚。"

努尔哈赤应诺退出，一时如坠入云雾。往日，李成梁洗脚都叫小丫鬟忙活，今天为什么突然叫起我来了？他走进水房，用铜盆打了多半盆温水，边走边觉得此事蹊跷。他回到李成梁卧室，给李成梁洗了一阵子脚，猛然在李成梁的脚心触摸到三颗肉乎乎的小疙瘩。他慢慢将李成梁左脚抬起，发现是三颗痦子，心里一惊，马上把李成梁的左脚放在盆里。

李成梁把这一切都看在眼里，他哈哈笑道："我能享福主贵，当总兵，多亏这三颗痦子哟！"

努尔哈赤被李成梁的笑声感染，刚才的思虑和拘谨，都烟消云散了，他说："大人，不瞒您说，我的脚心上也有痦子，比您多四颗！""真的?"努尔哈赤擦了擦手，脱下布袜子，抬起左脚，在李成梁眼下一晃，说："看，是真的吧?"

李成梁捂着鼻子，向前探着身子，强忍着他面前那只大脚板子散发出的臭味儿，仔细盯了几眼，发现努尔哈赤的脚心果然长着七颗痦子，这时他立刻身子往后一靠，长吁了一口气。

洗完脚，努尔哈赤退出总兵的卧室。李成梁赶忙又把韩总管叫到跟前，将圣上密旨简略地说了说，便吩咐道："快连夜做辆囚车，给我备好马匹。明天一早我就动身把努尔哈赤押解进京。"

"大人，那小子可是个神箭手呀，将来在您手下，可能成为一员大将。"韩总管亦真亦假地挤着眼，蟹子脸仰望着坐在太师椅上的李成梁说。

"你懂个屁！"李成梁不耐烦地道，"我抓住个钦犯，圣上一定大悦。皇上高兴，我就能官升三级，这不比卖命打仗好多了！"

韩总管的小眼睛立刻眯成一条线，竖起大拇指，奉承道："大人真乃当今的二诸葛呀！"

主仆俩人说笑了一阵子，忽听窗外啪嗒一声，不知什么东西掉外边。李成梁马上警觉地站起来，努努嘴巴小声儿说："看看去。"

韩老七一个箭步，像猴子似的跳到门外，见一只黑猫正"吧嗒吧嗒"地舔着一只木碗里喂鸟的麸糠。他暗自笑了笑，就转身回到屋里，嘻嘻笑着说："是只猫把喂鸟的食碗扒掉在地下啦。"

"这就好。"李成梁站起来，又嘱咐道，"这件事，谁也不许告诉。尤其不要惊动努尔哈赤，以免节外生枝。要知道，钦犯送进京，就要马上砍头的！"

"是！老爷！"韩老七规规矩矩地向李成梁行了个大礼，就转身跨出门槛儿。

蹲在窗外丁香树下的小梨花，把李成梁同韩总管的对话听得一清二楚。当韩老七答应一声就转身的时候，她赶忙站起来，像小鸟儿似的，轻手轻脚地飞回自己住的耳房。她躺在软绵绵的木床上，对着红

纱灯，发呆发愣。眼前不断浮现出善良、豪爽的努尔哈赤的音容，她想起抚顺马市巧遇的一幕，想起葡萄园里的幽会，他是多好的少年呀！将来能与这样的人结发为妻，岂不终生自豪吗？想到这里，她更觉得李成梁抓努尔哈赤进京邀功毒计的可怕，身上阵阵发冷。怎么样才能救这位心上人呢？

夜，渐渐黑下来，窗外响起蚊子的嗡嗡声。巡夜的梆子声，从前院传到后院。高高的院墙把她与努尔哈赤及义父隔开。此刻她多想穿过月亮门儿，把这一切告诉努尔哈赤呀！可是，除韩总管、更夫，谁敢越雷池一步！即使出了总兵府，又怎能闯过警戒森严的城门呢？她思来想去，心中暗生一计，便对镜梳妆，巧理云鬟，穿上薄纱舞裙，翩翩若仙地步出耳房，直奔总兵卧室。

此时，韩总管已退出总兵官的房门，屋里只剩下李成梁独自一人，坐在太师椅上，品尝着碧螺春清茶。李成梁正闭目养神，忽听房门吱扭儿一响，随着徐徐开动的房门，闪进一个唇红齿白，面若桃花，腰姿妖媚，舞裙拖地的丽人。他忽地眼睛一亮，慌忙欠身："哟，好漂亮的仙女！梨花，我没看错你吧？"

"大人向来眼尖耳灵，岂能认错下人。"

"天这么晚了，你怎么才想进来？"李成梁嗅着梨花身上的香粉，如同猫儿闻到鲜鱼之腥味，他好色地伸出长满寿斑的右手，轻轻抚摸了一下梨花的脸蛋儿。

梨花没有表示反抗，顺从地站在李成梁身边，莞尔一笑："小人来给大人解酒来了！"

李成梁一时有些神魂颠倒。数日以来，他朝思暮想的，不正是如花似玉、美若天仙的妙龄少女来陪伴自己嘛！今日难得她娇媚的一笑，更难得她夜深独自闯进卧室。他斜睨了一眼梨花，猛地像饿虎扑食一样，把梨花搂到怀里："我朝思暮想的正是此时此刻！"

"大人，先不要这样。等您喝足了美酒……"梨花从李成梁的怀抱里挣脱，走到檀香木酒柜前，斟了满满一杯红葡萄酒，柔声劝道："古人曰'葡萄美酒夜光杯，欲饮琵琶马上催'。请大人喝个醉卧沙场吧？"

李成梁接过酒杯，一饮而尽："美人儿，唐人的诗句未免太悲伤了，不知小心肝儿，你是否记得古人另两句诗：'醒掌天下权，醉枕美人膝。'"

小梨花嗔笑着："哼！小人今晚来陪酒，你偏吟那没出息的诗，你要枕什么美人的膝，就自去枕好了，恕小人告辞。"

李成梁慌忙抓住梨花的小手，赔笑道："莫走，莫走，都是大人的不是。好，我自罚三杯！"

李成梁连干三杯，略有醉意地说："梨花，切莫见怪，多日来，我想的就是你，爱的就是你。若你肯嫁我，我宁肯丢下辽东总兵之职，独自带你进京做个小官，相依相伴，过过清闲的日子。"

"哼，像你这官居要职的人，说话多言而无信。"

"梨花，"李成梁瞪着殷红的醉眼起誓许愿地说，"本官若有半句是假，甘愿受罚！"

梨花从底柜捧出一坛储藏十年以上的"女儿酒"，放到桌上，道："大人如若一片真心，请将这坛老酒饮下。小人日后愿侍候您一辈子！"

"女儿酒"，按照旧习，将米酒储藏数年，待婚嫁之日，方开坛取酒以宴宾客。李成梁接过彩花瓷坛暗喜，心想：这不分明表白她是忠于我吗？好，这坛"女儿酒"我喝了！

李成梁双手捧过揭去盖的酒坛子，将唇放到坛边，仰起脖儿，咕咚咕咚，一会儿就喝光了。

刚刚喝完，梨花便轻舒长袖，在李梁成面前翩翩起舞……

李成梁将一整坛女儿红喝完本就有了醉意，此时再看梨花轻舞，更是怡然自得，手抚下巴上的短须，摇头晃脑。很快，这坛"女儿酒"的后劲就发作了，李梁成渐渐觉得头晕目眩，就连小梨花的身影都开始重叠，忽上忽下，忽左忽右，他迷迷糊糊地开始向下倒去，四肢失去知觉，烂醉如泥般地躺倒在椅子上。

第十章

贵人相助　连夜逃魔掌

　　梨花听着他鼾声如雷，赶忙从他的腰间解下了出城的令牌，将李梁成的门反锁，从窗口跳出。就在她跳窗的时候，忽然看见一个人影朝她走来。原来是个弯腰驼背的老更夫，他敲着木梆子走近总兵的卧室，在墙角处忽然发现玫瑰花丛中站着一个少女，他出于好奇，走近细看才看清楚是小梨花在这里。梨花听见脚步声，站在那里盘算了一阵子，便抽抽搭搭开始小声啜泣。老更夫见小梨花哭得如此伤心，不免心生疼爱，小声问道："姑娘，你为什么哭啊？有什么伤心的事，就跟老伯说说，我能帮你的一定帮忙。"

　　梨花抬起头来，望着老更夫道："大伯，我好些天没见我爹了，想得睡不着觉。"

　　"哎哟，王老汉就和我住在一间屋里，抽空你就悄悄去看看呗！"

　　"我想今晚就去看看他老人家，请大伯发发善心吧。"

　　小梨花甜滋滋的话儿，把老更夫说得心软了。不过，今晚难去呀。于是他为难地对小梨花说："傍黑天，韩总管反复嘱咐，今晚没有老爷和他的准许，谁也不许越院儿门一步！"

　　"他们不都睡着了吗？再说，老爷今个儿喝那么多酒，一觉睡到大天亮，还能碰着谁吗？"

　　老更夫听小梨花说得头头是道，就索性答应了，不过他再三嘱咐："千万别叫韩总管看见。"

　　说罢，老更夫就梆梆地敲着梆子，从后院绕到中门，又从中门敲到前院，两道月门儿，既不关闭，又不上锁。老更夫走后，小梨花轻手轻脚地溜出两道月门儿，直奔前院东厢房的一间耳房。

　　耳房门虚掩着，屋里闪着小油灯的光亮。王老汉正坐在炕头抽闷烟。他见小梨花突然闯进来，一时莫名其妙，核桃似的面颊抽动着。半天才说出一句话："深更半夜的，你怎么溜出来的？"他欠着屁股，身子挪到炕沿边，磕了磕烟袋，不安地说："好姑娘，你快快给我回去，若是被老爷发现，要吃重棍的！"

"不！不！"小梨花说着坐到炕沿上，抓着义父的手说，"女儿要跟你商量一件要事。"

王老汉见小梨花如此认真严肃，就把两脚耷拉在炕沿上，听女儿述说。

小梨花简明扼要地把尼堪外兰来访，李成梁借圣旨密谋明天要押解努尔哈赤进京的事，一五一十地说了一遍。王老汉听罢，顿时两腿发抖，结结巴巴地说："这可是人命关天的事，一定想办法叫努尔哈赤今晚逃走！"

小梨花眼含着泪水抓住王老汉的手，声音发颤地说："您真是好爹爹！"

逃走就那么容易吗？此刻大门紧锁，后门紧闭，门房又有看守，大门怎么出？即使努尔哈赤飞出大门，如果被李府发现，怎逃得出骑马的追兵。爷俩商量来，商量去，决定从马圈里牵两匹快马，趁夜深人静的时候，小梨花同努尔哈赤一道逃走。

爷俩主意已定，小梨花心中的一块石头落了地。王老汉下了炕，弯腰拎起锡壶，给小梨花倒了一碗凉开水。小梨花接过水碗刚要喝，突然房门推开，来人随之唤道："梨花，快回后院吧。"

小梨花听声音是老更夫，就把刚刚吹灭的油灯又点着，凑到老更夫耳边说："大伯，俺不走了。""为啥？"

王老汉把刚才商量好的计谋，跟他一五一十地说了一遍。

老更夫连连摇头："使不得！使不得！"

"为什么？"小梨花焦急地站起来问。

老更夫擦了擦眼角的眵目糊，两眼盯着王老汉说："我可以豁出老命救你们。可是，门房里的兄弟，上有老，下有小，放走你们，他们难逃李总兵的手心呀！"

王老汉笑了笑，从枕头下掏出一个黄纸包，在手心里掂了掂，说："老兄，我是老跑江湖的，后事你不必担心，千斤的重担，由我承担。"

"你担得起吗？"老更夫苦笑着问。

"嘿嘿，"王老汉凑到老更夫跟前，笑眯眯地说，"你知道这纸包里是什么吗？这叫蒙汗药。等我神不知、鬼不觉地把药送到门房，用热

水一烫，几股白烟儿，就把他们几位熏过去了。等他们两个逃出广宁，即使李总兵发现了，你就会说，半夜里来了神兵天将，把努尔哈赤搭救走的吗？"

老更夫听罢，嘿嘿笑道："你真不愧是闯荡江湖的人，鬼点子真多！"

天到三更，王老汉悄悄地溜到努尔哈赤的房子里，借着月光，把尼堪外兰与李成梁如何设计加害他，又怎样连夜出逃的事跟他如实地说了一遍。努尔哈赤听了顿时火冒三丈，他当即跳下炕，从墙上摘下朴刀："他们如此阴险奸诈，俺今天就跟他们拼个鱼死网破！"

王老汉连忙从他手里夺下朴刀，劝道："深更半夜，房门紧闭，你咋能靠近他们？"

努尔哈赤觉得有理，强忍着心头怒火，忧心忡忡地说："我们怎能撇下您老人家，只顾自己？"

王老汉拍了拍他的肩膀，嘿嘿笑道："大伯有办法对付！快快收拾东西，准备走吧。"

一切收拾妥当，老更夫假装到门房送水的机会，把王老汉给他的蒙汗药塞到墙角，然后自己脱鞋坐到炕头。不一会儿，两个守门人和老更夫都一齐迷糊过去，他们或坐，或躺，或趴，像三个醉汉。

王老汉趁此机会，从马棚里牵出二匹青马，一人一匹交给努尔哈赤和小梨花，然后嘱咐道："你们赶快逃命吧！大门已经打开。"

努尔哈赤接过一匹青马，缰绳刚刚握到手里，只听青马咴咴直叫。他听马叫声，立刻认出这匹马是自己从家里骑出来，尔后寄放在抚顺马市的那匹大青马。原来，这匹马被李游击认领到自个家里后，为讨好李成梁，把这匹快马送到广宁。老马识主，大青马见到失散多日的小主人，怎能不要欢呢！努尔哈赤和小梨花刚把马牵到大门洞里，只听后院月亮门儿"吱扭"开了一道缝，随之问道："马叫什么？"

这是总管韩老七的问话声。小梨花顿时急出一头冷汗，浑身冰凉。努尔哈赤已顺手抽出腰刀。

正在这生死攸关千钧一发之际，王老汉在更房门口敲了两下梆子，手捏鼻子，学着老更夫的说话声应声道："夜里饮马，韩总管放心好了！"

半夜本就寒冷，再加上有风，天就更凉了。韩老七披着单衫，连着打了两个寒战，随即便回到了自己屋里，一骨碌就钻进了温暖的被窝。

努尔哈赤和梨花趁机跃上马背，从总兵府里溜了出去，一直出了东城门。

天亮了，韩总管醒过来，穿好自己的衣服，让厨娘们为李总兵准备饭菜，自己推门进入了努尔哈赤的房间。他进屋一看，空无一人，看来是早就逃跑了。他赶紧跑到李总兵的房门外大喊："努尔哈赤跑了！"

李成梁听到这喊声，再也没有困意，立即起床穿衣，集合全体护兵、军士和家仆，兵分三路去追努尔哈赤和小梨花二人。

第十一章

调虎离山　梨花做诱饵

努尔哈赤和小梨花两个人各骑着一匹马，越过了辽河，一直逃到了辽阳城北的一片荒草甸子处。这里草深林密，环境也相当僻静，是个藏身的好地方。

跑了一夜的两个人早已人困马乏，两匹马也因为跑了半宿，又渴又饿，脊背上本来油亮的鬃毛，现在也跟水洗似的。它们看到脚下萋萋的芳草，放慢了脚步，饿得直打响鼻。努尔哈赤看自己的大青马累成这般模样，也非常心疼。他让身后的小梨花下来歇歇。努尔哈赤擦了擦自己额头上的汗，对小梨花说："你留在这里看马，我去前面山上找些吃的过来。"说罢，便把自己的大青马交到了小梨花的手里，直奔前面一望无际的大荒甸子走去。

大青马、二青马都累得喘息不止。小梨花心疼地牵着两匹马，在一片沙地上遛来遛去。遛着遛着，大青马突然看见眼前一池清水，就挣着缰绳直奔水洼子。大青马、二青马都渴极了，前腿插在浅水里，伸长脖子就都咕咚咕咚地拼命喝起水来。

凉水进肚，马似乎安稳了，小梨花把两匹马拴在一株柳树桩子上，就去帮努尔哈赤找吃的东西。

黎明前的大甸子寂静无声，只有蛐蛐、青蛙的叫声，不时传入耳际。眨眼工夫，天大亮了。

此刻，梨花如同出笼的小鸟，顿时眼前一片光明。她看见绿丛中紫色的绣球花，点头起舞；喇叭花儿，张着嘴儿向她微笑；百日红，引逗小蜜蜂上下翻飞，她的心也随着翩翩起伏。啊，大自然真美！她跑着、跳着，脚步声惊飞了草丛里一群群的水鸟儿，唧儿嘎儿地叫着，飞向远方。她快活地从地上拣起一块块小石子儿，使劲朝草丛扔去，只听几只大雁"啊啊"地叫着，抖动着翅膀，飞向蓝天。小梨花仰望着那些又肥又大的野雁，心想：有雁就有蛋。于是，她踏着青草，朝大雁起飞的地方跑去。果然不出所料，草窠里，有像小拳头那么大的一堆雁蛋。她扒开草丛，毛腰一手一个从沙堆里拣起来，兜在衣襟里。拣完，她又往前走了几步，发现在一个沙窝里，又有几个青皮野鸭蛋。她欣喜地走过去，又拣起放在衣襟里。

二十多个鸭蛋和雁蛋把衣襟撑得鼓鼓囊囊，小梨花再也不敢跑了，她一手提着衣襟，一手托着雁蛋、野鸭蛋，暗想：可不能再拣了，再拣就成了贪财的老王婆啦！念叨间，她脚下一滑，踩着一堆圆圆的东西，她低头一看，又是一堆野鸭蛋。她刚哈腰去拣，只听身边传来努尔哈赤哈哈笑声："小和尚，还想拣？"

小梨花被这冷不防的说笑声吓了一跳。她抬头望了一眼努尔哈赤，莫名其妙地问："哪来的小和尚呀？"

"哈哈哈……"努尔哈赤乐得前仰后合，指着小梨花说："我乐得就是你。你们汉人有句老话说'出家人爱财，越多越好'。你这么贪财，不像个出家和尚吗？"

从小学过才子佳人戏的小梨花，见努尔哈赤如此可爱，就挑了挑眉梢，努努嘴，俏皮地说："我要是女扮男装的小和尚，你不就是梁山伯了吗？"

一句话，把努尔哈赤羞得满脸通红。他笑着，一手拎着一只野鸭，一手拎着小梨花拣来包好的野鸭蛋、雁蛋，朝大青、二青两匹马走去。

两人拎着猎物，回到大青、二青旁边，找了块干净的空地，就拢起篝火，支起火架。努尔哈赤从小跟爷爷打猎，习惯了野外生活。他挽起马蹄袖，把野鸭挂在火架上，雁蛋、野鸭蛋放进火堆里，又烤又烧，不大工夫，蛋熟鸭熟，两个人高高兴兴在一起吃了一顿野餐。

多情的小梨花，给努尔哈赤擦了擦嘴角的烟灰，就商量道："快点儿赶路吧，要不李成梁万一发觉，派人追上来，就麻烦了。"

两人商量好，小梨花收拾东西，努尔哈赤去牵大青、二青。可是，当努尔哈赤走到二匹马前，便愣住了。二青躺在地上，死了。这下子可急坏了努尔哈赤，他掰着马嘴看了看，慌忙转身问道："梨花，你喂二青什么东西没有？"

梨花摇摇头，说："没有，只是刚才在水池子里喝了些水。"

"哎呀！"努尔哈赤一拍大腿，道，"马跑长路，停下来不能马上饮冷水。"

"为啥？"

"一冷一热，会把肺子激坏的，"努尔哈赤后悔地说，"都怪我，没有多嘱咐你一句。"

"不，怨我！怨我！"小梨花也后悔莫及，摸着两腮说。

两人互相自愧地揽过，只见西北方向的土路上尘烟四起。小梨花站到木桩上，跷脚看了看，喊道："不好了，明军追来了！"

努尔哈赤回头一看，果然一队明军追来。他眉头一皱，二话没说，嗖地把小梨花搁到大青马上，又把零碎东西搭到马背上，就噌地跃上马背，打马朝太子河跑去。

他们跑了一阵儿，来到太子河边，刚想回头察看追兵，突然大青马又一骨碌倒下，不一会儿，也蹬腿死去。此刻，前有太子河拦路，后有明军追赶，真是"上天无路，入地无门"。眼看明军就要追到眼前，小梨花突然把紧贴在她身边的努尔哈赤推开，瞪着圆圆的眼睛，说："快，你快朝上跑，我朝下跑。只要今生不死，你我定能相见。"

努尔哈赤眼含热泪，收拾好褡裢，在梨花一再催促下，一步一回头，依依不舍地向太子河上游跑去。

追赶他们的明军马队来到太子河岸，见小梨花飞也似的朝下游跑去，就拼命追去，他们追到一个山冈，见小梨花站在一棵歪脖梨树下，朝他们怒目而视，都不敢靠近。带领他们追赶的尼堪外兰的心腹塔昂开列，见众人踯躅不前，就像恶狼似的嗷嗷吼叫道："抓住她，就抓住努尔哈赤了。老爷说，谁抓住努尔哈赤赏白银二十两。"

塔昂开列本就是个亡命之徒，他手里拿着大刀，他翻身下马，第一个向小梨花所在的山冈冲去。在塔昂开列离她还有十多步远的地方，小梨花以迅雷不及掩耳之势将脚下的石块全部丢下山，直接朝塔昂开列砸去。塔昂开列躲闪不及，被一块大石重重砸在他的右臂上，只听惨叫一声，他便像一只受惊的野狼一样，更加凶猛地向小梨花扑过去。

十几个明军见只有小梨花一个人，再加上塔昂开列为他们壮胆，就像群狼似的扑向手无寸铁的小梨花。小梨花知道自己寡难敌众，被这群人抓回去一定不会有什么好下场，很可能还会连累努尔哈赤，于是便纵身一跃，跳进了身后的河里……

第十二章

草甸逃生　野岭交朋友

塔昂开列见梨花跳水自尽，站在岸边一阵狂笑，然后翻身上马，带领明军继续朝上游追赶。

努尔哈赤进入了荒原。

忽然，他听到了一阵狗叫。回头一看，见一条大狗追了来。这是努尔哈赤在李府的时候养的，取名老黑。努尔哈赤在这个时候看到老黑，心里非常高兴。在这漫长的回乡路上，孤独的他是多么需要一个伙伴呀！

他搂着老黑的脖子，亲着。"老黑，我忠心的伙伴。"

黑狗呜呜地叫着，伸出通红的舌头舔着努尔哈赤的手脸。

忽然，努尔哈赤看到它的后胯上有两道伤口，深深的，渗着血水。努尔哈赤撕下了一块衣襟想为它包扎，可是狗跑开了，它一直向草原的深处跑去。

狗是对的。不久，追兵就来了。

努尔哈赤回头一看，见后面的地平线上有一条横着的晃动着的黑线，那是散兵线。努尔哈赤随从李成梁征伐蒙古时，就常常排成这样的散兵线追击。那散兵线跑得很快。一会儿，努尔哈赤就看清他们是骑着马，手中的刀枪在阳光下闪着耀眼的光。

努尔哈赤想：他们看到我了吗？要是看见了，他们会纵马驰骋，那样，我就插翅难逃了。可是，即使是现在还没有看到我，他们也终究会发现我的。在这大平原上，我就像秃子头上的跳蚤，很显眼的。

不远处绵亘着许多丘陵，在它们之间杂着一些树木。

黑狗跑到那儿去了，并且低声地吠着。意思是要它的主人跟它到那儿去。

努尔哈赤失望地想：那些散乱的小山包，那几棵树就能藏得了人吗？可是，那总比在光秃秃的平原上好呀！努尔哈赤向那儿跑了。

他刚刚进入丘陵地带，追兵就逼近了，并且发现了努尔哈赤。他们的叫嚷声也传过来了。

"那就是他!"

"是他! 终于追上这小子了!"

"快, 别让他藏起来!"

"他藏不起来。在这种地方, 不用说是人, 就是一只兔子也藏不住!"

努尔哈赤知道无逃脱的希望了, 可他还是往丘陵中跑。

跑进丘陵中后, 他才明白敌人说得是对的。一个个小土包和周围齐膝的荒草是藏不住他这个八尺男儿的。现在, 他只有祷告他死去的母亲, 祷告他的"长生天"显灵保护他了。

他仍在跑。惊起一群群的乌鸦, "呀呀"地叫着在他周围盘旋。大概这是这儿唯一的生物了。

黑狗还在往前跑。努尔哈赤却不想再跑了, 他不想再做徒劳的挣扎。

就在他前面矗立着一棵大树, 有几人合抱那么粗。在十几年、几十年前一定是棵枝繁叶茂的树, 可是它现在枯了、烂了, 当中有个巨大的黑洞。

过去, 如果有人给他说: 在被追得穷途末路时, 可找棵枯树躲藏起来, 那他一定认为是荒唐可笑的, 是小孩子的见识。但现在他却真的下意识地钻到树洞里去了。一想到他会被人从树洞里拖出来, 他羞辱得浑身战栗……

树洞里竟很宽敞, 可以让他这个壮硕的汉子从容地站着。

一群乌鸦飞来, 落在了枯树上, 大声地"呀呀"叫。随着它们的叫声, 乌鸦也越聚越多, 连上面的一小片蓝天也遮没了。

敌人来到了这片丘陵。

"那个努尔哈赤就在这里, 细细地给我搜一搜!"是指挥官的声音。

"官爷, 可是, 他像钻到地里似的, 不见影儿了!"

"胡说! 他又不是蛇, 怎会往地里钻?"

"我们也是这样想, 可就是找不到!"

"你们骑在马上东瞅西瞧, 怎么找得细密? 下来, 都给我从马上滚下来!"

"老爷，那里有棵枯树，那家伙是不是在那枯树里藏着？"

"只有傻瓜才那么想！你看满树都是乌鸦，如果树里藏着人，乌鸦会大群大群地落在上面吗？——给我揍那傻瓜几鞭子！"

响起笑声和噼啪的皮鞭声。

"老爷，您瞧，努尔哈赤的黑狗在不远处！"有人报告他们的官长。

"努尔哈赤一定在那里，快，快去追，上马！"

随着狗叫声，马蹄声、呼喝声渐渐远去了。

努尔哈赤惊出一身凉汗，他定定神，从枯树里钻出来。对着枯树和那群乌鸦倒头便拜："枯树，你是树神；乌鸦，你们是神鸟。我努尔哈赤今天拾得一命，全是你们所赐！如果我侥幸逃得这一场灾难，将来一定回来祭拜你们，绝不敢忘记你们的恩情！"

他心里牵挂着他的老黑，又走入荒原。

老黑又一次地为我将敌人引开，这一次，大概它要难逃一死了！——想到这里，他感动得泪眼婆娑。

但是，他的劫难并没有过去。

当他深入大草原内部，深信从外面再也看不到自己的时候，心情轻松起来。他跪下来再一次地祷告上苍，感谢"长生天"的活命之恩。

就在这时，他闻到顺风飘来一股燎烟气味，而且，这呛人的味道越来越浓。他站起来向北一看，只见一道火线已经形成，正在很快地向他逼来，用不了多久，大火就会来到他面前的。

放火者不用说就是李成梁的兵丁。

努尔哈赤感到绝望了。他知道自己立刻就要陷于火海。

但他不愿意就这样被烧死。坐着等死，不是爱新觉罗氏的性格。他撒开腿，拼命地和大火赛跑……

"汪！汪！……"随着几声狗叫，那黑狗又意外地来到他的面前。

努尔哈赤激动极了，他不顾火势向自己逼来，跪在地上，把自己的爱犬紧紧抱起来亲吻着。"老黑，你为什么不逃生？为什么还来找我？这一次，咱们可是无望了，你想和我一起死么？"

"汪汪！汪汪……"黑狗好像愤怒地斥责他、责备他的悲观绝望。

"老黑，难道还有什么办法吗？"

黑狗不再理他，掉头跑了开去。

"对了，老黑，你已经尽力了，你就逃生去吧！"……

这时，浓烟挟着烈火像一群凶猛的野兽向努尔哈赤扑了过来。他暗对自己说：草原上的火，就像夏天的骤雨，只是一阵。我要顶过去，顶过去！……

但他忽地感到难以忍受的窒息，接着，就昏倒了。

时近中午，他才醒了过来。

他庆幸自己又一次地逃过了劫难。抬头望望，发现自己躺在水泊里。

这里刚刚燃过了大火，哪来的水呢？

但他的确是泡在水里。衣服烧烂了，他只在肩背处有些烧伤。是谁又一次地救了自己呢，是上天吗？

这时，他看见了他的黑狗。它就躺在离他不远的灰堆里，身上湿漉漉的。

"老黑，老黑！……"他喊着，疯狂地喊。

他忽然明白又是忠实的黑狗救了自己！他临昏迷前，黑狗离开了他，不是抛开他自己跑掉，而是去为他找水。它知道只有水才能救它的主人！

它终于找到了水。它是怎样把水弄到这儿来的呢？即使它把自己的毛皮全泡湿了，它又能弄来多少水呢？

这个时候，努尔哈赤看到了在大火烧过的黑黢黢的草原中有一条窄窄的褐色的泥路，老黑就是一趟又一趟到河里把自己泡湿，然后又飞跑到主人的身边，把水淋在他的身上……就因为这一点点水，他努尔哈赤才没有被大火烧死！

"老黑！我的老黑！我的好兄弟！"

努尔哈赤哭着向黑狗爬去……他把黑狗抱在怀里，一声声地呼叫。

可是黑狗再也听不到了，它死了！

努尔哈赤号啕着，就像一只受伤的狼。

几个骑马的人向他走来。

马，匹匹膘肥体壮；人，个个年轻英俊。

"这不是那个人吗？"

"大概是他，准是他！"

接着，他们就嘻嘻哈哈地笑起来。

努尔哈赤放下他的黑狗，从腰间摸他的刀，可是他没有找到。那把他的腰刀早不知失落在什么地方了。

他恶狠狠地望着面前的一群人。

"你想怎样？"一个大眼睛、白面皮，豹头豹脑的年轻人对努尔哈赤说，"想和我们拼命吗？"

"不许你们笑话我！"努尔哈赤叫道。

小伙子们又笑起来，努尔哈赤觉得那笑声就像石块打在他的身上、脸上。他挣扎着要起来，要教训这些不知好歹的小子们，可是，他刚刚坐起就疼得差点儿叫出声来，只好龇龇咧嘴地坐在那里。

"你叫努尔哈赤吧？如果是，请你别生气，"豹头豹脑的年轻人说，"看到你活着，我们在为你们高兴呢！……"

"你们是什么人？怎么会知道我的名字？"努尔哈赤的嗓音里仍然迸着火花。

小伙子们相互望着，没有回答努尔哈赤。

还是那个豹头豹脑和努尔哈赤说话了："我叫额亦都，别的人以后再给你介绍。这个时候介绍给你，你也记不住。事情是这样的：一大早，周围几个村子里就来了一些官军，他们说是要追捕一名叫努尔哈赤的女真人，并晓谕百姓：谁见过这个人，要立刻向官家举报，官家一定给予重赏！谁若是有意藏匿，或者帮助他逃走，全家杀光！我们一听，官家下这么大的力气要捉的人，一定是一条好汉，也悄悄地找起来。我们找那个努尔哈赤，不是为到官家那里领赏，而是真像官家说的，把他藏匿起来，或者帮助他逃走……"

"你们都是女真人吗？"努尔哈赤问，但是仍没有松懈警惕。

"我们当然是女真人了。"他们回答努尔哈赤，虽然错落不齐，但都是地道的女真土话。"你算是遇见自己人了！"

这个时候，一个比额亦都还高大的汉子下了马，硬是将努尔哈赤那被水浸得透湿的衣服扒下来，从马鞍上解下一床厚厚的毛毯，扔给努尔哈赤。

努尔哈赤浑身哆嗦得几乎站不住了，要不是又从马上跳下几个汉子扶着，他非倒在地上不可。是烧伤痛，还是冷风吹的痛，他自己也分辨不出。

"你们要把我怎样……"努尔哈赤问。

"把你怎样？"额亦都回答，看样子他是这群年轻人的头儿，"放

心，我们不会把你交给官府的。"

"那，要把我弄到哪里去?"努尔哈赤又问。

"看你这人，还是不相信我们，"额亦都说，"我们要把你带回家去。先给你洗个澡，再给你吃饱喝足，然后，找一个大夫给你好好地看看。你身上有好几块烧伤呢，烧伤可是很难好呀!"

努尔哈赤只好听任他们摆布了。

那高汉子由伙伴们帮衬着，把努尔哈赤扶在他的马上，然后，他骑在后面，两手抱着努尔哈赤的腰。

"我自己能坐得住!"努尔哈赤说。

"别逞能，"额亦都说，"我看你快要虚晕过去了!"

他们一行开始上路。

"别扔下黑狗不管……"努尔哈赤说。

后面的一个小伙子应道:"明白，他是你的救命恩人哩!"他早把那黑狗的尸体用小绳缚在了鞍后。

正如额亦都说的，走不多远，努尔哈赤就迷迷糊糊了，要不是后面的汉子紧紧地揽着他，非摔下马来不可。

努尔哈赤来到了额亦都他们所住的窝棚。窝棚搭在向阳的山坡上。里边是十根红松交叉地搭成人字形支架，外边压着树枝干草，糊着草泥。窝棚里宽八尺、长近二丈。地面上除了铺着干草的地铺放着衣物外，就是猎获的食物以及采来晒干的人参。

努尔哈赤大病了一场。高烧烧得他满嘴是豆大的脓泡，在草原上的烧伤溃烂了，发出臭烘烘的气味……

额亦都和他的兄弟们到处延医求药，硬是把他从死神的手里下抢了回来。一个月后，他就能够下床散步了。

"努尔哈赤，你活转来了，咱们该相互认识一下了。"额亦都说。他先向努尔哈赤介绍了自己。

他说自己原是叶赫人。九岁那年，他的父母家人被仇人所杀，他只身逃了出来。在长白山里遇到了一位砍柴的老樵夫。他收留了额亦都，把他领回家里。老樵夫是个隐藏在山中的高人，有一身的武艺。几年下来，他把自己的本领完全教给了额亦都。送额亦都下山时说:"现在你可以去为父母报仇了! 不过，本领要用在正当的地方，不能打家劫舍，更不能欺负弱小。"额亦都回乡后，亲手宰了几个仇人，当仇人的老小跪在他的面前时，他手软了，提着满是鲜血的腰刀掉头而去。

那个时候，他才十三岁。

因为杀了人，本乡本土不能住了，就跑回山上挖人参了。

后来，额亦都开始结交四方英雄，于是，他就有了几个志同道合的伙伴。

说完自己的事后，额亦都又向努尔哈赤介绍自己的结拜兄弟。

那个从草原把努尔哈赤用马驮回来的大个儿叫安费扬古，是胡济寨人。他有着一张憨厚的长脸，说话有点口吃，因此他不爱多说话，只默默地做事。

接着，额亦都又向努尔哈赤介绍了其他人，叙述着他们各自的过去。

轮到努尔哈赤介绍自己了，他只说了几句，额亦都和他的兄弟们就默然了。努尔哈赤的祖父、父亲——觉昌安和塔克世，他们都听说过的。在他们看来，努尔哈赤家世代都是显赫的大明官吏，和他们经历是很不同的。当努尔哈赤说到自己在李成梁部下做事，并受到将军的喜爱一事，他们就更觉得努尔哈赤跟他们不一样了。

额亦都酸溜溜地问："那么……他们为什么要捉拿你，还要把你烧死在草原里呢？"

"是因为我脚底下有七颗红痣……"

于是，努尔哈赤便把七颗痣子引发的灾祸说了一遍。

"你，你，你的脚下真的有七颗红痣吗？"安费扬古问道。

"红痣是有的，可是，什么真龙天子之说，全是胡扯！"努尔哈赤说着，便把鞋袜脱下来给他们看。

几个兄弟围上来，他们看见努尔哈赤两只脚下各有七颗红痣，而且排列得很似天上的北斗七星。他们纳闷了，疑惑了，开始用异样的目光看着努尔哈赤。

额亦都笑着说："努尔哈赤，你要真的是新皇帝，就领着我们干吧！也许能够在辽东干出一个国家来！"

额亦都的其他兄弟们也跟着起哄……

努尔哈赤啐他们一口，把鞋袜穿起来："这些乱扯的话，你们也相信！这些痣子弄得我险些丢了性命，我恨不得把它们挖去！"

有一名叫柯什柯的人瞪着眼，很想把那些奇怪的痣子多看几眼。

"如果不值什么的话，那皇上为什么还为它发布敕令呢？"

努尔哈赤说："皇上怎会知道我的脚心里长着红痣？他的敕令只是说辽东方向上出了帝气，是李成梁那老东西穿凿附会把我搞成异人的……"说着，他眼睛里冒出仇恨的光。

大家见努尔哈赤气愤不已，赶紧打圆场说，不谈这件事情了……

晚上，柯什柯将努尔哈赤睡觉的地方铺好了草铺，然后两个人呢就一起来到了窝棚外面的一棵大核桃树下乘凉、聊天。

努尔哈赤和柯什柯两个人找了一块大石头坐下来，一边用桦树皮做碗舀水喝，一边唠起了家常。两个人你说说我，我说说你倒也交谈地甚为开心。不久，努尔哈赤的伤就好了，为了不给这些好心人造成负担，努尔哈赤便和大家伙一起上山挖参。俗话说，东北有三宝：人参、貂皮、乌拉草。人参非常宝贵，挖掘起来非常困难，经常是好长时间才能找到一小块。

第十三章

野岭遇险　显英雄风范

初秋的一天，努尔哈赤他们一行五个人，个个都将自己包裹的严严实实，只露出两只眼睛和鼻子，以防被蛇和"小咬"叮伤，收拾好各种要用到的工具，就上山挖参了。他们在山口拜过"五首神"之后，便按照一字儿型排开，前后相隔着四五十步的距离鱼贯而行。安费扬古走在最前面，观察周围的地形，选择"参路"，作为领路人指挥着五个人的行动。他后边紧跟着劳萨作为"贴棍"，跟现在的贴身保镖差不多，中间是额亦都和努尔哈赤，最后跟着的是图鲁什，作为"边棍"。

山里闷热闷热，蚊子滚成团，直往脸上身上撞。不过，努尔哈赤根本不理会这些，他被眼前原始森林景色迷住了。他挂着"梭波罗棍子"，仰望天空，只见一团团、一片片、一丛丛、一簇簇的树叶子塞满了天空，连一条隙缝也难找到。绿油油的落叶松长着丝绸般的枝叶，古老的柞树片片红叶像个醉汉，黄藤萝挺着坚实笔直的躯干像威严的武士。他再朝左右看去，那云杉、紫杉、白桦、山榆密密麻麻，真是古木参天，浓荫蔽日，奇花异草无边无际。

绿色的原始森林摇晃着，发出呼呼的响声。他们五人穿行在灌木藤萝中，两眼直勾勾地在山坡上搜寻，可是没走多久，一个个眼睛发酸发疼，视觉模糊。

"扑昧昧"，突然眼前飞起两只美丽的山鸡。努尔哈赤摘下弓箭，刚想弯弓搭箭，忽然额亦都惊叫道："蛇！"

努尔哈赤回头看去，只见一条绿色的长蛇，昂着头，蠕动着身子朝额亦都爬去。于是他紧跑了两步，冲上前去，一脚踩住长蛇的脖子，这时长蛇甩打起身子和尾巴，拼命挣扎。努尔哈赤未等长蛇缠住他的腿，就顺手攥住长蛇的尾巴，在半空中一抡，顺手扔到小溪里。

额亦都惊慌地站在一棵歪脖子山榆下，呆呆地看着努尔哈赤捉蛇。可是，当他顺着努尔哈赤的手势伸起头看甩蛇时，禁不住又惊呼道：

第十三章　野岭遇险　显英雄风范

"树上，榆树上也有蛇！"

努尔哈赤一个箭步蹿过来，抬头朝树上看去，见一条更粗更大的蛇，盘在歪脖子榆树杈上，扁扁的头朝下垂着，吐出火红色的舌头。他跳起来，扬起榛柴棍子，凌空抢去，眨眼间那蛇身首分家，肉乎乎、血淋淋的蛇头像羊肚子似的悬在半空。

这时，赶上来的图鲁什拍着巴掌，连声叫好。接着嘱咐道："伙计们，要留神呀，蛇兽越多的地方，越藏'棒槌'呀！"

他话音刚落，突然安费扬古在前边的山沟沟里，用棍子敲打着石头，"叫山"了。

劳萨、额亦都、图鲁什和努尔哈赤四人，发疯似的跑过去，立刻把安费扬古和参苗围了起来。

"六品叶！"劳萨俯下身子，数了数参叶，异常高兴地叫道。

这棵参，伸着油绿油绿的六片叶子。像六片巴掌，结着高粱粒大的红彤彤的参果，长在一丛万年蒿旁的鲇鱼草丛中。

安费扬古蹲下身子，从褡裢里摸出一支米黄色用鹿腿骨做的"棒槌竿子"，又从狍皮套子里抽出快斧子，然后用斧子砍了根柞树干，一头削尖了，做成木橛头，挖开参苗周围的土。他动作熟练，下橛又稳又准。土越挖越深，多年积压的烂树叶子，一挖出来，就散发着霉味，躲在烂土里的斑蝥在翻出的黑土里爬来爬去。

安费扬古一边挖，一边说："人参爱长在半干湿的阴阳土里。哪里有鲇鱼草、四叶草，哪里就可能有人参。"

图鲁什站在一旁见安费扬古拿着鹿骨扦子，一针一针像绣花似的挖，就着急地拔出匕首，蹲下去要替安费扬古挖土。安费扬古急忙夺过匕首，道："挖参禁用铁器，你又忘了！"

图鲁什吐了吐舌头，站起来，又当他的"边棍"，拿着匕首，东走西逛，观察着四周的动静，保护着挖参人。

娇嫩的、细得像白线似的茎根露出来了，山林里顿时散发出淡淡的清香。安费扬古挖了约莫吃顿饭工夫，终于把一株五寸多长的"跨海"挖出来了。

这时，众人又围过来，欣赏着这株有膀有腿、肩宽额窄、白里泛黄、闪闪发光，活像个玉人似的上等参。

劳萨把用鲜桦皮卷成圆筒的"棒槌"包递给安费扬古，叫他快点把参包好。可是，当安费扬古刚往桦皮筒里撒过土，把参放进去，准备捆绑之时，突然十几只大灰狼嗥叫着，从山坡下奔跑上来。

"狼群！"额亦都惊慌地叫道。

这时，图鲁什、劳萨都弯弓挥刀，准备与狼群拼搏。

努尔哈赤听到狼群激怒的叫声，暗想：恶狼为啥如此暴怒呢？他机警地朝四周看了看，发现身后五丈多远的山崖下，有个土洞，洞口横七竖八地丢下一堆兽骨，两只小狼崽子正在兽骨上跳上跳下。

狼群越来越近，图鲁什瞪着眼珠子，拉着架势，准备与狼群搏斗。努尔哈赤赶忙朝图鲁什喊道："咱们硬拼是斗不过这群狼的！你赶快停下，看我的！"

狼群距离他们越来越近，大概仅有十多丈远时，努尔哈赤突然蹿到了狼的洞口，猫腰抓起了狼群中的两只狼崽子，他一只胳膊夹着一个。狼群见同伴受到威胁，更是发了疯似地跑过来，跑在最前面的显然是狼崽子的妈妈。这只母狼纵身扑向努尔哈赤，努尔哈赤闪身躲过，趁机将夹在胯骨上的狼崽子甩出去，扔进了狼群之中。母狼为了掩护狼崽子离开，转身去会自己的狼崽子们，它捉住其中的一只，用嘴叼起来朝坡下跑去。狼群领头的母狼下山，随即也朝山下跑去了。

就这样，四个人在努尔哈赤的保护下躲过了这场狼群的威胁。

图鲁什跑过去抱着努尔哈赤的肩膀，大声称赞道："努尔哈赤你真是好样的，有勇有谋！我看，以后你就做咱老秃顶子岭上的小首领吧！"

安费扬古也凑着热闹，带头拍着巴掌表示赞成这样的说法。努尔哈赤将头摇得像拨浪鼓似的连声推辞。

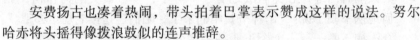

第十三章　野岭遇险　显英雄风范

第十四章

山神索命　安然归来

秋天很快便到了，山林里下起了秋雨。挖参人被困在窝棚里，不能进山。再加上这里山高气闷，一个个全都在窝棚里昏昏欲睡。睡不着的便眯着眼睛抽旱烟，一边寻思自己家里的老婆孩子等亲人。

外面的雨一直下。忽然从山谷里传出一阵风声，接着便传出来一阵吼叫。还是安费扬古手快耳灵，他听到声音，一骨碌坐起来，走到窝棚门口，就看到了一头肥壮的花斑大虎，冲着窝棚里的其他人叫道："山神爷来了！"

大伙不约而同地拥到窝棚门口。只见老虎蹲在窝棚外面，瞪着两只大眼，像玻璃球似的眼珠子，直勾勾地盯着门口。

女真人信奉萨满教，认为万物有灵，天地日月、山川草木，都由神来主宰。而山林之主就是老虎，把它尊为"山神爷"。平时进山打猎，如果遇到"山神爷"，就按照见神的规矩，先摘下帽子，轮流扔帽子。如果谁的帽子被老虎叼走，谁就要跟着老虎走。

大伙隔着门缝，心惊胆战地看了一阵子，岁数最大的柯伕柯，无可奈何地摘下帽子说："山神爷找咱们来了，咱们还是按老规矩办吧。"

众人摘下帽子，一个个正要举手往外扔。忽然被推为首领的努尔哈赤瞪着大眼睛，说："你们家里都有妻子儿女，拉家带口不容易，就让我跟山神爷走吧。"

大伙哪里肯依，一个个都争抢着要出去。最后柯什柯说："还是听从天意，按岁数大小，依次扔帽子吧。"他第一个摘下帽子，扔到老虎跟前，老虎眼皮眨也没眨，理也不理；接着第二个人又扔出去，老虎依然闻也不闻；第三个再扔时，老虎索性闭上了眼睛。当轮到努尔哈赤时，老虎一看落在地上的帽子，就站起身叼起来，慢腾腾地走了。

努尔哈赤见老虎叼走了自己的帽子，就毅然推开木栅门，告别了众人跟在老虎后面走去。他翻过一道山梁，云开雨停，老虎在前面走，他跟在后边行。山里静得出奇，时不时从远处传来黑熊的呜呜声，山猫的喵喵声，野羊的咩咩声。他听见山脚下，有一条母狼在嚎叫，另一条公狼随声应和；他又听见在南山坡，有一群野猪似乎在聚会，那公猪的尖叫声，母猪的哼哼声，小野猪崽子的耍欢声……听起来是那样清晰。他还听见在近处的草丛里，一只狐狸放开尖细的声音在嚎叫。此刻他从狐狸带着啸音的叫声里，立刻判断出嚎叫的狐狸一定是遇到什么险情，才会发出这种特殊的叫声。他凭着跟爷爷进山打猎的经验，依据不同的叫声，能准确地判断出獾、貉、狍、兔、猫、貂、鼠，并从叫声的高低、强弱、长短中，准确地判断出各种野兽的行动和情感。

听到各种野兽的吼叫，他暗自想：为什么别的野兽都可以捕猎，唯独老虎不能动？山里有成千上万种野兽，为什么唯独它能成神？他开始对山神产生了怀疑。随之，想起他在李成梁家听老更夫讲的"武松打虎"的故事，想起在高尔山捉虎崽子的一幕。他心里合计：既然武松能打虎立功，受人尊敬，为啥女真人见到老虎就要听天由命，束手等死？

想来想去，努尔哈赤横下一条心：不能白白送死，只要老虎回头对他张嘴，他就决心从腿上拔出匕首，与老虎争个高低。

努尔哈赤刚刚翻过第三道山梁，就听远处传来小虎崽子嗷嗷的叫声。这时他警觉起来，心里闪过一个念头：这里可能是个虎窝。他眼盯着离自己只有五六丈远的花斑虎，心里骂道：休想叫我喂你的小崽子！

正在他寻思的片刻，花斑虎猛然回头，张着血盆大口，吼声如雷，一对大眼珠子直瞪着努尔哈赤。

说时迟，那时快，当老虎腾空跃起，从半空向努尔哈赤扑来时，他已从腿上拔出匕首，趁老虎重重的身躯落地的一瞬，将一尺长的匕首，刺进老虎的咽喉，同时手腕用力绞了绞，迅速拔出匕首。就在这一刹那间，一股热血势如喷泉，直溅到他身上、草地上。接着那凶猛的老虎，像一头被栏杆儿绊倒的大叫驴，吼叫着，从半空中大头朝下，栽到地上，无力地摇动着尾巴喘息着。努尔哈赤急忙抱起一块大石头，一个箭步蹿上去，猛地朝老虎天灵盖砸去。须臾，那只不可一世的"山神爷"便从嘴和鼻子里喷出血来，再也不能动了。

那只像山猫似的小虎崽子，见老虎已死就夹着尾巴溜进山洞。

第十四章　山神索命　安然归来

打死老虎，努尔哈赤又在山泉里洗了洗血手和血衣，擦净了匕首，吃了一串山葡萄，就又返回老秃顶子岭的窝棚里。他走在半路上，边走边寻思：触犯山神是犯罪的，打虎之事，万万不能与众兄弟露一个字。

努尔哈赤回到窝棚时，已是后半夜了。他轻手轻脚地走到窝棚门口，就听里边不断传出哭泣声。他轻轻地敲了敲门，小声呼唤着，门里人哭得更厉害了。他听见柯什柯边哭，边念叨："觉昌安老爷的心肝呀，你死得好屈呀！我知道这是你的魂灵在叫门，你快回去吧，明天大伙一块给你烧点纸呀！"

努尔哈赤听了心里也很难受，就拍着巴掌高声说："柯什柯，我没死，快开门吧。"

安费扬古侧耳听听，生怕自己听错了。听了两遍才确定就是努尔哈赤的声音，他噌地一下拉开门杠，推开门，果然是努尔哈赤站在外面。大伙简直不敢相信他能从老虎窝里逃生，高兴得把他抬起来，抛向了空中。当晚大伙各自将自己的食物送给他。吃完东西，劳萨说："努尔哈赤真是命大有福，连山神爷都留不住他，日后必成大器。"说完他便建议大家在此处进行结拜，按照年龄的大小，结拜为生死兄弟。大伙对这一提议很是赞同，插草为香，对月起誓。

五个人结拜完就各自回窝棚歇息了。正当大伙睡得正甜之时，又听到外面有敲门的声音，众人感到奇怪在，这深山老林之中，会是什么人呢？纷纷操起了身旁的斧头和镰刀。

第十五章

山林受教　生鸿鹄之志

　　还是努尔哈赤胆大心细，他听到外面的敲门声很有节奏，推测应该是进山的人在这里迷了路，想在此歇脚或找点儿吃喝。众人还是有些惊慌，努尔哈赤走过去开门，大家趴在门缝往外仔细一瞧，果然看到了一个白须白发的老人。努尔哈赤赶紧将门闩拉开，把门打开想将老人让进屋里。哪知道努尔哈赤刚出门，老人便"哎哟"一声，"扑通"倒在了地上，整个人昏了过去。

　　这时，劳萨慌忙挤过去，摸了摸老人的额头，又切切腕上的脉，连忙说："他是饿昏的。"

　　有几个怕"山神爷"再来的兄弟，听说是个老人，都争先恐后地挤出门来，把饿昏的老人抬进窝棚。这时柯什柯也急急忙忙跑出窝棚，拢起火，边烧水，边热饭热狍子肉。

　　努尔哈赤把柯什柯热好的小米粥，端回窝棚，一口一口地喂进老人的嘴里。不一会儿，老人就渐渐苏醒过来，慢慢坐了起来。

　　努尔哈赤详细一打听，老人才说出自己姓范，名鸿，是个进山挖参的汉人。众人见他孤苦伶仃，就挽留他与大伙一起上山挖参，范鸿见他们一个个都是朴实厚道的女真人，也就不好推辞，便拱手致谢，从此留下来，与众人一起起早贪黑地挖起人参来了。

　　日出日落，日复一日，大伙越发觉得范鸿与众人不同。这老人见多识广，能言善辩，而且刀枪剑戟样样精通。他每天进山挖参，采果最多。晚上他不是讲天文地理，就是把惊堂木一拍，讲起《三国演义》、《水浒传》，个个听得入神。于是"桃园结义""煮酒论英雄""千里走单骑""三顾茅庐""舌战群儒""火烧赤壁""空城计""借东风"等故事，诸葛亮、刘备、关公、曹操、周瑜等人物，就成了八个人一天生活中不可缺少的内容了，以至《水浒传》里每人的外号，也被学来，由幽默的叶克书，送给每个人一个雅号。

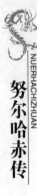

努尔哈赤记忆力惊人，他听了故事，不仅能照着讲下来，而且还能琢磨出诸葛亮的巧妙用兵的道理。更使努尔哈赤感兴趣的是明朝开国太祖朱元璋起家的故事。他有时就想：朱元璋能从一个乞丐、和尚，当上一朝开国皇帝，我们为什么就不能？想到这里，他就脱去鞋袜，对着自己脚心上的七颗红痦子发呆。暗想：别人都说，我脚心上的痦子主贵，有帝王之命，难道我将来真的会有福分？有一天，他就问范鸿道："老伯，朱元璋为啥能当皇帝？"

范老汉捻着银须，笑了笑说："关键在于他有兵马，善于用人。"范老汉见他认真的样子，就开玩笑地说："人非圣贤，有一天你有了兵马，敢跟大明朝比试比试，也可以改朝换代嘛！"

说者无意，听者有心。当晚努尔哈赤就做了一个梦，他梦见自己和一帮儿时的孩子在一起，自己戴着一顶桦树皮做的平天冠，腰里扎着青草编的玉带，身上披着金光闪闪的蟒袍，手执朝笏，坐在龙墩上，"嗯特"一声，一长溜孩子马上自成一排，向他三拜九叩，齐喊万岁。第二天他坐在窝棚门口把梦一五一十地向范鸿细讲一遍，把范鸿逗得直抹眼泪。

范鸿虽把努尔哈赤的梦当成笑话，但心里，却暗自为这样有心计的少年高兴。他想到当今明朝皇上的腐败，也深为眼下如此有抱负的少年而庆幸。于是他开导道："朱元璋放牛娃出身，当了开国皇帝，曾替百姓办了点儿好事。可是经过二百多年，当今的皇帝，却都像当年的隋炀帝一样，强占民地，建立皇庄，搜刮民财，荒淫无道，吃喝玩乐。听说，皇宫的宫女每年胭脂费，就得白银四十万两。这样的皇帝不除，百姓岂能得好？"

"对！"努尔哈赤一击掌，表示赞成，说："《水浒传》上说官逼民反，豺狼当道就得拿起刀枪！可是……"他说着说着迟疑了一下，活像一个踌躇满志的人一样，刚想迈步，又不知如何起步，便喃喃道："一个平民百姓，怎么能成大气候？"

范鸿哈哈笑道："人不可貌相，海水不可斗量。当年汉高祖刘邦，本是个小小的亭长，凭着胆识谋略，东拼西杀，终于创出百年功业。而那西楚霸王项羽，虽说是将门之后，簪缨之族，威威赫赫，可到头来还是让人撵得狼奔鼠窜，兵败垓下，自刎乌江。朱元璋能当皇帝，还不多亏有了个领兵元帅的老丈人？"

"这么说，明太祖像棵喇叭花，先扎根在树底墙角，然后攀上大树高墙，才成了气候？"

范鸿十分欣赏努尔哈赤的聪明，笑得前仰后合地说："妙！妙！你这比方太好了！'寄人篱下'不为丑，关键是能不能顺着篱笆高攀，闹出个'一枝红杏出墙来'。小伙子，如果有一天你能攀上一棵大树，就可能是个将才！"

"真的？"努尔哈赤拍着屁股蹦得有一尺多高，笑了起来，在山谷里高呼起来："我要找一棵大树！"

一声呼出，千山回应。"我——要——找——一棵——大——树——"回音响彻大秃顶子岭。

与君一席话，胜读十年书。范鸿老人的话，像盏明灯，照亮了努尔哈赤的心灵，使他开阔了眼界，增长了知识。于是一老一少成了忘年交，形影不离。

春去秋来，花开花落。大秃顶子岭上的八兄弟与范鸿相处得十分融洽，他们白天一起上山打猎采参，晚上说书讲古，不知不觉到了万历三年春天。

一天傍晚，大伙一起吃完了晚饭，坐在窝棚前的平坦草坪上，正习枪练武，忽见两个挖参打扮的人，从山脚下向窝棚走来。他们走到窝棚门口，安费扬古上前一打听，才知道原来是建州右卫王杲手下的兵士。努尔哈赤在窝棚内听说是建州人，赶忙钻出窝棚，上前问道："王杲身体可好？"

两人没有直接回答，都眨眨眼睛。高个子反问道："王杲是你什么人？"

"是亲连亲的外祖父。"

"那，你就是失踪的努尔哈赤吧？"高个子试探着说。

"他老人家被哈达部的王台抓住，送交明廷，被杀害了。"

努尔哈赤从小受王杲宠爱，为此十分想念他老人家。听到这不幸的消息，顿时号啕大哭。哭了一阵子，他擦去眼泪，从地下抓起一把刀，对众兄弟施礼道："长兄、少弟、老前辈，这口气我咽不下去，不宰了王台的狗头，我难见父老。"说罢，转身欲走，被范鸿一把抓住，道："上山的哪个没仇？你单枪匹马，能杀死王台吗？"

年纪最小的额亦都，也抽泣着说："三年前，家父、家母被人所害，我一气之下杀死了仇人。可是，今天我还是四处躲藏，上山避难，有家难归啊！"

范鸿夺过努尔哈赤手中的腰刀，解劝道："中国自古有句老话，君子报仇，十年不晚。当年在大宋朝，逼上梁山的英雄，哪个没仇？哪个没冤？后来他们从四面八方聚到一起，打出'替天行道'的杏黄旗，几百条汉子，攥成一个拳头，不是一个个都报了仇、雪了恨，使皇上也怕他们三分吗！"

安费扬古把一条圆木墩推到努尔哈赤身后，按着他双肩，让他坐下，说："范老伯说得对，圈一条狼还得十个八个人呢，何况去杀哈达部最强的王台？如今你没有千儿八百人，恐怕连王台的山寨都进不去。"

"大阿哥，你先忍耐几日吧，等咱们自己有了兵马，所有的仇，都要报！"额亦都依然抽泣着说，"大阿哥，眼下你切莫意气用事。"

憋了半天，两眼冒火的图鲁什，突然对着高高的大秃顶子岭跪下，念念有词地发誓道："老天在上，大山作证，我图鲁什豁出命，也要替努尔哈赤兄弟报仇！"

众人见图鲁什如此坚贞、直率，也都跪向青山，一一发誓，要替努尔哈赤报仇。范鸿虽非女真人，没有与八兄弟磕头拜把子，但也被这伙有志气的女真男儿的行为感动了，并自愿做他们的军师。自此，八兄弟挖了参，打了猎不再去清河、抚顺马市换吃换喝，而是换马匹、换兵器、屯粮草，决心像梁山英雄那样，闹他个天翻地覆。

他们的窝棚里晒干的人参越积越多，貂皮、獾皮和狍子皮也挂满了整个窝棚。努尔哈赤的心里总是像有团火在燃烧，他每天除了进山挖参、打猎，空闲下来还会帮忙做饭，帮大伙洗衣服。每天都早起晚睡，将自己累得筋疲力尽。有一天，他在山泉边洗衣服的时候，实在支撑不住，竟然不知不觉地靠着一棵桃树睡着了。

第十六章

山林重逢　依恋情更深

努尔哈赤这一觉睡得非常香甜，伴着淙淙的泉水和优美的风景，又没有人打扰。很快努尔哈赤便进入了梦境：梦里他来到一个山花遍野的地方，身边的梨花异常开心，在原地打着转，笑得像朵花似的。就在小梨花张开双臂要向他扑来的时候，突然从背后跑出来一只大黑熊，猛地朝梨花扑去。梨花转身便跑；大黑熊对小梨花紧追不放，直到小梨花跑到了一个死胡同里，大黑熊纵身一跃，便向小梨花扑了过去。努尔哈赤猛然被惊醒，他蒙蒙眬眬地从地上拣起一块石头，站起来，准备抛向前去时，突然看清是一个眉清目秀汉人装束的青年，站在他的面前。

"罕子哥！"

那青年呼唤着努尔哈赤的小名，猝然丢下肩上的包裹，朝努尔哈赤奔了过来。

努尔哈赤一看来人好面熟，可一时又叫不出来，暗自思忖：难道她就是梦中的梨花？不，不，眼前分明是个男子汉嘛！他失望地摇了摇头。正在他猜测之际，眼前这个小伙子蓦地摘下帽子，一条又粗又黑的长辫子，刷地从头顶拖到草梢儿。这时，未等对方开口，努尔哈赤就惊讶地喊道："小梨花！你真是小梨花？这不是做梦吧？"

小梨花"咯咯"地笑了起来，一边笑，一边努了努嘴儿逗趣地说："要是梦，你还能睁着眼睛吗？"

努尔哈赤眨了眨眼睛，憨厚地笑了，笑得十分甜蜜。努尔哈赤越高兴，小梨花越难过。她想起了分离后那难熬的日日夜夜。三年了，她想了多少事，琢磨了多少话，要和心爱的人说呀！可是见了面，千言万语，又不知从何说起。她眯着丹凤眼，瞅着努尔哈赤，心里默念着：他个子长高了，人也壮实了，脸晒得黑红黑红的，说话声音更洪亮、更有男子气了！此刻她不想马上把别后的遭遇讲给他听，只想和

他一起共享这意外重逢的快乐。可是努尔哈赤沉默了一会儿，却先发问了："这三年，你是咋熬过来的？"

小梨花转过脸去，没有马上回答。她手扶着那棵桃树，眼望着太子河、广宁的方向，泪水禁不住落在衣襟上。努尔哈赤见她默然不语，心里焦急起来，他猛地跳过去，痴立在小梨花跟前，看着她那忧郁的眼睛，恳切地问："他们是不是抓住了你，你快说呀？"

小梨花咬咬嘴唇，擦去泪水，就一字一句地讲述起离别后的风风雨雨，种种遭遇。

那天，当他们跑到太子河边的老鸹滩，小梨花有意引走追兵，自己跳崖落水之后，浪涛马上把她卷走，约摸在水里上下浮沉了一袋烟工夫，就被一位打鱼的老翁救了。老渔翁刚把她救上岸，明军就骑马赶到，便把她用马驮回广宁城。当天，李成梁暴跳如雷，把小梨花全身衣服剥光，用马鞭子抽昏，扔进土牢。小梨花身上的鞭伤未愈，李成梁就强逼她为妾，小梨花死活不依，就一直在牢里关了三年。今年端午节，趁李成梁一家老小到医巫闾山游山玩水之机，老更夫才偷偷地把她从牢里放出来，女扮男装，闯出广宁，沿太子河，走上长白山。

努尔哈赤被小梨花坚贞不屈的精神所感动，此刻虽说男儿有泪不轻弹，但年方十八的努尔哈赤的眼圈也红了，泪珠落了。他一时怒火满腔，恨不得当即抓住李成梁，把他碎尸万段，剁成肉酱，方解心头之恨。不过努尔哈赤也不是三年前的那个见火就着的人了，他变得稳重了，他没有更多地安慰小梨花，只是抓住小梨花的手，关切地问："王大伯怎样了？"

梨花哽咽着，半天才说："他老人家被李成梁活活打死了！"

"为啥？"努尔哈赤猛地紧握一下小梨花的手追问着。

梨花本能地抽回疼痛难忍的手，说："我们逃走那天，王老爹偷偷地溜出广宁城，逃往医巫闾山。可是当他刚走到大庙身后，就被李成梁派的追兵抓回去了。

"第二天，李成梁就叫他斗虎。王老爹饿了一天一宿，身子骨又虚，哪能斗过猛虎。可是他心生一计，便用暗器杀了猛虎，算解了心头之恨。"

梨花抽泣着，用手帕擦了擦泪水，接着说："谁知蛇蝎心肠的李成梁，坐在老虎圈子外头见猛虎死掉，就霍地站起来，等王老爹从虎圈里出来，冷不防用剑刺死了他老人家！"

梨花呜呜地哭起来。努尔哈赤恨得一把撅断握着的桃树枝，骂道："魔王！魔王！杀人不眨眼的魔王！"

"罕子哥，这两年你有所不知，"梨花继续说，"光去年一年，李成梁就杀了你们建州一千多人。广宁城的四门，到处悬挂着女真人的人头！"

"命要还！仇要报！"努尔哈赤又走近梨花身边，重又抓住她的手，说："梨花，这回你别走了，咱们留下一块做梁山好汉，杀尽人间的吃人魔王吧？"

"俺忍饥挨饿，跋山涉水，正是为了这个！"梨花止住眼泪，脸上泛起桃花似的红润，她笑着问道："俺送你的那只翠玉戒指，还在吗？"努尔哈赤憨笑着说："就是丢命，也不能把它丢了！"

努尔哈赤刚要去拥抱梨花，突然山坡上响起脚步声。

下山挑水的范鸿，肩挑着桦皮水桶，满枝的桃花遮住了视线。等他绕过桃树，突然发现一对男女，正含情脉脉地说说笑笑，一时惊呆了。他躲闪不及，只好装着没看见，挑桶躲向泉边。

梨花眼尖手快，当她身边突然出现人影时，就闪电般地将搭在努尔哈赤肩上的手缩回来，用眼角轻瞟了一下来人。她发现来人十分面熟，就仔细端详起来。她惊疑地眨了眨眼，便飞也似的跑向范鸿，哽咽着喊道："爷——爷——"

努尔哈赤听到喊声，顿时愣住了。范鸿也惊疑地打了个冷战，回头凝视。

这时，范梨花赶上前去，抓住范鸿的双手，泪如雨下，抽泣着说："我是小梨花！"

范鸿赶紧扯了扯梨花的衣领，摸了摸后脊梁上的一颗小红瘊子，情不自禁，连连说道："是我的梨花孙女！是我的梨花孙女！"

两人一个叫爷爷，一个叫孙女，弄得努尔哈赤目瞪口呆。

小梨花见努尔哈赤痴呆的样子，就手指范鸿，道："这就是我跟你讲过的爷爷，你认识他吗？"

努尔哈赤已和老人在一起生活三年，哪能不认识。不过，两人彼此谁也没提起过小梨花，当眼前突然出现这样场面，努尔哈赤焉能不吃惊！他嗫嚅着反问小梨花："你不说爷爷的名字是鸿鹄的鸿吗？"

"那是爷爷的字，"小梨花笑着说，"江字和鸟字合在一起是什么？"

努尔哈赤听罢，轻捶着脑门子，自愧地说："我真糊涂！"

邂逅相遇，把范鸿、范梨花、努尔哈赤的关系拉得更近了，感情更深了。

当晚，大伙听说范家爷孙二人意外团聚，梨花与努尔哈赤患难与共，意外重逢，都喜出望外。一个个为范老伯庆贺，用最好的吃喝招待新来的客人范梨花。

晚饭后，大伙一起动手开始为爷孙二人搭建窝棚，大家七手八脚，有负责伐木的，有负责搭架的，还有负责为窝棚铺草的。不大工夫，窝棚的后边就搭起了一个新窝棚，范家爷孙两人就住在了这里。

明月高悬，夜风徐徐。众人都睡下之后，却有两个人迟迟舍不得入睡。小梨花与努尔哈赤两个朝思夜想的人儿终于见面了，他们坐在新窝棚后面的美人松下，互相倾吐着分别之后的事情，对着明月叙说着衷情……

第十七章

清河看灯　话聊宽眼界

傍晚，范鸿提着一盏野猪油制成的小灯，放在窝棚后边的土台上，他抬起头认真地数着"计日杆"上的枫树叶，嘴里还叨咕着数数，一直数到用鹿皮筋串起来的的第十五个叶子才停下，高兴地自言自语地说道："明天就是元宵节了。"家家户户都要庆祝的一个重要节日，他也情不自禁地捻着长须吟咏起一首古诗：

> 玉漏铜壶且莫催，
> 铁关金锁彻明开。
> 谁家见月能端坐，
> 何处闻灯不看来？

恰在这时，努尔哈赤掀帘进棚，他复述着"谁家见月能端坐，何处闻灯不看来"的诗句，坐到范鸿的身边，笑着问道："范爷爷，元宵佳节，为啥家家挂灯呢？"

范鸿对努尔哈赤有问必答。他点着一袋烟，吧嗒吧嗒抽着，说："元宵挂灯，自古有之。相传很古很古的时候，天上有一只神鹅降到人间，在一座湖边落下，不巧，被一个猎人发现，一箭将它射伤。此事被玉皇大帝得知，便大发雷霆，降旨在正月十五这天派天兵天将到人间放火，把人间牲畜、财产全部烧光，替神鹅报仇。天宫有个善良的仙女，她十分同情人间百姓，便冒险下凡，把这不幸的音讯告诉人们。湖边的人们得到消息终于商量出一个办法来，就是在正月十五前后三天，家家户户门前挂上红灯，同时放火花、火炮，叫玉皇大帝误认为人间已经起了大火。到了这天，人间家家挂灯，户户放火花。此招果然见效，玉皇大帝就不派天兵天将啦，所以才保住了人间的平安。以后每到正月十五，年年如此，习以为常。"范鸿讲毕，问道："努尔哈

赤，你喜欢看灯吗？"

"当然喜欢！"努尔哈赤笑着答道，"不仅喜欢，我还愿当报信的仙女呢！"

"什么，你想当仙女？"梨花嘎嘎笑着，突然出现在窝棚门口，惊奇地问。

"这个……"努尔哈赤红着脸，嗫嚅着。

范鸿见孙女走来，便捋着银须，叫孙女与努尔哈赤坐在一起说："努尔哈赤想看看元宵花灯，爷爷陪你们去清河看看咋样？"

小梨花点头答应。

当晚商定，明日带些皮毛、人参、药材，同爷爷一起去清河，赶马市，看花灯。

第二天清早，梨花把要进城交换的皮毛、人参、药材收拾妥当，分别搭在三匹马背上，等太阳刚冒红，三个人就各骑一匹，辞别众人，走出大秃顶子岭峡谷，顺着太子河的一条支流，直奔清河城。

清河城是辽东的五大边城之一，这里马市异常兴隆。小梨花一路上碰上女真人携妻带子进城，便触景生情，怀春之意油然而生。她一路走，一路与努尔哈赤并驾攀谈，心情特别兴奋。进了马市后，范老汉借故看马，特意让努尔哈赤与小梨花一起带着山货去换取所需之物。

努尔哈赤与小梨花都像出笼的小鸟，哪还顾得上公平交易，买卖盈亏。他们匆匆地拿山货换了些谷米、油盐之后，就兴高采烈地到热闹场所，尽情地游玩。当小梨花听到寒风中击鼓卖唱的小姑娘的声音时，几年前，她在抚顺马市被人凌辱，努尔哈赤见义勇为的情景，又浮现在眼前，心里更觉得努尔哈赤人格高尚，品德可嘉，愈加爱他。吃中午饭的时候，小梨花买了一个芝麻烧饼，一掰两半儿，给努尔哈赤一大半儿，自己留了一小半儿，坐在朝阳的土墙跟儿下，香甜地吃起来。如果在平时，努尔哈赤抓过半块烧饼，两口就能吞掉，可是今天，他却像小孩子嚼糖似的，张着大口，咬一小口，细细地嚼，慢慢地咽，仿佛烧饼上沾着最甜的蜜。是啊，经过苦难磨炼的人，最懂得心情舒畅的生活是多么甜蜜可贵。

日落西山了，范老汉又躲进一家大车店去歇息。掌灯时分，三个人聚到车店，范老汉催促着小梨花："快陪努尔哈赤逛逛元宵灯火吧！"

元宵节真不愧是灯节。努尔哈赤和小梨花走出店房，迎面即见城楼纱灯高悬，把个城门楼照得明如白昼。穿过城门，更令人眼花缭乱。一家家门前红灯绿纱，锦幌彩带，把条条大街，装饰得五彩缤纷，像神话中的仙境。

他们穿过一条东西大街，来到了十字路口，只听鼓乐喧天，华灯万盏，观灯的人流，络绎不绝。在沿街的一家家门口，各色花灯，精细别致，各不相同。"嫦娥奔月""西施采莲""刘海戏蟾"争丽斗艳；荷花、栀子、葡萄、牡丹、千姿百态；鹤、凤、鹊、猴、鹿、马、鱼、虾，奇巧逗人。特别令人惊异的是"金鱼吐珠""画舫藏娇"的走马灯，看了更叫人赞叹不已，美不胜收。

小梨花从小在爷爷的熏陶下，眼界很宽。她一边走，一边向努尔哈赤介绍道："元宵挂灯的习俗，始于西汉，盛于唐朝。相传在唐朝时，每逢元宵佳节，宫廷里都要搭二十五座高大的灯楼。唐玄宗先天二年，在长安安福门外，由能工巧匠扎制了一个高十丈的巨灯，锦绣流苏，五彩斑斓。四周悬挂万盏花灯，千姿百态，火树银花，十分壮观。所以唐朝诗人有诗曰：'花萼楼前雨露新，长安城里太平人。龙衔火树千灯艳，鸡踏莲花万岁春。皇宫三五戏春台，行雨流风莫妒来。西域灯轮千影合，东华金阙万重开。'大阿哥，你不向往那太平盛世吗？"

努尔哈赤边走边听，他从小梨花的谈吐中，不仅了解到盛唐，而且加深了对小梨花的了解。他崇拜得五体投地，仿佛和自己一起逛景的小梨花，就是当年那些风流女才子。他激动了，在摩肩接踵的人群中，他偷偷地捏了一下小梨花的手，身子靠得更近了。

走着，走着，迎面走来一队踩高跷的。一对又圆又大的纱灯引路，紧接着是华服丽帽，各式打扮的踩高跷的人：猪八戒、孙悟空，逗人发笑；关公、赵云，令人起敬；青蛇、白蛇，神姿仙态；吕布戏貂蝉更引来阵阵笑声。努尔哈赤一时看得双眼发直，两腿发酸。在紧锣密鼓中，一对古人装束的男女，手执彩球，又引来一对龙腾虎跃的狮子。那狮子耍得活灵活现，逼真异常。它时而搔痒舔足，时而打滚抖毛。文静时，憨然可爱；愤怒时，翻腾若龙。努尔哈赤看得出神了，仿佛自己就是耍狮的青年武士。他不知不觉地抓住小梨花的胳膊，似乎这只软乎乎的胳膊，就是那彩球的短柄。当狮子忽地腾空而立时，努尔哈赤竟把小梨花的胳膊攥得疼不可忍，小梨花不由得惊叫起来。

努尔哈赤听到小梨花惊叫，才意识到自己用力过大，赶紧松开手。就在这时，看耍狮子的人群中，忽听传出喊叫声："那不是努尔哈赤吗？快抓住他！"

耍狮子的武士们听到这样的叫喊，立即将抛出去的彩球收回来，鼓息锣停，全场一片肃然。众人都朝着呼叫者看去，只见那人穿着一件鹿皮长袍，头上还戴着一个貂皮帽，横眉立目，在人群中向努尔哈赤的方向挤着。

第十八章

闹市寻亲　回家急成亲

　　原来正在往前挤的是塔克世，他站在人丛中，四方型的脸被挂在附近的走马灯照得时红时绿。他的手里还握着一根粗绳子，山羊胡也随着他的呼吸一抖一抖，他隔着耍狮子的场地，不断呼喊着对面的努尔哈赤。小孩子看见他那青面獠牙的样子，顿时被吓得大哭起来。

　　场上人山人海，人们挤来挤去。塔克世十分焦急。自从努尔哈赤离家逃走，觉昌安无时无刻不在骂他，捎带着指桑骂槐地敲打着纳拉氏。塔克世心里十分憋气，只好点头答应派人去找努尔哈赤。可是事情偏偏蹊跷，他刚听说努尔哈赤被李游击抓去，派人去找，抚顺卫所的人又说，努尔哈赤又被李成梁招去。当他再次急速派人去广宁时，努尔哈赤已骑马逃走，不知下落。李成梁不仅不说明真相，反而限塔克世一个月内交出努尔哈赤活人或尸首，如不遵命，还要罚塔克世五十张貂皮。塔克世一时像出油的豆饼，上挤下压，烦闷交集，得了一场大病。一个多月前，赫图阿拉进清河马市的人，突然听说大秃顶子岭八兄弟的音讯，就马上带着两个阿哈住进清河城的春来小店，天天到马市上去等下山进城买米买盐的努尔哈赤。

　　今日中午，塔克世在北门城楼下的一家小酒馆坐等山里人时，突然发现了努尔哈赤三人。可是塔克世没有认出他，一则努尔哈赤年已十九岁，身高体壮，胡髭挂唇，相貌已与几年前大不相同；二则努尔哈赤有小梨花陪同，他想没有娶妻成家的光棍儿，哪能跟女人骑马并行？但，做父亲的，从努尔哈赤的眉眼耳鼻的五官中，又猜定骑马的青年是自己的儿子。为了不认错人，他就悄悄地跟在努尔哈赤三人的身后。当日落西山时，由于马市上惊马骚乱，跟踪一下子被打乱。于是塔克世立即采取分兵把口的办法，派一个阿哈去堵清河城北门，自己带一个阿哈四处查找。

　　事有凑巧，当塔克世站在一家院门口的上马石上看耍狮子时，一

眼瞥见了站在人群中的人，似乎是努尔哈赤。他急忙从上马石上跳下，挤进人群，细细地观察着努尔哈赤的一举一动。他从努尔哈赤浓重的眉毛，俊美的凤眼，挺直的鼻子，宽厚的耳轮中，认出站在人群中看热闹的青年，确是努尔哈赤。于是他再也控制不住自己的情感，就大声喊叫起来。

努尔哈赤听见有人叫他的名字，起初一愣，接着是刹那间的恐惧。他担心李成梁可能正派人搜寻自己和小梨花。自己受些磨难倒不在话下，如果万一小梨花被李成梁派的人抓回，那就要大难临头了。他下意识地转身欲跑，就在他手拉小梨花胳膊的一瞬间，只见一个壮实高大的中年女真汉子正站在他面前，他抬头一看，竟是过去跟着爷爷的阿哈，心才平静下来。等塔克世挤到他眼前，叫了声他的小名，他才恍然大悟，明白了是阿玛带人找他来了。于是狰狞的继母、和善的爷爷、跛脚的塔昂开列、阴险的李成梁、可憎的尼堪外兰一连串的形象，迅即从他脑际闪过。他，一时悲喜交加，流下泪来，便哽咽着，轻唤了一声："阿玛！"

塔克世刚才还攥着拳头，准备见到努尔哈赤时，一句话也不说，先狠打一顿，然后绳捆索绑，用马驮回老家。可是，当他听到努尔哈赤温顺得像小羊羔似的流着泪叫了声"阿玛"时，他的心咯噔一下子，随之拳头松开，竟情不自禁地也落下泪来。他自愧地低下头，心中暗自合计：这一切都怪心狠的纳拉氏和野心勃勃的尼堪外兰。没有这两个人，十四五岁的孩子，能离家这么多年，遭这么多罪吗？

努尔哈赤见阿玛落泪，心也软了。他喃喃着："阿玛，我出来，不该不告诉您老人家一声。"

"孩子，别说了！"塔克世哽咽着说，"都怪阿玛偏听偏信，使你这些年流落他乡。"

父子说着话走出人群，来到一家大门楼前的红纱灯下。

小梨花虽非大家闺秀，但知情达理。她站在努尔哈赤身后，听他对挤过来的人施礼，叫"阿玛"，就悄悄地溜回爷爷的住处，

当塔克世向努尔哈赤问起同来的一老一少时，努尔哈赤干咳了两声，不好意思地回答道："是在山里一起采参的！"

塔克世听了毫不介意，就劝努尔哈赤回家，可是努尔哈赤只是摇头。最后，塔克世说出爷爷想他都想得饭食难下，瘦得十分厉害后，

努尔哈赤才点头答应。当晚努尔哈赤向范家爷孙二人说清阿玛找他的来意，就回到塔克世的住处，准备第二天一早，就动身回赫图阿拉。

清河城离赫图阿拉一百多里山路，努尔哈赤跟着阿玛，骑着马，半天就回到家里。觉昌安见孙子回来，又惊又喜，当天就邀亲朋好友设宴庆贺。

席宴上，众人见努尔哈赤已长得一表人才，就争抢着为努尔哈赤说亲。

女真人婚俗简单。按老规矩，说亲从不用媒人，父母如果看谁家的女孩子才貌可心，就带着如意，或玉玩、手串，直接到女方家求婚。如果女方家同意，也馈赠同样的礼物，作为定亲的标记。酒席过后，纳拉氏一反常态，突然关心起努尔哈赤的婚事来。一则她想淡化在众人心目中儿子的过失，二则想找个能管束努尔哈赤的儿媳妇。所以，第二天就操办了一枚玲珑剔透的灵芝形的如意，催着塔克世到附近的佟家大户，求其长女为努尔哈赤做"萨尔甘"。

佟家满口答应，当即回赠如意，并商定了结婚的日期。塔克世及纳拉氏回到家里，向努尔哈赤把定亲的事一说，努尔哈赤顿觉脑袋嗡的一声，血往上涌，不一会儿身冷手凉，扑通一声倒在地上。意料不到的场面，吓坏了觉昌安，他连忙把塔克世夫妇打发走，把努尔哈赤抬到自己的住处，请汉医大夫为他诊脉治病。大夫看过，并没用药，只是让努尔哈赤安静地躺在炕上，头搭在炕沿上，脚下垫了两床被子，喂了半碗糖水，静静入睡。

到了晚上亥时，努尔哈赤才渐渐苏醒过来。他神志清醒后第一句话，就是轻轻地呼唤"梨花"的名字。

坐在他身边的觉昌安看见他嘴动，根据他呼喊的声音，以为他在说"布达"。于是叫贴身阿哈，从厨房端来备好的饭菜，叫他吃。可是努尔哈赤摇摇头，连一滴水也没喝。

觉昌安焦急地守在宝贝孙子跟前，一再劝他吃些东西以维持生命。努尔哈赤看着年迈的爷爷如此着急上火，才勉强吃了一块饽饽，喝了碗爷爷亲自端来的鸡汤。他安慰了爷爷几句，就又蒙头睡了过去。

天过寅时，窗外显现出微明。努尔哈赤感觉浑身有了些力气，于是悄悄地起床，用木炭在桦树皮上写下了五个大字"爷爷我走了"。他用爷爷的烟壶压好，便溜出了房门，牵着一匹马，再次返回了老秃顶子岭。

第十九章

再次离家　闻梨花噩耗

　　长白山里的冬天非常寒冷，到处都是茫茫的积雪，远远看去全是银白色。努尔哈赤骑着一匹枣红色的马，在山路上穿行。他穿过了原始大森林，眼前就出现了一片连绵的山峦，心里豁然开朗。他心里念着小梨花，不知道自己从什么时候起就喜欢上了这个小姑娘。他喜欢她美好的心灵，爽朗的性格以及她渊博的才学。面对仇人，她就像一把不弯的钢刀一样；面对亲人，她就像春天的暖风一样。

　　一个有志于戎马生涯，想干一番事业的人，有这样的人做伴，岂不终生幸福！马在雪原上奔驰，努尔哈赤观赏着悬崖上的挺拔青松，又想起范老伯。他敬佩老人的人品，博古通今的才学，他确有诸葛亮的智慧，关云长的武艺，他应该为神州大地出力，可惜大明朝当今皇上昏庸，豺狼当道，人才被埋没。

　　冰凌花迎风怒放，一朵朵开遍山崖，卧在洁白的冰雪中。望着它，努尔哈赤想起老秃顶子岭上的七个兄弟，他为他们这些阿哈的命运惋惜，为他们主持正义而当了囚犯鸣不平。苍天呀！莫以为他们真是杀人犯、穷命鬼，他们像冰凌花一样洁白，老秃顶子岭上的我们八个兄弟，是世上最好的人。

　　快马加鞭，风驰电掣，不知不觉来到老秃顶子岭山口。他马还没进桃花泉，叶克书就站在大窝棚前发现了努尔哈赤，他跳起来大叫一声："山寨王回来了！"

　　山寨王是大伙听了范老伯讲瓦岗寨之后，给努尔哈赤起的绰号。众人得知努尔哈赤归来，一个个钻出窝棚相迎。大伙在一起唠扯了一阵，只见额亦都接过努尔哈赤的马缰绳，直掉眼泪。

　　急性子图鲁什看见额亦都泪水满面，马上凑过去，扯扯他的马蹄袖，小声道："你一点儿也耐不住性子！"

　　声音虽小，但努尔哈赤却一字一句都听清了。他不解地问图鲁什：

“你们叽咕些什么?”

不问倒罢，一问，图鲁什也禁不住“哇”的一声哭起来了。

努尔哈赤见此情景，便焦急地问道：“你们哭什么？山里发生什么事啦?”

办事稳当的安费扬古见努尔哈赤急得两眼通红，就故意缓慢地把他先拉进窝棚，慢慢地讲述起大伙悲恸的原因。

原来元宵节那天，努尔哈赤与范鸿爷孙二人分手后，当晚就被清河城游击马林发现。事前，李成梁曾有言在先，对小梨花逃跑可能去的地方，都一一跟驻守明军打过招呼，将小梨花的年龄、长相书函各地。并密令：如捉住此人，将赏白银五百两。所以，当小梨花逛马市时，就引起马林的注意，不过他离开广宁已几年，记不起梨花的长相，只好派人跟踪。

事情偏偏凑巧，第二天尼堪外兰派到清河城给马林送礼的塔昂开列来到城里。在酒席上塔昂开列讲起夜追努尔哈赤，带兵搜寻落水的小梨花时，马林突然眼睛一亮。第三天就邀塔昂开列上山，随着跟踪的明军士兵，一步一步追到老秃顶子岭，找到了范家爷孙二人的住处。

那天，因八兄弟进山围猎，家里只剩下范家爷孙二人。塔昂开烈闯进窝棚，见小梨花正披发梳妆，他一眼就认出了梨花。塔昂开列一声吼叫，明军像一群狼似的蜂拥而上。范鸿凭着他一身武艺，与明军搏斗了一个时辰。但，明军人多势众，猛虎架不住群狼，再加年高气短，终被明军捉住，绑在松树上，

范梨花见势不妙，就冲出窝棚，直奔西山。此刻，她知道，被明军捉去没好，躲藏又来不及。于是她跑到断头崖上，就纵身一跳，落进大山涧……

努尔哈赤听了没有落泪。当他站起来的时候，身旁条筐里的十个野鸭蛋竟被捏得粉碎。仇、仇，满胸满腹，如火灼人。

他强压怒火，到范鸿的住处，安慰安慰老人。范鸿性情刚烈，哪受过这种气。他见努尔哈赤回来看他，一时老泪横流，他紧紧抓住努尔哈赤的手，说：“孩子，我恐怕不行了。日后要记住，人不抱团儿，就要受欺。一个部落、一个民族四分五裂，就不可能兴旺。”说完呼噜吐出一口鲜血，不一会儿就断了气。

军师暴死，八兄弟十分痛心。翌日，大伙以女真人的礼节，戴着

孝带子，——领受了一点军师赐予的"克食"，把范鸿埋葬在离窝棚不远的松林里。

冰雪融化，草木发青，转眼间到了清明节。这天，八兄弟为军师扫完了墓，刚刚回到窝棚，只听山谷传来嘚嘚的马蹄声。众人钻出窝棚朝山口看去，只见一老一少骑马奔上山来。

努尔哈赤望着老者的身影，一惊："这不是爷爷吗?"他掸了掸马蹄袖，刚要上前去接，可觉昌安却突然跳下马来，气喘吁吁地面山而跪，叩咕道："山神河神，我觉昌安从未做过亏心事，请您好好管教管教我的孙子，让他改邪归正。如若他再不跟我回家，我就一头撞死在老秃顶子岭!"

安费扬古见老人亲自上山，言辞恳切，觉得此事非同寻常，就慌忙上前，将老人扶起，道："大人，请放心，我们一定劝努尔哈赤回家安居。"

"不，我要他亲自点头。"觉昌安一指努尔哈赤说。

努尔哈赤见爷爷出马登山，早已感激得鼻酸泪涌。说实在的，凭爷爷的骨肉之情，他愿意回家，可是一想到会见到继母，就觉得在家难住半天。如今自己心上的人、亲近的人已被逼得死的死，亡的亡，不报此仇，心亦不安。与其深山隐居，不如早日出山，闯荡闯荡，扫尽天下的不平。于是他含泪应道："爷爷请起，孙儿听从。"

觉昌安捻着胡须站起来，在众人陪伴下走进窝棚。当他掀开帘子进去的时候，第一眼就看到了在床榻上养病的柯什柯，心中十分难过，他本来想狠狠教训一下这个私自逃跑的阿哈，可是此时见他病卧床榻的样子，就不忍教训了，而是劝慰他跟着回去，这样还能好好医治一下病情。

柯什柯见自己的老主家不但不责备自己，反而在这里劝慰自己，感动地连忙起身，披上袍子，向老主家相谢。

第二十章

草房成亲　继母闹分家

六月初六的傍晚，鸡鸣山下，努尔哈赤新盖着的三间草房里异常热闹。房里房外贴满了大红喜字，院子里贺喜人一拨接一拨，都站在院子中等待着喜轿的到来。

长庚星闪烁在西边的天空中，屯子里的鸡鸭也被圈入了相应的圈棚中。这时山后紧锣密鼓地响起了吹打声，细乐盈耳从不远处的山冈中传了出来。

"喜轿来了！喜轿来了！"看热闹的孩子们呼喊着从村口跑向山冈。

"点火！"

"掌灯！"

新房里外更加热闹起来。随着快乐的叫喊声，院里院外的松树明子一起点着，炕上生起了火盆，红烛火光照得四处一片红。鼓乐声越来越近，鞭炮声响彻山谷。

"喜轿到！"随着司仪的呼喊，四人抬的小轿进了栅门，在铜钱扬撒满地的叮咚声中，迎亲的司仪手执达子香做前导，把轿从炭火盆上抬过，取其兴旺。

轿在院中落平，这时喜房外间已经摆好天地神马桌，桌上放着弓箭和用红纸裹着的新秤杆儿。努尔哈赤身着崭新的袍褂，在女司仪的引导下，把一弓一箭交到他手里，说："向轿门连射三箭！"

努尔哈赤刚要弯弓搭箭，女司仪赶忙小声嘱咐道："别慌！别慌！箭朝轿底射，不要伤着新娘子！"

三射箭完，就有人打开轿帘，从轿中搀出一个红布罩面、红袍红裤的新人。

新娘子走下轿，踏着红地毡，由两名儿女双全的"全福太太"搀扶新娘进洞房，先跨过门槛上的马鞍子，然后进屋与新郎并坐在炕上，放下幔帐"坐帐"。

努尔哈赤与未见过面的新人并坐在一起。这时，他想起才貌双全的梨花，想起她那羞花的面容，明亮动人的杏儿眼……他轻叹了一声，暗想：此刻，若是她该多好呀！

"揭盖头！"女司仪把秤杆儿交给努尔哈赤，他犹豫一下怅然地将新娘的盖头挑下，见新娘圆圆的脸蛋，大大的眼睛，弯弯的眉毛，红红的嘴唇，不丑不俗，不胖不瘦，才略得自慰。但，当他在炕上盘腿对坐，喝交杯酒时，吃"阿什不乌密""子孙饽饽"时，当他在入睡前，吃"长寿面"时，在眼前总浮现出梨花的影子。

努尔哈赤娶了佟甲氏为妻，过了数日，他情绪才略有好转。

佟甲氏，名哈哈纳札青，她为人厚道，性情温顺，会体贴人，知书达理。她经常劝说努尔哈赤，渐渐成为努尔哈赤的知音贴己人。

一天晚饭后，努尔哈赤夫妇回到自己的房舍，点上酥油灯，坐在炕头歇息。努尔哈赤背靠着东墙，手把着长杆烟袋吸烟。他吧嗒吧嗒一连吸了四五袋，一句话没说。佟甲氏坐在他对面，一面纳着鞋底儿，一面瞅着他，最后小声问道："我看你这两天心情不好，有啥事也不能老闷在心里呀？憋出毛病来，可咋办呀！"

努尔哈赤见她如此体贴，就叹了一声道："我现在像笼子里的小鸟，自打十岁那年生母去世，我心里就无着无落。后来尼堪外兰、李成梁之辈又加害我，弄得我颠沛流离，无家可归。今天好不容易有个家，可又觉得大丈夫不能老做房檐下的家雀，应该像苍鹰那样，到广阔的天地里去翱翔，干一番大事业，才不致空活百岁！"

佟甲氏听了极受感动，她放下手中的针线，又拨亮了油灯，劝说道："你说得极是。男子汉应该有男人的志气。人生在世，不能枉度岁月。为妻很佩服女真的英豪阿骨打、海陵王、金世宗。他们能征善战，统一部族，创制文字，颁布法典，开疆扩土，不愧一代天骄！"

"那你愿不愿我也做一代天骄？"努尔哈赤丢下烟袋，凑近妻子，抓住她的手问。

佟甲氏脸儿红了红，娇媚地说："当妻子的，谁不望夫成龙，有哪个愿丈夫当个大狗熊？"说着，佟甲氏轻轻地拍打着努尔哈赤的脊背，轻轻摇了几下。

努尔哈赤见妻子如此通情达理，就猛地站起来，慷慨激昂地说："那我明天就招兵买马，轰轰烈烈干他一场，重振大金的宏业，你当我的大福晋，不知你意下如何？"

"哎呀！你还想搞三宫六院，娶七十二个小老婆？"佟甲氏鼓着娇美的小嘴，怫然而视，右手狠狠地掐了一下努尔哈赤的小腿。

努尔哈赤"哎哟"一声，欢欣地向坐在炕头上的佟甲氏扑去。

正当他扑倒在爱妻的怀里，忽听窗外"哗啦"一声，他俩都惊愕地朝高丽纸糊的窗外看去。

原来，继母纳拉氏趴在窗下，正偷听努尔哈赤小两口的私房话，一不小心把窗台上喂鸡的破碗碰到地下，摔在石头上。她慌忙转身向自己房里走去。

纳拉氏回到屋里，十分恼火。她原打算为努尔哈赤娶个管家婆来管束他，成为自己的心腹，没料到结婚不几天，两个人就这么情投意合，夫唱妇随，恩恩爱爱，纳拉氏失望了。她正气急败坏地翻腾着衣物，塔克世突然闯进屋来。

纳拉氏正憋着一肚子火没处发，猛然间丈夫站在眼前，于是心中之火，似火山的岩浆一下子冲了出来，便大哭大叫道："分家！分家！"

塔克世对妻子突如其来的号叫，一时茫然，他左躲右闪，和又抓又挠的妻子在屋里打起转来，不解地问："全家好好的，分什么家呀？"

"哼！都是你养个好儿子，娶个好媳妇。"纳拉氏吵吵嚷嚷，编造着儿女的不是，说："小两口见我都不打千问安，还卷着袖，难道你们爱新觉罗家里一点儿老规矩也不讲？"

"噢！"塔克世恍然大悟，规劝道，"原来是这么点的小事。也许天热，他们卷起袖子，一时忘了。对自己的儿女何必动这么大的肝火？"

"哟，这还是小事！做小辈的，目无尊长，今天不行礼，明天就敢砍你的头！"

"也不能拿根针当顶门杠呀！"

"噢！你们可真是亲爷们，一个鼻孔出气，在你的家里，只有我是外人，那好吧，"纳拉氏一边翻箱倒柜，一边号叫，"明天不分家，我再不进你家门。"说着拎起包裹，就要去马棚牵马，当晚回娘家。

努尔哈赤两口子忙出来赔罪，可越说纳拉氏越跳，后来好说歹说，才算安静下来。

第三天，塔克世向觉昌安说了要分家的事。觉昌安一听就火了。他跳着骂道："孩子成家几天，就闹着分家，你们不怕人家笑话？"

塔克世只好唯唯诺诺地点头，不敢多说一句。但，家不分，跟纳拉氏就无法交代。又过了两天，觉昌安也被儿媳妇搅得无可奈何，只好答应把努尔哈赤分出去。当晚，觉昌安就把塔克世父子叫到了自己的屋里，以长辈的身份对父子二人各自嘱咐了一遍，最后转过身告诉努尔哈赤，这次分家，他的阿玛和继母只分给了他五匹马，两个阿哈。虽然东西很少，但男子汉志在四方，山里有的是人参、貂皮，各种山珍异宝，只要自己肯努力，一定能比现在更好。

努尔哈赤并没有任何抱怨，赶忙向祖父、阿玛、继母施礼致谢。三天之后，他就用分得的几匹马驮着自己所有的家当，带着自己的新婚妻子来到了赫图阿拉东四十里苏子河北岸的山沟里。两个在这里定居下来，不久，就在坡地上盖了三间土墙草顶的新房。

第二十一章

投军入伍　军营献良策

努尔哈赤在山沟定居之后，凭借着自己年轻力壮，每日早起上山挖参、打猎，晚上回到家里就习兵练武。三五个月就带着自己猎获的山货到抚顺的马市换回一些衣食用品。没有了继母的苛刻，小两口的日子倒也过得蒸蒸日上。这期间，曾经结拜的"八兄弟"也时常前来拜访，所以努尔哈赤的日子过得还算如意。婚后的第二年，佟甲氏就生下了一个女孩，取名东果格格。

女孩满月那天，觉昌安骑马前来看望重孙女。当他在努尔哈赤新居的山口刚跳下马，忽然从道旁树林子里走出一个少妇，那少妇人问道："请问大人，努尔哈赤家住何处？"

觉昌安挣着马鞭子，惊疑地问："你找他干什么？我是他爷爷，你说吧。"

梨花立刻跪下，将自己跟努尔哈赤几年来的交往，简约地说了一遍。

原来，一年多以前，梨花在老秃顶子岭上被明军逼得跳山涧后，身子受伤挂在悬崖的孤松上，傍晚被一个姓万的猎户老人救下。

觉昌安听梨花说完，说："努尔哈赤已另娶了妻子。"说着，他掏出几块银子放到梨花手心，"孩子，你离开这吧！"

梨花没要银子，擦干了泪水，转身就走。觉昌安看着女子远去的背影，无奈地摇摇头，但却从没跟努尔哈赤提及过此事。

夏日的傍晚，几只喜鹊从这枝儿跳到那枝儿，在草房后的大杨树上"喳喳"叫着。

努尔哈赤站在杨树底下，手握一张招兵告示，走来走去。他有时站下自语："李成梁招兵，去不去呢？"这时他暗自合计：自从下山回家，整日老婆孩子，柴米油盐，困得寸步难行，即使每日早晨习兵练武，也终归纸上谈兵！这样下去，焉能成将才！更不能报仇雪恨！如

果在疆场驰骋几年，真枪实刀地干他一番，不就可以练就一身真本事吗？万一能带兵打仗，弄他个一官半职，统率千军万马，不就可以垫个底儿，由小至大，由弱变强，与尼堪外兰之辈争个雌雄，再杀李成梁个回马枪吗？

想到这里，努尔哈赤下意识地又摇了摇头，叹息道："不成，不成，万一李成梁认出我是五年前他要邀功的钦犯，那时怎么办？"

"成！成！"努尔哈赤话刚落音，忽听身后传来爷爷觉昌安的声音。

努尔哈赤回头，见爷爷也拿着一张招兵告示，笑嘻嘻地走来，连忙打千问安。觉昌安见努尔哈赤手里也捏着告示，便说："看来，咱爷孙二人想到一起了！你不必担心李成梁会找你麻烦。一则，你可以改名换姓，混进军队，千军万马，李成梁很难发现；二则，即使有人发现，向李成梁告密，他也不会当场把真相说破，因为五年前，他已向北京钦天监报了功，以火烧'混世龙'，在皇上那里领了重赏。如若他把'混世龙'努尔哈赤未死的消息透露出去，那就要治他欺君之罪。"

努尔哈赤惊喜地点着头。

"至于……"觉昌安把花白的长长的辫子盘到头上，又说道："至于李成梁不重用异族人，这不必担心。女真人和汉人长相一样，风习接近，都穿上军服盔甲，难分难认，只要作战英勇，自有出头之日。"

三天后，觉昌安就以建州左卫都指挥使的名义，给李成梁写了封信，从本卫挑选了十九名身强体壮的女真小伙子，由努尔哈赤带领，投奔李成梁。信上写道：

总兵大人台鉴：

兹选派本卫二十名男丁，投您帐下，以孝敬大人。望大人多多栽培。

建州左卫都指挥使觉昌安叩首

努尔哈赤到广宁后，很顺利地以佟大郎的名字，编进明军。不久，婆猪江建州卫王兀堂起兵，发兵数万，攻占明境边城，烧杀淫掠。王兀堂采用稳扎稳打的办法，攻一地占一地。王兀堂很快攻至鸦儿河岸，然后踞山守城，凭借天险河谷，安营扎寨，休养生息，以待再战。

王兀堂的起兵，引起万历皇帝的震惊，马上令李成梁率兵先去镇压。李成梁接令，立即带兵连夜赶到鸦儿河。可是，他脚跟还未站稳，就立即遭到王部的猛烈反击，一时箭如飞蝗，使明军寸步难行。当晚，李成梁坐在临时军帐，召集各路军马领兵议事。军帐里烛光荧荧，鸦雀无声，一个个蹙眉叹息。李成梁见众人神情沮丧，马上问道："诸位领兵，为何愁眉不展？"

心直口快的右翼大将霍地站起道："夷人凭借河水天险，踞守一地。眼下，吾军既无兵船，又无水兵，怎能过河？河水难跨，何谈攻城？"

"言之有理！言之有理！"六路领兵齐声附和，帐内又是一阵沉默。

"啪！"李成梁猛然从腰中抽出皇上赐给的宝剑，往桌上一摔，立着眉毛喝道："有个屁理！难道大明朝的十多万兵马，就攻不下几万夷民的乌合之众？鸦儿河不破，我这个新封的宁远伯怎么向皇上交代！"

一个白胖子谋士见总兵盛怒，上前禀道："小人尚有一计，不知可说不可说？"

"说！"李成梁的大手啪啪拍着桌子说。

"大人向来主张对夷人以夷治夷，今日何不从夷人兵卒中，挑些有智有谋者，前来献策？"

李成梁蹙了蹙剑眉，思虑片刻道："所言极是。"

当下，从六路军营中挑选了一些女真、蒙古族兵卒，连夜进帐，听候总兵吩咐。李成梁见进帐者一个个惊恐不安，就连忙叫人给每人端来一杯热茶，热情招待。等一个个仰脖喝光，李成梁马上满脸堆笑地说："今日本帅与诸位有一事相商。"

接着一位随军女仆递上水烟袋。他边抽边道："眼下我大明朝的军队与逆贼隔河相望，他们凭借一河之险，拒我于大河之西。如今我军既无军船，又无训练有素的水兵，很难渡河歼敌。为此，请诸位进帐献策。"

起初，空气很沉闷，十几个人一言不发。后来一个长着两撇唇髭的大个子耐不住性子，先开腔："明军与王贼以十对一，就是渡河强攻，也可以完全取胜。"

李成梁摇了摇头道："不妥，那样我军损失太大！胜负难说。"

"大人，"又一个矮墩墩的中年兵卒拱手道，"老话讲，三十六计，走为上计，我们为啥不能逆河而上，从河道最狭的地方冲过去，然后回头冲向王兀堂所占之地，杀他个措手不及。"

李成梁捻了捻短须，不动声色地说："此为下策。据探兵报，能抢渡的地方，离这有四五百里，再加之途中翻山越岭，来回要走上千里的路程，那样会把队伍拖得兵疲马乏。再说，皇上下谕，要我们速战速决。因此，此为下策。"

站在众人之后的努尔哈赤，本不想进帐，因为他不想看见自己的仇人。当传令兵把他推进帐内，他又故意躲在众人身后，找了个不显眼的犄角，佯装疲乏的样子，低头沉思。但，当李成梁装腔作势地说兵论法时，他又不知不觉地抬起头来，瞥一眼李成梁那表面和蔼，实则狡黠的面孔。他马上想起梨花及自己九死一生的遭遇。他恨不得立即抽出长剑，刺穿这个冠冕堂皇的人面禽兽。然而，可惜进帐时兵器早被帐外的兵卒扣下。想到这里，他下意识地摇了摇头，又强忍心头怒火，自我劝慰着：小不忍，则乱大谋，要想砍倒眼前这棵大树，还得先靠这棵大树。接着，他又想起范鸿的忠告，爷爷的寄托，大秃顶子岭上诸兄弟的期望。于是他慢慢挤出人群，向前施礼道："小人倒有一计。"李成梁一连听了七八个人的献策，觉得都不可取，他无精打采地坐在垫着东北虎虎皮的太师椅上，连连打着哈欠。当努尔哈赤站到他面前时，他半眯着眼睛，应付地说："说吧。"

努尔哈赤马上平身直立道："兵法讲，知己知彼，百战不殆。以小人之见，此战应以己之长，攻他人之短。吾军人多势众，只要攻之城下，便宣告对手兵败。"

"哗众取宠！"李成梁晃动着身子，不耐烦地说。不过，他琢磨了一阵儿，又觉得面前青年的话有理，就又瞥了一眼身披盔甲的努尔哈赤道，"我想听你说怎么过河？"

努尔哈赤见李成梁不可一世的神态，本不想再说下去。但转念一想，机不可失。于是便慷慨陈词："当年诸葛亮能草船借箭，大破曹军，我们就不能先收箭，后攻城吗？"

"什么？"李成梁蓦地站起来，仔细问道："你说什么？"

"先收箭，后攻城。"努尔哈赤不卑不亢地回答着。

"箭，怎么收法？城，怎么攻法？"李成梁颇有兴趣地凑到努尔哈赤面前忙问。

努尔哈赤依然笔直如松，侃侃而谈："我们攻城不得要领的原因，并非水深浪急，而是敌军飞箭如蝗。如果我们能使对方箭尽弓废，岂不就可以瓮中捉鳖吗?"

为了保守军事机密,努尔哈赤便伏到李成梁耳边,一一陈述了收箭的想法。

李成梁听罢,拍着努尔哈赤宽厚的肩膀,哈哈笑着,连连点头。于是李总兵下令,当夜各路兵马,披星戴月,进山割革,各扎二百个草人。拂晓前,各路大军总共扎了一千二百个草人,及时送到河岸。寅时未过,一千多兵卒举着草人,趴在河岸,齐声呐喊,鼓声震天,摆成佯攻的阵势。

王兀堂听到呐喊之声,真以为明军过河攻城,忙命令弓箭手万箭齐发。东方刚露曙光,明军马上命令手持草人的明军退下,然后把刚宰过的三百只羊血洒到河岸和水里。天亮时,王兀堂远眺河岸,见对岸血流成河,暗自欣喜。当天就杀猪宰羊,犒劳弓箭手。

李成梁见用草人眨眼之间弄来敌军六七万支雉尾箭,高兴得在军帐里跳了起来。这样连续佯攻了三天,使敌军丧失了二十多万支雉尾箭。第三天黎明又收起草人,仍将箭头取下,各路军马进营歇息去了。李成梁忙叫人把努尔哈赤找来问道:"佯攻何时结束?"

"今日。"

"为什么?"

"据小人到永奠马市暗查,王兀堂近年到那里共买了万把斤生铁。每个箭头照一两生铁计算,他总共不过十六七万支箭。眼下他已失去二十多万支,就是说连平日积攒的箭头都用上了。大人如若把敌军射来的雉尾箭,细细察看,就会发现,今天射来的箭尾之雉毛已经变色,略可闻到霉味。据此可推测,敌军今天已经翻库倒箱,接近箭尽的境地。今天晚上,如果我们再佯攻片刻,便可乘胜过河,连夜攻城。"

努尔哈赤的精细、智谋,颇得李成梁的赞赏。李成梁听罢,连忙双手拍着他的肩膀,夸奖道:"佟大郎,好好干,将来我拨给你三千精兵,做我的先行官。"

当晚,月色朦胧,李成梁集合十万重兵,分三路进军。中路派兵二万,举火把,执草人,在河岸摆开阵势,击鼓呐喊,时攻时退。其他两路,各派兵四万,各自在中路附近搭浮桥偷渡。

站在对岸城头的王兀堂,这时朝明军营中观望,他眼见火光冲天,鼓声震耳,立刻调动全城兵马出西门直奔中路堵截。两军在河水里、

河岸边交战半个时辰。明军佯装大败，纷纷逃回军营。正当王兀堂收兵进城、狂笑不止时，忽听城南门杀声震天，几万明军潮水般地涌进城里，这时他才如梦方醒，哀叹了一声："哎呀！我中了调虎离山之计了！"

厮杀声、马叫声、狗吠声混合在一起从城内传到了城外。王兀堂骑在马上，看着眼前的形势，知道自己大势已去，无论如何也抵挡不住明军的十万大军。于是便想到了逃生，赶忙跳下马来，乔装打扮成平民百姓，弃城而逃。鸦儿河之战结束，李成梁立刻将化名为"佟大郎"的努尔哈赤传入内帐，把他留在身边充当自己的谋士。

第二十二章

奸人来访　怒激李成梁

李成梁连日征战大捷，为了庆祝战功，他批准将士们在营地设宴，自己也因此喝得酩酊大醉。他仰面朝天地躺在军帐里睡得天昏地暗，鼾声如雷，就像一头熟睡的肥猪一样。

努尔哈赤为李梁成擦好剑，小心翼翼地将其装进剑鞘，然后就坐在了军帐中的红纱灯下，背靠着帐柱，守护着这位熟睡中的总兵大人。

夜，静得出奇。整个军营，除了守夜巡逻的梆子声，就是蛙声和蛐蛐的低鸣声。努尔哈赤连打了几个哈欠，从腰间解下烟荷包，刚想抽袋烟，突然一失手荷包掉在地上，一个绿色的东西从荷包里滚出来，在地上打着转儿。他慌忙拣起，见是枚翠玉戒指，马上戴在小手指上，抬起手，用嘴吻了吻那戒指。

这是九年前，梨花在广宁城葡萄园里送给他的礼物。此刻，他见物生情，想起梨花，忆起抚顺马市相遇；广宁城葡萄园里的幽会；夜半骑马出逃；老秃顶子岭上的知心话；清河城元宵逛花灯……想起往事，酸甜苦辣顿时涌上心头。他叹息了一声："她死得好惨！"

怒火在他胸中燃烧，他陡然站起来，走到挂着宝剑的帐柱前，抽出长剑，悄悄地走向熟睡的李成梁。这时，帐外传来脚步声。

"佟大郎！"帐外来人喊道。

努尔哈赤赶忙把剑收起来，放回鞘内，走到帐门口。

"副总兵有请！"

努尔哈赤轻轻地应了一声，便低着头，离开了李总兵的大帐。

翌日，日升东南，李成梁正坐在大帐里对将士论功行赏，忽然一个探卒跑进帐内来报："总兵大人，苏克苏浒河部图伦城主尼堪外兰前来祝贺！"

"请！"李成梁欠欠屁股，打了个手势，得意地抿了抿唇髭，又重新端坐。

不一会儿，一队抬猪牵羊的人马，在尼堪外兰率领下，吹吹打打，来到军帐前。

李成梁坐在太师椅上，隔着白纱帐帘，见尼堪外兰笑吟吟地进帐，待他施礼之后，便站起来，客客气气地说道："城主请坐！城主请坐！"

尼堪外兰依照汉人的礼节，坐在右侧的宾客席上，兴致勃勃地观看军帐中的奖赏仪式。

尼堪外兰施礼入座，忽然瞥见书案上对联的艳诗褒词，便两眼眯成一条线，奸笑道："总兵大人，听说古勒城主有个盖世无双的漂亮小女子，小人本打算当个红娘，收到大人门下，可是城主阿太这混账东西，矢口不从，反诬大人是……"

"是什么？"李成梁瞪着眼珠子，追问道。

"小人不敢直言！"尼堪外兰故意装作十分敬重的样子，挑拨道。

"说！与你无关。"李成梁掸着袖子上的纸屑说。

尼堪外兰装出不好意思的样子，道："他说李大人是关外有名的老色鬼、刮财虎，谁家有好闺女，也不会往广宁火坑里送。"

"大胆！"李成梁恼羞成怒，气得抓起白玉镇纸往青砖地上一摔，伴着玉石的粉碎声，吼道："小小城主，竟敢污辱当朝总兵！"

"还有更恶毒的话！"尼堪外兰火上加油地说，"他还说，一旦他或者爱新觉罗一家掌了兵权，就先杀专会搜刮民财的李总兵！"

"住口！"李成梁听了，像一头发怒的狮子，仿佛眼前的尼堪外兰，就是古勒城主阿太，大声呵斥道。

尼堪外兰吓得身子一哆嗦，端起的茶滴滴答答洒了一地。他舔了舔嘴唇，见时机成熟，就站起来，凑到李成梁身边，说："万历年初，您领兵火攻了王杲的山寨，杀死了他的父亲，使全寨人畜几尽。我想，阿太对此灭门之举，杀父之仇，不会忘记的。所以，以小人之见，先下手为强，除去这条祸根。"

李成梁觉得言之有理。于是下令次日发兵围攻古勒城。古勒城离广宁四五百里路，李成梁带着三千人马浩浩荡荡地出兵了。一路上晓行夜宿，穿过辽河，绕过沈阳，逆浑河而上。他们越过辽东边墙，在萨尔浒略作停歇，就直奔古勒城。

古勒城主阿太的妻子，是觉昌安的孙女。觉昌安听说李成梁率领大军，要围攻古勒城，心里十分焦急。一日他带着儿子塔克世，率领一队轻骑前往古勒城助战。

　　觉昌安父子被阿太迎进城里，刚刚关上城门，李成梁的三千人马就开到城下。明军略作歇息，就列阵攻城。一时战鼓齐鸣，杀声震天。一个个披甲的明军，手执盾牌，握着大刀，架起云梯，蜂拥而上。

　　古勒城据山依险，防守很严。全城老幼在阿太的指挥下，万箭齐发，矢如飞蝗，很快打退了明军的初次进攻。

　　守城、攻城持续了一天，双方互有伤亡。黄昏时分，觉昌安登上城楼朝四外一看，只见明军营帐点点，遍地炊烟。他心里十分焦急。他走下城楼，见了阿太，连忙说："外面明军攻城很紧，我看晚上我带孙女先走一步，免得发生意外。"

　　阿太笑笑说："我的城墙坚如磐石，料明军难以攻破，眷属用不着出城。"

　　觉昌安急得在屋里乱转。最后恳求道："好孩子，万一城被攻破，后悔就来不及了。"可是，任凭觉昌安说破嘴皮子，阿太就是不同意。

　　阿太骁勇善战，他多次亲自出兵，绕城冲杀，明兵伤亡很重。李成梁眼见数日攻城无效，心里十分恼火。一天晚上，他坐在军帐里，差人找到尼堪外兰，当场训斥道："我军围城数日，死尸成山，损兵折将，都是你拨弄所致。如两天之内再拿不下古勒城，就拿你问罪！"

　　尼堪外兰连忙跪下，哀求道："小人听说觉昌安近日请我进城招抚，此计不成，我甘愿拿人头见您。"接着，他站起来，跟李成梁耳语一番，就退出军帐。

　　第二天清晨，尼堪外兰单枪匹马来到古勒城南门外，他坐在马上向城上大声喊道："我要见建州左卫都指挥使觉昌安大人。"巡城人员马上回来禀报，觉昌安随即登上城楼，向下俯视，见是尼堪外兰，心里顿时生疑，便暗自合计："他怎么知道我到古勒城的？此刻，大兵压境，他来干什么？"

　　正在觉昌安犹豫之际，尼堪外兰又高声唤道："小人求见都指挥使大人，替明军议和。"

　　觉昌安听是来议和，见他身后无兵无卒，为了全城老少的安全，就不计旧仇，命兵卒开了城门，把尼堪外兰迎进大堂。

　　众人坐定，尼堪外兰依然起身多次抱膝请安。觉昌安见尼堪外兰如此虔诚，就单刀直入地问："汝从何来？"

尼堪外兰连忙答道："刚从明军军帐里出来。总兵大人说，他不知都指挥使与古勒城主有亲戚关系，所以发兵冒犯。今闻您远道施救，方知你们两家有翁婿之亲。今小人在总兵面前替您说情，李总兵才答应议和退兵。"

"此话当真？"觉昌安迫不及待地追问道。

"小人不敢说谎！"尼堪外兰又站起施礼道，"不过，我想大人若能令阿太城主，向大明朝每年按时进贡，李总兵一高兴，定会向皇上替您邀功封爵，以统领整个建州。"

觉昌安听了尼堪外兰的甜言蜜语虽然半信半疑，但总觉得舒舒服服，就连忙追问道："你说的话，是何人之意？"

尼堪外兰见觉昌安已经有了动摇，于是便嘴里喷着唾沫星子，继续添油加醋地告诉觉昌安，曾经在李梁成那里见到过皇上赏赐的"龙虎将军"印，还有什么建州卫都督敕书。觉昌安听完尼堪外兰的话信以为真，当日就大设宴席款待他。

第二十三章

奸计得逞 积力为报仇

第二天，城下的明军果然一齐撤退。阿太见此情景，心里十分高兴，连忙准备盛宴，烹羊宰猪。一来表达自己对觉昌安父子救援之恩的感激之情，二来想趁此机会缓和赫图阿拉与图伦两城的关系。宴席开始之后，在场的所有人都开怀畅饮，喝得酩酊大醉。

城内百姓见尼堪外兰神通广大，使两军休兵，都十分感激，一个个前来敬酒。期间，尼堪外兰认识了一位过去在马市上相识的更夫。待酒席散后，他借着"净手"的机会，在阿太的院子里对更夫说："小兄弟，李总兵有言在先，他说谁能杀掉阿太，就叫谁当古勒城主。"

更夫听罢，连连摇头："不敢，不敢。"

"那有什么不敢的！"尼堪外兰引诱着说，"你当一辈子更夫，受半辈子苦，娶不上一个媳妇。如果你当了城主，大老婆、小老婆的，还不是成车地拉。"说着尼堪外兰诡秘地瞅了瞅更夫腰间的一串串钥匙，说："其实，也不是叫你去砍阿太的头。只要你在半夜里打开城门，就算你立了功。至于当城主的事，一切都包在我身上。如不按老兄的意思行事，明日你在城外的老母，可就要命归西天喽!"

更夫一听要加害自己的老母，连忙跪下求救道："只要您不杀老母，叫我干啥，我干啥。"

尼堪外兰弯腰搀起更夫，拍了拍他的头顶，笑道："这才是聪明人呀!"

夜半，疲惫的城民家家户户大门关得紧紧的，居家老小都想睡个安稳觉。街巷里静悄悄，只有更夫敲梆的巡夜声。当更夫走近城南大门时，尼堪外兰已在城内僻静的小树林里等他。

更夫没见过两军对杀的场面，他看见尼堪外兰像看见幽灵，只觉得两腿发软，再也走不动了，尼堪外兰见更夫踟蹰不前，以为他要变

卦，于是跳出树林，走近更夫，从腰间拔出腰刀，对着他前胸一连刺了三刀，然后夺下更夫的钥匙，把更夫的尸体拖进树林，就直奔南城门。

两个站在城楼守卫的兵卒，由于连日没合眼，此刻都背靠城垛昏昏入睡。尼堪外兰进了城门洞，打开了三斤重的铁锁，拉开一丈长的门闩，撤下两根碗口粗的顶门杠，拉开城门吹了一声预谋好的口哨。接着，埋伏在城外的明军，像潮水似的涌进城门。

刹那间，杀声震天，哭叫声盈耳，冲天的大火，在山城四周燃起。鼾睡中的城民，从梦中惊醒。有的人迷迷糊糊地下了炕，还未来得及穿衣，就被冲进屋里的明军，砍去了头，断去了臂。

觉昌安躺在阿太正房西间的南炕上，耳听城内杀声震天，慌忙叫着北炕上的塔克世："老四，尼堪外兰哪去了？"

塔克世坐起来，披上棉袍子，打着哈欠，说："昨晚叫人请去喝酒去了！"

"不好！"觉昌安赶忙推开窗子，只见城内火光冲天，哭叫声、厮杀声，从远处传来。他自觉大事不好，赶忙穿衣下地，拉着塔克世走出房门。

觉昌安父子刚跑出后院门口，忽见一群披甲的明军破门而入。领头的一个明军见后院门口有两个人影，以为城主阿太要溜，就大声喊道："阿太在那儿！快追！"

手执刀斧的明军号叫着，冲向觉昌安父子。

觉昌安顺手操起顶门杠，挥舞抵抗，对塔克世叫道："你快去看看你那侄女！"

塔克世翻墙而走。觉昌安抡起顶门杠一连打倒三四个明军，冷不防背后挨了一刀，一个趔趄倒在地下，躺在血泊中……

越墙而走的塔克世也刚到东院，院墙四周已燃起大火。他跑到侄女的屋门口，一脚踹开门，抱起侄女一个八岁、一个十岁的孩子，带着惊慌失措的侄女跑到门楼下，突然被大火烧断塌下的房梁砸倒。转眼间，塔克世和两个孩子压在房梁下，不一会儿，一大两小，就被熊熊大火包围……

细雨夹着雪，飘洒在广宁城。努尔哈赤用一只狍子喂完了老虎，背靠着老虎圈子的铁栏杆儿，望着李成梁带兵出征的方向，蹙眉沉思：

此次，李成梁带着三千精兵，发兵何处？为啥自开原大捷之后，不再跟我谈兵习武，而给我喂虎、抄书两件闲差来干？为啥这次出征，没向我透露半点音信？难道李成梁把我像身后的这只虎一样困起来？那么这又是为啥？

西北风吹进他的领口，他打了个寒战，轻叹了一声，就一头挑着筐，一头挑着水桶，跟一个总兵府的小仆人，走向喂虎房。

喂虎房在老虎圈东，是座单间土房。努尔哈赤走到半路上，雨雪吹打在他发木的脸上。他走着走着，突然一个披甲的同乡，慌慌张张地朝他跑来，结结巴巴地对他说："大阿哥，大事不好了！你……你阿玛、爷爷在明军洗劫古勒城时，一块死了！"

"此话当真？"

努尔哈赤拍着扁担，竖着眉毛吼道。

"小弟亲眼所见，没有半句谎话。"

努尔哈赤听罢，顿觉天旋地转，骨鲠在喉。他无力地丢下扁担，身子一歪，便昏倒在地。

那个同乡立刻把他扶起来，搀进小房，让他躺在炕上。过了一阵儿，努尔哈赤慢慢醒来，他霍地起身，又追问道："李成梁为啥要杀害我的亲人？为啥要血洗古勒城？"

"也许……也许因为李成梁知道了你就是当年被他追拿的钦犯，才……"

努尔哈赤噌地跳下地，头也没回，直奔总兵府。

恰好，李成梁坐着八抬大轿在总兵府门前下轿。他见努尔哈赤怒气冲天地走来，暗自合计：这小子可能知道古勒城的消息了。于是，他一咬嘴唇来个先发制人："佟大郎！努——尔——哈——赤！你把虎喂得怎么样？"

努尔哈赤没有理茬，冷笑道："吾家父、祖何罪之有，竟死于你的手下？"

李成梁自知真相大白，在大庭广众之下，只好支支吾吾地说："吾与你二老，并无私仇，何须同室操戈？你父、祖二人死于非命，实属误杀。"

"不！"努尔哈赤道，"是谋害！你无故兴兵，残害女真，竟将皇上敕封的建州左卫都指挥使暗害，难道这也算误杀？"

李成梁身为辽东总兵，在努尔哈赤义正词严的追问下，也无言以对。他干咳了两声，就笑眯眯地对努尔哈赤说："壮士息怒，有话请进府去说。"

努尔哈赤随着李成梁进了书房。李成梁亲自为他倒了一碗热茶，说："努尔哈赤，你为啥不早说你是觉昌安的孙子呀？其实，我本来无意出兵，只是听信了尼堪外兰的挑拨，才误杀了你的祖父和父亲。事已至此，我愿让你将父、祖的遗体接回安葬，另奏请朝廷，赐你敕书三十道，战马十匹，并袭任你祖父之职，你看如何？"

努尔哈赤没有马上回答。次日，努尔哈赤催马出城，两天后回到新居。从此，他日夜盘算如何为父、祖报仇，决心积聚力量，寻找时机，同尼堪外兰决一雌雄。

一天，老秃顶子岭上的"八兄弟"来探望。活张飞似的图鲁什，两眼喷火，进院就找马和箭袋，他如疯似癫地道："尼堪外兰欺人太甚！"然后牵过马，对众兄弟，像汉人似的一抱拳道："诸位兄弟，今晚我不拿来尼堪外兰的首级誓不为人。"

沉稳的博尔晋连忙上前，夺过缰绳，劝阻道："眼下还不知尼堪外兰躲在哪个窝里，你上哪儿杀他？再说，你单枪匹马，能抵挡住他数百人吗？"

安费扬古也上前抢下箭袋，深沉地说："此举非同寻常，需要从长计议。"

"对！咱们兄弟需要好好地合计合计！"岁数最小的额亦都表示赞同。

好开玩笑的叶克书，出言幽默，他拍了拍图鲁什宽厚的肩膀，笑道："老兄，你要万一出事，大嫂找我们要丈夫怎么办？"

图鲁什一咧嘴，张开他蒲扇似的大手，冷不防把叶克书推得一屁股坐到地上。不偏不倚，正好将一只在地下叼草籽儿的芦花鸡压在屁股下。叶克书一手支着身子，一手拎着断气的大公鸡，说："如果攻打图伦时，我就像抓住这只小鸡似的，不费吹灰之力，把尼堪外兰垫在屁股底下，一屁崩死该多好。"

老大劳萨上前把叶克书拉起，瓮声瓮气地说："别说玄话了，进屋好好商议商议吧。"说罢，众人相继走进屋里。

努尔哈赤因父、祖去世未过百天，就简单地操办了些酒菜，戴孝招待众兄弟。饮酒时，努尔哈赤把在广宁进见李成梁的经过一五一十地说了一遍。

"现在不知道李成梁葫芦里卖的什么药？"劳萨接过努尔哈赤的话茬儿说。

图鲁什道："哪个总兵不心毒手狠！他想扶持尼堪外兰，就是想用女真人的刀，杀女真人！"

"要我说呀，"一喝酒就脸红到脖子根儿的叶克书，用筷子敲着桌角道，"一定是尼堪外兰拿厚礼把他买通了，许了愿。"

努尔哈赤摇了摇头，不赞成地说："不那么简单！尼堪外兰所居之城，不过十里，人不足千，扶植这样的人有什么用？明朝向来对我女真实行以夷制夷，分而治之之策，他们宁愿看各部族内部互相争斗，彼此抵消力量，他坐收渔翁之利，也不会插手各部纷争的。所以，依我之见，李成梁支持尼堪外兰是假，实则是用来压我这个新接任的建州左卫首领！"

"对！这话说到点子上了！"一直喝着闷酒，低头琢磨点子的博尔晋，赞佩地道，"听说李成梁镇守辽东数十年，大肆搜刮，冒领军饷，甚至掩败邀功，杀良民以晋级，皇上对他已不那么器重。在这等局势下，李成梁绝不会重用一个酒囊饭袋的。"

"那就先把尼堪外兰这条臊狐狸宰了！"等得不耐烦的图鲁什猛地站了起来，在炕上转了一圈，像一只关在笼子里的老虎抢先说。

说话间，忽然一个阿哈进屋禀报道："萨尔浒城主诺密纳前来拜会。"

努尔哈赤连忙道："请！"

萨尔浒城与赫图阿拉同属苏克素护河部，一个月前，诺密纳因听信尼堪外兰的坏话，受到明军镇守抚顺所属官员申斥。对此，诺密纳怀恨在心。所以，他听说努尔哈赤接任祖父的官职以后，马上想跟赫图阿拉靠近，共同对抗尼堪外兰，今天特意打听到努尔哈赤的新居，前来求见。

努尔哈赤见到诺密纳，十分欣喜。他一一把自己的把兄弟作了介绍之后，说："尼堪外兰是我的仇人，也是众兄弟的仇人，建州各部的仇人，这条祸根不除，我女真难得安宁！"

诺密纳听了此话十分感动，发誓此生要与努尔哈赤同舟共济，共

同进退。当天，诺密纳就与附近几个部族的首领噶哈善等人和努尔哈赤一起杀牛祭天，海誓山盟地进行了结拜，并商定五月初一那天，集结各部的兵马，一起讨伐图伦。

第二十四章

盟军变卦　图伦城之战

　　光阴荏苒，转眼就到了五月初一这天。努尔哈赤一大早和结拜过的六兄弟吃过饭，就准备停当，准备出发。可是他们从早晨一直等到中午，也没看到诺密纳带着一兵一卒赶来汇合。努尔哈赤急得浑身直冒火，图鲁什更是等得不耐烦，一会蹬上马，一会又跳下来，嘴里不停地叫骂着诺密纳不守盟约，实在不是好东西的话。终于按捺不住，暴躁地怒吼着要自己干。

　　"不行，不行！"老大劳萨阻止道，"眼前兵不足一百，仅有觉昌安大人留下的十三副铠甲，怎能起兵？"

　　面对孤立无援的局面，努尔哈赤没有灰心，没有后退。复仇的怒火仍在胸膛燃烧。他沉思了一会儿，猛地跃上战马，拔出战刀，大吼一声："长白山作证，我攻不下图伦绝不生还！"于是他把爷爷留下的龙虎纹宝剑一挥，众兄弟及爱新觉罗氏家的近百名骑手，一个个翻身上马，冲出赫图阿拉山城。

　　图伦城位于苏子河下游，赫图阿拉城位于上游，沿苏子河两岸，是起伏的山峦。努尔哈赤带着一支人马，沿着苏子河，翻过马尔墩岭，来到一堵陡峭悬崖前，忽然发现迎面跑来一匹白马，马上坐着一个浓眉大眼的少年，跑得满头大汗。这少年是努尔哈赤的堂叔龙敦的贴身阿哈，他见打头的是努尔哈赤，就急忙勒缰停马，翻身下鞍，深深打千道："禀报都督，诺密纳变卦了！"

　　"诺密纳现在萨尔浒城！"靰斯哈说着把马拴在身边的白桦树上，擦了擦汗，一一讲述了诺密纳变卦的经过。

　　努尔哈赤的堂叔龙敦是他三祖父的儿子，此人住在赫图阿拉西面的一座小城。平时他很忌妒努尔哈赤的才能，自努尔哈赤被大明赐予建州左卫都指挥使之职，忌恨尤甚。三天前，他听说努尔哈赤与诺密纳海誓山盟，凭十三副铠甲要起兵攻打尼堪外兰，于是就偷偷地跑到

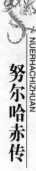

萨尔浒城。

瘦得皮包骨的诺密纳见努尔哈赤的堂叔到来，赶忙更衣远迎，当即设宴，为龙敦洗尘。诺密纳以为龙敦是来和他商议攻打尼堪外兰的计划，可是说来说去，龙敦却说："诺密纳兄弟，老朽有一忠言相告，千万别跟努尔哈赤瞎胡闹。大明朝在辽东屯兵数十万，而小小的努尔哈赤仅有十三副铠甲。既然大明朝暗助尼堪外兰，筑城甲版，想叫他当建州左卫的首领，你们攻打尼堪外兰，李成梁能袖手旁观吗？所以依我之见，二位切莫轻举妄动！"

诺密纳不知真相，他听了龙敦的挑拨，决定背弃盟约，不再发兵协助努尔哈赤，却悄悄地对其弟说："老弟，现在看来，尼堪外兰靠李成梁这棵大树，是动不得的。如果我们帮助努尔哈赤，定会得罪李总兵，那样子对我们更不利。再说，努尔哈赤一旦强大起来，岂不等于我们面前又树了个强敌吗？"

诺密纳的弟弟听了连连称是，决定倒向尼堪外兰一边。第二天，诺密纳就悄悄派人用马车拉了十盆达子香，到图伦城，向尼堪外兰告密。努尔哈赤背靠着一棵桦树，不解地插话问道："拉十盆花，有何目的？"靰斯哈道："那是掩人耳目。他怕半路上碰见外人，或者遇上您布置的暗探，所以就以送花或卖花为名，暗地里通风报信，这样就能神不知、鬼不觉地干完那勾当。"

"咳！"努尔哈赤听罢，气得拔出长剑，大吼一声将身边的一棵碗口粗的白桦树"咔嚓"一下砍断，以解心头之恨，然后道："这老东西想坐山观虎斗，等我杀了尼堪外兰，非杀了他不可！"

"无信无义，当杀。"跟随在努尔哈赤身后的嘉木瑚寨主噶哈善也义愤填膺地骂道，"杀牛祭天那阵子，他话说得比谁都大，誓发得比谁都坚定，可是到关键时候，就耍狗熊！"

当时参加盟约的两个城主，急忙从马上跳下来，又细细地盘问靰斯哈，然后对努尔哈赤道："都督大人，依小人之见，一不做，二不休！缺个诺密纳，咱照样可以取胜！"说话间，安费扬古、额亦都也相继下马，来到努尔哈赤跟前，同声说道："请都督放心，有我们在，不攻下图伦，死不瞑目！"

盟友、兄弟的赤诚，像团火温暖着努尔哈赤冰凉的心。是啊，人逢困境，能得到友人及时热诚的援助，这不比什么都可贵吗？努尔哈赤感动地流着泪，手握长剑，马不停蹄，人不下鞍，直奔图伦城。

图伦虽称之为城，实则是一座屯堡，土城土墙，高不过一丈，方圆仅有三里。城内除尼堪外兰住的是灰砖瓦房，其余多是土墙茅屋，窝棚地穴。

平日尼堪外兰在城内为非作歹，强占耕地，劫掠猎物，霸占阿哈，积怒甚重。所以当努尔哈赤率兵逼近城下，各家各户都像过河的牛，各自顾自己。只有尼堪外兰的几个家族亲信，紧闭城门，趴在城头，胡乱射箭抵挡。

额亦都为人刚直义气，他替努尔哈赤报仇心切，他踏着搭起的人梯，第一个翻过城墙，攻进城内，连忙找来一根铜盆粗的房梁，十几个兵士一块抬起来直往墙上撞，"咣当咣当"几家伙，就把城墙捅出个大豁口。接着一匹匹战马，嘶叫着，旋风般地冲进城内。

尼堪外兰的亲兵，见黑压压的骑兵冲进城内，一个个丢盔弃甲，龟缩到自家的小院里，大门紧闭，负隅顽抗。

安费扬古陪着努尔哈赤冲到尼堪外兰的府邸，一连砍倒了几个顽抗的卫士，破门攻入院内，见上屋下房没个人影，连忙叹道："来迟了！"

安费扬古赶忙下马，找到一个守院的老阿哈，问道："城主哪去了？"

老阿哈眨巴着红赤赤的烂眼睛道："一大早来了几个送花的，城主同他们嘀咕了一阵子，就叫家里人收拾行装、备马，不大会儿就带着老婆、孩子骑马走了。"

努尔哈赤接着问道："他们去哪了？"

老阿哈连忙施礼道："奴才不知！奴才不知！"

恰在这时，额亦都押着一个诺密纳派来送花的车老板。这个车老板一时贪恋女色，闯进城西一家猎户，正同女房主调情，被额亦都当场抓获。

努尔哈赤问明缘由，厉声问道："诺密纳派你们来干什么？"

"派……派……"车老板见十多把大刀长剑，明晃晃在身前脑后闪光，一时吓得结结巴巴，说不出话来。

"说！"围在车老板四周的攻城兵士，齐声责问。

胖得像个猪似的车老板，面对挥刀舞剑的人群，吓得点头作揖，

一会儿趴在地上，一会儿又神色慌张地站起来，结结巴巴地说："诺密纳城主……不，诺密纳这个老浑蛋，派……派我们给尼堪外兰大人，不，尼堪外兰该死的，送……送信。说努酋……"

"浑蛋！"攻城兵士听到车老板不敬首领努尔哈赤，异口同声地斥责。

车老板受到斥骂，吓得脸儿蜡黄。他为了争取宽恕，又手脚颤抖地说："诺密纳叫我们告诉他，就说努尔哈赤大都督，眼下就要攻打图伦城了，叫他快快躲避躲避。"

图鲁什一听是眼前的这个车老板有意放走了尼堪外兰，就一把抓住他的脖领子，推到一处空地，举刀就要砍，努尔哈赤赶忙挡住："他已说了实话，就免他一死。留下他给你背箭牧马吧！"

车老板连忙施礼谢恩。

整个攻城不足一顿饭工夫，就把尼堪外兰留下的全部武装歼灭，并缴获了全城的弓箭、兵器、战马。接着，努尔哈赤下令把俘获的马匹、牛、羊、衣物、器具、阿哈，全部查点清楚，然后按军功大小分配。

分毕，努尔哈赤提议："额亦都已二十二岁，至今未能成家，这次就把俘获的一少妇，赐给他。"当晚，在城中央，点起篝火。大伙围着篝火跳起空齐舞，庆贺首战的胜利。

就在大家跳舞的时候，车老板蓦地钻进人堆里，带着五个俘获的阿哈，一起跪到努尔哈赤的跟前，真诚地告诉努尔哈赤，他们愿意带路去捉捕尼堪外兰。努尔哈赤高兴地亲自扶起几个人，大声说着："山音！山音！"

第二十五章

狼狈为奸　梨花暗相助

尼堪外兰带着自己的两个老婆孩子趁乱逃出来后，就骑着一匹大灰马和两头小毛驴儿顺着浑河奔跑了一整天。到了傍晚的时候，三个人来到了浑河北岸的甲版城。

甲版城紧挨着抚顺古城，是女真与明朝的交界处。尼堪外兰带着自己的老婆孩子实在跑不动了，就在一座古庙前停了下来，让大家在此休息，匆匆吃了些带来的熟羊肉。尼堪外兰站在庙前的石台阶上，暗自合计着自己下一步应该怎么办？在此处是留还是走？

日落西山，尼堪外兰的小老婆马蜂腰如丧家之犬，在尼堪外兰面前耍着性子："整天做梦当建州的都督，这下可好，叫人家一个二十五岁的小伙子撵得无家可归。今晚住哪？我说你这老东西，快拿个主意呀！"

"莫急！莫急！"尼堪外兰哄着小老婆，用长着老斑的手，摸着她那满脸雀斑的脸蛋，安慰道："此地靠近大明的边城，上马便到。万一努尔哈赤追到此处，可请求明军的庇护。另外，李成梁曾扬言，帮助我在甲版筑城，准备提升我为建州左卫的首领。看来，在甲版安营扎寨，无论从天时还是地利上讲，都是最合适的地方。如若我一旦升官，你不就是全城的皇后了吗？"马蜂腰撒着娇，笑了。当晚，尼堪外兰用二十张貂皮，换了两间汉人住的房子，安歇下来。其他后来的部族老小，也都临时搭起窝棚住下。

过了几天，尼堪外兰觉得诺密纳大恩难忘，就派人到萨尔浒，将诺密纳专程请来，设宴招待。席间，尼堪外兰感激涕零，道："老朽大难不死，多亏二位关照。"

"哪里，哪里，"诺密纳极力奉承道，"那也是您的造化，福大命大。不过，对努尔哈赤还要严加提防才是。"

提起努尔哈赤，尼堪外兰涨红的脸，顿时由红变紫、变黄、变白。

他哆嗦着乱蓬蓬的胡子，道："早知今日如此，悔不该二十多年前，没有把这条混世龙碎尸万段！咳，都怪我心慈手软呀！"

"哟，别说那么多好听的啦！"坐在一旁陪酒的小老婆，扭动着马蜂腰，插话说："你几次用计，都没有把他害死，还说那么多宽心话！"

是啊，为弄死努尔哈赤，曾串通他的继母纳拉氏，可惜未能得手；十年前，在李成梁家里，努尔哈赤本来已是网中之鱼，可惜让他轻松溜掉；辽阳老鸹滩放火烧荒，竟想不到他死里逃生……咳！这一切，是努尔哈赤的命大，还是该我尼堪外兰倒霉呀！

正当尼堪外兰心烦意乱的时候，塔昂开列端着大碗参汤进来，可巧地下有只黑猫，他一不小心踩在猫身上，黑猫吱哇乱叫一声，吓得塔昂开列慌忙抬起脚，脚起脚落，双手一滑，一碗滚热的参汤"吧"的一声掉在地上，碗碎汤洒，把个黑猫烫得满屋乱窜。猫甩着尾巴，竟把湿漉漉的参汤甩在客人的袍子上。

尼堪外兰正一肚子火没处撒，就势火冒三丈，骂道："浑蛋！浑蛋！我白养活你二十多年！白吃我的饭，连个毛孩子都抓不住，弄得我如今背井离乡！"尼堪外兰挽起马蹄袖，大叫："来人，拉出去，给我打五十大棍。"

话音刚落，跑进来两个阿哈，把塔昂开列架出去，不一会儿，传来噼噼啪啪的棍棒声和撕裂人心的惨叫声。

尼堪外兰听到沉重的木棍声，刺耳的哀叫声，咧着嘴冲着诺密纳嘿嘿乐了。

诺密纳听了却十分扫兴，他呷了一盅酒，连忙劝道："他是你贴身的阿哈，何必动这么大的肝火？城主，汉人有句话说，地利不如人和，现在正是需要人的时候，你打死一个，岂不少一个？"

尼堪外兰觉得诺密纳言之有理，于是就趁客人解劝，借坡下驴，对门外道："停下，架进来。"

仆人一一传话，不一会儿，塔昂开列被打得一瘸一拐地走进来，低头站在地当中，咬牙忍痛，俯首待命。

尼堪外兰瞥了塔昂开列一眼，眯着小眼睛，说："客人为你说情，免你三十大棍。还不赶快谢谢诺密纳城主！"

塔昂开列撅着屁股、弓着腰，艰难地打了个千，道："多谢城主宽容。"诺密纳连连摆手道："莫谢！莫谢！这都是你们城主奖惩严明。

不这样，大明朝的总兵怎么能夸口让你们城主当建州左卫的首领呀！"

尼堪外兰听了诺密纳借题发挥的奉承话，心里爽快了许多。他嘿嘿一乐，道："斟酒！斟酒！"

一个汉人女仆端着菜进来，见宾主酒兴正浓，就笑着对尼堪外兰说："城主，听说城里有个唱小曲儿的女艺人，唱得十分动听，您何不把她找来，助助酒兴？"

尼堪外兰连忙打着手势："你快去把她找来！"

酒过三巡，女仆带着身着素色服装，头挽发髻，二十四五岁，手握八角鼓的女艺人进来。尼堪外兰上下打量了一下，只见她身材匀称，举止大方，丰满而白净的面容，像雪中的腊梅，颇为动人。

此人，正是梨花。五年前，她去找努尔哈赤，被觉昌安巧言哄走之后，她就改名万梨花，流落在辽东边墙里外，靠卖唱为生。她走街串巷，赶庙上市，四海为家，积攒了几个钱，想资助努尔哈赤的事业。几年来，她惦记着努尔哈赤，夜里梦见努尔哈赤。因为她不想再去打搅他，给他带去痛苦、麻烦、危险。她也不想总是高兴而去，败兴而归。近日，她听说努尔哈赤的父、祖被害，与尼堪外兰结下冤仇，决心起兵，誓与尼堪外兰决一雌雄，她就暗地里注视着努尔哈赤的行动，打听心上人的消息。图伦之战，她听说尼堪外兰潜逃，就心急火燎地四处打听，搜寻着尼堪外兰的踪迹。昨天她在抚顺马市，巧遇二爷范江鹄，打听到尼堪外兰的下落，就当日由二爷陪着，来到了甲版。

此刻，她站在尼堪外兰的屋里，目睹尼堪外兰的五短身材，倭瓜似的胖脸，胡椒粒似的耗子眼，觉得一阵恶心。正是眼前这个恶魔唆使爪牙闯入马市，对她威逼胁迫，企图抢人；就是他，耍阴谋，设圈套，谋害她敬佩的人。

"小娘子，唱一段吧，城主有的是钱！"诺密纳不怀好意地笑着说。

梨花瞥了诺密纳一眼，理了理额前的发帘，敲起八角鼓，分别用汉语和女真语唱了两段小曲。

尼堪外兰眉开眼笑地咧着嘴龇着大黄牙，给梨花一串铜钱："小娘子，今晚就留在我家里吧？"

梨花经过了那么多事情，早就不是当年那个什么都不懂的小女孩了。梨花看着眼前这副丑恶的嘴脸，坚毅地告诉他们向来卖艺不卖身，

重义不重命。然后就把接过的铜钱往桌上一摔，转身就走。两个人只能看着梨花远去的背影一点办法都没有。

梨花回到破庙，放下八角鼓，找到二爷，希望能让他帮个忙，去一趟烟筒山。

第二十六章
连夜寻仇　家贼难防范

努尔哈赤赤着脚站在岸边，将渔网拉上来，清了网，呼叫着同伙，准备回家。忽然一位六十多岁的老人从河谷北面的斜坡上走了过来。来人越走越近，努尔哈赤站在原地仔细地打量，看着这位老人绛紫色的脸膛儿、扫帚眉、大眼睛和下巴上的一块伤疤，感觉异常亲切熟悉，脑海中一晃便想起来这就是当年在辽东边墙那位给自己烧饼吃的老汉。

探马领着老人走到努尔哈赤跟前，打千禀报："这位老人找你！"然后转身对老人说："他就是我们建州左卫的都指挥使——爱新觉罗·努尔哈赤！"

努尔哈赤慌忙走上前，"扑通"一声跪下："老人家，您还认得俺吗？"

老汉过意不去地扶起努尔哈赤，紧皱双眉望着努尔哈赤，追忆着往事。

"老伯，您忘了，十多年前，一天清早在辽东边墙，一个骑着青马的少年，饿得饥肠辘辘，用貂皮换您的烧饼，您给了我两个烧饼，不肯留貂皮……"

老人马上笑道："对喽！对喽！当时俺说两个烧饼值不了几个钱，又说下回我再见到你时，如果我累了，骑骑你的马，你还跟我要钱吗？哈……"

在场的人都笑了。

"老伯，俺还不知道您尊姓大名？"努尔哈赤遗憾地说。

"姓范！"老人刚说出姓氏，又改口道，"姓万。"因"范""万"两字语音相近。他巧妙地打了一个马虎眼，接着笑着掩饰道："名江鹄！"

"噢！万老伯！"努尔哈赤感激地行汉人礼，再次表示欢迎。

这老人本叫范江鹄，因离开甲版时，梨花再三嘱咐，一不要提梨

花，二不要说出真名实姓。所以，只好逢场作戏，改名万江鹄。

范江鹄从腰里掏出一件四岁孩子穿的"法克列"说："都督，这是尼堪外兰小孩子穿的小裤子，他正躲在甲版。听说此人凶残无比，谋杀了你家父、祖。往日在马市俺曾与你祖父多次交往，十分佩服他的为人，为此前来报信，望火速追拿仇人！"

努尔哈赤再次拜谢。当晚，努尔哈赤率领百名骑士，冒雨奔向甲版城。

努尔哈赤起兵三个月，攻破图伦城，智取萨尔浒，又接连攻取不少山寨，势力渐渐发展起来。他所住的新居，每天都有人来投军，兵马渐渐增多，操练之声，震撼山谷。于是人们就把他的住地起了个名字叫新兵堡。努尔哈赤的强大，引起邻近部族和部落的惊恐。他的堂叔龙敦与同族兄弟理岱，尤为忌妒。一天，龙敦与理岱，纠合哈达部数十人，将努尔哈赤所属的瑚济寨攻破，劫掠了大批牛马粮食和阿哈。

努尔哈赤得到消息，马上派安费扬古，领兵士追赶，追到苏子河边，只见龙敦与理岱正忙着在树荫下均分人畜。

安费扬古急速赶到，横刀立马，大吼一声，就抡起大刀向龙敦一伙乌合之众直冲上去，杀得对方措手不及。他们东拼西杀，眨眼间理岱统率的四十多人均变成刀下鬼，顿时血流成河，尸体遍野。

理岱与龙敦见势不妙，马上丢盔弃甲，先后骑上马，狼狈逃窜。

安费扬古带领骑士，收拾好被掠之物，集中起被劫的阿哈，胜利地返回新兵堡。

理岱在半路邀请龙敦到自己的城堡——兆佳。他们回到城内，理岱把龙敦请到家里，坐在炕头上，一边为龙敦敬烟，一边调唆道："额赤客，努尔哈赤起兵才三个月，对您做长辈的就如此无理，将来岂不是个祸根？"

小脑袋龙敦气急败坏，磕着烟袋锅，骂道："这小子，没出生就与众不同。人家都是十月怀胎，他十三个月才生下。生下来，脚下还有七颗红痦子，李成梁说他是混世龙，抓了他几回，都没弄死他。将来他要翅膀一硬，谁还治得了他？"

"古人讲，先下手为强，"理岱凑近龙敦身边，挤眉弄眼地道，"额赤客，现在就要趁努尔哈赤翅膀没硬先弄死他！"

龙敦听罢一愣，随之嘿嘿笑了笑，放低声音问道："他有兵马过百，依山据险，怎么能弄死他？"

理岱又挤了挤眼，从炕头柜子里掏出一把明亮的匕首，道："就用这个。"

"谁去？"

"我自有办法。"

理岱怕隔墙有耳，就伏到龙敦的肩上，耳语了一阵儿，两人都得意地仰天大笑。

初秋的傍晚，尖嘴猴腮的理岱把大个子阿哈桑额叫到身边，先把十两白银放到他手心，然后交给他一把匕首，小声道："努尔哈赤是我的仇人，我们虽是同族兄弟，但不共戴天。今晚午夜，你若把他杀死，回来我就再加白银十两，从此不再叫你当阿哈。"

说罢，理岱亲自到马棚给桑额挑选了一匹黑色的快马，牵出马棚，送到城外，又再三嘱咐道："只许成功，不许失败！"

桑额谢过主人，然后翻身上马。约莫三更天，桑额到了新兵堡西南。他下了马，把马拴在榆树林里，然后越过围栅，悄悄地跳进努尔哈赤住的宅院。

当晚，天无月光，四处漆黑。桑额偷偷地潜入努尔哈赤住的上房，他轻手轻脚走到窗下，听到炕头有鼾声，心中暗喜道：理岱城主曾再三嘱咐，夜晚努尔哈赤好打鼾声。只要听见鼾声，下手就没错。他慢慢摸到炕沿、枕头、软软的发辫，然后从腰里掏出匕首，隔着被子就照鼾睡的人心口扎去。只听"哎哟"一声，鼾声停了。桑额摸黑在被头上擦了擦黏糊糊的血手，然后悄声跨出房门。由于一时惊慌，门槛绊住右脚，他扑通摔在地上，又将门前的一条扁担撞倒，倒下的扁担又打在水缸上，一阵稀里哗啦的声响，惊动了看夜的家犬。接着一阵狗叫，惊动了满院里的人。

其实，今夜努尔哈赤并没在自己的住处歇宿。因为褚英和代善俩儿子都出天花，就住在东厢房陪着妻子一起看护孩子。努尔哈赤被狗叫惊醒，他自觉情况不妙，就马上把一个孩子从炕上抱到墙角，手持尖刀，走出房门大声喝道："谁？"

桑额听见喊声，一惊，立刻掉头返回上房，用脚踹开后窗，惊慌逃走。

这时家人已点燃火把，分头去追。努尔哈赤从院子跑到上房，点着油灯往炕头一看，不禁惊叫起来："刺客！刺客！"

努尔哈赤举着灯，走近窗下，揭开血污的被子一看，被刺死的原来是守卫他的包衣帕海。

第二天清晨，住在对面山上的安费扬古等诸兄弟听说后，马上进院问候。正当众人猜测刺客是何人时，追赶刺客的一个阿哈，进屋禀报道："刺客跑回兆佳城。这是刺客丢下的匕首。"

努尔哈赤从阿哈手里接过匕首仔细一看，就瞧见了匕首上用蒙古文刻着理岱的名字。他暗自吃惊，愤然地向众人说道："看来，理岱要置我于死地啊！"他将匕首往地上一扔，心想：人们都说"家贼难防"，现在我就加紧操练兵马，以备不时之需。若以后遇到合适的时机，再把理岱除去。

第二十七章

再出状况　决心攻兆佳

努尔哈赤在军营与额亦都等人商量完政事之后，就回家了。他的妻子佟佳氏与刚刚娶来的侧室富察氏迎接着他。佟佳氏已经为他生下一个女儿东果和一个儿子褚英，也许不断地生育耗损了身体，她不到三十岁，却有了几分老态了。富察氏名叫衮代，才二十出头，就像刚开的鲜花一样娇艳，她满面红润，忽闪着长长的秀眉，一口白牙亮晶晶的，很有些姿色。她笑嘻嘻地跑到厨房里为努尔哈赤准备饭菜……

吃饭的时候，努尔哈赤不住地放下竹筷，把手插进衣服里搔来搔去。

"你乱搔什么呀，努尔哈赤？"衮代问他。

"痒呀！……"努尔哈赤皱着眉头说。

"想是又生虱子了！"佟佳氏说，望着努尔哈赤。

衮代跳起来，咋咋呼呼地说："呀，你快把衣服脱下来，脱下来！我给你烧一锅开水烫一烫！"

"吃过饭吧……"努尔哈赤说。

可是衮代不让他，硬是把他的上衣扒下来，扔到墙角去。

吃饭的时候，衮代贪婪地望着努尔哈赤，打量着他浑身的肌肉，眼睛里湿润润的。

到了晚上，佟佳氏对努尔哈赤说："你到富察氏那边去吧……睡觉时灵警点。"

"我知道……"努尔哈赤说。

努尔哈赤虽然有了几千人马，除了自己的十多个庄园外，还夺了大小几个城，可是他的敌人不是少了，而是多了。最让他头痛的是他的家族，爷辈和叔、伯辈人大多反对他、嫉恨他，恨不得置之死地而后快！他们躲在阴暗的角落里，扇阴风、点邪火，设陷阱，筹密谋。就像上一次的暗杀，他已经遭遇了好几次了……

额亦都劝他对那些可疑的人全部杀掉，可是他像几百年前的忽必烈一样，总是等待着家族内部的人对他认同和理解……

在一个漆黑的夜晚，星稀月暗，风声阵阵。努尔哈赤刚征讨尼堪外兰回到赫图阿拉，失败的感觉使他半夜没有睡着。身边的佟佳氏对他说："你还醒着吗？我也睡不着，好像要出什么事，心哪，它老是怦怦地跳……"

"你说的是，"努尔哈赤披衣坐起，"我也感到外面有点动静。"

这时，院子里的狗狂叫起来。

自从被李成梁追击时，黑狗救了他，他就开始养狗，把它看成是忠实的伙伴。

他穿好衣服，带上腰刀。妻子要把灯点起来，他没有允许。

在房地上摸黑站了一会儿，又拿上了弓箭，这是他最拿手的武器。

他悄悄地开了房门，只见西墙头上冒上一个人头来，他知道又是哪个本家来谋害他了。他不想伤害他们，就朝那儿虚射了一箭，箭镞啄在石墙上冒出一簇火花。

那人头不见了，随着"啊呀"的尖叫，接着传来的是逃跑的脚步声。

努尔哈赤跑到墙外一看，见墙上搭着一张木梯……

这样的事情不止一件了。

弟弟舒尔哈齐对他说："哥，得想法整治一下那些不识好歹的家伙了！"

"不，舒尔哈齐。他们都是本家人，对爱新觉罗家的子孙开刀，我还下不了手！"

"哥，他们和尼堪外兰一样，都是咱们不共戴天的敌人！"

"弟弟，他们不一样的，"努尔哈赤说，"他们身上有着爱新觉罗家族的血，再说，我们的事业得有家族的支持呀！"

"哥，被他们害死就说什么也晚了！"

"如果我真是长生天派下来救助女真人的，上天就会保护我……"

这天头半夜，努尔哈赤没有捞着睡觉。多日没有男人陪伴的衮代，像条蛇一样缠在他身上。他也多日没摸到过女人了，一时兴起，和她合成一块儿……

等安静下来，努尔哈赤一下子就睡得很熟。

"努尔哈赤，醒一醒……"衮代推他摇他。

努尔哈赤翻一个身躲开衮代，嘟哝着："你还没够呀……"

"你想哪里去了？院子里好像进来人了！"

努尔哈赤是个天生的军人，他听说有情况，立刻清醒起来。他只穿了一条裤子，就跳下床来，怕极了的衮代也跟着下了床，并紧紧地搂抱着他。

这时，汤古哈突然发疯似的叫了起来。

努尔哈赤把衮代搡到了大橱后面，嘱咐她不要出声。

他对着窗子喊："哪里来的蟊贼？你要是有种，就进来！"

只有狗叫，没有任何声息。

等了一会儿，他知道敌人并没有走，就用刀把敲着窗棂说："好了，你居然不敢进来，我就出去会你！"给敌人一个他就要从窗子跃出去的假象，然后，他突然从房门冲到了院子里。这时，几个黑影顺着墙根溜了。

他没有追他们。家人们听到动静都起身了，他们发现两个院门外的岗哨被偷袭的敌人杀死了！

到了第二年正月，爱新觉罗家族骚扰、暗杀努尔哈赤的事件仍屡次发生。有一两次还险些被他们得手，努尔哈赤实在忍无可忍了！

他每次与额亦都等人聚会，兄弟们都提出要努尔哈赤住到军营里去。但努尔哈赤不愿在家族面前显出怯懦的样子。

努尔哈赤知道，这一切的根源都在于那个叫理岱的本家人，但他现在还是没有下定决心杀他。

舒尔哈齐忍受不住了。他说："哥，你若再忍气吞声，我可要带兵去和那个理岱动手了！"

"别胡闹！……"

听了哥哥的呵斥，舒尔哈齐心里很不服气。他说："咱们从小受家族里的权势者欺侮，现在咱们有了兵马，比任何一支的力量都大，竟还是受他们欺侮！"

努尔哈赤默默地想着舒尔哈齐的话，心头的怒火也蓬勃燃烧了。

如果不是他的结义兄弟，后来娶了他妹妹的噶哈善被害死，努尔哈赤还是下不了决心。

说起这件事，还是因为那个爱生事的龙敦，他自己没有力量奈何

努尔哈赤，但他总是在背后不断地搞阴谋诡计。

有一天，龙敦将努尔哈赤继母的弟弟萨木占叫到一个酒店里，挑唆他说："努尔哈赤现在已经是咱们建州的统治者了，手下有人又有刀枪，你不眼馋吗？"

萨木占从小就常常欺侮努尔哈赤，有一次，他用硬弩威胁努尔哈赤，没想到失了手，要不是努尔哈赤躲得快，那非让他射死不可！现在努尔哈赤出息得比他好多了，他被满心妒火烧得坐立不安。

听了龙敦的话，虽没吭声，眼睛可是亮灼灼的。

"咱们有什么办法呢？"

"杀呀！想办法把努尔哈赤宰了！……"

"努尔哈赤有一身本领，谁能敌得过他？再说，他现在有许多人簇拥着呢！"

"你说得倒是，"龙敦眨着他的贼眉鼠眼，"那也不能让他舒服了，杀不了努尔哈赤就想法杀他的部下，他的亲属……杀个大的等于断他一条臂膀，杀个小的等于拔他一根翎毛！"

"别人会怎么想……"

"你只要干了，爱新觉罗家就高兴！"龙敦说，"现在咱家谁不愿意努尔哈赤栽跟头呀！"

咱们先对哪个下手呢？"

"萨木占，你眼下就有一个……"

"他是谁？"

"努尔哈赤的妹夫噶哈善呀！那小子是努尔哈赤的铁杆，是他的一条胳膊，要不，努尔哈赤会把自己的唯一同母妹嫁给他吗！"

"别提那个噶哈善了，他老跟在努尔哈赤的屁股后面，恨得我牙痒痒！不过，他的媳妇，也就是努尔哈赤的妹妹跟我家二婆娘关系很好，现在还在我们家串门呢。"

"萨木占，趁着他家里没人，这是下手的好机会，你干不干？"

萨木占虽没什么大本领，可是心思细密胆子也大，尤其喜欢窝里斗。"干，我杀噶哈善就像宰只鸡！"

"你过去和噶哈善有过节没有？"

萨木占摇摇头。

"那就好，咱们去找他，他不会有所防备。——来，多喝几杯酒，壮壮胆！"

龙敦给自己和萨木占倒满酒。他们一连喝了几碗，就出了门。

走到半路，萨木占站住，对龙敦说："这事还是我自己去吧，你这人在努尔哈赤那一伙里名声太臭了，人家看见你就起疑心。"

龙敦恨不得就此脱身，就笑笑走了。临走，他说："萨木占，你可别支开我后回家睡觉呀，那样，我就一辈子喊你'孬种'！"

"放心，你走吧！"

萨木占回家挑选了几个胆大心细的家丁，就带着去找噶哈善了。

正巧，这天噶哈善有点想妻子了，忙完正事之后，就与努尔哈赤说了一声，提前回家了。

噶哈善回到家，妻子没在。他有些担心，因为妻子的脾气他是知道的，她大咧咧的，没有防人之心，什么人也交往，几句好话就把她给迷住了。他要赶紧把她找回家。

出了门没走几步，就遇见了萨木占和他的一伙儿，他不想和萨木占这种人说话，就想仰着头走过去。

"到哪里去，噶哈善？"萨木占涎着脸皮搭讪，"你现在步步高升，不理老朋友了！"

噶哈善阴沉着脸说："我去把媳妇找回家，你管得着吗？"

"放心，你媳妇没被人偷去，她在我家呢。"

"她在那里干什么？"

"一族人嘛，能不常来常往？"

"我去找她。"噶哈善说着就朝萨木占家走去。

"一起走吧，正好我也要回家了。"萨木占说。

一路上，他们没有什么话说。噶哈善知道努尔哈赤和萨木占关系不好，更是十分谨慎，不多说一个字。走到拐弯处，萨木占弯下腰装作拴绑腿，稍稍落在后面，噶哈善没有理他。

"噶哈善，你跑得好快呀，再快，你今天也见不着你媳妇了！"

噶哈善听出萨木占的说话有些异样，正要回头，一把冰凉的匕首从后心捅进他的身子！他反应很快，一回身，抡出腿，把萨木占扫倒了！同时，他从靴筒里拔出一把刀子。

要是只萨木占一个人，噶哈善死前也会把他给收拾了，可是从后面跑上了几个人，把他打倒在地……

血在汩汩地流，噶哈善的眼睛已有些模糊，在暮色苍茫中，他看见萨木占在他眼前晃动着。

"萨木占，你不得好死！努尔哈赤会给我报仇的！"他说。

"他怎么会知道是我干的呢？"萨木占笑道，"我是努尔哈赤的族叔，明天我会请他吃酒，还要为你的死安慰他呢！"

这天夜半，妹妹哭叫着跑到努尔哈赤家，向他报告了噶哈善的死信。

努尔哈赤十分哀痛，又万分愤怒，他知道这又是家族中的某个人制造了惨案！他把身边的人叫起来，要他们去找噶哈善的尸体。但身边的这些人多是家族中的，他们有的不愿惹事，有的直接就是和杀人者站在一起的。

"你们不去吗？我自己去！"努尔哈赤喊道。

一直同情他的叔叔棱登劝阻他道："努尔哈赤，深更半夜的，就别出门了！也许杀噶哈善的人就在某个地方候着呢！"

"舒尔哈齐！"他想叫弟弟和他一起去。可是有人告诉他：舒尔哈齐到离这儿几十里外的额亦都那里去了，至今没有回来。

努尔哈赤愤怒得像一头发疯的狮子，把向前拦阻他的妻子和家人推到一边，迅速地披上战甲，跨上战马，在赫图阿拉的大街上来回驰骋，并大声喊着："你们不是想杀我吗？那么，我出来了，你们就出来杀吧！来吧！……来吧！……"

赫图阿拉人被惊醒了，他们从窗棂门缝中往外瞧着，被努尔哈赤的疯狂样子吓呆了，连大气也不敢出一下。他们懂得发怒的狮子是无所畏惧的，是什么事也做得出来的！

最后，他在跟着他的侍卫帮助下，在山沟里找到了已经僵硬的噶哈善的尸体，他紧紧地抱着痛哭失声，然后把尸体搬回家里。

"把在外面遭杀的人搬回家是犯忌的！……"

佟佳氏这样劝他。

"我不怕！"努尔哈赤怒吼道，"噶哈善是我的兄弟，我把兄弟抱回家犯什么忌？如果我不这样对待他，长生天才咒我呢！"

他亲手为噶哈善脱去血衣，为他换上自己刚做的新袍褂。家人想帮他，他也不准。等一切料理停当后，他又站在噶哈善的灵前痛哭起来……

第二天一早，舒尔哈齐回来了。他把弟弟拉到噶哈善的棺木前叫道："舒尔哈齐，你说得对，是该收拾那帮十恶不赦的家伙了！我已经决定了，现在就出兵讨伐理岱！"

　　"哥，你早该把这个脓包戳破了，"舒尔哈齐说，"把那条毒根拔除，赫图阿拉就安静了！"

　　"舒尔哈齐，你立刻回去通知额亦都，三天后，咱们就发兵兆佳城！"

第二十八章

准备充足　鄂勒珲之战

努尔哈赤带领着众人经过多天备战，不久便攻下了兆佳城，新兵堡暂时恢复了平静。

新兵堡山沟里的草房越来越多，家家相邻，院院相接，鳞次栉比，将平地山坡处都占满了。努尔哈赤积攒的财物也越来越多，子女成群，也在当地盖起了东西厢房，砌起了青石院墙，搭起门楼，开始养鸡鸭牛羊。

初秋的一个早晨，努尔哈赤穿着新袍褂，登上家院后山的高坡，鸟瞰新兵堡寨，望着家家户户烟囱里冒着的袅袅炊烟，顿时喜上眉梢。

牛羊在街巷里耍欢，孩子们在大道上快活地玩着竹竿儿马。努尔哈赤看着看着，蓦地瞥见图鲁什骑着一匹大马，手执长剑在街上狂奔。战马踏起烟尘，惊跑了牛羊，吓得孩子们躲到墙角。图鲁什狂笑着，得意地挥着鞭子，从堡子东头，又跑到西头……

努尔哈赤站在马棚前，正给一匹大白马梳着雪白的毛，忽听探马报道："禀报都督，尼堪外兰有下落了。"

他眉毛一扬："他在哪儿？"

"住在鄂勒珲城！"

"好！几个月来，你没有白侦察！"他夸奖着探马，放下马梳子，立即派人去找安费扬古、额亦都等人议事。

努尔哈赤与众人经过周密安排，兵分三路，日夜兼程，去围攻鄂勒珲城。

鄂勒珲位于抚顺关东北，与女真人交界的一个山区小城。几年前因寨内失火，变成了废墟，早无人居住。当努尔哈赤攻破甲版，尼堪外兰就携妻带女，将亲属安顿到这里，重新修筑寨堡城墙。三年来，他苦心经营，修了明堡暗沟，层层设防，以防万一。

黎明时分，努尔哈赤率领的一百五十名骑兵，来到鄂勒珲城外。

他勒缰住马，命全军稍息，就带着几个亲兵，到阵前侦察。他们距城尚有十丈远的时候，突然眼前飞箭如蝗，为首的几名亲兵应声倒下。他镇静地朝土城墙上看去，只见土墙，不见人影，他感到十分奇怪。

飞箭时射、时停，努尔哈赤躲在一棵大树后边，仔细观察，才发现，飞箭来自一个个坟堆儿似的暗堡。表面看去，像坟堆、柴垛，实则一个个都被榛丛柳条覆盖，不易发现。起兵几年，哪遇到过这等战法。努尔哈赤当即命额亦都亲率十多个机灵的兵士，携带短小武器，从右侧洼地里绕过去，匍匐前进，然后接近暗堡，消灭弓箭手。

暗堡建筑得十分坚固，石垒的墙壁，只留一排碗口大的箭孔。额亦都靠近暗堡感到奇怪："人从哪儿进去的呢？"

暗箭仍在飞射，阵地上伤亡很重。额亦都特别焦急，他脑海里盘算着对付办法。用石头堵上箭孔？不行，眼前连一片碎石都没有，挖土塞上？更不行，手无锹铲，用何取土。最后他想起一招儿，用火熏。于是他叫几个兵士，就地捡了些干柴碎草，然后打着随身携带的火镰，燃起干柴碎草，一把把投进箭孔。

不一会儿箭停了，一阵阵咳嗽声从箭孔里传出。

骑兵在前进，可是领头的几匹马刚到城下，连连惊叫跌伤，把人甩得老远。几匹未倒下的马，惊叫着，发疯似的往回跑。

努尔哈赤从小骑马、牧马，一眼便看出机关。原来尼堪外兰利用这里鼠多，有意在城墙下铺撒些杂草、碎粮，把鼠引到关键的城口，使城下烂草里，遍布密密麻麻的鼠洞。平时马最怕踏上鼠洞，只要蹄踏鼠洞，前蹄立刻悬空抬起，身子竖立，骑马的人会突然被甩到马下摔伤，或被马踏死。努尔哈赤明白其中的奥秘，他骑在马上对尼堪外兰黔驴技穷的伎俩，又骂了一句："真损！"

马嘶人叫，城内射出阵阵飞箭。努尔哈赤马上命攻城的兵士撤到小树林，他在一棵槐树下站了许久，最后又叫刚撤回来的额亦都，把泉水引进鼠洞区，把老鼠灌出来。

山泉绕城而过，额亦都带着几个手握腰刀的兵士，用刀挖出一道短短的沟渠，泉水就淙淙地流过来，灌进鼠洞，一只只亡命的老鼠，在墙下乱窜，不一会儿都隐藏到僻静的土沟里。

扫除了障碍，接着攻城。这里城墙并不太高，骑兵们跑到城下，只要一直腰就可以攀墙入城。

卓罗从小在山里采猴头蘑，练出一身攀树爬高的本领。他骑着马，找到一处敌人守卫不严的地方，翻墙而入。他贴着墙根，接连砍倒十几个尼堪外兰的亲兵老将，就打开了城门。

骑兵如潮水涌进城内。可是还未等兵马跑进城，一群粗壮肥大的狼狗，狂吠着猛扑了上来，它们咬马的脖子，撕马的腿。开路的十几匹马被咬得乱蹦乱跳，一队人马堵在门洞里。

乱了片刻，额亦都骑在马上用刀尖猛地刺了一下自己骑的红鬃马后屁股，这匹烈性马顿时疼得蹦跳不止，尥着蹶子，把一只只冲上来的狼狗，踢得嗷嗷直叫，夹着尾巴四处逃窜。

狗群被冲散了，努尔哈赤率领的一百多骑兵，攻进城内，与守城的残敌拼杀了一阵儿，敌军便溃散而逃。努尔哈赤进城搜索一番，四处不见尼堪外兰的踪影，一时心急如焚，暗想：尼堪外兰在图伦、甲版已两次漏网，今日若再捉拿不住，何日雪恨？

正在众军士高兴庆贺之际，努尔哈赤蓦地发现城墙根下，一个身材高大、虎背熊腰、头戴圆边毡帽、身披锁子甲的人，鬼鬼祟祟，顺着墙根要溜。他见那人十分眼熟，就策马跑去。马蹄如飞，片刻之间跑到墙根下，他发现那人正是塔昂开列，几十年旧恨新仇，顿时涌上心头。他刚举刀要砍，又急忙放下佩刀，摇摇头，思忖着：尼堪外兰还没杀死，不能把这条狗当即除掉。想到这里，他大吼一声："塔昂开列，抬起头来！"

塔昂开列被这突然的一声吼吓得哆嗦，一屁股坐在了地上。他战战兢兢抬起头，一眼就瞥见了站在门口的努尔哈赤，又是一阵哆嗦，当即躺在了地上，不省人事。

努尔哈赤翻身下马，坐在塔昂开列身边，一直等到他苏醒后才细细盘问，这才知道尼堪外兰已经只身一人逃向了抚顺城，去请明军援助了，家里只留下了塔昂开列等人在此守卫。

努尔哈赤听罢，立刻翻身上马，带领着骑兵军队，朝抚顺城方向追赶尼堪外兰去了。

第二十九章
战事获捷　乱刀报世仇

　　鄂勒珲城离抚顺东边城门本就很近，大概只有几十里路的距离，努尔哈赤一行人加紧追赶，不到一个时辰的时间就赶到了城东五里处一座山脚下。努尔哈赤带领众人在此处安营扎寨，派出安费扬古等五个人，到抚顺官衙进行交涉，要求他们立即交出尼堪外兰。

　　恰好，抚顺游击李永芳正在边界巡视。此时他虽名为巡视，实则应付差事。他已近中年，在抚顺做官十余载，他虽是李成梁的本家，但因政局动荡，加之他玩世不恭，至今未能升迁。近两年，心有不快，时常发牢骚。不过，他的身体一直保养得很好，富富态态，唇红面白。李永芳身着官服，来到边门里侧的一间卫士房，找到几个心腹，喝着茶水，谈天说地。一个守门的胡子军士向他诉苦道："自打内阁首辅张居正死后，边疆大事无人过问，军饷逐年减少，这差事该咋当呀？"

　　另一个姓李的本家弟弟塌鼻子，压低声音道："这都是咱那位总兵大人搞的鬼，他借口坚壁清野，以待敌兵，实际上是拥兵观望，以杀良民向皇上报功。他只知搜刮民财，克扣军饷，哪顾咱弟兄的难处！我说李游击呀，咱们都是铁岭人，是李总兵的本家，有话要直说，你看这兵当的，还有啥劲儿呀？"

　　"咳！"李永芳双手揉着面颊，十分同情地长吁一声，然后无可奈何地道："还是莫谈国事吧。听说皇上多年不理朝政，只顾皇子、后妃的册封，哪有心想到你这个平民百姓！我们都是本家兄弟，说说出口气算了。不过，对外人不要谈冒犯皇上的话，不然会招来横祸。"

　　"不过，"胡子军士又说，"近几年努尔哈赤起兵发展很快，他攻城略地，招兵买马，兵精将勇，已能跟咱们较量一番，此人若强大起来，大明朝还不得走宋朝的老路？"

　　"咳！睁只眼、闭只眼算啦！谁坐天下，还能夺咱的饭碗？"李永芳装出无所谓的样子，说着玩世不恭的话。

正当三人窃窃私语之际，忽然城外的一个兵士跑进来禀报道："禀报游击大人，努尔哈赤派人向我们要尼堪外兰。"

"叫他进来！"李永芳不紧不慢地答道。

安费扬古被领进卫士房，李永芳郑重其事地坐在太师椅上，左右由两个执枪的军士陪同。安费扬古按礼节行过礼之后，彬彬有礼地说："小人受建州左卫都指挥使努尔哈赤的派遣，前来索取尼堪外兰。此人是我女真人不共戴天的仇敌，望游击大人成全此事！赶快交出这个败类。"李永芳问左右军士："可有此事？"胡子军士忙答道："有此事。尼堪外兰正躲在一个熟人家里，要求我们庇护。"

"那就请交给我们吧。"安费扬古语气强硬地说。

"什么？"李永芳有些气恼，他正想拒绝，忽然塌鼻子军士把他拉到一旁，附到他耳边嘀咕道："如今努尔哈赤士气正旺，小看不得。再说尼堪外兰已成了孤家寡人，势孤力薄，留着他还有何用？不如交出卖个人情。不然事态扩大，闹出边陲大事，到时候吃亏受罪的还是咱们！"

李永芳觉得塌鼻子说得有理，就本着不得罪人的态度，对安费扬古说："尼堪外兰是你们女真同胞，他是自己跑到我们这里的，又不是我们请的，我们怎好把他交出？你是建州左卫的差使，你知道，大明朝对女真各族，历来一视同仁，怎好过问生杀之事！"

"那我们就要自己动手啦。"安费扬古见机行事，步步紧逼。

"努尔哈赤与尼堪外兰是女真族的事，要抓要杀由你们处理吧。"李永芳顺水推舟地说。

"此话当真？"安费扬古追问道。

"镇守抚顺边城的带兵游击，怎能与你开玩笑？你如若不信，明天可派兵来嘛！"李永芳装出异常坦率的样子。

当天，安费扬古打马回营，与努尔哈赤一一作了禀报。努尔哈赤当机立断，选派了几十个能征善战的骑士，还由安费扬古率领，直奔抚顺城。

清晨，安费扬古带着努尔哈赤的信件，找到李永芳，就进行具体交涉。

可是，正在交涉的时候，尼堪外兰听到努尔哈赤追捕他的消息。他如惊弓之鸟，马上就从朋友家里溜出来，顺着城墙一阵小跑，企图越墙而走。他跑到一座哨楼下，顺着梯子爬到顶上，躲藏起来。

尼堪外兰一时放心地坐下，倭瓜脸紧贴着砖墙，透过瞭望孔，朝城内观望。他从腰里掏出烟袋，装上一袋烟，刚想打火吸烟，突然墙脚下闪过一个女人的影子。她跑到哨楼下，气喘吁吁地扳倒了梯子，然后隐藏到一簇玫瑰花丛中了。

这女子是谁呢？此人正是梨花。自打努尔哈赤攻打甲版，尼堪外兰漏网之后，她就一直盯着尼堪外兰的行踪。昨天，她认识的一个从鄂勒珲城跑到抚顺城的汉人，告诉她尼堪外兰已溜到抚顺城一家杂货铺子躲藏起来，她就当机在那家杂货铺子对面的酒家，以卖唱为由，暗中盯着尼堪外兰。所以，这天尼堪外兰溜出杂货铺子，她就紧跟在他身后。直到尼堪外兰偷偷地爬上哨楼，她才从一面破墙后面，快步跑过来，迅速地抽掉梯子，以防尼堪外兰逃走。

抚顺城的城墙高二丈。尼堪外兰见抽掉梯子，急得在哨楼上转来转去，六神无主。他有心跳墙，可那，等于自尽送死；不跳吧，坐在哨楼，成了瓮中之鳖，只好束手待毙。一时真是上天无梯，入地无门。他陷入绝境，恨起那个抽梯子的女人。但，他转念又一想：我与这女子素不相识，又无冤仇，俺跟她美言几句，或许能再竖起梯子，寻条活路。

尼堪外兰把装好的旱烟倒掉，把烟袋插进腰带，就悄悄走到哨楼门口，朝玫瑰花丛打着求救的手势。梨花起初没有理他。她有心爬上哨楼，与仇人拼个死活，但可惜手无寸铁，万一尼堪外兰占了上风，叫他白白溜掉，岂不悔之晚矣！所以她置之不理。当她看见努尔哈赤派的追兵，已从城内追来时，她才理了理头发，精神抖擞地闪出花丛，走近哨楼。

尼堪外兰见梨花走来，立刻点头作揖道："墙下的大姐，劳您大驾，请您把梯子竖上，俺定将重礼答谢。"

"竖梯子做什么？您坐在哨楼上多逍遥自在！"梨花挖苦着。

"不！不！俺有公务在身，哪能在此取乐？"

"尼堪外兰城主，您这辈子公务怕该办完了吧？"

尼堪外兰听哨楼下的女子话中有话，就着急地问道："你是谁？怎么认识我？"

"我叫梨花！就是李成梁追捕多年的梨花！"

尼堪外兰听到梨花的名字，立即想起努尔哈赤。于是头"嗡"的一声，顿时眼冒金花，绝望地瘫软在地上，好像一头缚腿待宰的肥猪，口吐白沫，哼哼不止。

不一会儿，安费扬古就在明军的引导下带着军队赶到了城墙下，他命人在城墙底下竖起梯子进行攻城。城门被攻破，众人一起涌入，一举抓获了尼堪外兰，就地一刀砍死，取下了他的首级。此时的梨花就躲在不远处的玫瑰花丛里，她望着安费扬古大获全胜，雄赳赳气昂昂的样子，流着热泪，再次悄悄地离开了……

第三十章

统一称王　尽心治本族

六月二十四日，苏子河两岸的女真人迎来了史上最盛大的一个节日。这天，费阿拉山城落成，努尔哈赤将在此称王，制定国政，女真人聚齐在此共同庆贺建州的统一。

费阿拉山城位于烟筒山下，嘉哈河与硕里加河之间的南山冈处。此地的东南西三面都环绕着崖壁，形成天然屏障；北面的嘉哈河、硕里加河在此地交叉融汇，河水清澈见底，向北融入苏子河。城分内城、外城。城墙用石头、泥土垒成，高一丈多，宽四五尺，城墙上设有敌楼、候望室。外城周围不过一里，远远望去，是一片新住宅，构成不同的风格，形成三层不同的建筑群。

城外是泥坯土房，茅顶草盖，黄乎乎一片，住着四百多户兵士及其家眷。城墙内是石砌木房，住着努尔哈赤的部将及他们的亲族。内城房屋成套成院，住着努尔哈赤的亲族。在内城，有木栅栏围筑的城垣，栅城内有神殿、鼓楼、客厅、阁台、楼宇。内城中央，耸立着一座青砖瓦营造的飞檐式三层楼宇，上盖丹青鸳鸯瓦，墙涂石灰，壁绘人物，柱椽画彩，巍巍然，十分壮观，这里就是努尔哈赤居住兼理事的议政楼。

全城八百多户人家，一千多人口。这天中午，艳阳当空，全城男女老幼穿红戴绿，兵士将校披甲戴盔，齐集于内城。

努尔哈赤头戴凉帽，身穿龙纹新袍，腰系金丝带，佩帨巾、刀子、砺石、獐角，足蹬鹿皮小靴，端坐在居中的议政楼上，左右各站着三名卫士，盔甲整洁，神情怡然。几大牛录额真分坐长几两侧，一个个威武雄壮。城楼下，两排披甲卫士，持枪背弓，威风凛凛，分站在楼门两侧，从楼门直至栅门，形成一条长廊。

午时整，鼓乐齐鸣，弓箭手弯弓搭箭，对天连发十箭，嗖嗖之声，雕翎箭满天齐飞，一派威严之气，令人肃然起敬。

· 123 ·

乐毕，论功行赏，各牛录额真，各自分到一座城池，据为己有。其他兵丁，按军功大小，各自分得财物、战俘。

赏毕，努尔哈赤站起，表彰了有功之臣，然后道："吾建州为女真宝地，今日能统一，来之不易。我们爱新觉罗的后辈，要想求得平安，创业建国，必须民族团结，齐心协力。吾女真民族虽然弱小，但要有志气，有恒心。当年成吉思汗、忽必烈能驰骋中原，开疆扩界，难道我们就不能吗？"

众人为之欢呼，声震群山。

接着努尔哈赤又道："为振兴民族，发愤图强，治理建州，现拟政三条，立为法规：

一、凡建州境内，禁止阿哈犯上作乱，不许诸申、阿哈对贝勒作乱，不准阿哈对家主作乱。

二、凡建州境内，阿哈必须对家主忠顺，诸申遵守贝勒指令，不许借口对抗，拖延不动。

三、禁止盗窃，犯罪严惩。望诸申、阿哈遵照执行。吾建州各地，只要法纪严明，便可取胜。吾女真民族，将以辉煌的业绩，光照人间。"

众人又一阵欢呼。接着，三十名乐手，敲起台鼓，奏起察齐。一对对青年男女，华装艳服，跳起欢乐的空齐舞。

鼓声、乐音、欢呼声，从午时一直到日影西斜。

天近黄昏，努尔哈赤从议政楼上走下来，他刚下楼梯，突然楼洞口跑来一个守城卫士，笑吟吟地打千报道："禀报都督，苏完部老酋长索尔果率本部五百户女真来投！"

"好！快请。"努尔哈赤眉开眼笑地打着手势，转身朝城外走去。

苏完部在叶赫部北，是松花江右岸的一个女真部族。多年来，时常受到叶赫部及左邻乌拉部的侵扰，有些村寨被叶赫部侵占，有些被乌拉部吞食。五百多户人家，终日过着惶惶不可终日的日子。本部酋长索尔果耳闻建州部努尔哈赤起兵不凡，节节告捷、民富族旺，就同部族诸酋长、城主商议投奔建州，以图兴旺。酋长、城主一个个欣然同意，于是索尔果就率领部族男女老少，翻山越岭，投奔费阿拉山城来了。

努尔哈赤整理衣冠，走出外城时，索尔果率领的五百户苏完部族人，已来到嘉哈河岸。他抬头看去，只见车马如龙，人列长队，弯弯曲曲，排了四五里路，长长的队列，从河边延伸到苏子河大木桥上。

长髯棕发的索尔果率领各城城主，来到费阿拉山城石头城墙下，刚刚下马，努尔哈赤就出了城北门，前来迎接。索尔果施礼拜见，然后仔细地打量着眼前这位威震三江的英雄，只见他面阔鼻直，身强体壮，面色微黑。憨厚、质朴、坦率的外表中，透出几分豪气。索尔果暗自为努尔哈赤的英武神色叹服。努尔哈赤还礼后，声若洪钟道："久闻兄长大名，今日能来寒舍屈驾小居，实乃不胜荣幸之至。"

努尔哈赤把索尔果及众头目迎进内城，安顿在自己的客厅，然后又命令安费扬古将五百户人分散安排在外城各户歇息。日落西山，努尔哈赤亲自安排杀猪十头，宰牛八头，一一犒劳来投的五百户男女老幼。

傍晚，努尔哈赤陪着索尔果步入宽敞的客厅，厅内遍铺苇席，席上又铺红毡，毡上设圆桌四张。努尔哈赤进屋时，他邀请的本部长老、部将及亲族要员，以及苏完部各城主，早已在厅内恭候。爱新觉罗氏族兄弟姻亲，在东壁；安费扬古、额亦都、图鲁什、叶克书、劳萨、博尔晋等在北壁；索尔果及觉罗氏女族在西壁；努尔哈赤兄弟妻及诸将妻立于南壁炕下；努尔哈赤则于南墙东隅地上，面向西北坐在黑漆椅子上，有些侍从皆立于努尔哈赤背后。入席后，厅外鼓乐齐鸣，厅内琵琶阵阵，洞箫袅袅，八名女歌手，拍手唱曲，以助酒兴。

努尔哈赤平时不爱喝酒，今天因心情格外兴奋，一连干了数杯，面颊格外红润。酒过三巡，长相漂亮的索尔果的侍女离座翩翩起舞。努尔哈赤也因兴致所至，踏着节拍，离开坐椅，弹起琵琶，独自为索尔果之妻伴奏，高超的舞技，动听的琵琶，不断引起一阵阵掌声和欢快的哨声。

众人酒兴正浓之时，索尔果的贴身男阿哈带着一位英俊青年进厅，他走到索尔果跟前耳语了几句。索尔果赶忙站起，向努尔哈赤介绍道："都督大人，这是不才的长子费英东，今后望多加关照。"

费英东向前跨了一步，打千致意。努尔哈赤急忙站起，上下打量，看浓眉大眼、身材适中的费英东，笑着问："小侄年方多少？"

费英东毕恭毕敬地点头道："晚辈年方二十有五。"

努尔哈赤对费英东颇有好感，就步出座位，走到费英东跟前，拍着费英东的肩膀道："如此一表人才，是女真人的骄傲，他日定能成才！"

"过奖！过奖！"索尔果暗自得意地捻着上髭，自谦地说。

"不，不，"努尔哈赤连连摇头，"当年女真人能推出阿骨打、完颜亮，支撑半壁江山，今天为啥不能出新的阿骨打，新的完颜亮？为女真民族争光？"

"大人说得极是，"索尔果忧心忡忡地说，"只是女真民族至今四分五裂，焉能成大事。"

"不，"费英东血气方刚，他见父亲疑虑甚多，就慷慨陈词道，"事在人为。当年都督起兵只有十三副铠甲，事经五年，如今已有五六百骑。今日我部五百多户，每户再抽一兵丁，组成千军，其势也不可小看呀！老话讲，女真不满万，满万不可敌。只要有血气的女真人拧成一股绳，不愁重振不了大金的伟业！"

努尔哈赤为费英东侃侃数语激动不已，他端起一两装的白瓷酒杯，邀众人举杯，高兴地说："我们女真人要多几个这样有抱负有志气的青年人，不愁女真不统一。现在我提议，为费阿拉能有费英东这样的人才，痛饮三杯！"

欢呼声、碰杯声，声震大厅。三杯下肚，努尔哈赤更加兴奋。他举杯来到图鲁什跟前，刚想说点什么，直性子的图鲁什却抢先提议道："大人，您对费英东如此器重，就叫他做新牛录的额真吧。"

努尔哈赤听了，起初笑容满面，当转身面对费英东时，却连连摇头，小声对图鲁什道："选将派帅，可不能以我个人的好恶来定哟！费阿拉城虽然挂着我爱新觉罗的旗帜，可是这事业，可代表十多个部族哟！"

"大人，那么依您之见呢？"坐在努尔哈赤左侧的安费扬古侧脸问道。

"还是按老规矩！"努尔哈赤把酒杯往桌上一蹾道。

"我看还是免了吧！"图鲁什讲情说。

"不行。"努尔哈赤绷着脸，斩钉截铁地说。

选将本来是件好事，他们为何因此争执不休呢？所谓的"老规矩"指地是什么呢？原来，近两年来战乱四起，为了征战需要，女真人那种临时选派牛录额真的办法已经不能适应时下的战争。因为，每一仗都根据不同的情况要制定不同的征战策略，这就给带兵的将领提出了很高的要求，他既要能舞枪弄剑，又需要灵活的头脑，能够随机应变，临阵指挥。所以将领的选择一定要经过认真考核，集体选定。眼下，费英东虽然胸有大志，善于辞令，但他的棍棒的功夫却让努尔哈赤心里没底儿，因此也不能草率地点头答应。

第三十一章

纳贡进京　告状李成梁

万历十八年一个初春的早晨，三十二岁的努尔哈赤一下子就从炕上跳起来，就穿着单衣单裤，丝毫感觉不到冷。他坐在桌前，对着镜子一边修剪自己的胡子一边叫来门外的阿哈，让他赶紧去找劳萨。

阿哈跑出内城，不一会儿把劳萨找来。努尔哈赤到门口把劳萨接到屋里，让他坐下，亲自给他装了一袋烟，打火给劳萨点着，沉思了片刻，说："劳萨，你想法把我脚心的七颗痦子刮去。"

劳萨比努尔哈赤大十一岁，眼下他鬓角已有几根白发，显得老练沉着。他捻着稀疏的山羊胡凝思片刻，问道："刮它干什么？那可是您主贵之处呀！"

努尔哈赤笑笑说："主贵不主贵，也不在几颗痦子上。"接着他述说了自己准备去北京朝贡，借机奏本，告李成梁欺君之罪的种种想法。劳萨听了反问道："你手里有李成梁的把柄吗？"

"这，你放心，"努尔哈赤说，"去年图鲁什抓住一个李成梁密探为我捎来不少李成梁的真赃实据，只要随便挑几件事，满可以把李成梁弹劾掉。"

"那就好，"劳萨赞成道，"只要搬掉李成梁这块绊脚石，我保险把你脚心的痦子修得痕迹不露。"

当天，劳萨用民间偏方医术，除去了努尔哈赤脚心的七颗痦子。七天以后，努尔哈赤的脚心果然平平滑滑，没有一点儿长痦子的痕迹。接着，努尔哈赤叫安费扬古专门操办进京朝贡礼品，准备选个吉日起程。

四月九日，是所谓"三六九，往外走"的吉日。努尔哈赤就在这天清早，备好八十匹清一色的栗色骏马，十辆大轱辘车，共一百零八人，赶着挂着黄绫的朝贡马车，浩浩荡荡由费阿拉城出发。

北京是辽、金、元、明四朝的古都，是北方政治、经济、文化中心。努尔哈赤上次进京时还太年轻，所以，二次进京已是他多年的夙愿。今日此行，他既有政治目的，又怀着访古之情，踏上千里驿道，晓行夜宿，催马赶路。

一路上，他们辞别了山花正浓的长白山余脉的起伏山岭，顺着澄清的浑河西行，穿过逶迤的辽东边墙，遥望抚顺关高大的城楼，涉过辽河的浅水沙滩，漫步在碧绿的辽西走廊，在春风杨柳中，度过了山海关，仰望古长城，不知不觉步入燕山脚下，望见高耸的广渠门灰色的门楼。

经过十多天的行军，除了几个过去跟随觉昌安进过京的老者之外，都觉得身轻神爽，东观西望，大开眼界。同行的柯什柯，早些年曾进过京，他既熟悉路，又了解进京朝贡的规矩，所以望见城楼之后，他赶着贡车，就比比画画地向大伙介绍道："北京城分内城、外城、宫城。内城是皇城，宫城也叫紫禁城。外城有七门，内城有九门。九门是最讲究的，各门通什么车，都有死规矩。"

"老兄，都有啥死规矩呀？"跟在柯什柯贡车后的额亦都，骑在马背上，剑眉一挑问道。

柯什柯拢起拴着红缨的鹿皮鞭子，回头道："正门叫正阳门，专走皇轿官车；东门叫朝阳门，专走粮车；东直门走木材车；西边的阜成门，走煤车；西直门走水车；北边的德胜门走兵车，安定门走粪车……"

"什么？还有专走粪车的门？"额亦都听了觉得十分新鲜，就笑着反问道。

"喑！那还有假？"柯什柯一抱膀子，咧着嘴，道，"安定门，因为靠地坛，东、南、北三面有许多粪场，晒干后卖给种地的，所以多走粪车。"

"噢！原来如此。"二十九岁的额亦都听了茅塞顿开。他习惯地抹了抹后脖颈儿，又问道："那我们走哪个门呢？"

"当然要走正门喽！"一个努尔哈赤的本家、年轻兵士抢着答道，"我们是给皇上进贡的车嘛！"

"不行！不行！"柯什柯的头摇得像拨浪鼓似的说，"正门前有下马碑，平常文官到要下轿，武官到要下马，我们怎么能赶着马车，带着马粪味儿，闯进皇宫呢！"

"哟！那到底要走哪个门呀？"柯什柯前后的兵士着急地追问着。

柯什柯掸了掸身上的尘土，接着道："大明朝管我们女真人叫夷人。按规矩，要从东便门进。车停下后，要到礼部禀报，然后由衙门里出来的人，把我们领进内城，抬着贡盒，进献给皇上。然后领赏赴宴。"

"那皇上能不能召见我们呢？"一个小兵士好奇地问。

"那要看皇上高兴不高兴啦！"柯什柯俨然以教师爷的口气说。

说话间，不知不觉来到东便门。熟悉门路的柯什柯把车马带到离东便门半里多路的一家客店，安顿好车马，吃过早饭，努尔哈赤就派安费扬古带着两名兵士，到礼部去禀报。

努尔哈赤吃过早饭，吸了袋旱烟，总觉得客店的四合院太窄小，憋闷。于是，就独自走出客店，顺着一条南北大街，优哉游哉地闲逛。他走到一家卖烟具的店铺门口，被眼前奇形怪状、光彩夺目的鼻烟壶吸引住了。他正隔着橱窗，眯着凤眼欣赏着鼻烟壶儿，突然铺门吱扭一声打开，走出一个身材修长、面善如佛的中年汉子，拱手道："请问大人，您是不是建州左卫的都指挥使爱新觉罗·努尔哈赤阁下？"

努尔哈赤一愣，眨着凤眼，一时想不起眼前这汉子是何人。那人见努尔哈赤疑惑的样子，就自荐道："小民是抚顺东关商贾佟养性，十多年前曾在高尔山见过一面，不知道您是否还记得？"

努尔哈赤听对方说出自己的名字，就马上想起在高尔山陪李游击打猎时的一幕。于是，就顺水推舟地问道："那时我们都还年少，您怎么一见面就认出我来？"

佟养性从小经商，闯荡江湖，练得口齿伶俐，就笑着说："大人红颜凤目，身材魁伟，仪表堂堂，叫人过目难忘，所以就……"话语未尽就大笑起来。从此，两人一见如故，佟养性就把努尔哈赤请进隔壁一家茶馆，在墙角找到两个座位，叫了一壶西湖龙井茶，边喝边谈。

原来，一个月前佟养性到广宁卖貂皮，被李成梁的三儿子无理扣留。佟养性与他据理相争，被李的三儿子带着兵马驱赶出城。为了出这口气，佟养性通过边官进京的机会已告到张御史那里，状子递上以后，他正等候消息，遛遛大街，看看铺面的行情。佟养性叙说了自己进京的经过，就又笑着道："想不到，能在京城见到您，这真是有缘千里来相会呀！"

努尔哈赤听了心中有了底，就笑了笑道："你胆子可不小呀，竟敢进京告辽东总兵？"

"啥！都督有所不知。"佟养性转着眼珠子，四处看了看，就又压低声音说，"做买卖要观察行情；进官场，就要看门户、气候。大人您有所不知，李成梁在辽东二十多年，据守重镇，兵权在握，就连他的四五个儿子也都加官晋爵，在军内窃据要职。您想就没有人眼红吗？"

"这么说也有人反对李成梁？"

"对，对，"佟养性像遇到了知音，连连点头，道，"官内御史张鹤鸣就反对他。都督大人，您好赖是建州卫的一个都督，如果您能把李成梁谋害您的前前后后跟张御史禀告禀告，准够他喝一壶的！"

努尔哈赤边听边问，弄清了这张御史早与李成梁有隙，只因张御史没能弄到李成梁贪赃枉法的确凿证据，没得下手。于是，努尔哈赤就试探地问道："佟财主，您和张御史的交情咋样？"

"没说的，没说的，"佟养性嘻嘻哈哈地说，"后天，张御史请我到他府上喝酒。都督大人，如果您能抽出工夫，咱们一起到府上，我可向他举荐举荐，他也一定会欢迎的。大人，您看如何？"

努尔哈赤点头赞许了他的意见。第二天就带着礼盒，率领着十个人，在礼部官员的引导下进了皇城，将自己带的礼物贡献给明朝的皇帝。努尔哈赤本来合计着万历皇帝应该在紫禁城中接见自己，却没想到只是在承天门后的一间耳房里，由司礼监代替皇上收下了贡品，然后就让自己带着皇上赏给的绫罗绸缎、瓷器玉雕等物品出了皇宫。虽然礼部侍郎也曾出面挽留，要设宴款待，但努尔哈赤心中还是不满，总觉得万历皇上对女真人太冷淡了。

努尔哈赤回到客店之后，仰面朝天地躺在木板床上，回忆着自己进贡的每个细节，不禁自语起来：难道天朝的皇上跟李成梁是一个样儿？

第三十二章

拜访御史　喝酒置心腹

努尔哈赤脸色十分不好看，阴沉着脸骑在黄骠大马上，陪着佟养性离开了客店，沿着城墙的墙根儿往南走，去拜访张御史大人。

张御史的府邸在崇文门前，是一座灰砖瓦的四合院。努尔哈赤、佟养性两个人各自骑着一匹马，绕过东便门的门楼，往西走了没多久就到了张府的门前。

张府是一座很阔绰的府第。灰砖灰瓦，门楼高耸，院墙整齐，正房和东西厢房屋顶上的狮虎、獬鹿瓦饰，栩栩如生，为整个建筑增添了不少威严的气氛。

他们二人走到院前的大槐树下，相继在下马石处勒马下鞍。在门卫引导下，走进黑漆大门洞。这时只听张府总管手提灯笼，唤道："客人到！"

不一会儿，张御史在几个丫鬟的簇拥下，走出正房门槛。努尔哈赤抬头看去，只见一个白白胖胖、个头适中、满面春风、年约四十的中年人，拱手向他施礼，他连忙还礼。说说笑笑中，众人步入客厅。佟养性首先向张御史荐举了努尔哈赤，然后张御史忙令开宴。于是客厅里明灯高悬，酒香扑鼻，一道道山珍海味，京味佳肴满满摆了一桌子。

在今晚的宴席上，张御史既没邀近友，也没找陪客，只有努尔哈赤、佟养性俩人。一主二宾，推心置腹，甚惬人意。酒过三巡，张御史喝得面红耳赤，话语如潮。他谈天说地，讲经论史，说来说去，讲到眼前万历皇帝及皇宫秘事逸闻，努尔哈赤听了眼界顿开，连连点头称是。特别是有关万历皇帝的正传野史，他听得尤其入迷。

张御史说："万历皇帝十岁登基，十几年来，虽有张居正首辅内阁，但他也只知吃喝玩乐，沉湎于酒色，深居宫中，多年不问朝政，不拜郊庙，不批章疏，中外缺官也不任命补缺。朝廷上下，只有宦官当权。这些阉党，视金玉为命脉，贪赃枉法，贿赂公行。宦官与朝臣之间，朝臣与朝臣之间，攀缘结伙，互相倾轧，乱作一团，攻讦不休，长此下去，大明的江山岂不毁于一旦！"

张御史如泣如诉，边喝边讲，不知不觉已醉狂若癫，说话更不顾及。他见自己的小儿子前来为客人敬酒，马上又想起最近东西宫立太子"争国本"的丑事，接着就又讲起来。他说："万历好色成癖，前些年在太后宫里糟践了一个王氏宫女，生了男孩，取名常洛。可是他平日最宠爱郑贵妃，犹如唐明皇宠爱杨贵妃，不久郑贵妃也生了男孩，取名常洵。按照大明朝的规矩，应立长子为皇太子，可是郑贵妃屁股后头有一伙宦官，支持她要挟万历皇上，要立常洵为皇太子。最近闹得六宫上下，朝阁内外人心惶惶，鸡犬不宁。"讲着讲着，他又哭泣起来。他自斟自酌连喝三杯，然后肃立，遥望南天，祷告道："太祖呀，您如若在天有灵，就惩治惩治这些昏君奸臣吧！不然，您开创的江山就要完蛋了！"

努尔哈赤见此情景，十分感慨。一则，他敬佩张御史的忠贞；二则，他又觉得张鹤鸣过于迂腐，而为之叹息。但从中他领会到朝内的种种矛盾，这正是应该加以利用，弃恶扬善，完成改朝换代的重任。他暗想：大明朝如此腐败，不推翻它，很难天晴气朗。正如种庄稼，种过几茬之后的土地，如不深翻，把旧土翻个个儿，就很难再长出好庄稼，出现苗壮叶茂的景象。想到这里，他自然联系到自己的事业、民族的兴亡，顺藤摸瓜地把话题引到李成梁身上。

提到李成梁，张御史冷不丁想到今天盛宴邀请佟养性、努尔哈赤的用意。近几年，他常看到皇上转给他弹劾李成梁的奏章，说李地位益隆、兵权过重，子弟奴仆都加官晋爵，这些人仰仗权势盘剥兵士，鱼肉百姓，恳请皇上治罪于他。可惜其证多虚，事实甚少。近日，他听说好友荐举佟养性，要与自己禀报秘事，就想到打听李成梁在辽东的所作所为。于是，三天前就定下来今天宴请佟养性长谈闲叙。想到正经事，张御史醉意减去大半，清醒了许多。他为二位客人亲自斟了酒，就开门见山地问道："佟老弟，您递上的状子我看了，证据可在吗？"

佟养性听御史称自己为老弟，一时受宠若惊。他噌地站起来，从怀里掏出用一张黄表纸写的十个人诉状，双手递给张御史，道："御史

大人，这是广宁府十个铺子里的老板联名签字画押的字据，他们亲眼看见李成梁的三儿子带着五个打手，无理扣留我的一百张貂皮，实际是明抢。他们为了替我出这口气，还联合捐资，为我拿了进京的盘缠。大人……"

张御史见佟养性神情恳切，过于激动，就朝佟养性一摆手，让他坐下慢慢说。佟养性一五一十地细说了一遍，然后又诚恳地望了一眼努尔哈赤，道："御史大人，如果我说的有虚，您就听听建州卫的都指挥使说说李成梁父子的所作所为吧。

张御史早就听说女真族出了个英雄名叫努尔哈赤，今天一见果然谈吐不凡。他听佟养性荐举，就顺水推舟地道："请都督也谈谈在辽东的所见所闻吧。"努尔哈赤没有马上滔滔不绝地陈述李成梁父子的罪状，而是慢条斯理地从长袖里掏出一本账折，递给张御史，道："这是我熟悉的一位游击，要我捎给您的军饷账折。李氏父子，制造假折，一次就克扣白银千两。"

张御史一听，如获至宝，就霍地站起来，一把抓过饷折，哧的一声展开，一个栏目一个栏目细瞅细查。当他看过一个个军士兵丁的名字，军饷数目，弄虚作假签字画押的手印，就双手发颤道："吸血鬼，吸血鬼。一千多两白银，一口吞掉了。"

接着，努尔哈赤又把孙贵给他收集到的有关李成梁在广宁强占土地，霸占民宅，其子强抢民女的状文，一一递给张御史。

佟养性见努尔哈赤办事件件有据，心中十分佩服。他眼盯着张御史把状文看完，未等御史开口，就迫不及待地说："大人，这只是努尔哈赤替广宁的百姓兵丁带的状文。至于指挥使他本人的遭遇，也足以证实李氏父子罪恶如山。"接着，他一口气，把李成梁如何勾结尼堪外兰，乱杀女真平民，谋害努尔哈赤父、祖，如何谋算逼死范家一家，如何欺骗钦天监，逼得努尔哈赤逃避于深山……讲了一遍。

张御史听了十分同情，但他却二话未说，竟唤来两个仆从，指着努尔哈赤的脚，命将其鞋袜脱掉。

张御史站起来，走到努尔哈赤跟前，道："抬起脚，我看看你脚上的痦子。"努尔哈赤一一遵命，抬起右脚，又抬起左脚。张御史见努尔哈赤脚心并无痦子，就气愤地道："欺君！欺君！就这一条，也可以治他欺君之罪！"

夜半，三人正唠得投合，忽听门外喊道："深更半夜院外拴着什么人的马？"

张御史听了猛地一愣，马上派府内总管去院外查看。

总管提着灯笼到院外一看，原来是巡夜的更卒仇四来到门口。近几年由于朝廷内部派系斗争加剧，时常有密探四处窥视。这仇四是张御史的老乡，平日交情甚深。他巡夜来到御史家门，见大门旁边拴着女真人特制鞍座的高头大马，暗想：这要叫作对的狗官密探发现，岂不又招来是非？于是，他有意真不真、假不假地吆喝一声，以提醒张御史的注意。

张府的总管走出门外，见是熟人，就招呼仇四进屋，仇四提着灯笼，摆了摆手，指着门外的两匹马小声说道："快把马牵进院里！免得叫人说私通外夷！"仇四说毕，便扬长而去。总管把两匹马牵进院里喂上草料，回到上房向张御史禀报了仇四路过的情景，就低头退下。张御史听了对佟养性、努尔哈赤笑道："一朝的京都到了这种草木皆兵，互相戒备的地步，就是不祥之兆呀！"

佟养性接着说："孔老夫子早就说过'邦分崩离析而不能守也'。我看大明朝分崩离析的局面，太令人痛心呀！"

张御史也表示支持努尔哈赤和佟养性的决定，接着，张御史又向二人透露了朝廷当中对李成梁的看法。最后，张御史竟然激动地陡然起立，拍着桌子喊："不除掉李成梁，天地难容！"

当晚，三个人便达成一致，拱手告别了。

第三十二章　拜访御史　喝酒置心腹

第三十三章

逛悯忠寺　万历起杀意

悯忠寺内的香火很盛，在此朝拜进香的人络绎不绝，寺里寺外都热闹非凡。因此，这里又有"悯忠高阁，去天一握"的说法。

小满这天，努尔哈赤感觉在客栈里待着实在寂寞，就邀请佟养性一起去悯忠寺闲逛。此寺庙是北京城中两大名寺之一，坐落在城西南的宣武门外，是唐太宗时为了纪念那些为国捐躯的将士们而修的庙宇。武则天通天元年，被赐名为"悯忠寺"。金朝迁都这里后，曾做过考场，考试过女真进士。当年宋金征战，金兵打到北宋都城汴京，曾把宋朝皇帝宋徽宗、宋钦宗掳到中都北京，当时宋钦宗就被扣押在这座寺庙里，住了很长时间。

努尔哈赤和佟养性走到寺前，步入山门，只见在苍松翠柏掩映下，左右两侧的钟鼓二楼巍然屹立，正面天王殿、大雄宝殿、观音殿、净业堂、大悲坛、藏经阁一座比一座辉煌，一座比一座雄伟。

佟养性在山门右侧花钱买了三炷香，随着朝拜进香的人流，先后在天王殿、大雄宝殿、观音殿进了香，瞻仰了大雄、观音和十八罗汉的尊容，然后同努尔哈赤一起步出殿堂，在寺内一片柏树下歇息。

佟养性趁机到茅厕解手，努尔哈赤一人盘坐在青石凳上，不知不觉困意袭来，只觉得两眼发涩，慢慢打起盹儿来。

恰在这时，一群进寺拜佛的宫娥三五成群地路过这里，为首的正是范梨花。

此时，梨花身着藕荷色缎子绣花长裙，头饰银簪玉器，翩翩若仙，在方砖地上迈着碎步，大大方方地走着。当她走到柏树林边，猛然发现坐在石凳上的穿着女真人服饰的努尔哈赤，不禁一愣，暗想：他莫不就是努尔哈赤？

梨花多么想见见自己的心上人呀！梨花主意已定，就放慢了脚步，朝柏树林走去。

梨花何时进的京呢？原来，四年前她在抚顺城跟踪尼堪外兰，在哨楼边抽掉梯子，尼堪外兰被努尔哈赤派的兵马活捉杀掉后，次日她回清河城时，被马林发现。那几天，恰逢皇帝下谕为皇后四处选舞女名优，于是，马林背着李成梁，偷偷地把梨花捉住，送进京城，在皇宫专门唱塞外小曲，为皇后消愁解闷。在寂寞的宫廷里，她朝朝暮暮想念着努尔哈赤，时常为他的安全、事业祈祷。

此刻，她身不由己地朝努尔哈赤鼾睡的地方悄悄走去，心头闪现着广宁城葡萄园的幽会、大秃顶子岭上的邂逅相逢、元宵节逛清河城的欢声笑语……想着往事，她像一阵旋风似的飘到石凳前。当她甩起长袖朝努尔哈赤的肩上轻轻抚去时，忽然皇后派来找她的一个宫娥来到她身后，一把拉住她的衣袖，扯着就走。

那将来到眼前的幸福相会，眨眼间，又成泡影。梨花恋恋不舍地低着头，默念着努尔哈赤的名字，无可奈何地离开了心上的人。

努尔哈赤醒来，揉着蒙眬的睡眼，朝几个宫娥瞥了几眼，连打了几个哈欠。恰在这时，佟养性回来。他望着努尔哈赤痴呆的样子，又看了看梨花的背影，笑着无意地说道："大贝勒，您是不是又想起您那个梨花？"

努尔哈赤叹息道："她要是活着，该多好呀！"

两人开了一阵玩笑，就又谈起庙里的观感。

努尔哈赤是第一次进佛殿，并不了解佛教的宗旨。他坐在青石凳上，问道："佟老兄，那观音是什么神呀？"

佟养性经商多年，跑遍关里关外，拜过不少名山佛殿，阅历匪浅。他见努尔哈赤发问，就不假思索地答道："观音是佛教中的菩萨，还有左胁侍阿弥陀佛，右胁侍大势至，这三位神是西方极乐世界，也就是通常说的西天的三大菩萨。据佛经说，观音专救苦难众生，谁要遇难，只要老念叨她的名字，她就寻声去救。"

努尔哈赤摇了摇头，疑惑地问道："据说当年宋钦宗皇上被俘曾押在这里，那么观音菩萨为啥不救他呢？"

"这个嘛……"努尔哈赤一时间得佟养性张口结舌。不过佟养性文思敏捷，机灵的眼珠转了转，随口答道："皇上不同凡人，是天赋神授的官，菩萨难救呀……"

"皇上不也算众生吗？"努尔哈赤反问道，"既然皇上至高无上，神

圣不可侵犯，为啥宋钦宗、宋徽宗在观音大殿当了阶下囚呢?"

佟养性见问题不好回答，就自我解嘲地说："唉! 信神，信神。不信，也就没神呗!"

"这倒是个理，"努尔哈赤略有所悟地说，"从宋氏王朝两位皇上的下场看，皇上并不是不可侵犯，也是可以抓，可以关，可以杀的，而该杀的时候，什么神也救不了他。"

"佩服，佩服!"佟养性想不到努尔哈赤会悟出这么多的道理，连声称赞。由此联想到明朝的历代皇帝，眼前的万历皇帝，就有意地小声反问道，"叫你说，这万历皇帝可不可以……"

佟养性出身商贾，时常说话说一半，藏一半，把藏起来的话，让对方去说。弄得声色不露，又通过对方之口，表达了自己的心声。

努尔哈赤从小是山野之人，心直口快，就接着佟养性的话茬儿说："万历皇帝不好，也可以反，可以杀!"

杀字一出口，可把佟养性吓了一跳。他神经质地向四周瞧瞧，见他人离之甚远，就松了一口气。接着马上把努尔哈赤一把拽起，左顾右盼地离开悯忠寺。

可巧，中午他们刚回店，张御史就派人来接他们到张府。佟养性和努尔哈赤进张府尚未坐定，张御史就说，昨晚万历皇帝得了疑心病。

原来，三天前他们在张府分手后，第二天张御史就向万历皇帝写了奏章，把李家父子在关外的所作所为一一做了陈述，并提醒皇上，应接受五代十国后周的教训，以防"陈桥兵变"，异姓改朝。他明知故问地问皇上："唐末以来，几十年间皇帝就换了八个姓，战乱不息，原因何在?"

万历皇帝虽很少问朝事，但对历史还是略知一二的，他坐在龙座上，叹息道："争战不息。国家不安的原因，在于将领权力太重，君权反而弱小。要长治久安，就必须削夺他们的权力，控制他们私占的钱粮，拆散他们的亲兵。"

平日万历皇上十分信任张御史，对他的奏章、言谈也很重视，因此对李成梁"地位益隆、兵权过重"格外存心。当晚他在谨身殿，孤身对灯坐在龙书案前，面对众多弹劾李成梁的奏章，踌躇不安。思忖道：李成梁身为总兵；其弟李成材荣任参将；李成梁的大儿子，统兵镇守宣府；二儿子和四儿子也身在军中；三儿子和五儿子又守在李成梁身边，统兵镇边，掌握军权。李氏一门数将，确是兵权太重了。想到这里，他不禁打了个寒战，自言自语道："李氏父子，若有二心，其后果将不堪设想呀！"他不安地站起身，在花毡上踱着步子，反复思考着：自从隆庆元年，李成梁出任辽东副总兵以来，二十多年曾多次讨伐夷寇，屡立战功，若将李氏父子下狱问罪，谁人去镇守边陲？

烦恼、忧虑、恐惧，一阵阵向万历皇帝袭来。当他百思而不得其解时，忽然一个老年太监挑灯进来，伏身跪道："皇上，天过二更，请皇上回宫安歇！"

万历皇帝闷闷不乐，瘦削的面颊，更显苍老，他神情忧郁地走出大殿。老太监提灯在前引路，二人一前一后，默默地向乾清宫走去。

浮云掠过夜空，月光时隐时现。路两旁的石狮、石兽、花丛、树影，也随着月光变幻，或明或暗，时大时小，清幽的宫院顿时产生一种神秘莫测、光怪陆离的景象。再加上夜风习习，树叶飒飒，更增添了几分恐怖的气氛。

"踢踏！踢踏！"朝靴声在宫院回响；"窸窣！窸窣！"竹叶在甬道两侧摇动；"咯吱！咯吱！"宫内的老鼠在嚼花根……万历皇帝走着走着，蓦地想起"陈桥兵变"的刀光剑影仿佛就在眼前，他感到十分恐惧，仿佛身后有人跟随。他下意识地回头看了看，心情十分紧张。

"踢踏，踢踏""窸窣，窸窣""咯吱，咯吱"，声音如故。万历皇帝越走越感到紧张，两腿有些发颤，慌恐起来，他勉强振作精神，小声喝问："后面何人保驾？"

"二弟云长在此！"

万历皇上一惊，又问："三弟何在？"

"翼德现在镇守辽东！"

万历皇上一时慌了，他疑神疑鬼地喃喃着："是谁在身后回话？"说着刚想转身问话，在前面引路的老太监似乎听见皇上喃喃自语，但他一句话也没听清，就忙回过头，举着灯笼，问道："皇上有什么吩咐？"

"这……"万历皇帝还未来得及答话，乾清宫里当值的宫娥，已经三五成群地迎了过来。

宫灯照耀如同白昼，香炉里的香烟袅袅。万历皇帝恍惚中倒在御榻。他迷迷糊糊，似睡非睡，突然眼前关云长、张翼德、李成梁、赵

匡胤的名字和音容不时迭现在脑际，出现在殿前、宫门、房檐、床下、香炉上……他几次惊醒，轻唤这些人的姓名。最使他惊慌的是李成梁变成了赵匡胤，最叫他害怕的是快到黎明时分，他梦见李成梁手举利剑，从房梁上跳下，直刺他前胸……他惊叫着，醒了，再也不能入睡。

今天一大早，万历皇上用膳之后，就差人把张御史叫来，进殿议事。

万历皇帝的这次召见有些不寻常，他既不在奉天殿，也不在华盖殿和谨身殿，而是在交泰殿一座书房。张御史进殿跪拜后，皇上就把他让到一把藤椅上，讲述了昨晚上的一切。然后提起张御史上呈的奏章，道："爱卿的奏章，朕已钦阅，其合吾意。只是，如今辽东不稳，如果对李氏父子的惩办操之过急，恐怕会狗急跳墙，引火烧身。所以，以朕之见……"

这时，一个宫女用瓷盘端来一壶两碗，轻轻地放在皇上的桌上。万历皇上还未等宫女斟茶，就霍地抓起一只茶碗，往地下一摔，咔嚓一声，细瓷茶碗顿时粉碎。他笑着道："就要这样！先抓到手里，然后……"

张御史领会了皇上的意图，等到宫女们全都退出大殿，万历皇帝才继续说下去，让他以抚慰将军，犒赏三军的名义出使辽东，同时调李总兵回京。

张御史俯首领旨，决定三天后出使辽东。

佟养性和努尔哈赤听了这个消息，两人喜出望外。三人谈毕，共同举杯相庆。同时商定，努尔哈赤和佟养性两个人乔装打扮成御史的随从，跟张御史同行。

第三十四章

下旨除梁　诈死躲祸患

俗话说，狡兔三窟。李成梁本就狡猾、多疑。多年来，他领兵镇守辽东，平日里生怕身居边陲，难晓朝中动静，威胁到自己的地位和性命，早就在京城安下了不少耳目。因此，张御史等人的行动，李梁成早就知晓。张御史等人刚一出京，这消息早就传到了广宁。

这天，李成梁正在广宁城东北角的虎圈喂虎。他坐在深坑似的虎圈东边的太师椅上，手扶木栏杆，用手抓起一斤成块的马肉，往虎圈里扔食。那花斑东北虎见肉块从天而降，就耍着欢，大吼一声，竖起后腿，立起身子，去叼美味。这花斑虎训练有素，一大块肉，不偏不倚，正好落在嘴里。李成梁每当睁大眼睛，看见虎叼食的雄姿，都禁不住用左手抿着胡须，哈哈大笑，怡然自得地敲起木栏杆，哼起塞外小曲。

可是，在他兴致正浓，又一次伸出右手，到肉盆里抓肉时，忽然府内总管送来一封京城传来的密信，他手抓肉块，示意总管把信打开。李成梁急忙一目十行地看到第二页，声闻皇上已派出钦差要调他回京的消息时，禁不住额头渗出冷汗，四肢发凉，身子发软，昏昏然脑袋下垂，身子前倾。若不是总管手疾眼快扶他一把，非摔到虎圈里不可。

李成梁为何如此恐惧？有道是"文官怕宣，武将怕调"。武将一调，不是祸将灭门，就是撤销兵权。等李成梁清醒过来，府内总管马上唤来轿夫，把李总兵抬回府内。

李总兵回到府内，坐卧不宁，茶饭不进。留在他身边参与军机的三儿子李如桢，及在外任军职、回家省亲的二儿子李如柏，听说后十分焦急，不一会儿都来到李成梁身边。

李如桢长得小鼻子小眼，招风耳，丑陋瘦小，为人愚笨、怯懦，平日又仰仗老子的权势，欺压部下，抢掠百姓。他听钦差即将到来，

心里也十分害怕。他一时没有主见，急得只在父亲身边转来转去。

五月的天气，室内又闷又热，加之屋内群蝇不断，嗡嗡乱飞，闹得李成梁十分心烦。他见三儿子像苍蝇似的转来转去，就骂道："都是你们这些不肖之子，给我招惹是非，弄得我有话说不出口！"他霍地从软榻上坐起，操起檀香木拐棍儿，连声吼道："滚！滚！"

坐在椅子上相貌酷似其父的李如柏，见三弟被父亲训斥赶走，就暗生一计，安慰老父，道："老爹爹，何必为此事不安？孩儿有个主意，不知该说不该说？"

"说！"李成梁拄着拐杖，支撑着年已六十五岁臃肿的身子，迫不及待地答道。

李如柏不慌不忙地站起来，到李成梁耳边，如此这般地说了一番。

李成梁听罢，沉思片刻，摇着头道："不妥，不妥！万一叫皇上知道，可要犯欺君大罪呀！"

李如柏见父亲不解其意，就又申诉道："如今皇上已被人蒙蔽，置我父子多年的军功而不顾，吹毛求疵，想置您于死地。爹爹，眼下已火烧眉毛，您就别发愚了吧！"

李成梁坐下来又思索了半天，最后一扬拐杖，听天由命地道："事到如今，就由你一手去操办吧！"

十天以后，钦差张御史一行来到广宁城。车马黄轿刚到南城门，只见随行仪仗，鸣锣开道，车喧马叫，好不威风！

仪仗步入城门，走近大佛寺西路口，仍不见李府派人迎接。张御史坐在轿里，掀帘朝外看了看，心中十分纳闷。

车马拐过十字街向东，不一会儿来到总兵府门口。这时才见李如柏、李如桢两兄弟身披重孝，满面愁容地迎了出来。他二人一见气宇轩昂的钦差，慌忙鞠躬施礼，恭敬地说："吾兄弟二人有父孝在身，钦差驾到，有失远迎！望大人海涵。"

张御史听了觉得十分意外，忙下轿问道："怎么，李总兵已经作古了吗？"说着，随着李氏兄弟，来到总兵府客厅。

落座见礼后，张御史问道："总兵大人年轻时一向以身强力壮著称，不知身患何病，与故友乡亲长辞而别？"

李如桢一边给张御史敬烟，一边答道："父帅是偶感风寒……"

"风寒？"张御史眨眨眼睛，疑惑地问道。

"这个……"坐在张御史身边的李如柏未等李如桢再回话，就慌忙向其弟递了个眼色，恭敬地解释道："是风寒引起的宿疾，百医无效，竟于昨日作古！"

张御史为人机警，他见李如柏给其弟递眼色，举止拘谨，就心中生疑，接着问道："李总兵尚有宿疾卧病不起，怎么京城连点动静都未曾听到呢？"

李如柏身不由己地站起，弯着腰，脸色不自然地说："家父唯恐军心有变，不许我们外传！"

说话间，李府总管进来，禀报道："禀少帅，诸事准备停当，灵柩就要发引了！"

李氏兄弟二人连忙向张御史施礼，道："大人，我兄弟俩人有事要料理，请驿馆安歇。有关事宜，容过日细禀！"

张御史连忙站起，惋惜地说："平民百姓凡遇丧事，尚需停丧数七，广做法事，怎么总兵大人发丧，却如此匆忙？"

"遵父遗命！"李如桢挺着胸脯答道。

张御史点头赞许，伤心地道："总兵与吾同殿称臣，理当一祭！"

接着张御史脱去蟒袍，换上素装，由李氏兄弟两人陪着，向灵棚走去。

灵棚在后院，新搭的草席棚下，并排放着同一式样的五口红松木棺椁。供桌上烧香设供，供桌下纸钱串串。张御史以礼拈香致奠，挥泪致哀，李家亲朋叩首还礼。吊唁完毕，张御史一行就到驿馆歇息。

张御史回到驿馆十分纳闷，他衣冠未脱，就把努尔哈赤找来，问道："都督，你往日曾在总兵府内充任幕僚，可曾知李总兵有什么老病没有？"

努尔哈赤摇摇头，笑着说："往日巡抚大人跟总兵开玩笑，说他壮得像匹马儿，未听说他有什么宿疾。"

张御史更加生疑。他跟努尔哈赤说出自己的疑虑，希望他探出真情。

烈日西斜，此时的广宁城鼓乐喧天。接着，总兵府内就涌出了百十名的亲兵将校，一行人沿街列队站立。三声礼炮响过，一行卫队做为前导，三十二名士兵抬着黑漆棺椁，井然有序地直奔广宁城南的迎恩门。又过了一会儿，又在一行卫队的引导下，连续抬出了四口同样

的黑漆棺椁，分别奔向四个不同方向的城门。顷刻之间，锣鼓震天，广宁城内的大街小巷都站满了看热闹的人群，一个个交头接耳地议论着五门出殡的事件。

第三十五章

诈死事败　假胜再邀功

傍晚，张御史刚刚吃过晚饭，斜躺在椅子上，手里还摇着团扇纳凉的时候，努尔哈赤大步迈入驿馆内，推门而进张御史的房间，与他见过礼后，直接念出了一段顺口溜：奇怪奇怪真奇怪，老子入土而不埋。五门出殡摆八卦，钦差到城晒起来。

张御史听罢连忙站起来，问他这歌谣从何处听来？努尔哈赤告诉他这就是广宁城内百姓们正在传唱的歌谣。张御史气得在屋里踱着步子，琢磨了半天，问道："这'老子入土儿不埋'是什么意思？"努尔哈赤解释道："我曾跟着送丧的人群，仔细察看过动静。一路上两位少帅都没流过一滴泪。总兵的二儿子出南门送灵柩不远，没有参加安葬就回府了。这不就是'老子入土儿不埋'吗？"

"那么这'晒起来'怎么讲呢？"张御史又问。

"这是句土话，就是说，钦差大人来了，总兵府没有人理睬，给撇在驿馆里，遭到冷遇。"

张御史听了气得唇上的两撇胡子乱抖。

接着，努尔哈赤又禀报了打听到的消息。他凑近张御史身边，不卑不亢地说："据街坊说，李总兵近日没生病。昨天还有人看见他骑马到北山打猎呢，怎么人不知、鬼不觉地死了呢？"

张御史听了感到十分奇怪，就又追问道："你看这里是否有诈？"

"我看……"努尔哈赤向窗外望了望，压低声音说，"据我亲眼所见，从东西南北四个城门送出的棺椁，分量都不重，只有从东南门出去的，显得有点分量。其中好像三少帅李如桢也夹杂在人群里跟走了……这是不是在演什么戏？"

张御史十分佩服努尔哈赤的精细观察，就面露喜色地说："你快骑上一匹快马，追上去弄个水落石出！"

说罢，努尔哈赤从驿馆牵过一匹灰马，扶鞍坐定，策马驰去。张御史又赶忙吩咐随从去总兵府探明虚实。

努尔哈赤趁着月色，飞马追赶送殡的人群。他追了三四里路，远远望见前边有几束火把，就勒缰下马，把灰马拴在一片小松树林里，然后暗地里紧跟在后面。三更过后，送殡的人来到一处丘陵起伏之地，隐没于一片黑黝黝的树林里，不一会儿，火把、人影全不见了。努尔哈赤感到十分奇怪，就紧跟了几步，靠近树林一看，原来树林一侧早搭了十几座军帐。他悄悄地靠近帐幕，透过缝隙再仔细观察，发现人们正在帐里喝酒用餐，说说笑笑，好不热闹。更奇怪的是，李成梁和三儿子李如桢，还在帐中与送殡的亲朋猜拳行令……努尔哈赤看到这里，急忙转身离开，从丘陵上一气跑到拴马的小松树林，找到灰马，快马加鞭，黎明前便回到驿馆。努尔哈赤入馆把自己的所见所闻向张御史一五一十地讲了一遍，张御史听后又惊又气又喜又得意。当即决定，晚上去会李成梁，去捉活尸。

黄昏，鸡上架，鸟进窝，广宁城里炊烟不断。这时张御史、努尔哈赤换了百姓便装，又挑了八个精灵的小伙子，趁人不备，悄悄地骑马溜出太安门，直奔丘陵军帐。

时近三更，张御史一行来到丘陵地黑树林，他们刚靠近林边，值哨的军士马上拦住了他们，接着盘查起来。张御史笑了笑，道："我是总兵的故交，有要事奉告，还盘问什么！"

军哨见张御史装束平常，和颜悦色，再没细盘问，就放他朝前走去。张御史下马叫努尔哈赤等几个人留下看马，自己独探军帐。不一会儿，李成梁的几个兵丁把张御史推进军帐。

这两天，李成梁、李如桢父子一直担心自己的行动被钦差识破，弄巧成拙，降罪于身。所以张御史的突然出现，把李成梁吓得瞠目结舌，半天不语。可张御史进帐后，却一见如故，谈笑风生。李如桢粗鲁无知，惊恐万状，他见张御史笑着进来，就回身操起宝剑，冲向张御史。李成梁一时吓得面如白纸，慌忙喝道："不得无礼！"挥手让他退出。

李成梁把张御史让到上座，一时窘得不知说什么好。还是张御史见多识广，先开了口："李总兵，下官奉圣命出京，前来抚慰三军将士，并宣召将军，你怎么……"张御史见李总兵面红耳赤，便以缓和的口气道，"难道是将在外，君命有所不受？"

"哪里，哪里！"李成梁支吾搪塞，双手有些发抖。正在这时，忽然帐外战鼓咚咚，不一会儿跑进一个小校，进帐报警："总兵大人，夷人听说大人病故，广宁城五门出殡，就乘虚而入，扑向广宁城。"

李总兵一时惊慌失措，马上命令击鼓准备回广宁应战。

第二天天刚亮，李总兵带人回到广宁。人马刚进太安门，李如柏飞马来报："父帅，女真兵数千，已被孩儿击溃，赶出广宁城。"接着总兵府设宴庆功。筵席上，张御史又提起五门出殡之事，李如柏抢先禀报："钦差大人，这叫瞒天过海，引蛇出洞，今日才获得歼敌大胜。"

张御史不明真相，当场举杯相庆，大加称赞。宴毕，张御史回到驿馆，努尔哈赤上前禀报道："大人，李总兵号称歼敌数千，我特意到城北看了看，战场上不见尸体、血迹。这胜仗打得岂不怪哉？"

"真有此事？"张御史发现又一次被人蒙蔽，更加气愤。

努尔哈赤拿出一支箭头，又道："小人只在一个假扮的女真兵身上，发现一个明军的箭头。"

张御史听完勃然大怒，大声咒骂李成梁"诈死欺君"，此时又来个"假胜邀功"。急忙吩咐努尔哈赤取来笔墨纸砚，立即便要写奏章弹劾李成梁。

努尔哈赤响亮地答应一声，欢快地地跑出钦差大臣的客房，去寻找笔墨纸砚了。

第三十六章

山城欢庆　叶赫起争端

夏日的一个清晨，李成梁被罢官的消息传到了费阿拉的山城之中，全城的百姓顿时欢呼起来，整个山城都沸腾了。努尔哈赤赶紧从鼓楼上下来，立刻命令人们吹起海螺，召集全城的人民，一起举行盛大的庆祝活动，欢庆同李成梁斗争取得胜利。

庆祝场地设在苏子河南岸一片绿草地上。中午时分，全城男女老幼，穿红戴绿，各牛录舞旗列队，像过节一样热热闹闹地来到河边。努尔哈赤眉开眼笑同本旗长老、老秃顶子岭的七兄弟、各牛录额真，分左右两排坐在河岸临时搭起的席棚里。

日影西斜，努尔哈赤见城民先后到齐，就从席棚里高木凳上站起来，放开洪亮的嗓子，大声宣布："女真同胞们，现在我宣布一个喜讯，欺压、屠杀咱们女真人多年的恶魔、辽东总兵李成梁，被解职罢官了!"

话音刚落，顿时欢声雷动，鞭炮齐鸣，鼓乐大作。欢笑的女真人，跳着，唱着，彼此拥抱着，尽情表达着欢快的心情。

努尔哈赤本想再说几句话，但在上千人欢歌笑语的海洋里，他的声音被欢笑的浪潮所吞没。年轻的小伙子，已三五成群，开始了传统的摔跤、骑马、射箭、射柳等比赛。努尔哈赤兴奋得脸色红润，眉飞色舞。他步出席棚，扎紧腰带直奔射柳场，挤进人群，跟同胞们一起分享胜利的欢乐。

射柳，是女真族传统的游艺活动。这项活动，就是把半人来高削去一块皮的柳枝，插在地上，参加比赛的人，骑着马，用平头箭射削去皮的柳枝白色处，然后在柳枝刚刚断落的一刹那，飞马捡起断枝者为胜。

努尔哈赤挤进围得里三层、外三层的射柳场地，只见河边一棵老柳树上，插满了为比赛者专备的平头箭，密密麻麻，活像个刺猬。比赛由图鲁什主持，他虽年过四十，但性格依然像个孩子，在场内跑来跑去，张张罗罗，咧着大嘴指挥着。

比赛开始，瘦小的"神箭手"鄂尔果尼第一个出场。他背上弓箭，跃上菊花青马，连射三箭，都射断了柳枝，但可惜他年近三十，动作已迟钝，未能捡起断枝。接着卓罗、费英东的小弟弟和额亦都的儿子都先后登场，均未取胜。

在众人叹息声中，努尔哈赤的十岁二儿子代善，身穿湖蓝色袍子，步出赛场，接过鹿筋宝雕弓，从老柳树上拔下三支平头箭，一跃滚身上马，连抽三鞭，那枣红马一声长嘶，撒开四蹄，飞跑起来，一阵风似的向东跑去。代善在马背上，边跑边试了试弓，接着掉转马头，回身跑来，约莫马离柳枝一百步远时，他"嗖、嗖、嗖"连发三箭，那箭不偏不倚，正中三枝柳条的白色处。断枝相继倒下，正值柳叶刚刚沾着地皮，代善飞马赶到，他歪着身子，脚尖挂在马蹬上，如飞燕点水，一把将三根断枝抓起……赛场上喝彩声如雷贯耳，一个个伸出大拇指，狂呼道："巴图鲁！巴图鲁！"

代善还没下马，大伙儿就一拥而上，把他抬起来，抛到半空。正当努尔哈赤双手托着一盘烤得喷香的乳猪，为射柳优胜者发赏时，突然一个阿哈跑来禀报："叶赫部信使求见！"

努尔哈赤马上离开赛场，赶回内城。他回到客厅，以礼接待使臣。他坐在太师椅上，拆开叶赫部大贝勒纳林布录的来函，只见上面写道："叶赫部大贝勒纳林布录致建州都督努尔哈赤麾下，尔处建州，我处扈伦，言语相通，势同一国，今所有国土，尔多我寡，割地与我，何如？"

努尔哈赤看到这里，义愤填膺，涨红着脸，将信撕得粉碎，一把扔向来使，道："我建州疆土寸土寸金，即使拿你们大贝勒的头来换，我也不能答应！"说罢，命左右侍从，将来使驱逐。

叶赫部是建州北面的一个女真大部族。它与哈达、辉发、乌拉三部毗邻，又称扈伦部，或叫海西卫。叶赫部在开原以东，明朝边墙之外，其部长被明朝封为都督，在女真各部中，历来势力最强。当时明朝就利用它兵强马壮，赠金赐帛，以防卫塞外。自纳林布录承袭都督之后，努尔哈赤所管辖的建州，也日益强大。这就引起纳林布录的妒忌。一年前，他曾向李成梁表示，想趁努尔哈赤羽毛未丰之机，伺机

剪除。但只是无故不好发兵。最近他听说努尔哈赤进京备受欢迎，随之辽东总兵李成梁被罢官，他心里愈加惶恐不安。于是他就与其弟布寨密谋，决定先下书恐吓努尔哈赤，然后借机发兵。

叶赫部的使臣回叶赫城，匆匆跑进贝勒的府邸，将努尔哈赤的一言一行作了绘声绘色的禀报。四十多岁的纳林布录坐在堂屋鹿皮椅上，听了禀报，刀条脸气得顿时铁青，他跳起来，像关在笼子里的狐狸，从东墙根踱到西墙根，又从西墙根踱到东墙根，细眉一竖，勃然大怒道："小小努尔哈赤敢出此狂言，看我明日就发兵去摘下他的心肝，削平建州！"

使臣道："大贝勒切莫感情用事。要知努尔哈赤足智多谋，部下又多勇夫，削平建州谈何容易呀！"

"住口！"纳林布录的厚嘴唇抖动着，气急败坏地道，"你休长他人志气，灭自己威风！明日老爷不踏平建州，誓不为人。"纳林布录把使臣训斥了一顿，当即将其赶出堂屋。

纳林布录历来心黑手狠，为吞并建州，早日剪除努尔哈赤，多日奔走于哈达、辉发、乌拉之间，策划于幕后，战争的乌云笼罩在长白山西麓。

万历二十一年六月二十五日，正是努尔哈赤第八子皇太极满八个月的日子。

这天，轻风拂柳，万里无云。努尔哈赤一大早就身穿着黄缎暗龙袍，外罩紫色马褂，头戴珠顶夏帽，脚蹬尖头缎靴，笑容满面地迎接前来祝贺的亲朋近友、部下士卒，以最隆重的民族习俗招待客人。

此刻，内城客厅前，早已搭好二十多丈长的席棚，棚内铺芦席，席上又铺红毡，毡上摆着一个个紫色、粉红色、翠绿包的布坐垫儿。

来贺的客人有被邀请来的，有不邀自来的，也有途中路过的外地人。客人进棚后，八九个人盘腿坐在垫上，围成一圈。坐定后，包衣阿哈端着圆铜盘，盘里盛着不加盐酱煮的十斤重的方块猪肉，放在众人中间。接着再端上一只大铜碗，碗里盛满煮肉的肉汤，汤里放着一只大铜勺。同时每人面前摆好一只小铜盘。开宴后，侍者又端来一个大瓷碗，碗里倒上成坛的高粱酒，接着先轮流捧碗呷一口酒，然后就各自用小刀割肉，自片自食，边吃边片。

此风俗按照女真人的规矩，食肉大典时主人并不坐下陪客，而是在各围坐者之间巡视，指挥侍者添酒加肉。至于来客，随到随入席。来者入门先向主人半跪道喜，然后转身入座，吃罢就走，不许道谢，不许擦嘴。据说这是享受神之"馂余"，所以不谢，不擦嘴。

如此隆重的仪式，是努尔哈赤为纪念儿子未足周岁的"生日"，颇得其妻叶赫那拉氏孟姑的欢心。她怀抱着白胖的皇太极，穿行在上百人的席间，受众人祝贺，忙得满头大汗。

孟姑是叶赫部部长杨吉砮的女儿，她长得仪容端重，聪明贤惠。万历十六年秋天，她十四岁时，因其父被李成梁所杀，就由其兄纳林布录陪着，送到费阿拉城，做努尔哈赤的妻子。平日她待人和气，又通情达理，颇受努尔哈赤的宠爱。

日斜过午，席棚里依然肉山酒海，笑语声喧。努尔哈赤和孟姑刚回到后院前楼，想歇息片刻，忽听前院鼓楼鼓乐大作，不一会儿，一个阿哈进屋禀报："大人，叶赫部部长纳林布录大贝勒前来贺喜。"

孟姑听兄长来贺，马上一骨碌坐起，放下正奶着的孩子，就催着努尔哈赤快到城门口去接纳林布录。

努尔哈赤坐在炕桌边，倚着炕柜，不动声色，只是吧嗒吧嗒地抽烟。此刻他思绪万千，一则，纳林布录来得太突然；二则，前几个月纳林布录派人要他割让领地，气还没消；三则，纳林布录奔走于哈达、辉发、乌拉之间，扬言要削平建州的狂言，已传入努尔哈赤的耳中。所以努尔哈赤反复盘算：纳林布录突然到来，到底为了什么？

他正前思后想，拿不定主意，忽然图鲁什醉得面红耳赤地闯进屋里，他一手卡腰，一手拎着腰刀，站在地下，放开嗓门道："都督，纳林布录突然到来，一定不怀好意。请大人把他交给我，给他一刀算啦！"

"不妥！不妥！"努尔哈赤赶忙跳下炕来，从图鲁什手里夺下腰刀，劝阻道："俗话说，来者不善，善者不来。你贸然行事，岂不为他人制造口实？"

孟姑向来不干预丈夫的事，她听到这里，就心烦意乱地回到里屋，关上门，给孩子喂奶去了。

图鲁什见孟姑进屋，便涨红着脸儿，无所顾忌地说："都督大人，您也不要太软弱了，纳林布录虽是您的兄长，可是他处处不顾亲戚之情，下书要地，动兵恐吓，伺机入侵，难道您就忍受他人骑在您头

上吗?"

努尔哈赤笑笑说:"我何尝不厌恶其人?然而,对外交往,历来先礼后兵。我们礼到了,再动兵也不迟呀!何况眼下还没弄清他来此何干,怎好刀枪相迎?"

图鲁什无可奈何,只好忍让地说:"好吧,我听您的,不过刀我还要带在身上,以防万一,要知道大意失荆州呀!"说罢,很自信地舞了舞腰刀,屋里顿时带来一阵寒光。

"贵客到!"

随着喊声,纳林布录没有等待迎接已经闯进楼道的门口了,他眯着细眼,刚一张嘴就露出了大板牙,他本想说句贺词,忽然看到黑汉子图鲁什凶神恶煞的样子,顿时被吓得连退两步。他的个子太高,身子还没有完全直起,后脑壳就撞在了门框上,发出响亮的声音,疼得他龇牙咧嘴,双手紧紧捂着自己的后脑勺。

第三十七章

笑里藏刀　背后遭偷袭

努尔哈赤本想笑，但又觉得不礼貌，赶忙迎上去，笑脸相迎地解释说自己正在试刀，有失远迎。

纳林布录也不好说什么，待脸色缓过来一些才虚情假意地说没关系，又说自己本应该早就前来道贺，只是因为琐事缠身，因此才来迟一步。说完这些话还拿出了一副银锁项链，递给刚刚走出里屋的孟姑，笑着对其说道："愚兄带了点儿薄礼，还望贤妹切莫见笑。"

孟姑接过银锁和几件玉器首饰，连连点头致谢。

当日下午，努尔哈赤就把纳林布录接到客厅，摆酒设宴。

坐席并无外姓，只有爱新觉罗家族的长辈及努尔哈赤、舒尔哈赤。席间，纳林布录显得十分高兴，他那像大虾似的后背，前后晃着，一盅一盅地喝着老酒，时不时地同努尔哈赤兄弟碰杯，谈笑自若，他斜着醉眼望着努尔哈赤，竖着大拇指道："老弟可谓女真人的奇才，可与金太祖、金太宗、金熙宗媲美。自兴兵以来，旗开得胜，拓土开疆，事事如意。久后，必定平定天下，做一代天子。"

纳林布录说到"天子"二字，马上站起来行礼，对努尔哈赤表示尽忠。

努尔哈赤并不愿听他如此肉麻的吹捧。但，基于礼貌，只得敷衍应酬道："老兄过奖，过奖！小弟只是个从小挖参的凡人，哪比得上有马万匹的叶赫河岸土默特氏族的您呀？"

纳林布录听了飘飘然十分得意，就借机自吹自擂起来："当年吾祖可谓蒙古强汗，灭纳拉部，占叶赫河以后，先祖曾受封于明朝，为都督金事，吾父杨吉砮与其兄清佳砮，是叶赫城名门大贝勒，号称不可战胜的二砮……"

纳林布录还要说下去，努尔哈赤趁敬酒之机，问道："老兄，你还记得你家祖宗褚孔格，你父杨吉砮，你伯父清佳砮，为谁所害吗？"

趾高气扬的纳林布录，一时像瘪了的皮球，不再言语。其原因何在？原来，万历八年，褚孔格由于明朝暗中调唆，被哈达部所杀。其父及其伯父，也被李成梁设计谋害于开原汉寿亭侯庙。

酒席间静了片刻，努尔哈赤振振有词地道："老兄，你岁数比我长，见多识广，可千万不要忘掉你的仇人大明朝的李成梁和哈达氏族！"

说到这里，站在一旁侍酒的孟姑忍不住哭泣起来。她想起待她最好的亡父杨吉砮；疼爱她的伯父清佳砮；她想起几个月前其兄纳林布录写给努尔哈赤的信。于是她破例地张了口，向纳林布录劝慰道："阿哥，人亲莫过骨肉，大丈夫应该记住世仇。我们叶赫家族与李成梁之辈，历来有深仇大恨，你怎好置世仇于不顾，反而下书于我们，要兵戎相见，掠人夺土呢？"

"住口！"纳林布录见胞妹不顾情面，当面教训起自己，一时脸上火辣辣地难受，随之拍着桌子，发疯地道："女人家不许过问家长之事，这是女真族的族规，今天你为何如此放肆？"

"我这也是为了叶赫、建州两家和好呀！"孟姑十分委屈地表白。

"嫂嫂！"半天不言语的舒尔哈赤想从中调解，就想出一个办法，道，"你和家人们都退下吧。我们在酒桌上是不会动拳头的。"

几个侍酒的女阿哈及纳林布录随侍的一个女仆都一起退出客厅，随着孟姑到鼓楼下的一间放古玩的房子歇脚去了。

孟姑走后，努尔哈赤就单刀直入地对纳林布录说："老兄多年不到我处，见面本不该提往事。可是，为了女真人的兴旺、繁荣，我想还是把话说清楚为好。"

"对！对！"舒尔哈赤接过话茬说，"群羊遇到恶虎，还蜂拥而上自卫，我们为何自伤？咱们女真人世代流离，眼看这些年定居安稳了些，可不能再动刀动枪地争来争去啦。"

纳林布录是有名的花狐狸，狡猾异常。他见众人求和心切，就满脸堆笑地说："历来和为贵。其实，愚兄也没有跟赫图阿拉、费阿拉有仇杀的意思，只不过写封信，开开玩笑，看两位老弟是否对我依然如故！"

"这个玩笑，可开得不小。"舒尔哈赤信以为真，哈哈笑着，偌大的耳环在耳垂下摇晃着，说："我想叶赫的后辈，不会是不仁不义的人。”说着他举起酒盅，提议道：“为建州与叶赫永归于好，干！”

“等等！”纳林布录霍地站起来，咬破自己的左手中指，鲜血滴在一个大蓝花瓷碗里，对天起誓道：“为世世代代的友好，咱们今天在座的，对天喝血酒，盟誓。”

舒尔哈赤第一个响应，也咬破左手中指，把血滴在蓝花瓷碗里。其他人依次如此。当轮到努尔哈赤时，忽然一个男阿哈闯进来，走近努尔哈赤的身边，附在他耳边叨咕几句，努尔哈赤就随着阿哈走出客厅，直奔鼓楼走去。

努尔哈赤刚迈进门槛儿，妻子孟姑就扑通一声向他跪下，道：“为妻有一事相告，不过您千万别伤害我的兄长。”

努尔哈赤一时莫名其妙，就绷着脸望着妻子。经孟姑一细说，他才明白，纳林布录今天拜贺，原来是用了笑里藏刀之计。三天前，他已与扈伦四部密谋好，今晚要劫建州北面的户布察寨，然后，伺机直取赫图阿拉。纳林布录为了麻痹努尔哈赤，特意登门拜访，掩盖自己的行动。以突然袭击的方式，直捣建州大本营。

“此话当真！”努尔哈赤听完脸色铁青地反问道。

孟姑马上向纳林布录带来的侍女打个手势，道：“这都是她亲口对我说的。”

努尔哈赤当即表示谢意，赐予侍女一副玉石手镯，他把手镯放到侍女手里，就迅速地退出鼓楼。可他回到客厅已不见纳林布录的踪影。他慌忙问舒尔哈赤，舒尔哈赤醉醺醺地摇晃着身子，舌头发硬地说：“你……你前脚走，他……他后脚就跟出去了。这……这血酒……还……还没喝，他……他不会走！”

努尔哈赤听到这个消息，气得双手发颤，抓起一旁的蓝花瓷碗，猛地就摔到了砖地上。

舒尔哈赤本已经有了七八分醉意，此时却被努尔哈赤的举动吓得醉意全无。他眨着眼睛，不解地问大家到底发生了什么事？努尔哈赤简明扼要地向他说明情况，舒尔哈赤也被激怒了，大吼地让士兵前去追赶。努尔哈赤连忙抓住舒尔哈赤的胳膊，摇着头告诉他为时已晚，他一定早已跑远了。

第三十八章

大军来袭　古勒山之战

　　九月九日，鸡鸣山里松柏青青，红叶如丹。这天中午，努尔哈赤和老秃顶子岭上结拜的兄弟们正围坐在一起，为他被天朝封为龙虎将军一事庆贺之时。突然一个被派往叶赫的密探回来禀报消息，告诉众人近日叶赫与哈达两部的首领正在密谋，联合临近的九个部落，共发兵三万，将分为三路向建州进犯！

　　努尔哈赤见密探脸色蜡黄，就笑道："此事，我早有所料，但想不到他们动作这么快。"密探退下，努尔哈赤又派卓罗带着十多个探马，马上出动，密切注视敌人的动静。

　　探马走后，努尔哈赤立即下山，召集各路部将到厅议事。部将们都住在外城，离内城只有一二里路，不一会儿，额亦都、安费扬古、图鲁什、叶克书、费英东、舒尔哈赤相继进了大厅，先后在木椅上坐好。努尔哈赤镇静地把九部联军来犯的消息向大家作了介绍。

　　舒尔哈赤还没弄明白敌军将从何方面来，就脸色发白地惊叫道："三万大军，铺天盖地而来，我们万把人，咋能抵御得了呀！"他本来在南炕盘腿而坐，说着说着，屁股就蹭到炕沿，偷偷地穿上鞋，走到门口，摆出随时携妻逃走的架势。

　　努尔哈赤见其亲弟惊慌失措的样子，心中不禁暗笑，随之安抚道："莫慌！莫慌！"

　　好开玩笑的叶克书见此情景，按捺不住自己的情绪，就含蓄而诙谐地笑道："二贝勒的魂，今天好像落在家里了！"

　　安费扬古给叶克书使了个眼色，就插了句："三万大军也并不可怕。当年诸葛亮用空城计，还大败司马懿的二十万大军呢！"

　　"对！"图鲁什也噌地站起来道，"事在人为。俗话说，软的怕硬的，硬的怕愣的，愣的还怕不要命的呢！咱们给他个愣拼，没个打不赢。"安费扬古摇摇头道："猛虎架不住群狼。硬拼也不为上策。""那依你呢？"舒尔哈赤后背靠在门框上，迫不及待地追问。"莫急！莫急！"努尔哈赤耐着性子，安慰道，"这不是大家在一起商量对策嘛。"

"商量什么？"舒尔哈赤不耐烦地道，"这都怨你一个人！"

他几步凑近努尔哈赤，嗓门提高了一倍道："当初纳林布录差人向你要两个寨子，你把人家轰走！后来人家亲自上山来朝拜你这土皇上，你又说人家施的是笑里藏刀毒计。这回可好，人家引来三万大军，来讨你的命啦，看你还逞能不！"舒尔哈赤的奚落挖苦，把努尔哈赤激怒了，他霍地站起来，顶天立地，像根铁柱子，放开洪钟般的嗓子道："维护女真人的团结，反对分裂，重振大金的事业，是每个布库里雍顺后代之责，这叫什么逞能？为了女真族的子孙再不受人欺凌，别说是死，就是刀山我们也要爬上去！"

"好，好！"舒尔哈赤又气又急，腿发起抖来，他边说边退，走到门口，双脚站在门槛上，又道，"这个仗，你有本事你打，我……"他话没说完，就迈出门槛，溜了。

舒尔哈赤走后，众人劝了劝努尔哈赤，等他消了气，大伙又议起打仗的事。有的主张这次以攻为守，有的主张死守硬拼，有的主张调虎离山……一时众说纷纭，莫衷一是。努尔哈赤集中了各方的意见，然后说道："眼下，敌军超过我三倍。但，兵贵精，不在多。叶赫、哈达两部屡遭明军围歼，能征善战者大部分死于战场，剩下的多是老兵少卒，当年叶赫称雄的元气已大伤，再加之九部人马是七拼八凑的乌合之众，尽管头目甚多，真正能带兵的只有叶赫大贝勒布寨一个人。为此，只要我们立险扼守，以逸待劳，诱敌入瓮，伤其主将，集中兵力，奋勇合击，先斩蛇头，后扫千军，此战必胜！"

图鲁什没有完全弄明白努尔哈赤讲的战法，不解地道："不管怎么个打法，可敌方三万人不会减少呀！"

努尔哈赤笑道："兵不在多而在精。图鲁什，你还记得前些日子的六月之战吧。"

"那还能忘吗？"图鲁什憨厚地舔着嘴唇说。

努尔哈赤又继续说："当孟格布录落马摔伤，哈达兵退到哈达河岸，一小股叶赫的巡逻哨探遇上我们时，为啥叶赫兵一见就逃呢？"

图鲁什瞪着圆眼珠子，率直地道："孟格布录又不是叶赫部的主子，谁肯为外姓人卖命呢？"

努尔哈赤笑道："你这话就说对了！"接着他又解释道，"古人打仗，要求领兵的将帅要通晓九变，九变也就是随着不同的阵势，采用不同的战法。"说罢，他铺开一张自画的建州山川地势图，放在南炕上，部署起"古勒山之战"来。

清晨，九月的旷野，白霜片片，寒气袭人。细高挑的纳林布录弓着腰骑在枣红马上，身子差不多贴到马背上。紧跟在他身后的是膀阔腰圆、粗手大脚、黑脸膛、大眼睛的布寨，他却敞胸露怀，焦躁地抡着鞭子。他们二人率领叶赫兵，经过半夜的急行军，来到札喀城北的一道山梁。纳林布录兄弟俩站在山顶最高处，向札喀城看去，只见城内炊烟袅袅，平静异常。一杆写着建州字样的镶边杏黄旗，悬挂于城西门楼上，飘飘悠悠，好像漂在湖面的一只安详的小船。纳林布录拭去脑壳上的汗，抖了抖身上的锁子甲，冷笑道："札喀城如此安静，料城内没有察觉。等我军一到，这座山城就属于我们叶赫的了！嘿、嘿、嘿……"

"老兄所言极是。"布寨奉承道。

"兵书上讲，兵贵神速。"纳林布录捋着唇上翘起的两撇胡髭，目空一切地道，"等我们的天兵飞到，来他个奇袭札喀。"纳林布录下令布寨，又道："等打进山城，我首先为老弟抢个建州美人儿……哈哈哈……"说罢，手中的腰刀一挥道："马不停蹄，血洗札喀城！"

这时，第一批兵刚刚爬上山梁。一个个穿甲的兵士，累得两腿发软，张着大口喘气。领队的一位小首领一听说马不停蹄，就跑到纳林布录跟前哀求道："大贝勒，兵士们累得腿酸心悸，歇口气再下山吧？"

纳林布录二话没说，弯腰上前打了小首领一个大嘴巴，骂道："我是统兵大帅，用得着你多嘴！"

小首领被打得一个趔趄，未等脚跟站稳，身子已倒向山涧，只听山涧里传来一声惨叫，一切又恢复平静。

纳林布录哼着鼻子道："谁不服军令，这就是下场！"

于是，从纳林布录眼前走过的步兵，一个个都如同老鼠见猫，屏住呼吸，一阵小跑而过。

天近巳时，脚上打泡的叶赫兵，一拐一瘸地来到札喀城下。

札喀城离费阿拉只有六十余里。纳林布录踏上山梁时，额亦都率领的一队轻骑早已抢先进城，把城里的男女老少悄悄转移到起伏的深山。等叶赫兵一到，额亦都早已爬上城堞，布置好守城的兵士，安排好诱敌的路线。

此刻，额亦都蹲在堞口，眼望着城下黑压压的叶赫兵，剑眉一挑，惊叹道："叶赫兵，果然不少！"

站在额亦都身边的一个肿眼泡兵士，担心地问道："叶赫兵如此之多，此战必胜有把握吗？"

"不必担心，"额亦都信心十足地说，"将军一向用兵谨慎，万无一失。只要我们照他的计谋阵法去打，管保能取胜。"

言毕，城下叶赫兵敲起攻城的战鼓。一时鼓声震耳，杀声震天，如蚁似蝗的叶赫兵，执刀舞剑，涌上前来。额亦都遵照努尔哈赤的嘱咐，率领兵士，齐心协力，先对涌上来的敌兵，发箭还击。

一时翎箭嗖嗖，弓声嗡嗡。一排排快箭发出，眼前就倒下一排排敌兵。那鸭嘴哨箭，发出去虽然杀伤力不强，但嗷嗷的叫声，也令敌兵听之胆寒，却步不前。

纳林布录站在高处督战，眼看兵士一排排倒下的尸体，叠成人墙，一时心急如焚。他发动三次强攻，均未得逞，就采用第二套战法，命令登城士兵，用战车盾牌掩护，竖云梯，再次攻城。

这一招似乎很灵。一丈多高的木盾，挡住了如蝗的飞箭，强攻的人马，不一会儿就逼近城下，三十多架云梯先后在札喀西城墙根竖起。

札喀城是座三面平地，一面背山的山城。额亦都率领兵士与登上城头的叶赫兵，刀对刀，枪对枪地战了几个回合，就下令拔旗撤兵，口中大声喊道："快撤！快撤！保护好将军！保护好将军！"

额亦都边喊边撤，等他跳下城墙，马上命令守城兵士骑上早已备好的快马，飞快地跑出城门，顺着一条山间小道，直奔黑济格城退去。

站在山冈大青石上的纳林布录，听说城里的人掩护着努尔哈赤逃走，心中暗喜。他唇髭一翘，下令停止攻城，快尾追逃走的建州兵，手挥佩刀吼道："追上建州兵，活捉努尔哈赤！"

纳林布录求战心切，为了及早捉住努尔哈赤，就打乱了原来的阵势，自己带着几员大将，首当其冲，快马加鞭，跑在最前头，接着后边是骑兵，骑兵后边是步兵。

起初，步兵还能跟上队伍，可是跑了一个时辰，步兵一累，队伍就乱了。

札喀城离黑济格城数十里路。纳林布录眼看额亦都率领的一队人马，扛着龙虎将军努尔哈赤的旗帜，顺着蜿蜒的山路奔跑，他为不能生擒对手，又急又气。速胜心理，促使纳林布录不顾一切地追赶。

黑济格城遥遥在望。等纳林布录率领的一队快骑追到城下，额亦都率领的人马早已进城。纳林布录立马回首，不见大队人马，一时心慌意乱，马上下令后退三里，安营扎寨。

夜半，等纳林布录的兵马全部来到兵营，刚刚点火做饭，安费扬古率领的兵马，已将兵营包围，四处骚扰，好几座牛皮帐篷起了火。一夜之间，士兵们不得安睡，人心惶惶。

第二天微明，额亦都又悄悄出城，摆出与叶赫兵决战的架势，直奔叶赫兵营。

纳林布录听说建州兵来攻，心中暗喜。立即命令迅速集合，与建州兵在黑济格决一死战。

额亦都与纳林布录交战一阵，杀敌数骑，安费扬古就冲出来接应。混战了一阵，安费扬古马上佯装败阵，鸣金收兵。

纳林布录见对方败阵，精神倍增，决定与布寨兵分两路，一路追赶额亦都，一路直逼安费扬古的营地。

黑济格城位于古勒山下。此刻，努尔哈赤听到安费扬古鸣金收兵的声音，马上集结所有兵马，进入埋伏地点。

不到一个时辰，布寨率领的兵马，尾随在额亦都兵马之后，涌上山来。两方人马翻过一座山梁，进入一条狭长的山谷。等布寨的兵马全部进入山口，只听山野杀声四起，努尔哈赤率领的打伏击的将士，一个个如猛虎下山，杀向敌军。

布寨仰望满山遍野的建州兵马，一时心慌胆怯起来。他手挥腰刀，眼见几千兵马被分割包围，一个个被利箭射死，大刀砍死，仿佛自己的脖子上也被死神的绳子套住。正当布寨懊悔、恐惧之时，突然马触到木，身不由己地跌下马来。

这时，冲上前来的卓罗，手疾眼快，手起刀落，眨眼间将布寨身首分家。叶赫兵见挂帅首领被杀，一个个心惊肉跳，丢下兵器，哭喊着逃命。一时兵败如山倒，人挤马踏，几千人死伤大半。

打扫战场的时候却没有见到纳林布录，后来听见到他的士兵说纳林布录在大军攻城时就逃走了。

孟格布录、噶盖被士兵押到大厅，经过一番审问，孟格布录伏首认罪。噶盖因谋反一事与孟格布录一起被带到了鸡鸣山，当众被斩首，一命呜呼。

第三十九章

兄弟反目　惩罚亲弟弟

努尔哈赤是个做事干净利落的人，他想着反正战争已经开始，干脆一不做、二不休，他率领着兵马连克数城。不久，建州一带就被他收服，重新出现了稳定安静的局面。

再说努尔哈赤对于弟弟舒尔哈赤当众顶撞自己，而后开溜的事情耿耿于怀。他越想越气，就决定给他点教训。于是，努尔哈赤将舒尔哈赤的两个副将抓了起来，怒斥他们是胆小鬼，并且狠狠地惩罚了他们。

舒尔哈赤得知这件事情之后，大怒，心想：莫非努尔哈赤要对我下手了？

他这样想着，脸上流露出一种冰冷的笑——大哥，你得看清了，我可不是软包子，尽着你捏！我有本领，我有军队，我有战功，我在建州、女真各部落甚至大明和朝鲜都有威名，我怕你呢！

努尔哈赤，今后能在一起就在一起，如不能在一起，咱们就各起炉灶，分道扬镳吧！

他想立刻跑到努尔哈赤府上兴师问罪，可是大福晋劝住了他："你别冲动，先歇息一下，再说，你到大哥处去讲理，也得好好想想，话该怎么说……"说着把他推进房里，服侍他上炕。

"怪事，对努尔哈赤说话，我还要小心谨慎吗？他是什么人，他是大明皇帝吗？"

"你可别这样说，大哥现在就是建州的皇帝了。你呢，就是他的臣子，你们是兄弟，也是君臣，你却至今仍旧只把他当做哥哥……"

"什么，他是皇帝？"舒尔哈齐直着脖子大叫，"那我是什么，是他的臣子？他做梦去吧，建州到底谁是皇上还得走着瞧呢！"

大福晋看他火气仍然很大，就出去了。

"阿敏，给我进来！"舒尔哈齐大声呼唤。阿敏是舒尔哈齐的二儿子。

阿敏来了，低头站在炕前。

舒尔哈齐冲着儿子大声说落努尔哈赤的不是。他越说越生气。

"我要去找努尔哈赤！"舒尔哈齐嚷道，"我要让他知道自己是谁？我要对他说：在自己的亲兄弟中不能摆他汗王臭架子！"

"阿玛，你千万不要这时去找大伯！你这样气咻咻的，到那里不会有好话说，会把事情弄得更糟的！"

"再糟能怎的？他还能把我杀了？"

"阿玛，刚才额娘说的是对的，现在你不能再把汗王看成是你的大哥了，他是建州的大汗，是建州的皇帝……"

"嘿，阿敏。你也这样说？"舒尔哈齐瞪起牛眼，"你呀，这样胆小怕事，真不像我的儿子！"

第二天一早，舒尔哈齐以向汗王汇报进京朝贡一事，去见努尔哈赤。

他见努尔哈赤脸色冷冷地，索性不说朝贡的事了，他劈头就问："哥，你将我的部下抓起是在挤兑我吗？你对亲兄弟都做出这样的事来，你还有脸当这个汗王呀？"

这几句话是很严重的，除了舒尔哈齐谁也说不出来。努尔哈赤愤怒了，他反唇相讥道："你是为了部下来兴师问罪吧？我知道你会来的，在家里等着你呢！舒尔哈齐，我对你说：无论谁的人马，都是建州的，都是我努尔哈赤的！人人都得听我努尔哈赤的命令，如果他们立了功，我就奖赏他们，如果他们犯了罪，我就责罚他们，甚至杀了他们！"

"努尔哈赤，"舒尔哈齐不叫努尔哈赤哥了，"你少在我面前摆你汗王的臭架子！你对别人指手画脚可以，在我面前可行不通，我不听你的！你忘记了建州这几万军队是谁和你一起拉出来的？是我！这建州至少有我舒尔哈齐的一半！"

几句话后，他们就剑拔弩张了。舒尔哈齐忘记他临来时，福晋和儿子对他的嘱咐。努尔哈赤呢？他没料到舒尔哈齐会这么嚣张！他尽管准备与舒尔哈齐唇枪舌剑地争论一场，却没想到舒尔哈齐这么凶狠，几"枪"就扎进他的心窝子！

"舒尔哈齐，你竟说出这样的话，可见你是个叛臣逆子！"努尔哈

赤恶狠狠地说。

"努尔哈赤，以后咱们各干各的，几年后见分晓吧！"舒尔哈齐也以同样的腔调回答他。

努尔哈赤被气得说不出话。舒尔哈齐自以为得胜，扭头跑了。

他跑到监狱里，手持腰刀逼着守狱的士兵，放出了自己的部将。

回到家，几个福晋、家人、将领都围上来询问情况。

"我和那个家伙闹翻了……"他把和努尔哈赤吵架的事说了一遍。

大福晋说："啊呀，不得了了！"

儿子们、将领们和僚友们都说："这等于公开决裂，咱们不能再在这里待下去了！"

商量了好一会儿，后来决定移居到浑河上游的黑扭木去。过去他们曾经在那里扎过营寨，以与哈达部对峙。现在，那里还有现成的栅墙和房屋，就是有些废圮，修造起来也不费难。舒尔哈齐同意了。

这事是不能等的，没多久，舒尔哈齐走了。

在费阿拉，他已有很大的家业，不能一次搬个干净，他只能先和几个福晋、常书和纳济布，还有一百士兵先行，其余的陆续再走。

就在这时，努尔哈赤的狠劲上来了，他采取了断然措施，令额亦都逮捕了舒尔哈齐的三个儿子和曾经参与移居议论的族人阿萨布、部将武尔坤。还没收了舒尔哈齐的全部财产和部众。

惩罚是极为严厉的，努尔哈赤令人把阿萨布和武尔坤吊在街口的大树上，下面堆上木柴，活活地烤死，再放下来，让一群狗吞吃……

那天，围观的军人、民众有数千，都吓得浑身颤抖、呆若木鸡。许多病残老弱经不住这一惊吓，昏倒了不少，女人孩子哭叫连天。可是，外围有士兵站岗，谁也不许半路溜走。

接着，努尔哈赤下令把舒尔哈齐的十数名家丁砍了头，弄得街口血肉狼藉，周围的将士虽然久历战场，杀人无数，看惯了尸横遍野，但也被这手足相残的惨剧吓坏了，他们个个面色如土，连大气也不敢喘一下。

"把那三个畜生给我拉过来！"努尔哈赤叫道。

舒尔哈齐的三个儿子被推到努尔哈赤面前。他们趴在地上哭叫着向大伯求饶。

"大伯，阿玛错了，您看在一母所生饶了阿玛吧！"

"饶了我们一家吧！"

"大伯，我们都是您的骨肉呀！"

他们的哀哀的哭叫使周围的人忍不住伤心落泪，可是努尔哈赤不为所动，他跺着脚叫道："舒尔哈齐是只凶恶的狼，你们都是狼崽，杀了杀了，给我斩草除根！"

刽子手拉过舒尔哈齐的大儿子阿尔通阿，咔嚓一声砍了。又去拖阿敏……

就在这个时候，皇太极跑到努尔哈赤跟前跪下了。"阿玛，我求您放过阿敏吧，他在几次战争中都立过大功，在乌碣岭，他英勇冲杀，三进三出！现在他已经不仅是您的侄子，他还是您的骁将啊……"

阿敏是和努尔哈赤的几个儿子一起长大的，努尔哈赤常常望着褚英、代善和阿敏对人说"瞧见了吗？那是我家的三只虎！"他心里真的不愿把这个已成他膀臂的阿敏杀掉。

就在他犹豫的时候，褚英、代善等几个儿子都跑到努尔哈赤面前跪下，他们都哭着为阿敏求情。

以额亦都为首的将领也在阿哥们身后跪下，大声地求努尔哈赤饶过阿敏。

努尔哈赤叫过阿敏："你给我说：你父亲对吗？"

"不对……"

"今后，你不要喊他阿玛了，你叫他狼！"

"……是。"

"叫呀，叫呀！"

"狼……"

"你是跟狼走呢，还是跟我走？"

"当然是跟大伯走！"

"好，你对长生天发誓！"

阿敏仰起头，对着蓝蓝的苍天叫道："长生天呀，今后，我要一心一意地紧跟大伯，要是有三心二意，上天惩罚我，叫我横死战场，尸骨喂狗！"

"好了，给他松绑！"努尔哈赤说，"把小崽子扎萨克图砍了！"

扎萨克图才十多岁，已吓得有些昏晕，这时忽然睁开眼睛叫道："大伯，不要杀我，不要杀我，我也叫阿玛是狼，我也一心一意跟着

你，我也发誓……"

但是他还没有说完，就被砍掉了头颅。

传说那天午前还蓝湛湛的天，午后忽地阴云密布，巨雷夹着冰雹下了半个时辰，费阿拉周围的春苗都被砸烂了！

费阿拉的军民都惊得心魂难定，努尔哈赤大概也受到了震撼，到了傍晚，他在堂子上祭天，并且向长生天祷告，述说了自己杀害亲属的理由，请求上天饶恕。

正在黑扭木苦心经营的舒尔哈齐听到费阿拉发生的惨案之后，当即昏死过去。他在醒来之后，痛不欲生，最终决定要回费阿拉向努尔哈赤求饶。

福晋们和将领们谁也劝不住。

他单人匹马来到努尔哈赤面前，跪下痛哭道："大哥……我不是人，正如你所说的我是只凶恶的狼！求你看在一母所生的面上，饶恕我吧！今后，我一定全心全意地跟随大哥，再也不怀二心……"

努尔哈赤以胜利者的目光看着舒尔哈齐。他想：如果是我，就头也不回地拉起队伍远遁，在敌手够不着的地方发展壮大，等待将来报复的机会……

可是舒尔哈齐终究不是努尔哈赤！

"舒尔哈齐，你犯下这样的大罪，难道你跪下说几句好听的话就算了吗？"

"当然不能这样算了，大哥！"

"怎么样呢？"

"我愿受惩罚……"

"我看你对自己的罪行认识得还很不够，得找个地方好好地反省反省！"

"是，我听大哥的！"

努尔哈赤喊来侍卫，把舒尔哈齐押进大牢。

当舒尔哈齐被关进那间没有一丝缝隙，用胳膊粗的铁棍封门的监牢时，他绝望了。这个时候，他才真正地意识到他和努尔哈赤已经不是寻常意义上的兄弟，而是君臣了，他犯了臣子对皇上的大忌……

第四十章

狱中看望　最终下杀心

在监牢里的舒尔哈齐，日子久了，竟生出了一丝朦胧的幻想：两年过去，大哥竟然对我不问不闻，这是怎么回事呢？看来杀我是不大可能了，我终究是他的一母所生的弟弟嘛！……那么，他想把我监禁一辈子吗？那也似乎不大可能。我才四十八岁，后面还有很长很长的日子……他对我的气也该消了……

也许他想得太多了吧，夜里常常梦见死去多年的母亲。他向母亲哭诉努尔哈赤对他的迫害，母亲指着努尔哈赤的鼻子骂，可是努尔哈赤就是不放过他，仍然把他关在狱里……醒来，枕头都被泪水弄湿了。

如果阿敏不出征，每隔十天半月，他就会来看望阿玛。给他捎几件换洗的衣服，送点吃的东西，隔着铁门与他说几句话。

"阿敏，你母亲还好吗？"

"她好。"

舒尔哈齐被捕之后，努尔哈赤把他的几个福晋都杀了，只留下阿敏的母亲。可是阿敏的母亲也没活多久，第二年春天就死了。阿敏不忍心把这件事告诉父亲。

"她怎么不来看我呢？一次也没来过……"

"阿玛，我不是隔不久就来一次吗？我来也是带着母亲的问候……"阿敏别过脸去，怕阿玛看见自己眼里的泪光，"我想再过些日子她会来的……"

"大伯待你好吗？"

"还好，我打仗立了功，他又封了我个'巴图鲁'。"

"很不错，你比阿玛有出息，"舒尔哈齐说，"你说，大哥什么时候会放我出去呢？"

"我不知道……"他不想欺骗阿玛。

"来……我的好孩子，"舒尔哈齐流着泪说，"把脸贴过来，让阿玛

- 167 -

亲一亲你……"

阿敏就把脸紧紧地贴在铁门上，让父亲的脸贴在自己脸上。

每次都这样，说着几乎相同的话……

就在这年的中秋节晚上，努尔哈赤到舒尔哈齐的监狱来了，后面跟着两个卫兵，提着一只篮子。

狱卒忙了很久，也没有把铁门打开，那大锁很久不开，厚厚的锈把锁簧锈住了。狱卒手忙脚乱地从锁口里灌进油去，才好歹地把锁拉开。

努尔哈赤走进狱室，里面的一股恶臭几乎把他顶了出来。就在这时，从墙角那阴暗的角落里站起一个人，伴着丁当的脚镣声响，那人慢慢地走近了。

"哥，是你……"

是舒尔哈齐的声音。

这时，狱卒送来了一支蜡烛。在摇动的烛影中，努尔哈赤端详了一下，站在面前的人蓬首垢面，脸色蜡黄，浑身发散着一股难闻的气味，从乱发中露出的那张脸像舒尔哈齐，又不太像，比他心目中的舒尔哈齐胖多了，努尔哈赤知道那是虚肿。

两年来，努尔哈赤一刻也没忘记自己的这个弟弟。有的时候，他悄悄地来到狱室外面，从栅栏的缝隙里久久地瞧着舒尔哈齐。他可怜弟弟，有几次他差点就释放了他。可是他忍住了。他心里说"舒尔哈齐，你这是自作自受，……你就在这儿吧，叫那些人看看，这就是反对我努尔哈赤的下场！……"

他不会放出舒尔哈齐的。他把舒尔哈齐的福晋杀了，把他的将领杀了，把他的两个儿子杀了，把他剥得像个没毛的鸡，他会甘心吗？

"是我，舒尔哈齐，我来看看你……"努尔哈赤说，"今天是中秋节，我来和你喝上几杯……"

"哥……"舒尔哈齐哭了。

两个侍卫和狱卒抬进一张小桌和两个小凳，在桌面摆上带来的几样菜肴，又把酒杯和筷子摆好，努尔哈赤就挥挥手，让侍卫和狱卒出去等着了。

舒尔哈齐因为有所等待，他没有说话。努尔哈赤知道他在等什么……但他不会说那句话的。"你今年多大了舒尔哈齐？"

舒尔哈齐想了想，说："我忘了，有五十岁了吧？"

"哪有呢，舒尔哈齐，你才四十八呀！你看，你的头发几乎全白了！"

是的，舒尔哈齐的面相看起来比努尔哈赤还老些。我为什么这样呢？——舒尔哈齐想——他又哭了。

舒尔哈齐不敢问起自己寥寥的几个家人，他只问问战争有哪些发展？努尔哈赤很高兴地和舒尔哈齐说起了形势的变化。

"舒尔哈齐，现在的大势非两年前可比了，咱们把哈达和辉发灭了，把乌拉打得趴下了，这，你知道吗？我又派大将和子侄们到乌拉部、边远的女真部连续出击，掳获极多，他们都无还手之力……"

说到这里，努尔哈赤表扬了阿敏："阿敏是一员勇将，每战必胜，他已经是我的膀臂了！"

舒尔哈齐面露喜色："这全仗着大哥调教呀！……那边呢？"

"那边，"努尔哈赤知道他是问明朝那边的情况，"那边基本上不管咱们的事，只要年年给朝廷进贡，给辽东的边官送礼，决不和明将有任何冲突，就没有什么事，我们干我们的，我想用不了几年，统一女真的大业可成……"

努尔哈赤的情绪感染了舒尔哈齐，他扭动着身子，弄得脚镣铿锵响。"大哥，要是我在外边，能帮大哥做多少事呀！"

努尔哈赤没应他的话，只是说："本来，我们是一齐干起来的呀……"

舒尔哈齐有些谙然。

"来，咱们喝酒！"努尔哈赤招呼他。

他们举起酒杯一饮而尽。"弟弟，吃菜……"

舒尔哈齐夹了一箸菜放在嘴里："这是什么肉？怎么这样香？"

"是鹿肉，"努尔哈赤说，"我来时，你大嫂要我给你带来一盘……"

"哪位大嫂？"

"是那乌拉的阿巴亥呀……"提起阿巴亥，努尔哈赤面露得意之色，"前年，富察衮代去世以后，我就立她为大妃了。她年纪虽小，可是干得极好。——这鹿肉还烂吧？"

"很烂，油水很多，"说到这里，舒尔哈齐仰脸看着空中，似在回想什么，"大哥，记得我八岁那年的事吧？"

"……哪件事呀？"努尔哈赤一时不明白。

"那年，我被继母打了一顿，气不过，跑到山里去了，直到天黑也没回家。你摸黑到山里去找我，在山沟里转着，像狼似的嗷嗷地叫：'舒尔哈齐！哈齐……'找到半夜才找到已在山洞睡着了的我，咱俩搂抱着哭成两个泪人儿。我说：'哥，我饿……'这时，你才想起给我带着的吃食。你拉开衣襟从贴胸膛的怀里拿出一块鹿肉，你说：'舒尔哈齐，你吃吧！这是我临出来时，从继母的锅里偷来的刚刚煮熟的鹿肉……'映着月光，我看到你胸膛上亮着几个圆圆的东西，好像珍珠。我一动，你就疼得叫起来，原来那是被刚出锅的鹿肉烫的！我又哭了，你却笑着说：'没什么，你快趁热吃吧！'……"

"我记起来了，记起来了……"努尔哈赤叫道，"那些苦难的日子……"

舒尔哈齐说："那些日子虽苦，但是我们有一种宝贵的东西……"

"那是什么，舒尔哈齐？"

"那是亲情，兄弟间的亲情……"

努尔哈赤点点头。

"那时，你一再地告诉我和雅尔哈齐，'忍辱受苦不算什么，只要有志气，总会熬到头的……'咱们不缺志气，苦难也早到头了，可是那宝贵的亲情没了……"

努尔哈赤默默地听着。

他们谈呀谈呀，明月直直地照进监狱的小窗里。

努尔哈赤起身要回去时，舒尔哈齐拉着哥的衣襟说："哥，我知道自己错了，你惩罚的我也该够了，你就放我出去吧……"

"兄弟，我就要放你……你稍微等一会儿……"

努尔哈赤走了，舒尔哈齐因为带着沉重的脚镣没有送到监狱门口。

回到书房，看到桌上有一纸战报，那是师傅龚正陆送来的。几年前，他就给龚师傅立下一条规矩，把每天他需要知道的事列一清单放在他的桌上。

这清单上说：阿巴泰、费英东领兵取渥集部，大获全胜，不日即可班师。

他把这消息看了几遍，却没引起他多少兴奋。

这时，他的贴身小将戒沙推开门，悄悄地走进来。

努尔哈赤望了他一眼，默想了一会儿，抬头对戒沙说："好吧，你去吧，干得利索些……"

"是……"戒沙只应了一个字，就转身出去了。

努尔哈赤来到大妃阿巴亥房里，阿巴亥已经睡下，这时，又起身迎接着他。看他脸色阴沉，就小心地问："汗王，怎么才休息?"

"叫我努尔哈赤!"努尔哈赤的声音虽严厉，但有气无力。

他在房里转了一圈，从桌上拿起一杯茶。

阿巴亥从他手里把茶杯拿过来，对他说："努尔哈赤，夜里不要喝茶，你会睡不着觉的，你忙了一天，该睡个好觉了!"

努尔哈赤点点头，脱衣上床，阿巴亥脱光衣服，紧紧地贴在他身上，等待着。可是努尔哈赤没什么反应，呆了会儿，就呼呼睡去了。

戒沙带几个狱卒进了舒尔哈齐的狱室，一个狱卒把一个烛台放在靠墙的小桌上。那摇曳的烛光并没有把狱室的阴暗驱散。

"给贝勒爷把脚镣砸开吧!"

"是。"狱卒应着。

舒尔哈齐直着眼睛看着面前的官员，认出他就是努尔哈赤身边的小将戒沙。他的职位虽小，可是连额亦都等大将军都十分尊敬他。

"戒沙，是你?"

"是我，贝勒爷。汗王要我放你出去!"

舒尔哈齐激动得哭了，他颤抖着两只脏手抹着泪。"我在这黑牢狱里两年哪……两年，七百多天，天天度日如年呀!……"

狱卒让舒尔哈齐坐下，又在他面前放好沉重的铁砧，把铁镣垫上，用大锤当当地砸。

不一会儿，铁镣被砸开了，狱卒把它扔在角落里。舒尔哈齐站起身，一步一挪地往狱室外走。他虽然已经除去了脚镣，一时难以适应，仍然像带镣时一样地蹒跚走路。

他正走着，一把冰凉的匕首从他背后捅了进去，还在他后心里用劲地搅了几下，他回头望着戒沙问了句："是努尔哈赤叫你干的吗?"

"是，贝勒爷……"

但戒沙的回答，他没有听到，就扑通一声仰面倒地了。

努尔哈赤忽地坐了起来，痴痴地望着空中，大口地喘着粗气。

阿巴亥赶紧起身，把蜡烛点上。她看到努尔哈赤那吓人的样子，吓得赶紧给他抚摸胸口，捶拍脊背，"努尔哈赤，你怎么啦？是不是快去传御医？"

"阿巴亥，舒尔哈齐死了……我派戒沙去杀了他……"

"今夜吗？"

"是的，他死了……他的魂儿刚才来了，来向我告别……"

"这是你想的，人死如灯灭……"

"我不是胡说，阿巴亥，他真的来过。他那样子，不是蓬头垢面，胡子拉茬，就像从战场上刚刚回来……他对我说：哥，我走了，你就带领侄子们拼杀吧！你会建立一个王朝，可是，我不羡慕你，你会操劳而死……再过十几年，你会来找我的……"

阿巴亥是一个极精明的女人，她才十几岁，即能够驾驭一个事务纷繁的后宫。她不再害怕了，对努尔哈赤说："梦是心头想，你一定是对杀了舒尔哈齐感到内疚了，是吧？"

努尔哈赤点点头。

"努尔哈赤，从这点来看，你还是一个常人，还没有变成一个帝王……"

努尔哈赤看着她，样子是想让阿巴亥说下去。

"帝王是什么人？他是上天之子，是负了上天之命到下界来驭民的。民众是他牧放的牛羊，为了牧好成千上万的牲畜，他得用皮鞭、用刀枪。得时时地从中剔除那些扰乱畜群的败类……你却把他看成是人，看成是你的兄弟……"

"他是我的亲人呀，阿巴亥！"

"帝王也是有亲属的，可是这些亲属也是臣子。如果他们不遵守臣道，妄自尊大，就是祸国的蟊贼，那也要当机立断地杀掉的，这就是帝王的英明！"

努尔哈赤被阿巴亥说得有点明白了，眼睛亮起来。

"努尔哈赤，俗语说：天无二日，人无二主。不仅是人，连虫虫也知道这一道理。蜂群、蚁群如果有了第二个大王，它们的群落就不安定了，它们会把新王咬死，或者新王带领一部分部众迁走，到适宜的地方建立新的群落……"

努尔哈赤握着阿巴亥的手，阿巴亥觉得他的手不像刚才那样凉了。

"努尔哈赤，你正在由一个人间的英雄向天子的路上走着。到了你再也没有人的感情的时候，你就真正地变成一位伟大的帝王了！每个成功的帝王都是从尸山血海中跋涉过来的，如果都像你这样，他们还有法活吗？他们的大业还能成吗？"

"阿巴亥，你小小年纪，竟然有着这样的心胸，真是我的好助手呀！今天你是我的大妃，等我做了皇帝，你就是我的皇后！"

"你可不要忘了我呀，努尔哈赤！"她紧紧地偎在他的胸膛上。

她就没有想到，等他从一个常人变成一个真正的帝王后，他还会像现在这样对待你吗？

第四十章　狱中看望　最终下杀心

173

第四十一章

纳贤献策　立制成望族

秋日的烟筒山、鸡鸣山景色更是优美，山腰上红枫如丹，山坡上牛羊成群，如朵朵白云。苏子河边成熟的庄稼更是让苏子河畔的人民喜悦连连。

时过中午，努尔哈赤正在外城校场挑选战马，忽然城门卫士跑来报道："禀报将军，大明秀才范文程前来拜见！"

"请！"努尔哈赤翻身下马，用袍襟擦着额上的汗水，快活地走向城门。

努尔哈赤视人才为宝，当日在内城小楼宴请范文程。席间谈及征服朱舍里部、讷殷部的战斗，回顾了炼铁的不悦局面，以及多壁城之战、柯什柯之死时，范文程十分感慨地说："这都怪没有文字，吃了亏！如果女真人有了文字，柯什柯就可以用书信传递军情，不必亲自跑进跑出，以致最后丧了性命。"

努尔哈赤表示赞同。范文程又道："一个民族，没有文字，就如同生活在荒漠，人难团结，心难统一，大业难成。"

努尔哈赤边点头、边思索。建州女真虽有自己的语言，但无通行的文字，有的记事多用蒙古文字，使用时还得翻译成女真语，因此使用不便。起兵以来，努尔哈赤身受没有文字之苦，导致贻误战机，造成误会甚多。想到这些，努尔哈赤非常恳切地请教道："以先生之见，吾女真文字如何创造？"

范文程沉思片刻，道："当年金太祖时，完颜希尹曾参考契丹、汉字，造了女真文字。因为那时女真诸部熟悉契丹、汉人的语言及生活。而今，建州及白山黑水之女真，多习蒙古字。所以，在下之见，当以蒙古文字谐女真之语音，联属为句，因文以见义可矣。"

"妙，妙！"努尔哈赤连声称好。当即把精通蒙汉文的额尔德尼找来，请他参考蒙古字的字形、结构，编写出适应本民族需要的文字来。

额尔德尼，世居都英额，姓纳拉氏，他从小聪明过人，精通蒙古文和汉文，他投奔建州后，跟随努尔哈赤征讨蒙古一些部族时，善用蒙古习俗、语言、文字传宣诏令，招降纳士，贡献甚大。努尔哈赤曾赐号"巴克什"（学者、博士）。此人其貌不扬，中等个儿，圆脸盘，高颧骨，小眼睛，但举止文雅，为人厚道。

额尔德尼气喘吁吁爬上楼来，听说都督叫他创制新文字，便摇着头推辞道："小人才疏学浅，创制文字，恐难胜任。"

努尔哈赤笑道："天下无难事，就怕有心人。既然有汉字、蒙古字，创制女真字，又有何难？比如汉字所讲父亲，女真人称阿玛，此音不就是蒙古文的阿音和玛音相拼而成的吗？"

"对！对！"坐在一旁的范文程深为努尔哈赤的聪明所倾倒，连连称赞，补充道："只要参照蒙古文字母，谐女真语音，拼凑成句，不就是新的文字嘛！"

额尔德尼在努尔哈赤、范文程的启发下，充满信心地说："为了女真的统一，我一定创制出新的女真文字！"说完就退下了。

努尔哈赤目送额尔德尼走下楼梯，又转身对范文程道："范秀才，你是博古通今的人，你看我的军队今后该怎样统领为好？"

范文程沉思了片刻，说："自将军起兵以来，已征战五六年，这些年随着疆土的扩大，管辖部民的增多，此军虽分为环刀军、铁锤军、盾牌军和能射军，有时临时组成牛录，但长此下去，于征战不利，于统辖不利，要改编。"

"依您之见，如何改编？"

范文程用几案上的火石摆了四堆，然后道："未来的军制，应顺应征战之需，应立即取消按氏族部落临时组织牛录、选派牛录、选派牛录额真的办法，代之以统一的新旗制。每旗应设五甲喇，每甲喇设五牛录，每牛录三百人。同时每牛录设牛录额真一人，每甲喇设甲喇额真一人，每旗设固山额真一人，左右梅勒额真二人。此旗制并非单纯的军事组织，而是军政合一、兵民合一的特殊组织。其中既有兵士，又有各种工匠及其家属、奴仆。他们平时耕作为民，战时披甲从征为兵，整个建州卫的军政用费，分派四旗各牛录承担，其他诸如筑城、修路、运送粮盐等官役公差，都向各牛录摊派。这样，就把建州境内和归顺臣服的其他部族城寨，以及散居的女真人，用正式的、长期的

官方组织形式统一起来了。"

努尔哈赤听了连声称："好，好，正合吾意。"次日，就拟定了分旗的草案。

一日清晨，为庆贺新旗的诞生，努尔哈赤特意传令各旗新额真到城内大厅，共议旗帜徽标。吃过早饭，额亦都、费英东、安费扬古、何和里、扈尔汉先后骑马来到。努尔哈赤高高兴兴地把他们迎到大厅，亲自为他们端上新摘的葡萄，款待这些战功卓越的将领。

大伙围坐在炕上，你一言、他一语地议论起旗纛。此刻，迟到的图鲁什手握纸卷往炕头一扔，道："我看这一旗一色，黄者为先吧！"

"为什么？"额亦都笑着问道。

"咳！这还用问，"图鲁什一手脱鞋，一手抓葡萄，转身上炕，笑道，"老话说'黄衣当王'嘛！"

"呵！想不到，这位粗大哥，心还挺细呢，"努尔哈赤异常兴奋地笑道，"说出话来，有根有据。真叫出师有名呀！"

"咳，历来黄者为先，黄者为贵，"图鲁什卖着关子，道，"黄袍是帝王之服，黄榜为皇帝文告，黄金为贵物之首……"

图鲁什还要历数黄字之贵，额亦都马上接过话茬儿道："那就依你的！不过，你却忘记了根本的一条，那就是'黄旗紫盖'。"

"'黄旗紫盖'什么意思？"图鲁什瞪着眼不解地问道。

"这就怪你看三国不到家喽！"额亦都笑道，"《三国志》有话说，'黄旗紫盖见于东南，终有天下者，荆、扬之君乎？'"

"什么之乎者也，我不懂，干脆你说个明白吧。"图鲁什着急地耍着性子。

额亦都一边吃着葡萄一边对众人解释说，天空出现黄旗紫盖状云气，乃是吉祥的征兆，说明此地将要出一位了不起的皇帝。说完又抓起一嘟噜葡萄，刚要往嘴里送就被图鲁什夺走了。图鲁什也对这个解释表示赞同。

大厅里议论热烈，大家听着这个说法，一个个喜上眉梢，于是，众人一边笑声，一般选定了黄、红、蓝、白作为既定的顺序，并规定各个旗帜的尺寸确定为六尺见方，上绣金云龙，旗杆的尺寸为一丈五尺五。接着便开始商定各旗之主等事宜。

第四十二章

改名满洲　重立八旗制

　　在这次改制大会上，图鲁什显的异常活跃，他一会儿跳到炕上大发议论，一会儿又跳下炕来为众人倒水。正当他拎着条筐出门准备去摘葡萄时，范文程带着贺礼来了。而此时此刻，努尔哈赤已经将范文程当做了自己人，将其视为谋士。努尔哈赤站起来，把范文程迎进来在一处坐下，对他说了想让汉人入旗的想法，范文程听后，建议他汉人入旗只是一种形式，早在金朝建立之初，女真人政治不明，对汉人滥杀无辜，这才使汉人视女真为洪水猛兽。所以要想真正消除汉人与女真人的嫌隙，应该从根本上改变女真人的做法。

　　"先生言之有理，我们应该以一个新的姿态出现在白山黑水。"努尔哈赤马上赞成。他又思索了片刻，犹豫了一下，又道："改何称呼为妙？"

　　范文程呷了两口茶，历数女真族在历代的称呼，道："据历史所载，女真在西周时称肃慎；汉代，称挹娄；南北朝时，更名为勿吉；隋唐时，又称靺鞨。我想，女真族几易其名，无非为了使外族更加欢迎。"范文程接过努尔哈赤递过来的一串葡萄，先嚼了一口，接着又道，"据我查阅史书，女真之称，来之肃慎之变音。那么女真的别称挹娄之名，可否取其变音呢？"

　　半天没说话的安费扬古马上接过话，道："这倒是条妙法。"他寻思了一阵儿，就依范文程的思路，说："'挹娄'可与汉字'慢殊'二字相近呀！"

　　"'慢'字不好！"大字不识的图鲁什，摇头道："慢腾腾地有啥可取！"

　　一句话逗得众人哄堂大笑。图鲁什并不理解众人为何发笑，他也随大流地乐得两眼流泪。

　　笑罢，安费扬古道："满殊师利，是菩萨的佛号，若用'满殊'之

音，也很吉祥。如果我们取'满殊'第一字，取'建州'之'州'字，岂不可称满州吗？另外，满州之字音，在女真语中，就是吉祥幸福之意，此意之字上哪去找？再者，传说都督的先祖爱新觉罗·布库里雍顺当初为王之地，就叫满州之名呀！"

"妙哉！妙哉！"范文程连声称赞，然后又补充道："满字偏旁为水，若州字再加上水字偏旁，就是洲字，这样满字洲字含有水意，岂不与朱氏明朝之朱的含火之意相克，以水灭火，正是兴满洲大业呀！"

众人赞不绝口。努尔哈赤站起来道："满洲之族称，先叫开再说。只要有利于民族的兴旺，此称自然会流传下去，后辈也会承认。再说，额尔德尼创制的新文字，也应有个新叫法，所以，满洲族之称，满洲文字的叫法，势在必行。"不久，满文、满族之称风传关外。

满洲的名字，像团火，燃烧在苏子河岸，照耀着白山黑水。努尔哈赤像一块大磁石吸引着各地成批的女真人，争相来投。费阿拉山城的人口猛增，一时城里城外，山上山下，到处搭起临时窝棚，住满了满洲新人。因此，万历三十一年正月初，努尔哈赤不得不扩大城域，将都指挥使府迁往老城赫图阿拉。

满洲的强大，更加引起纳林布录的不安和妒忌。不久，他勾结明朝驻开原总兵马林，对努尔哈赤施加压力。

满洲与大明边界的暂时安定，使东北各地的女真视赫图阿拉为圣地，归附者日益增多。一天，努尔哈赤把牛满河一带的萨哈连部的几十个慕名而来的女真小首领接到城里，安顿好之后，范文程恰好从"魁星楼"下来。范文程望着一个个兴致极高的萨哈连人，对努尔哈赤笑道："老话说，树大分权，人多分支。如今赫图阿拉城里城外人近十万，四个旗焉能容得下？"

"那么依你之见呢？"努尔哈赤颇感兴趣地反问道。

范文程道："十多年前，您曾借鉴先世金朝猛安谋克制，创建四旗，规定每三百人编为一牛录，每牛录设牛录额真一人，管理该牛录的一切事务。如今看来，此制以旗统兵，军政合一，出则可战，入则务农，好处甚多。依卑职之见，旗制既然适合时局，不妨将四旗扩为八旗，并将五牛录合为一甲喇，五甲喇为一固山，这样，固山额真可统领步骑兵七千五百名，称为旗主。如此建制，您的六万兵马，正好是八旗。"

"好主意！好主意！"努尔哈赤连声赞道，"你真不愧将门之后，真是我的好参谋。"

不久，努尔哈赤采纳了范文程的建议，除保留原来的黄、白、红、蓝四旗外，又增设了镶黄、镶白、镶红、镶蓝四旗。并规定黄、白、蓝三旗之标均镶红边，红旗则镶白边，共合为八旗。经各牛录协议，命代善统领两红旗，皇太极统领镶白旗，努尔哈赤第五子莽古尔泰统领镶蓝旗，其长孙杜度统领正白旗，舒尔哈赤的儿子阿敏统领正蓝旗，其余两黄旗由努尔哈赤亲自统领。

与此同时，还在朝中设置了议政五大臣，与八旗选定的旗主一同参与议政。努尔哈赤亲自指定额亦都、费英东、何和里、安费扬古、扈尔汉担任议政五大臣，众人对他的这个决定纷纷表示赞同。

在对各将领、大臣进行嘉勉的当天，赫图阿拉的城民都聚在了城内，由图鲁什、叶克书等人带领着一伙年轻人跳"庆隆舞"。此舞显示了女真人的勇猛和朝气，由八个青年扮成骑士猎手，手中握扎着马头、马尾的竹竿儿，另找一个人身穿黑色兽皮，扮成黑熊。旁边还站着一位手持红油簸箕的乐手。当乐手用木筷子刮着簸箕，引吭高歌时，众人就闻声齐舞。野兽张牙舞爪，骑士则弯弓而射。随着乐器发出的节奏的快慢、声音进行不同的变化，野兽和骑士也会随着音乐表演出不同的姿势和神态。最后当音乐到达高潮的时候，领头的骑士便一箭射出，野兽也应声倒下，狼狈地大口喘气。众人看着精彩的表演，无不放声大笑。努尔哈赤坐在看台上，也笑得前仰后合。

第四十三章

大鹏展翅　满洲新画面

努尔哈赤带领着自己的军队一路征战，大获全胜，为自己新建立的满洲带来了安全。冬末的一天，当努尔哈赤正在"魁星楼"的火盆旁闭目遐思的时候，养子扈尔汉忽然端着一个大沙盘走了进来。他笑吟吟地走到努尔哈赤的身边，打千问候，然后便将自己的沙盘摆在了木桌上。

努尔哈赤慢慢站起，走到桌旁，搭眼一溜，不禁喜上眉梢，道："唉哟哟，这东西真好！"说着他俯下身子，捋着胡子，边看边念叨，"长白山，嗬，这山上的雪真白！鸭绿江，这水也清！辽河，大兴安岭，使犬部、锡霍特山……这中间是赫图阿拉山城……好，好，这正是我心中想的一个大地盘。"

"阿玛真是心胸宽阔无比呀！"扈尔汉咯咯笑道，"想不到您心里竟能装下千山万壑！"

"我刚才做梦，正插上翅膀像老鹰一样，在天空中翱翔呢！"

"吉利！吉利！大鹏展翅，前程无量！阿玛，新满洲族将像前朝的大金一样，又出现在白山黑水！"扈尔汉高兴地跳着空齐舞步，猛然抱住努尔哈赤的肩头，祝贺道，"有一天，您就是大汗喽！"

努尔哈赤点了点头，道："这几天，我正在思虑此事。眼下从东海至辽东边墙，从蒙古草原到鸭绿江，诸部渐渐合而为一。女真人分裂、割据、动乱局面即将结束。我想，苍天授我之命，即将完成。如明人不再犯我，我满洲之众，将安居乐业。如明人再犯我，我必犯人！"

"阿玛，老话讲，胜者为王。你也应该名正言顺地当个满洲的国君呀！"

"皇上与民一样，我并不稀罕。不过，鸟无头不飞，为了满洲族社稷，这个头，我也得带。"

"那，何日登基坐殿？"

"金銮殿还没有呢，上哪儿去登基？"说着，努尔哈赤哈哈大笑。

"那就现盖嘛！"扈尔汉胸有成竹地道，"我部下有个汉人，心灵手巧，酷爱土木之事，他曾参加修缮过北京的皇宫，我想，他一定会有办法的。"

"他叫什么名字？"

"邓公池。"

"此人我怎么不知道？"

"因为他是个汉人，我没敢叫他出头露面。"

"不妥！不妥！"努尔哈赤摇着头道，"人皆可以为尧舜，满人、汉人都一样嘛！"停片刻，又问，"此人眼下何处？"

"正在我府。这沙盘就是他昨晚上做的。"

"啪！"努尔哈赤一巴掌拍在扈尔汉的肩上，呵呵笑道，"如此巧匠，焉能埋没！"努尔哈赤当即派人把邓公池找来。

邓公池已近中年，此人博古通今，才智过人，他懂天文，识地理，对古今建筑研究颇深。三年前，在大明皇宫修缮交泰殿，因冒犯监工的太监，被发配到清河服苦役。前不久，从苦营里逃出，被扈尔汉巡边时发现，收在帐下为丁。此刻，邓公池正在研制新枪，当专差通报说努尔哈赤亲自找他时，他十分感动，连忙整衣束发，随专差进内城，走上"魁星楼"。

努尔哈赤初会邓公池，见他方面大耳，豹子眼、狮子鼻，谈吐不俗，举止不凡，心中十分欣喜，就开门见山地向他交代了修盖一座"尊号台"的设想，然后说道："丙辰之年，乃是龙年。一年之首，乃为正月初一。"

邓公池未等努尔哈赤说完，就拱手，道："小人明白大人的意思。龙兴，龙兴，辰龙之年，是帝王即位的最佳日子。"

随之又吟道："周以龙兴，秦以虎视。飞龙在天，大人造也。"

努尔哈赤随之也吟了两句古诗道："吾兄既凤翔，王子亦龙飞。"然后大笑道："依先生之见，称号何日为好？"

"当然正月初一为妙！此日，历来称作'岁之元，月之元，时之元'。在'三元'之日，'爆竹声中一岁除，总把新桃换旧符。'岂不美哉？"

努尔哈赤听邓公池出口成章，对答如流，更加兴致勃勃。于是他干脆把修建"尊号台"的全部重任交给他，只待到时交验。

邓公池领受建殿之任后，立即勘地选宅。第二天就在内城西北一处高坡钉桩打夯，运石备料，把全城的瓦匠、木匠、铁匠全部调来，破土动工。

时进腊月，天寒地冻，建殿工期仅有一个月。然而，邓公池运筹自如，指挥有方。地冻，他架火烤；灰凝，他用被蒙；上数千斤的大梁，他既不用搭架，也不用人抬，只用九对木轮，就把五根大梁吊到三丈多高的殿顶。匠工们无不为之叹服。

上梁那天，努尔哈赤亲自到场巡视。他身披豹皮长裘，头戴豹皮暖帽，足蹬鹿皮长靴，坐在长椅上。不一会儿，大臣安费扬古一声令下，顿时鞭炮齐鸣，锣鼓震天。五根大梁在铿锵有力的号子声中，缓缓上升，徐徐落下。鞭炮已毕，只听从房墙处传来一阵清脆悦耳的歌声：

> 冰凌花开呀斗风寒，
> 满族儿女建家园。
> 千家万户一条心呀，
> 九霄天堂落人间。

歌声袅袅，回荡在城垣。努尔哈赤抬头看去，见是一个眉清目秀的女子，正指挥木匠搭斗扣拱，架檩铺椽。飒爽英姿，独立在寒风之中，面红齿白，犹如傲立山崖的冰凌花。不一会儿，歌尽风平，梁稳柱实，瓦工们开始铺瓦。努尔哈赤被那女子洒脱的指挥才能惊呆了。他揉了揉发酸的眼睛，指着那女子，扭头对站立身旁的安费扬古问："那女子叫什么名字？我怎么没见过？"

安费扬古眯着眼，细瞅了瞅那女子，摇头道："我也没见过。"

此时，恰巧牛录额真图鲁什走来，他连忙答道："她呀，她是虎尔哈部的女罕，名叫多罗甘珠。属我牛录，归我管辖！"

"她什么时候进的赫图阿拉？"努尔哈赤关切地问。

"三年前从虎尔哈随她丈夫归顺而来，"图鲁什比比画画地回答着，"这个女人可不寻常，总旗主您看她穿的那双木底鞋吧，就与众不同。"

努尔哈赤仔细看去，见多罗甘珠脚穿一双四寸高、形如马蹄的高底木鞋，也甚觉奇怪。

图鲁什见努尔哈赤疑惑不解，就将高底木鞋的来历说了一遍。原来多罗甘珠是虎尔哈部酋长的女儿。她十八岁那年，临近的一个女真部族酋长见她有些姿色，就想霸占她。一天突然发兵攻占了虎尔哈城，杀死了多罗甘珠之父。多罗甘珠带领乡里逃进深山。为报父仇，收回家园，她在一个夏日的夜晚，带领外逃的难民，穿上特制的像白鹤腿似的高底木鞋，踏过人难迈步的塔头甸子，神不知、鬼不觉地赶回虎尔哈城，当夜杀死了仇人，重获安宁。虎尔哈的女儿们为纪念这个报仇雪恨的日子，从此就都穿起马蹄形的高底木鞋。

"豪杰！豪杰！女中的豪杰！"努尔哈赤听罢连声赞叹。

接着又埋怨道："图鲁什，你为啥不早对我讲？"

"嘿嘿！"图鲁什不以为然地笑道，"一个女流之辈，何足挂齿？"

"不妥！不妥！"努尔哈赤摇头道，"自古女中豪杰有之。花木兰、武则天、蔡文姬皆为世人称道。切莫小看她们发长脚小。"

图鲁什不服地反驳道："女人既然那么有能耐，那你为啥还把大福晋关起来？"

努尔哈赤指了指远处的高山道："山有阴面，也有阳处。阳面的地方草木繁盛，百花盛开；背阴处，却灰暗阴冷，长满黑苔。女人之中，有鲜花，也有黑苔。怎好鱼目混珠，同日而语？"

图鲁什听罢，傻咧着嘴，再也没词了。只是嘿嘿笑道："我服了！我服了！"

殿梁上完，努尔哈赤马上召集各旗旗主，五大臣，到"魁星楼"议事。众人坐定，努尔哈赤异常感慨地道："近些天，我心里特别高兴！其因何在？在于我无意中发现了邓公池、多罗甘珠这样的人才。眼下看来，只要眼界放开，三步之内就有芳草。诸大臣，诸旗主，以后不必到我这里叫苦无能人。以后谁再说我手下无贤才，我就说你是第一个笨蛋！"

众人大笑。努尔哈赤也得意地抿着两撇唇髭，道："从今以后不许埋没人才。凡有才德，一技之长者，就要重用。不必讲究贫贱、尊卑、种族。"

努尔哈赤下令各旗牛录，在本地认真察访贤能之士。对有治国之才者，用以辅政；有军事本领者，委以军帅；知天文者，鉴天；识地

理者统管土木。即使只会唱歌的人，也要选上来，在喜庆之日，宴欢之时，献歌献艺，以悦他人。

不久，从全城十万人中，就精挑细选地找出了各级军事额真、理事大臣、能工巧匠等人才。从此，满洲国的制度逐渐完善，设置了官吏。凡是民间有争讼的事情，先经理事官"札尔固齐"等十人进行审问，再由五大臣进行复审，最后决定权掌握在努尔哈赤的手里。努尔哈赤还规定每五日便集朝一次，众大臣聚在一起协议国政、军机大事。

"尊号台"也不断升高，被粉刷一新。五里内的城墙也加紧修缮，八旗衙门的青砖四合院也相继建成，到处都呈现出一派繁荣昌盛的景象。

第四十四章

定都称汗　志在大一统

1616 年除夕，赫图阿拉山城经过一番改造焕然一新，从城内到城外到处张灯结彩，人山人海，整座城都分外热闹。家家户户的门口都贴上了属于本族的彩色旗帜，红蓝黄白，鲜艳夺目。特别是那镶在旗子上的金龙、焰火，更给旗子增添了吉祥、火暴、向上的气氛。

入夜，家家户户都开始燃放爆竹，声震川谷，使整个山城都沉浸在热烈的节日气氛中。正月初一这天，东方的天刚蒙蒙亮，城外的士农工商就穿着专门为过节准备还的艳丽服装，涌进内城，齐集于"尊号台"前，等待努尔哈赤正式升座称汗。

尊号台者，金銮殿也。宽敞的青砖台基上，耸立着双檐歇山式殿楼。殿顶黄瓦闪烁，殿内雕梁画栋，极其富丽堂皇。

天过卯时，旭日东升，尊号台抹上一层淡红的颜色，显得更加瑰丽。

"喤！喤！"外城大槐树上的钟声响了。随着钟声，鼓乐大作，八面彩旗在尊号台两侧徐徐升起，伴随节奏鲜明的鼓乐，努尔哈赤的儿孙们，及八旗贝勒率领群臣，按照八旗顺序，肃立尊号台前两侧。

乐毕，五十八岁的努尔哈赤神色自若地登上大殿，面向群臣，坐在豹皮高椅上。这时，八大臣手捧劝进表，率群臣跪下。

立在努尔哈赤左右的侍卫阿敦和额尔德尼，急忙从两侧迎去，接过八大臣跪呈的表章，捧到努尔哈赤面前的桌子上。然后，额尔德尼跪下，高声诵读表文，上尊号为："抚育诸部的英明汗。"

须臾，诸臣站起。努尔哈赤也站起来，离开宝座，亲自拈香向天祷告道："上天赐陛下为汗，为百姓造福。帝王与民如同鱼水，我愿对天发誓，生为庶民，死为庶民，为民而战。愿满洲民族永远昌盛，百姓安康。"

接着，对天叩首。礼毕，努尔哈赤又回到宝座，分别接受各旗大臣的贺礼。从此，努尔哈赤为汗的后金国，独立自治，定年号为"天命"。

登基典礼毕，努尔哈赤设大宴招待功臣。席间，新推举的礼乐额真多罗甘珠，组织百名少女跳起自编的"喜起舞"，为功臣们祝贺。

中午，努尔哈赤正与五大臣在客厅畅饮，忽然范文程策马进城，他下马不顾鞍马劳顿，就连忙叫两个随从从马鞍上卸下一个三尺高的木架和一只木箱。他在楼下拆开木箱，捧出一面圆镜，装在三尺高的檀香木木架上，挂上一丈多长的红绫，然后抬到楼上，见到努尔哈赤，慌忙施礼，道："恭贺将军称汗！卑职特意从沈阳卫置备大礼，前来祝贺！"

两位侍从连忙将镜架朝前抬了一步。范文程掀去红绫，道："此镜名叫阴阳镜，也叫水火镜。阴面刻有浪花翻卷，阳面镌有大火弥天。平时阳面朝天，用时只需一碰，即可翻转。"

细心的安费扬古听罢，连忙问道："范秀才，此镜装置奇特，寓意颇深，请问其意何在？"

范文程看了众人一眼，然后道："今日人所共知，明之为火，满洲者为水。以水灭火，乃旗人夙愿，汉民所盼。今置此镜，送给英明之汗，就是盼望满洲民族兴起，推翻腐败之明朝，统一长城内外，大江南北！"

努尔哈赤被范文程精彩的言辞感动了，他站起来，亲自斟了两杯酒，道："文案真不愧名门之后，聪明过人。来，来，来，我敬你一杯。你的一片心意，我永志不忘。"

两人碰杯，一饮而尽。随之，安费扬古问道："范先生博闻强识，消息灵通，就请您叙谈叙谈明朝时局吧。"

范文程落座，摘下帽子，爽快地道："每况愈下！眼下，大明朝政治紊乱，宦官当政，民不聊生，国库虚空。华夏之大，犹如一堆干柴，只要点一把火，即可倾覆！"

"那我就拎一支火把进去嘛！"努尔哈赤特邀的开国之勋图鲁什兴致勃勃地道。

安费扬古笑道："他们屯兵数万，你能说进就进吗？"

"嗐嗐，"范文程笑道，"驻守辽东明军虽名义上说有八万，实则能打仗上阵者不过万人。数年来，他们不修兵具，朽戟钝戈，实为乌合之众。"范文程又饮了一口酒接着道："传说明军杀牲祭旗，三刀才能将牛刺死。"

"哈……"图鲁什笑得仰翻在地。安费扬古慌忙上前将他扶起，开玩笑地问道："这样的无能兵将，你一刀能捅几个？"

图鲁什一边比画着一边说自己一刀要捅他十个八个，否则就脑袋朝下，倒着给众人走上二里地。大家听着他的话都哈哈大笑起来。笑完努尔哈赤才将范文程拉到自己跟前，亲近地说范文程的话正是他所想的事情，他愿意为了统一山河，为开创一代贤达社稷，造福后人而努力。众人也为此群情激荡，纷纷起立称赞努尔哈赤英明。大家为了这一宏伟的决定宴乐大作，歌声盈耳。复金伐明的呼声在赫图阿拉的上空回荡着，响彻了苏子河的两岸。

第四十四章　定都称汗　志在大一统

第四十五章

深谋远虑　只身入虎穴

达奇被抓，多罗甘珠进入抚顺向当地的执政官员要人。努尔哈赤得到这一消息时已经是夜深人静时分。但努尔哈赤毫无睡意，端坐在"尊号台"与八旗的部将和五大臣等人进行商议。希望能够得出一个对付叶赫勾结开原总兵的决定，解决哈达城的战事。

扈尔汉推门进殿，略作报告之后，图鲁什首先站起，向努尔哈赤施礼请战，道："汗王，派我带三牛录兵马，闯进抚顺，把他们救回来吧？"

"坐下，坐下。"紧靠着图鲁什落座的费英东，拽着图鲁什的衣襟，道，"此事非同小可，不是攻打哪个女真人的山寨，而是边疆干戈大事，要三思而行。"

"我们的亲人，被明朝官府扣押，在那里受灾受难，生命难保，难道你就不动心？"图鲁什瞪着眼珠子，愤然争辩。

"老兄其心可善，其言可嘉。不过，"安费扬古立刻调解道，"欲速则不达。我想，如今大金国的建立已是大明朝的眼中钉、肉中刺，怎会让你领兵闯进他的边城？"

"再说，"皇太极马上接过话茬儿道，"叶赫如卧山之虎，正张着大口，想吞噬我疆土，我们切忌两面受敌呀！"

接着各大臣、部将均陈述了自己对时局的看法。最后，努尔哈赤坐在虎皮椅上道："诸臣、诸将所言，各有其理。以汗之见，与叶赫决一雌雄，势在必行。不过，如不挫败辽东的明军，叶赫这座碉堡，就很难攻破。所以兴师伐明，应是当务之急。"

"那我们就抓住明军越境，制造事端，拘我人质之事，向明军发出檄文，趁热打铁嘛！"大贝勒代善兴奋地插话道。

"也不能操之过急，"努尔哈赤胸有成竹地道，"若想伐明，当务之急应是储备粮草，修造兵器，招兵买马，训练士卒。如此，才能有备无患，确保战之必胜。"

努尔哈赤说罢，图鲁什又焦急地问道："那多罗甘珠、达奇咋办？"

"我们手里有李维翰的外甥，我想那新都堂不敢把他们如何。再说多罗甘珠能言善辩，她和达奇也不会轻易束手待毙的。此事，我另作计议，请诸将放心。"努尔哈赤说罢，图鲁什满意地咧着大嘴笑了。

第二天，诸贝勒、大臣分头征召军队，整顿兵器铠甲，同时派出七百人上山伐木，制造攻城的盾车、云梯。一时赫图阿拉城里城外，山上山下到处是一派备战的气氛。

花开花落，随着岁月流逝，一架架战车造成，一副副云梯扶起。马棚里马肥了，兵库里枪箭多了，赫图阿拉山城驻屯着十万兵马。经过两年多的备战，到了天命三年四月十三日，努尔哈赤按照计划，立即召集文臣武将到"尊号台"内殿议事。

吃过早饭，五大臣、八旗将领相继登台进殿。众人分旗在四面四隅八处落座后，努尔哈赤缓步登上宝座，捋了一把胡髭，道："吾赫图阿拉后金国，经过两年多的备战，已兵众粮足，决定马上伐明！"

努尔哈赤洪钟般的声音刚落，全殿立即轰动，众臣诸将立即起立，施礼道："汗王深谋远虑，正合臣民之望！"

努尔哈赤打着手势让众人落座后，道："吾本不想打这一仗，但，万历皇帝的大明朝欺人太甚，令人难以忍受！"说着，他历数了大明朝的官吏无辜杀害他的父、祖；多次发兵越界，挑起事端；祖护叶赫，助纣为虐；骚扰边民，驱逐农人收割；薄我厚他，援助哈达；抓我平民，抵押人质等罪过，并归纳成"七大恨"。众人听此，愤怒异常，纷纷站起，大声疾呼道："如此欺压我人，不反，天理难容！"努尔哈赤猛然手一挥，道："要先发制人，今日出兵，兴师伐明！"

众人一阵欢呼。最激动的要数图鲁什，他赶忙站起，拍着手，连跑带颠地跑到努尔哈赤跟前，抱住汗王的脖颈，硬胡楂子扎在努尔哈赤的脸上，道："咱们兄弟出头之日就要到了！满洲鞑子的腰杆就要挺直了！"

"唉！"努尔哈赤笑道，"打仗并不单单为了我们兄弟几个人，而是为了满洲人、汉人的千秋大业。"他转脸对身旁的文馆主持范文程道："范先生，你说是不？"

范文程摸了摸亮脑门，道："汗王宽宏大度，不会贪图个人安乐。"

满朝文武大臣一致同意兴师伐明。于是，努尔哈赤一面委派范文程将"七大恨"写成檄文，一面部署各旗召集兵马，准备出师。

一日，八旗兵将披甲列阵，云集于烟筒山与鸡鸣山之间的堂子庙前。众将到齐，努尔哈赤马上命司礼官，燃烛焚香，鸣鼓奏乐，拜祖祭天，然后宣读"七大恨"檄文。两万多名将士，立即沸腾起来。

香尽鼓息，努尔哈赤率先翻身上马，鹿皮鞭一指，浩浩荡荡的伐明大军开始向西进发。八旗兵，张旗奏乐，出城后绕过烟筒山，穿过兆甲、巴尔达、萨尔浒，第二天傍晚，兵至抚顺城东二十八里瓦浑鄂漠，安营扎寨。

野炊过后，阴云蔽月，四野寂静，蛤蟆咕呱咕呱地叫个不停。不一会儿，一片漆黑，接着淅淅沥沥地下起小雨。努尔哈赤坐在军帐里，隔着门帘望着暗夜的雨丝，不禁紧蹙眉头，自言自语起来："连绵细雨，如何进兵？"

"阿玛，您说什么？"恰在这时，大贝勒代善掀帘进帐，不解地问。随后又将身后的一位明人秀才装束的青年人，荐举给努尔哈赤道："此乃大明秀才范文亮前来求见。"

努尔哈赤连忙起身，笑道："噢！文案的胞弟！久闻大名，想不到竟在这荒野相会。"

范文亮抱拳行礼，道："久仰汗王声威。我早从长兄文案那里听说您的才能、为人，所以今日来投！"

侍从为范文亮倒了一杯热茶，范文亮端起来呷了一口，润了润嗓子，就讲起夜半谒见的缘由。

范文亮年方二十一岁，长得浓眉大眼，仪表堂堂。两年前，他曾去过抚顺游击李永芳府上，偶然见到在押为奴的多罗甘珠，两人一见钟情。后来经过范文程撮合，定下终身大事。

但，多罗甘珠提出："何日取得抚顺，何日结发为妻。"范文程自然喜不自禁，他朝思暮想，有朝一日浑河两岸雾散天晴，除掉昏君，盼来救星，使得范家后代重获新生。

三天前，多罗甘珠突然接到努尔哈赤的密札，经过多罗甘珠与范文程密商，决定由范文程亲自出城，禀报城内军情。

努尔哈赤早就从范文程那里听说范文亮聪明伶俐，今日一见，果然不凡，心中十分高兴。范文程当即向努尔哈赤禀报了明军厌战、人心浮动的军情，接着建议道："以力服人，不如以法服人。治天下在得民心，自古未有嗜杀而得天下者。依吾之见，统一华夏，安定百姓。"

努尔哈赤听了范文程的宏论，更加欣喜。他边为范文程斟茶，边问道："抚顺一战，何为良策？"

范文程答道："李永芳本是李成梁本家。近些年，李氏家族在朝内已经失宠，再加之天朝宦官当道，百姓涂炭，民心背离，已无心为朱氏王朝卖命。只要向他申明大义，晓之以理，李永芳会弃暗投明的。"

"此策甚好，"努尔哈赤赞成地道，"但，不知李永芳眼下动向如何？"

"据我所知，只要您能保全全城百姓的性命，他会权衡利弊的。"范文程说罢，眨了眨眼睛，踌躇了片刻，道，"不过，他也不会轻易相信他人……"

"难道他对你也不相信？"

"我毕竟是我。房椽不能代替大梁！"

努尔哈赤在军帐里踱着步子，低头沉思。进帐为他整理床铺的贴身侍从，见汗王如此劳神，有些焦虑，就站在一旁，凝视不语。

"啪！"努尔哈赤突然猛击腰间的刀柄，笑道，"有了，不入虎穴，焉得虎子？我要亲自去一趟。"

"汗王，"贴身侍从马上跪下，哀求道，"去不得！去不得！"

"为何？"努尔哈赤俯下身子笑吟吟地问道。

"小心他们暗害！"

努尔哈赤哈哈笑道，不以为然地告诉大家，满洲的千秋大业是大，个人的生死安危是小。再者为了满洲他也甘冒风险。

范文程为努尔哈赤的决心感动，他拍着自己的胸脯向其保证自己和多罗甘珠已经做好了充分的应急准备，一定确保努尔哈赤平安无事。

努尔哈赤满意地拍了拍范文程的肩膀，立即将部将召集起来，精心进行安排。当晚，努尔哈赤就乔装打扮成商人模样，在范文程的陪同下，直接奔到了抚顺城中。

第四十六章

再临抚顺　劝降得和解

黎明时分，范文程先来到抚顺城下，他叫开南城门设置的一个小便门，然后便带领着努尔哈赤等人直接找到了李永芳的游击府。此时，李永芳刚刚洗漱完毕，正手拿一个小壶在院子里浇花。范文程走到李永芳的跟前进行请安，随后便转身将身后的努尔哈赤介绍给他，告诉他这是满洲后金的汗王……"

范文程话未说完，李永芳已双手抖颤，身不由己地失手丢下花壶，青铜壶重重地打在刚从朝鲜弄来的一盆金达莱上，顿时枝折花落。李永芳摇了摇头，强打精神，把努尔哈赤让进客厅。

不一会儿，仆人端来叶赫进贡的奶茶，倒满三杯，边喝边寒暄，刚说了几句话，忽然探马进门，气喘吁吁禀报："游击大人，长白山努尔哈赤率领几万大军，已到了城东小房前！"

"知道了！"李永芳故作镇静地回答，然后挥手示意，令探马退下，转脸向努尔哈赤问道："汗王何故发兵？"

努尔哈赤连忙从腰间掏出用满、汉两种文字书写的兴师伐明的檄文，递给李永芳，安然落座。李永芳仔细地读了一遍檄文，然后道："汗王，您知道我是明朝的将官，今日你发兵犯境，我想，您是会知道我该如何处置的。"

努尔哈赤猛然站起，双手朝后一背，笑道："那就请你把我绑上，送到北京，邀功请赏吧。"

李永芳慌忙站起，道："岂敢！岂敢！"他连忙把努尔哈赤让到座位上，又道："卑职久闻汗王大名，心中万分佩服。今日，贵军如能撤军，我将保全大王性命。"

努尔哈赤哈哈大笑道："我若贪生怕死，何必到你府上自投罗网！"

"那……那……大王的意思呢？"李永芳显得六神无主的样子，忙问。

"如今，我数万大军已兵临城下。对你来讲，只有两条路：或战或和。战者，我三个打你一个……"

"那和呢？"

"若和，可以不动一枪一刀。一者，可以保全全城老百姓性命；二者，可以保你全家团聚；三者，你官职不变，等待提升。"

说话间，陡然闯进三名军士，前来向李永芳请战。有一个名叫哈达哈的，是塔昂开列的本族弟弟，早就认识努尔哈赤，初时一惊，继而惊叫道："努尔哈赤！"

其他两位军士嗖地拔出宝剑，直逼努尔哈赤。哈达哈刚刚举起宝剑，突然"嗖嗖嗖"连声，从房上射下三支箭来，哈达哈同另两名军士应声倒下。接着，房梁上噌噌跳下一男一女两个人，马上将努尔哈赤护卫起来。

努尔哈赤抬头看去，禁不住小声惊叹道："多罗甘珠！"

李永芳见此情景，被逼无奈，只好伏案提笔，写下"唯命是听"四个大字，递给努尔哈赤。

这时，代善率领的两万大军已开进南城门下，站在护城河边，列阵攻城。

守卫南城门的备御朱方良，是皇室的族亲。此人年方二十，长得身材修长，白白净净，虽身披盔甲，实则像个文弱书生。年初官升备御，到抚顺为将，凭着他门第高贵，备受游击李永芳的器重。他赴任那天，天降大雪，李永芳不畏严寒，亲自迎出城外，继而设大宴为他洗尘，席间，朱方良拍胸发誓："生为朱氏王朝，死为朱家江山！"

此刻，朱方良站在城楼上，看着城下黑压压的满洲大军，暗想：南城仅有兵士几千，怎敌得了这么多夷军？如万一城门失守，第一个当斩的不就是我姓朱的吗？想到这里，当初他拍胸发誓的劲头儿，一点儿也没了。不过，他又想，只要刀不放在脖子上，我就要像个皇上嫡亲的样子！

朱方良挺着胸脯，右手扶着腰间的鲨鱼皮剑柄，再次向城下看去，只见满洲军已推盾车、架云梯、越城池，涉水进逼城下。

"发箭！"朱方良见军情吃紧，下了第一道军令。

一时雕翎箭如同密雨飞蝗，从城楼、堞口直射向满洲军。满洲军前有牛皮盾车掩护，依然秩序井然，步步朝城下逼近。盾车推到城下，

云梯竖起。满洲兵士个个手握盾牌，相继爬上云梯，攻上城墙，朱方良亲自督阵，奋力阻击。两军交战，刀枪撞击，杀声震天。

满洲军与明军在城南门城墙上，厮杀了一阵，双方各有伤亡。怎奈明军势众，代善率领的第一批攻城兵士，很快被明军吃掉。

朱方良初获小胜，怡然自得。恰在此时，只见李永芳削发来到南城门，亲自将城门打开。代善见城门敞开，立即一马当先，率军入城。朱方良见游击已被俘，便脱下盔甲，换上便装，溜出城门，逃之夭夭。

不一会儿，全城平静，偌大个抚顺边城，很快落入满洲人之手。

红日东升，抚顺城四门城楼，飘起满洲大旗。吃过早饭，努尔哈赤又亲率八旗大军，迅速攻占了抚顺城周围大小城堡十余处，小村落四千多个。傍晚，就地宿营，努尔哈赤立即传令道："此次兴师，已获大胜。凡俘获之人，不许剥衣服，不许奸淫，勿使夫妻离散，更不许妄加杀害。此令，各军必须严加遵守。违者，必惩！"

当晚，努尔哈赤回到抚顺城，将俘虏的三十万人，编为千户。同时，将来自山东、山西、河南、苏州、杭州的一批商人找来，设宴款待，然后赠给路费，让他们带着已写好的"七大恨"，潜回关内，广为宣传。

第一天，努尔哈赤命令将士们将抚顺城的城墙全部拆毁，将城外的护城壕填好，随后便带领着大军离开了抚顺城，一路来到嘉班城，与攻占东州、玛根丹城的兵将进行会合，论功进行了封赏。

第二天，努尔哈赤率领着大军凯旋。当大军行至距离辽东边墙二十里远的谢李甸时，哨探策马前来报告说广宁的明军巡逻队已经追上来了。

第四十七章

争雄天下　出兵犯辽东

眼看着天就要黑下来，努尔哈赤带领众人暂时到驿馆内歇息。

辽东巡抚李维翰刚在驿馆用过晚餐，酒足饭饱后便腆着大肚子回到了卧室。他躺在黑漆的晃椅上，眯着两眼用象牙签剔着牙缝儿里残留的物质。门口传来衙役焦急的敲门声，他命令衙役进来，衙役一进屋告诉他辽东总兵张承荫请其到府上玩麻将。

"更衣！"李维翰转身道。

话音刚落，从门外立刻走进两个穿戴艳丽的女仆，忙着更衣换靴。不一会儿，李维翰脱去官服，换上便服，步出驿馆，摇摆着肥胖的身子，一跩一跩地钻进大轿。

巡抚大轿是台三十二个轿夫抬的官轿，轿身分内外两室，外加一座小客厅。轿内摆设排场，轿外红漆绿纱十分显赫。平日他出府巡视，或串亲出京，除了轿内有两个美女侍奉外，轿后还要跟着一队时髦的乌铳手护卫，其排场之阔绰，气势之烜赫，令人目眩。

月明星稀，李维翰的大轿尚未到总兵府，五十三岁的干巴老头张承荫早已迈出府外，在路旁静候。

总兵府是当年李成梁的官邸。李维翰步出大轿，在张总兵及妻妾的前呼后拥下，鱼贯进入府内。步入中堂客厅，八仙桌上的象牙骨麻将早已摆好。

客厅里香气袭人，大厅棚顶吊着八根蜡烛插在一起的吊灯。李维翰由张总兵的小妾相陪，坐在张承荫的对面。李维翰打着牌，不时与张总兵小妾眉来眼去。李巡抚有时借抓牌之机，摸一把小妾的手。有时那小妾为讨好巡抚，故意撅着樱桃小嘴，或者在桌子底下用脚踩巡抚大人的靴子，暗示对方缺啥牌、要啥牌，然后她有意出牌，让对方快赢。

李巡抚坐下，连赢三把，禁不住喜上眉梢，他抓过一把把赢得的

银子，大方地分给点烟倒茶的仆人。这样，他一连玩了三圈，兴致甚浓，手气甚好。他手里捏着一张六条，小眼睛乜斜着对家小姨太太，轻轻地踩了踩她的桃红绣花鞋，猛地朝桌案中心一拍，随之娴熟地把面前的一长溜骨牌一推，哈哈笑道："满贯！"

三人捧场，哈哈一笑，当李维翰收过赢得的"万历通宝"，飘然若仙之时，忽然哨探推门来报："禀报巡抚大人，满洲兵攻下抚顺、东州、玛根丹三城，以及大小村寨五百余处！"

"什么？"李维翰猛然站起，"重说！"

哨探又重说了一遍。李维翰惊慌站起，随后又坐到椅子上。他仰着脸，头靠在椅背上，用手轻拍着光滑的脑门，叹息道："看来，努尔哈赤又要闹事了！"

"这都怪李成梁这个老东西！是他贪赃枉法，留下后患。"张承荫抱怨道。

"是呀，善有善终，恶有恶报。李成梁那老东西一命呜呼，升天享福去了。如今留下你们这些人担惊受怕。唉！"张承荫的大姨太太啰啰唆唆地叨咕起来，"说不上哪天努酋攻进城来，举着明晃晃的大刀，闯进屋里……"

"啊呀！"张承荫的小姨太太听到这里，一声尖叫，仿佛努尔哈赤正举刀向她劈去，随之钻进条几下……

"哗！"李维翰暴躁地把桌案上的麻将朝地下一划拉，吼道："你们胡诌八扯些啥呀？"

头脑灵活的张承荫马上肃然站立，双拳一抱，请求道："如今努酋兵乱边陲，卑职愿披甲迎敌！"

"好！"李维翰粗大的手一拍案角，道，"该我露一手啦！"于是，当晚李维翰火速通报辽阳副将皮廷相，海州参将蒲世芳，发兵万人，星夜赶赴抚顺城。三路军马各自走了两天一宿，来到高尔山下聚齐，沿着浑河北岸，直逼满洲兵的营地。

夕阳落山，张承荫、皮廷相、蒲世芳率领的一万大军，分三处宿营。入夜不久，只见张承荫、蒲世芳的营地炊烟袅袅，篝火遍地，唯有辽阳副将皮廷相的营地漆黑一片，鸦雀无声。

张承荫从营帐走出来，遥望皮廷相的兵营如此冷清，暗自思忖：历来兵家主张昼战多旌旗，夜战多火鼓，以兵势之威震慑敌军。皮廷相从军多年，难道这点兵法常识也不懂吗？不能。张承荫想到这里，下意识地摇了摇头，自言自语地道："难道皮副将存有二心？"

"人心隔肚皮，难说呀！"跟随张承荫多年的一位参将走出营帐，接着张承荫的话茬儿道。

张承荫一愣，回头瞥了老参将一眼，借着灯火，反问道："何以见得？"

老参将叹道："当今朝内党派林立，各自有主呀！"

一句话提醒了张承荫，原来皮廷相曾多年追随御史张鹤鸣，此人出任辽阳副将，也是张鹤鸣在朝内的斡旋。因张鹤鸣与张承荫有隙，皮廷相当然要站在御史一边，不会对张承荫言听计从。想到此处，张承荫叹息道："朝内一盘沙，外卒自然捏不到一起喽！唉！长此下去，大明的江山，岂不毁于一旦？"

"总兵大人，皇上都不问朝政，您忧国忧民，又有何用？"老参将无可奈何地道。

张承荫又叹息一声，转身回营。

此刻，皮廷相正坐在地毯上，与三名心腹饮酒清谈。他粗手大脚，身着白色的单衫，手端着酒盅，时不时地"吱儿""咋儿"喝着，慢条斯理地道："张承荫这老东西，一心想升官发财，总想在皇上面前露一手。可惜呀，他心比天高，命比纸薄。当今哪个人能敌得了努尔哈赤！"

"对！对！"一个短粗胖马上接着道，"努尔哈赤胆大心细，武艺超群，说不上，他就是第二个金太祖阿骨打！"

"人不可貌相，海水不可斗量，"另一个细眯眼，神乎其神地道，"说不上努尔哈赤能成为新的成吉思汗呢！"

皮廷相咳了一声，把酒盅往毯子上一蹾，不耐烦地道："我下辈子再不当兵打仗啦，挨刀受累的都是咱这些扛刀骑马的，享福清静的都是那些穿朝靴的！今天，想叫我白送死，办不到！"说着，他身不由己地站起来，撩开帐幔，想透透风，散散气。当黄幔撩起时，他突然发现帐外有几点火光，就对帐外的卫士道："哪来的火光？"

卫士马上答道："是几个兵士在偷偷地抽烟！"

"去，去，把他们叫来！"皮廷相严厉地发着号令。

卫士叫进来两个兵卒，将其送进帐内。皮廷相抬眼瞥了瞥这两个

三十多岁的烟鬼，从腰身迅速抽出随身佩戴的刀，嚓嚓两声，两个人头便滚落到了地毯上。随之，皮廷相便对着外面大声吼道："你们回去传我的命令，要是有人再敢弄出半点火星，这就是他们的下场！"

陪酒的几个心腹爱将也被他的行为吓傻了，马上弓腰低头，连连称是，快步退出了军帐。

第四十八章

决心出战　巧借西北风

夜深人静，努尔哈赤却怎么也睡不着，索性便起身站在军帐之外。阿敏等旗主见努尔哈赤全无睡意。也纷纷陪他一同站着，几个人在帐外遥望着数里之外的明营灯火，筹划着天亮之后御敌的方针政策。这时范文程在几个部将的陪同下从容走来，走到努尔哈赤的面前站定，努尔哈赤看着范文程，陡然问道："范秀才，张承荫是何等人？"范文程不慌不忙地据实回答，告诉他此人从军多年，算是员勇将！

"管他勇将不勇将，"正蓝旗旗主舒尔哈赤之子阿敏接着道，"只要我大军一到，他会立刻化勇为熊！"

努尔哈赤摇头道："不可轻敌，莫忘骄兵必败之理。"

"事实胜过雄辩，尼堪外兰之死，纳林布录之亡，布占泰的下场，哪个不是熊？"阿敏侃侃而谈。

努尔哈赤讪笑道："熊也好，虎也好，关键在于拥有雄厚的兵力，加上置敌于死地的阵法战术！无此都是纸上谈兵！"

阿敏还要争辩，正白旗总管扈尔汉马上接过话茬儿，道："眼下大敌当前，不是清谈功过沉湎于过五关斩六将的时候，还是琢磨琢磨明日如何出兵的事吧？"

"对，对。"皇太极一面应和，一面关切地仰望着灰暗的夜空，道，"这两天一直刮南风，到了白天风沙弥漫，叫人睁不开眼，天时于我不利呀！"

"是呀！"图鲁什接着说，"明军偏居东南，我军出阵西北，顶风打仗可是军家的大忌呀！"

"那就过几天再出兵迎敌呗！"代善道。

"不行，不行，"努尔哈赤道，"眼下明军长途跋涉，正是人困马乏的时候，趁他们喘息未定，突然袭击，定会取胜。"

图鲁什又担心道："天时于我不利，取胜很难呀！"

"能够取胜。"站在一旁半天不语的范文程道。众人立刻把目光转向范文程，期待他能说出取胜的理由。正为天气而苦恼的努尔哈赤，见范文程胸有成竹的样子，马上欣喜地双手拍着范文程的肩膀，把他推进帐内。众人坐定之后，范文程盯着图鲁什，问道："老额真，您听说过诸葛亮借东风的故事吗？"

图鲁什眨着眼睛，兴致勃勃地答道："听过，听过！诸葛亮真可称为能掐会算的活神仙！"范文程听了咯咯笑了一阵儿，不以为然道："诸葛亮并非仙人，也跟你一样，长着一个鼻子，俩眼睛。只不过他识天文，懂地理罢了！"说到这里，图鲁什特意为范文程倒了一碗葡萄酒，递给他。范文程一饮而尽，又接着说："虽说天有不测风云，可是风云也得顺从季节。诸葛亮之所以准时借到东风，就是因为他掌握了'冬至一阳生'的道理，明白冬尽就是春天开始的规律，因此他根据当时冬至的时令，判断出刮三天西北风之后，过了冬至必然能起东风。"

"这么说咱们这些钻山沟的人，也可以当诸葛亮喽！"图鲁什恍然大悟，接着一阵大笑。皇太极马上捂住图鲁什的嘴，道："你这个鲁莽汉子，听范秀才说完再笑呀！"

图鲁什憋了一口气，长吁一声，脸红着，急不可待地道："范秀才，你就说说咱怎么个借东风吧？"说着他又给范文程倒了一碗酒，双手捧着，亲自灌到范文程嘴里，恨不得一碗酒能从对方嘴里灌出一套借东风的锦囊妙计。

范文程喝罢，不慌不忙地把碗递给图鲁什，反问道："今天刮的什么风？"

"南风呀！"

"刮几天啦？"

"三天。"图鲁什一问一答，沉不住气了，马上加上一句，"秀才，你快说呀！你这读书人，真是斯文得叫人坐不住啊！"

皇太极马上按住要站起的图鲁什，向范文程使了个眼色，叫他快说。范文程仍然慢条斯理地双眼盯着图鲁什，道："老话说，北风不受南风欺。我看今晚风平浪静，预兆着明天掉转风向。北风过后，定然会刮起西北风，而且风势会很大。"

"那敢情好喽！"图鲁什情不自禁地站起来，嘴里模仿着刮风声音，身子东倒西歪，仿佛置身于狂风飞沙之中的明军兵士。他那副狼狈相，逗得众人放声大笑起来。

努尔哈赤趁众将说说笑笑之际，溜出军帐，仰望着钻出云层的圆月，以及月亮四周灰白的光圈，蓦然想起"月晕而风"的谚语，高兴得一拍大腿，转身回到帐内，声音低沉而果决地道："明天吃过早饭，出兵迎敌！"

"那风，能借来吗？"代善怀疑地问道。

努尔哈赤把手往帐外一指，道："月晕而风，板上钉钉。"

众人跑出大帐，仰望着月晕，不禁叹服地把范文程抬起来，抛向夜空。

月亮钻进云层，众将回到帐里，对各旗兵马作了统一部署之后，就各自回营歇息。

图鲁什回到营帐，翻来覆去睡不着。他躺在铺着秫秸的草铺上，心想：汗王叫我当先锋官，我该咋样出奇制胜？第一招就要把敌人镇住，像秋风扫落叶那样，真正做个开路先锋呢？他想起火烧赤壁的故事，也想来个火攻，但仔细想想，又摇着头自语起来：不行。当年火烧赤壁是在平如明镜的江南，今天是攻明军占的山头，更何况穷山秃岭，到哪里弄柴点火？想到这里，他觉得山穷水尽。于是折身坐起，披上衣服，从枕边抓起烟袋，打开布包装上一袋烟，打着火石，抽起来。

一口烟吸进肚里，就连声咳嗽起来，接着双眼流泪，随之没完没了地打起喷嚏来。他暴躁地骂天骂地，可是接连不断的咳嗽、喷嚏，也听不清他在喊什么、骂什么。

守护在帐外的兵士听到他的骂声，就钻进帐里，想弄个明白。但，卫士进屋不久，也咳嗽不止，接二连三地打着喷嚏。

卫士打着火石，一手捂着鼻子，一手举火点着小油灯，才发现图鲁什枕边的布包里装的全是辣椒面。卫士看了图鲁什一眼，开玩笑地道："怎么，老牛录又来瘾了？"

图鲁什自嘲地笑了笑。原来图鲁什向来喜欢辣味，每餐必有辣椒。平时他觉得只有最辣的东西，才能跟他的火暴性子相配。所以，不管打仗还是行军，平时身上总带着两包鼓鼓囊囊的东西。一包是老旱烟，一包是高丽辣椒面，刚才由于摸黑，错把辣椒面装进烟袋，才闹出这场笑话。

卫士掀开帐帘，想把烟放走，图鲁什马上光着脚，跳到门口，把帘子放下。然后转身索性把一包辣椒面倒在地上，加火点着。卫士受不了那辣味，呛得跑到帐外。图鲁什独自在帐内边咳嗽，边叫："好！好！好！"

卫士不解其意，又钻进帐内。见图鲁什蹲在地上，一边呛得闭着双眼，一边笼火。

火熄了，图鲁什马上叫卫士把自己管辖的五牛录的额真找来，在帐外交代道："古人打仗有水战、火战、雪战、风战，这回咱们给他个辣椒战！"众额真不解其中奥妙，一个个沉默不语。图鲁什见此，马上把上半夜努尔哈赤的部署，交代了一遍，就急忙把五名额真领进帐内。不一会儿，众额真一个接一个打起喷嚏，咳嗽不止，才真正领教了辣椒战的厉害。

当晚，图鲁什掏出努尔哈赤在抚顺赏给他的五十两白银，每牛录拿去十两，连夜到附近村寨，买来五百斤辣椒，装进军营库房。

翌日黎明，图鲁什一骨碌爬起来，揉了揉惺忪的睡眼，掀帘朝帐外看去，只见近处地面蒙着一层白霜，远处雾气正浓。

他焦急地念叨起来："下这么大的雾，能刮什么大风？上当了，上当了！"说着，他顾不得穿上衣，只穿着夹背心，光着膀子，走出帐外，想去找汗王努尔哈赤。

可巧，努尔哈赤带着几位部将打这里路过，他上前劈头问道："汗王，咱上当了！"

"上什么当？"努尔哈赤莫名其妙，反问道。

图鲁什挥着双臂，道："大秀才说今天能刮西北风，现在树叶一动不动，还会有个屁风？"

"是啊！"站在努尔哈赤身旁的二贝勒阿敏附和道，"老话说，十雾九晴，青天白日，难有大风呀！"

努尔哈赤对天文没有琢磨过，只好硬着头皮说："听范秀才的话没错，他是有学问的人！"

"咳！"图鲁什唉声叹气，说，"我那五百斤红辣椒算白准备喽！"

说话间，范文程从对面走来。他接过图鲁什的话题问道："准备辣椒干啥？"

"来场辣椒战！"图鲁什回答。

范文程是见微知著，一点就破的人，他听了哈哈大笑道："图鲁什老将可真有心计呀！今日之战，定会添彩。"

"添啥彩？"图鲁什依然懊丧地道。

范文程脱下身披的夹衣，披到图鲁什身上，安慰道："老将军，俗语说'雾吃霜，大风狂'。今天这西北风，定会刮得天昏地暗。"范文程拍着他的肩，又笑道："你这'辣椒战'算叫张承荫尝着滋味喽！"

图鲁什大大咧咧地笑了，众人看着他那憨直的模样，也都跟着笑了起来。

早饭过后，树枝果然开始摇动，一缕缕还未熄灭的炊烟烟柱，由垂直状态逐渐甩向东南方向。图鲁什看着这样的境况，高兴地咧着大嘴笑起来。随后便想起来什么似的，跑东跑西地集合着五大牛录的兵马。没过多久，风越来越大，终于是大队出动的时候了，他亲自护送驮着辣椒的马队，悄悄地走在队列中间。

第四十八章　决心出战　巧借西北风

第四十九章

明军来犯　初战得告捷

清晨，四十七岁的皮廷相刚刚吃过早饭，他闲来无事，坐在军帐门口的马鞍子上，一边晒着太阳，一边抽着水烟袋，颇有点闲情逸致的感觉。他抽完了一袋，刚将第二袋烟装好，张承荫派来的传令兵就到了跟前，传令兵翻身下马，打个千告诉皮廷相张总兵传令让其整军待命，准备出征。皮廷相倒也不慌不忙，又问了一下出征的情况，得知蒲世芳的军队在自己之后出战，而自己的军队又要作为炮灰打前锋。

传令兵说完又翻身上马，拨马疾驰而去。皮廷相望着传令兵的背影，哼着鼻子，不满地道："哼！先拿我当靶子，做垫背！他奶奶的，休想！"他烦躁不安，索性将水烟袋往地下一掼，转身钻进帐篷，仰面朝天地躺在地毯上，一对牛眼睛死盯着棚顶，呆呆地出神。

过了抽袋烟工夫，卫士见副将不传令，就着急地闯进帐内，道："副将大人，您赶快传令吧！若不，贻误军机，张总兵不会饶过你的！"

皮廷相仍然不动，苦笑道："我宁肯死在努尔哈赤刀下，也不愿替他去卖命！"

卫士好说歹说，见皮廷相不听，就沮丧着脸，钻出帐外。

传令兵回到营帐半个时辰之后，张承荫站在山顶，翘首遥望皮廷相按兵不动，心中十分焦急。日出东南，忽然西北角方向烟尘四起，他不禁一愣，随之惊叹道："努酋要先发制人了！"

站在他身边的右翼参将蒲世芳惊慌道："努酋历来出师神速，恐怕此战不妙。唉！皮廷相偃旗息鼓，真想把咱们出卖了呀？"

"他有几个脑袋？"张承荫愤然摸了一下剑柄，说，"再过半个时辰不到，我就下令斩首示众！"

说话间，忽然探马来报："禀报总兵大人，努尔哈赤率军四万，正向军营靠近！"

"哎呀！四对一，"站在张承荫身后的老参将惊呼起来，"我们仅有兵马一万！兵力相差太悬殊喽！"

"可恨，皮廷相的三千人马还不知是哪边的人呢？"蒲世芳怨恨地道。

"好了！好了！"张承荫烦躁地说，"现在大敌当前，不是怨天尤人的时候。蒲参将，赶快回去准备带兵下山吧！"

传令兵立刻传令各路兵马，击鼓出战。

嘟嘟的号角响彻山谷，明军列队下山。他们刚刚移到山下，忽然平地卷起一阵旋风，为首的几面大旗连杆带旗，被卷到半空。接着尘烟四起，飞沙扑面，刹那间天昏地暗，一个个被狂风吹得头重脚轻，犹如醉汉。

两军越靠越近。走在满洲军最前头的图鲁什，顺风出征，犹如离弦之箭，心中喜不自禁。他眼见明军离近，便翻身下马，命令五牛录兵马立刻停下，将驮来的干草、辣椒堆成五堆，然后点起大火，待命出击。

张承荫率领大军走在前面，初见大火并不介意，暗想：山下天地甚广，又非赤壁连舟，几堆野火，又奈吾何？他眼见满洲军近在眼前，便身先士卒，冲向满洲阵列，他抽剑舞起，准备厮杀，猛然一股浓烟热浪滚来，顿觉鼻痒眼酸，随之咳嗽不止，热泪横流。不一会儿，整个明军阵列中，咳声如雷，喷嚏震耳。

图鲁什眼见明军一个个可笑的狼狈相，甚是得意。

浓烟和着呛人辣味，翻滚着，铺天盖地地冲向敌阵，明军不战自乱，溃不成军。图鲁什抓住有利战机，挥着长矛，吼叫着冲向敌阵。明军惊马嘶鸣，败军如同江水涌向峡谷，顿时横尸遍野。

张承荫站在乱军之中杀卒督战，图鲁什趁机从他右侧靠近。当张承荫举着血淋淋的青铜宝剑劈向一个老兵时，图鲁什手起刀落，结果了这个不可一世的明将的性命。

树倒猢狲散，明军眼见带兵的总兵阵亡，一个个丢盔弃甲，连滚带爬，逃向抚顺。努尔哈赤率领八旗兵将，追杀四十余里，阵斩明将官五十多人，俘获战马九千匹，铠甲七千副，兵器无数。傍晚，努尔哈赤率领大军凯旋，回到寨里安营歇息。

夜深了，图鲁什清点完了五牛录的人马，不见其子巴什泰回来，心里十分焦急。他几次走出军帐，遥望通往抚顺的大道，却不见巴什

泰，心里更加不安。明月西移，他再也等不下去，就回到帐里，和衣而卧。朦胧中，他耳边听到呼唤阿玛的声音，忙折身坐起，见是儿子巴什泰和两个兵士站在身边。

巴什泰二十多岁，矮矮的个子，扁圆脸上，抹着横一撇、竖一撇的黑灰道子。图鲁什看见他那样子，十分疼爱地让他坐下，可是巴什泰越让越不坐，竟然嘴一撇，"哇"的一声哭起来。

图鲁什想问个水落石出，可是越问，越哭得厉害。最后还是同来的兵士，才说明白巴什泰痛哭的原因。

黄昏时分，巴什泰率领本牛录的三十个兵士，在抚顺城东的二道房身搜捕逃窜的明军时，在河套里发现两只兔子，他搭弓嗖嗖两箭，那两只兔子应声倒下。巴什泰眼见猎物，顿时饥肠辘辘。于是，笼起篝火，在河套烤起兔子肉。

残阳如血，肉香扑鼻。巴什泰和几个兵士用匕首将兔肉切开，一人一块地吃起来。他们吃完兔肉，又喝了些泉水，就骑马跑进村里。他们进村搜捕时，一位老翁告诉他们，刚才辽阳副将皮廷相在村口讨了些饭，吃完已经逃走。他们拨马要追，老翁摇摇头，道："他骑着快马，恐怕已跑出二十里开外，就是你们变成老鹰，恐怕也难追上喽！"所以，他们扫兴而归。

图鲁什听罢，立刻胡子翘起，对着儿子吼道："巴什泰，你给我跪下！"说着，举杖就要打，幸亏兵士们眼快，才将图鲁什拦住，夺下木杖。

图鲁什气得喘着粗气，骂道："你这个贪吃的东西，光顾嘴馋，放走了一条大鱼。你根本不配当牛录额真！"

"我错了！我错了！"巴什泰痛心疾首，捶着前胸。

"别跟我装熊，走！咱们去见汗王，撤你的职！军法论处！"图鲁什发着脾气，蹦高骂道。他骂着，一把将跪在地下的巴什泰抓起。恰在此时，努尔哈赤忽然出现在帐门口。

图鲁什连忙跪下，向努尔哈赤恳求道："汗王，我子不肖，触犯军法，望您立即按军法论处，惩一儆百，以严军纪。"

努尔哈赤把图鲁什扶起来，走进帐内，又细听了图鲁什的陈述，决定依照军法，撤去巴什泰的牛录额真的军职，贬为兵士，并没收分得的全部财产。

夜半，图鲁什恭敬得把努尔哈赤送到了大帐的门口，努尔哈赤抓住图鲁什的大手，关切地提醒他明军兵败之后一定不会善罢甘休，夜里应该加强防守，防止敌军突袭。

　　图鲁什明白努尔哈赤的意思，点了点头，习惯地摸了摸佩戴在腰间的大刀，眼望着努尔哈赤走进了另一座军帐，这才转身走回自己的帐内。

第五十章

万历昏庸 出兵起争议

九月的紫禁城，秋高气爽，到处一派欣欣向荣的景象。五十六岁的万历皇帝，用过早膳之后便在一群太监、宫娥的簇拥下来到了御花园的西苑。这个院落建于元朝，这里风景秀丽，亭台阁楼应地而生，站在阁楼上向下看去就像是在欣赏一幅优美的风景画，如临蓬莱仙境，让人顿时心旷神怡。

万历皇帝本就喜欢游历，自他登基以来，几十年的时光，多数消磨在这里。此帝生性多疑，六岁时被立为皇太子，时常在皇宫骑马。十岁那年，穆宗驾崩，他继皇位登基。起初，朝内大事皆由内阁首辅大臣张居正料理，进入成年以后，依然身居内宫，只知吃喝玩乐，荒淫无度，不理朝政。然而，却用八百万两巨款，从二十一岁开始，就在北京西北的天寿山下，亲自带领文武官员、术士、钦天监选定陵址，动用三万多人，为自己修筑寿宫。多年来，皇帝浑浑噩噩，大臣们敷衍塞责，整个朝廷从上到下虽五官犹存，但运转不灵，犹如一部生锈的机器，无法开动运转。再加之许多官吏忙于争权夺利的党争，整个官场明争暗斗，贿赂公行，贪污成风，门户之祸不断发生。他厌倦宫廷生活，不理朝政，凡朝内必办之事，多由秉笔太监去办。他唯一感到乐趣的是吃喝玩乐，为他一人，周围养了二万多名太监，三千多名宫女，专门照护他的生活。为贪女色，他一天竟册封九嫔，荒淫无度。

平日他最爱跟宫女在翠花楼玩银钱，每次都是他自己做主家，宫女们把银钱投向地上画出的圆形圈地，如得中者可以取得加倍或三倍的偿还，不中者即被没收。

这天，万历皇帝来到西苑，登上翠花楼，又找了七八个最漂亮的宫女，玩起掷银钱。宫女中，有个十七岁叫小莲的宫女，长得秀美端庄，深得万历帝欢心，她坐在红毡铺地的楼板上，连掷了三次，次次都中，连赢三把。万历帝欢喜地把她搂到怀里，狂吻了她的樱桃小嘴。

小莲在姐妹们面前，甚觉面子上过不去，就撒泼挣脱，有意朝皇帝跟前唾了一口。万历帝马上龙颜大怒，说她不敬天子，罪该斩首。皇上一声令下，楼下立即上来两个卫士，将小莲抓住，就要推出斩首。

卫士押着小莲刚下楼梯，万历帝又传谕："此女深得朕欢心，恕她一死。削发示众，以示斩首。"

宫女们执剪给小莲剪去一绺辫子，演了一场斩首的闹剧。

万历帝重又抓起银钱，忽然一个贴身太监，匆匆爬上楼来，附到皇上耳边报告了辽东数城失守的消息，皇上听完，脸刷地白了，他捻了捻胡须，立即下楼，传令文武大臣速到金銮殿，商讨对策。

金銮殿内气氛紧张，万历帝坐在龙墩上，望着满殿文武大臣，有气无力地说："关外告急，朕忧虑万分。几十年前，钦天监曾言辽东将有'混世龙'出现，看来是应验了。为治理边陲，特请文武百官入朝，献计献策。"

白胖的大学士方从哲见皇上闭目倾听，就连忙站起，叩拜后道："努酋敢犯我天朝，且不可等闲视之。此人如不迅速剪除，其后果将不堪设想。"他扫视了一下殿内的文武大臣，以居高临下的姿态又道："依臣之见，请皇上颁布上谕，征集军队，选派得力大将讨伐，以振国威！"

方从哲极具煽动力的言辞，博得许多大臣喝彩，纷纷附议，力主出兵。只有御史张鹤鸣坐在文官一侧，默然无声。这时，张鹤鸣想起二十八年前努尔哈赤进京朝贡的一幕。努尔哈赤与自己夜半谈话的慷慨陈词，以及他机警地识破李成梁五门出殡的花招……在张鹤鸣的心目中，努尔哈赤是个有胆有识，雄才大略，而有抱负的异族英雄。努尔哈赤的揭竿而起，也是大明朝昏庸，李成梁之辈欺压异族所致。对这样的人，只有扶植，焉能讨伐？想到此处，张御史蓦地站起，陈述道："出兵征讨，实非上策。"

在场的各大臣都以惊异的目光，注视着张鹤鸣。众人屏住呼吸，只听张御史又神情自若地申述道："自古用兵非善举，实不得已而用之。今吾军屡败，士气受挫，应宜整顿兵备，养精蓄锐。眼下局势，敌气方盛，吾无隙可乘。依臣之见，如若贸然出关，危险至极。当年盛唐十万大军轻率出关，在潼关被安禄山挫败的教训，诸位大臣都不会忘记吧？"

　　高个子兵部尚书听到这里，气得脸色通红，他道："不要被努酋吓破胆！我堂堂大明朝如不出兵，岂不被彼视我好欺？"他捋了捋袖口，习惯性地提了提右衣襟，又道："我大军在抚顺、清河之败，实非伤筋动骨，只不过拔我毫毛一根，张御史之言，岂不灭我威风，长他人志气？"

　　张御史站起来还想据理反驳，万历皇帝马上右手一挥，阻止，说："你们二人不必再争执，朕主意已定，明日即将下诏征讨，以示惩戒。眼下急需荐举得力将帅，主持辽东军务。众卿议议，看谁去为好？"

　　皇上言毕，殿内嗡嗡之声盈耳。有的主张用身经百战的老将，有的荐举血气方刚的后生，还有的出于朋党之利，提议张三李四。正在议论不决，皇上愁眉不展时，忽然殿外一道刺眼的蓝光，如闪电似的掠过皇上灰白脸庞，接着隆隆声传进大殿，随之天摇地动，烛光摇曳，一个个文官武将头重脚轻，有的被看不见的魔力从座上弹起，有的吓得钻进椅子底下，有的像宫廷的舞女在地毯上东摇西晃。最叫人惊疑的是皇上竟然像坐滑梯似的，从宝座上滑到御案下，后背紧托着一只倒下的蜡台，眨眼间，龙袍被未熄的烛火燃着。

　　随行的一干人等见皇帝身上着了火，都争抢着前去相救。可是，四根金漆大柱在那里摇摇欲坠，根本就没有一个人能走近皇上身边。一时间宫娥太监们都呼天抢地地大喊救命，大有皇宫倾覆之势。

　　片刻之后一切都恢复了平静，人们清醒过来才恍然大悟，知道方才只是经历了一场不小的地震。太监们赶紧将皇上身上的烛火扑灭，将其从御案下抬出来。只见万历皇帝被吓得面颊蜡黄，口吐白沫，大有不省人事的趋势……

第五十一章

明军出征　杨镐重起用

万历皇帝经历过一场地震之后，吓得神志不清，犹如从地狱中被救出来的活鬼，整天惶惶不可终日。当他从灭顶之灾中醒过来后，更是不愿多理朝政，整日纵情声色，享受生活。方从哲趁机推荐杨镐担任兵部右侍郎兼辽东经略，万历皇帝想都没想，当即便批准了他的奏折。

圣旨一下，明朝便发动了对后金的战争，准备大举剿灭满洲。起初，明军遣将派帅，明朝朝廷接连发下了多道圣旨。新派辽东巡抚，起用山海关总兵杜松，征调还乡老将刘大刀。接着，调集兵马，从福建、浙江、四川、山东、山西、陕西、甘肃等地征调万人，星夜赴辽。为应付军饷，全国每亩加派辽饷三厘五毫，征集白银一百万两，同时在广宁专设辽东饷司，专管转输粮秣，以应军需。征兵入营后，兵工二部又将库存的虎蹲炮、三眼枪、乌铳、火箭等发下，派官挑选，运赴辽东。

于此，兵部刊印榜文，晓谕天下，榜文曰："擒斩努尔哈赤者，万金悬赏，加级示酬。"并传示叶赫、朝鲜："凡擒斩努尔哈赤，赏银一万两，升都指挥世袭。"

皇上下旨时，杨镐正在家中闲居。第二天，方从哲立刻派使臣星夜赶赴杨镐家中。

杨镐是河南商丘人，万历八年中进士。他先是做知县，后被调进京城当御史、山东参议、辽海道守、辽东巡抚。但，因乱杀边民，诡词报捷，被御史参奏，革职为民，才解甲回乡闲居。

这天，杨镐因闲居无聊，便到商丘西南的火神庙游逛。他伫立庙前，仰望着帝喾王的儿子阏伯的墓台，回忆起自己的坎坷生涯，不禁凄然泪下，他捻着灰白的胡须，暗自叹道："我这一辈子算完了！为官一生，年老削职为民，有何脸面来见古人？阏伯呀，阏伯，当年您管理火种，尚且有功，为后人缅怀，我统率千军万马，却利欲熏心，在您面前，我深感有愧呀！"

蒙蒙细雨，飒飒秋风，如泣如诉。正当杨镐痛心疾首之时，忽然家人来报：皇上传旨。他疑疑惑惑地回到家中，领旨后，连忙叩拜，第二天便起身进京。一路上，他思前想后，决心将功补过。

杨镐进京之后，万历皇帝马上召见，亲赐他一口上方宝剑，授予全权，随时有权处决总兵以下的将官。然而，他哪知大明朝这座大厦已岌岌可危，连年灾荒，民不聊生，招兵之难，军饷之缺，自洪武以来，已登峰造极。杨镐在京筹划多日，心若腊月在冰上泼水，一腔热血渐渐变凉。到了万历四十七年的二月，杨镐在朝廷上下的多次催促下，才不得不率师出征，迎着凛冽的西北风，向辽东进发。

杨镐率师出关的消息，很快传到广宁。此时，在城里养伤的皮廷相，正闲在广宁新总兵李如柏的家里。

皮廷相名为养伤，实非有伤。去年他身为明军左翼副将，实则未见努尔哈赤的兵卒，就临阵逃遁。为掩人耳目，他偷偷地用剃头刀在左肩划了道伤口，敷了些药，就带着几名亲信，跑到广宁躲避。恰巧，皇上下诏命李如柏代张承荫为广宁总兵官。因皮廷相与李如柏是结拜兄弟，于是皮副将由逃兵，一跃成为了功臣。李如柏亲自把他请到府上，视为上宾。

不过，皮廷相也有自己的心病。他逃跑的那天，同行的还有一个姓陈的游击，此人是镇守清河城的副将陈大通之弟。如果陈游击将临阵脱逃的真相跟其兄讲明，那将会以军法论处，斩首示众。所以，皮廷相听说杨镐带着上方宝剑出京，就惶恐不止，度日如年。

一天傍晚，皮廷相听说次日杨镐将到广宁，便慌慌张张地跑到李如柏的住处探听虚实。恰巧，李如柏正为杨镐准备接风的宴席。李如柏从水缸里抓起一条刚从辽河冰洞里网来的鲤鱼，向他炫耀道："杨将军与家父是世交，等他一到，我将向他荐举皮老弟为总兵官，到那时，老弟如何谢我？"

皮廷相因祸得福，木然片刻，随之笑道："为贤兄弄三颗东海真正的珠子。"

说话间，李如柏手中的鲤鱼突然摇头摆尾，掉到地上。李如柏慌忙跪下，迅速抓住三斤重的鲤鱼，抱在怀里，用缎子面长衫小心翼翼地揩掉鲤鱼身上的灰土，喃喃道："哎哟，可别弄掉鱼鳞哟！"

"咳！掉点鱼鳞怕啥？"皮廷相不以为然地道。

"杨将军是贵客，焉能马虎从事？"李如柏板着长挂脸道。

当晚，皮廷相如同吃了天宫的蟠桃，做了一连串甜蜜的美梦。夜半醒来，他点起蜡烛，对着烛影自言自语起来：老话讲，无毒非丈夫。既然杨镐可做靠山，何不趁机将陈氏兄弟剪除，以免后患。

次日中午，皮廷相跟随李如柏迎出城外三里，隆重接待杨镐光临广宁。黄昏时分，大宴完毕，杨镐回到驿馆，兴致勃勃地召见在辽东的心腹密谈。李如柏马上向杨镐荐举了皮廷相，杨镐当即答应向皇上禀奏，提升皮副将为副总兵，协助李如柏镇守广宁。

皮廷相谢恩之后，马上献策道："杨将军乃大明朝一大台柱，要想重振朝纲，必惩恶扬善，顺乎民心，这样才能使将军之威如同日月。"

皮廷相所言，正中杨镐下怀。杨镐满面笑容地问道："皮副将所言极是。只是我多年未到关外，不知其恶有何征兆。望爱将略述一二，我好来他个下马威！"

皮廷相万万没想到杨镐干事如此痛快。于是他趁机将昨晚自己的一番筹划，一口气说出来："禀报大人，古语道，见微而知著。辽东大军之所以阵阵败北，多是由于有些贪生怕死之辈影响所致。比如……"皮廷相警觉地朝门外瞥了一眼，难言停下。

李如柏见皮廷相有所顾忌，就直言道："说吧，里里外外没有外人。"

皮廷相凑近杨镐身边，小声道："比如去年七月清河兵败，就是因副将陈大道、高炫等临阵脱逃所致。"

"真有此事？"杨镐一拍檀香木椅扶手反问道。

"末将敢拿脑袋担保！"皮廷相身子一挺，肃然答道。

杨镐听罢，嗖地抽出上方宝剑，脸色铁青道："等明天我去沈阳，定拿他们斩首示众！"

三天后，杨镐率领亲兵赶赴沈阳。

沈阳筑城始于西汉，历经唐、辽、金、元扩建，此城已是东北的军事重镇，交通要冲。到了明朝万历年间，沈阳中卫城已城郭威严，堞楼高耸，在方圆九里的城区，已是商号栉比，民宅成栋的繁华之城。

此时，久居沈阳的总兵官贺世贤，听说杨镐赴沈，连忙命城里总

管在四座城门楼插起彩旗，沿街各家商号挂起纱灯，以节日的气氛迎接辽东经略的到来。这天，日上三竿了，贺世贤亲率城内的副将、参将、游击、千总、百总等大小官员，迎出城外，亲自把杨镐接到总兵府。

沈阳总兵府位于四门十字交叉路口的南面西侧，与城中心的大庙遥遥相对，中间只隔一道夹壁墙通道。当天，杨镐由城南保安门进城后，马不停蹄，人未下鞍，就命传令兵，马上向开原、铁岭、辽阳、清河、山海关等卫所传令，命各路总兵将官火速赴沈，三日内不到者，斩！

第三天一早，各卫所总兵官、副将、参将相继到齐。各路将官向杨镐请安之后，杨镐当即在总兵府大厅宣布道："查清河城副将陈大道、高炫等将兵十人，在清河之战中，临阵脱逃。为严军纪，陈、高二将当众问斩！"言毕，当众抽出上方宝剑，交给侍官，道："中心庙前斩首示众！今后凡不遵军令者，定斩不赦！"

陈大道闯出队列，刚想喊冤，早被几员武卫绳捆索绑，押赴法场。皮廷相站在法场西侧，眼见陈大道人头落地，扑哧一笑，转身跑回驿馆。

处死陈、高二将，杨镐声威大震。但，杨镐本人并不觉得轻松。因为据他摸底，山海关只有三万兵马，广宁、开原、铁岭、辽阳各地加在一起，也不足六万。若以八九万残兵老将去对付训练有素的六万满洲骑兵，谈何容易？想到这里，他不战自馁，唉声不止。所以，杨镐上任多日，从不言如何出兵。

杨镐离京多日，朝内不见辽东捷报，兵部尚书十分忧虑。所以，他与大学士方从哲几次磋商，力主速战速决，几次传发红旗，命令杨镐迅速进军。

眼下，杨镐如同热锅上的蚂蚁，进退两难。进兵吧，那是以卵击石；不出兵吧，朝内会以空耗兵饷财力，出师不利为名，重遭弹劾，弄得晚节不保，身败名裂。所以，他便以兵员不足，军饷亏空为由，屡向朝廷要兵要饷，借施缓兵之计。

上行必有下效。辽东各级将官，也趁增兵加饷之机，虚报兵员，多领军饷。皮廷相到广宁上任不到一个月，就积银三千两。他原来的银库放不下，又专在医巫闾山小庙里另开一银库，专雇一名和尚，为他看守。一天黄昏，他派一名亲信前往小庙送饷银，被人发现，那亲信跪在他面前请罪，他哈哈一笑道："起来，起来，这有何惧？我才弄几两银子，还有比我弄得更多的呢？""谁？""李总兵。"那亲信诡秘地朝四下看看，见四周无人，便哆哆嗦嗦地站起，又把银子送到医巫闾山小庙。

可是，这亲信胆小怕事，又多嘴多舌，不久，他跟皮廷相的一番对话传到李如柏的耳中。李如柏与皮廷相并无私怨，就直言不讳地教训了皮廷相一顿。皮廷相觉得脸面上过不去，就以自己的亲信"胡乱嚼舌，扰乱军心"为由，当众斩首。于是，李如柏、皮廷相之间的缝隙，就以一条人命弥合了。

到了这年三、四月间，各地都下发了征调兵员的名册，总共达到了四十七万人。事实上却不足十万人。清明节那天，杨镐第四次接到了朝廷命他出兵的圣旨，他不得不召集各路大军的领兵将领，在沈阳进行汇合，当即便开始商讨出兵谋略，然后按照商定的决策将大军分为四路：左翼为中路，由山海关总兵杜松统领，从沈阳出发进入抚顺；左翼为北路，由开原总兵马林会同叶赫领兵，从开原出发进入三岔口；右翼为中路，由广宁总兵李如柏与沈阳总兵贺世贤作为总指挥，从清河出发进入鸦鹘关；右翼为南路，由辽阳总兵刘大刀作为总指挥，从宽甸出发进入佟甲江。四路大军约定在满洲东边的二道关进行汇合，然后一齐围攻赫图阿拉。总帅杨镐在沈阳坐镇指挥。

誓师过后，各路兵马便调整自己的装备和军粮，待命出征。

第五十二章

杨镐领兵　故人送军情

杨镐统率四十七万大军攻击赫图阿拉的消息立即传遍了整个辽东。为了抵御明军的进攻，努尔哈赤决定修筑防御工事。他带领着一万五千夫役民工，在浑河与苏子河交叉的河湾处修筑萨尔浒新城，以此作为休养士卒的基地，同时还能起到抵御明军突然袭击的作用。

这天清晨，努尔哈赤站在新城西南角的角楼，朝远处眺望，忽然远处飞来一匹战马，弄得大道上烟尘四起。不一会儿，那骑士进城，跑上城墙，向努尔哈赤禀报："汗王，不好了！明军昨晚举着火把，要来攻打我们山城了！"

"来人多少？谁是统帅？"

探马摇头不知。努尔哈赤连忙走下城楼，回到大殿，召集八旗将领火速议事。

众旗主坐定之后，忽然又有探马进来报告："禀报汗王，末将获悉，明军四十七万，兵分四路，已于昨晚出兵！"

"好家伙！八对一，"龙敦听罢，面带惊色地道，"我军仅有六万，相差太悬殊，汗王，您可要拿定主意啊！"

"哼！不必听那一套！"安费扬古听罢，站起来道，"大明朝军饷匮乏，上哪儿去征那么多兵？"

那哨探马上申辩道："四十七万，就是四十七万，是我亲耳所听，亲眼所见。"

"何处所听？何处所见？"努尔哈赤关切地追问道。

"是我在明军的大舅哥所说，"哨探瞪着大眼珠子，生怕别人不信似的，比比画画地说着，"昨晚我听说后，就看见明军带着火把，傍黑天从抚顺关出发，浩浩荡荡，光火把就摆了好几里！"

"那叫外强中干！"安费扬古笑道，"如果明军真正兵强马壮，何必晚上行军，白天打仗？"

龙敦听了稳不住神了，他一拍椅扶手道："哎哟！安费扬古大臣，这回可不是跟尼堪外兰打仗！大明朝已坐殿二百多年，拿大屁股碰你一家伙，也够呛哟！"

努尔哈赤听罢，拍案而起，厉声呵斥道："不要危言耸听！眼下探察不实。谁若再胡言乱语，长敌之志气，灭我之威风，休怪我无情！"

大敌当前，汗王动怒，一时殿内默然无声。正当努尔哈赤犹豫不决之时，忽然门口的卫士进殿来报："汗王，有个汉人远道而来，要亲自见您。"

努尔哈赤赶忙进入侧殿，等待来者。他刚坐下，端起烟袋，忽然一个青年，身着明服，叩首来见。努尔哈赤平稳地道："免礼！"

来者抬头站起。努尔哈赤打量着眼前这个汉人，随之问道："你叫什么名字？"

"切捻爱林！"

"你是满洲族人吗？怎么叫满洲族人的名字？"

"我说不清楚，妈妈有时叫我白山。"

"对！切捻爱林，汉语就是白山的意思。看来，你自身一定和白山有缘。"努尔哈赤不想再盘问切捻爱林的身世，就直截了当地问道："你见我有何事？"

"向您报告军情，"接着他禀报道，"汗王，据小人详知，明军从前天开始已兵分四路，分别从沈阳、清河、开原、宽甸出发，围攻您的都城。""来多少人？"

"九万！""谁是统帅？""辽东经略杨镐！"努尔哈赤寻思了片刻，接着问道："是谁派你来报告如此重要军情的？"

"我家老母。"

"她叫什么名字？与我满洲族有何因缘？"

切捻爱林摇头道："家母不许我告诉她的姓氏，只嘱咐我叫您多加小心，用计破敌！"

这时，龙敦鬼鬼祟祟地站在门口，听了努尔哈赤与切捻爱林的一问一答，心中一惊。

龙敦自有心思打算。多年来，他勾结汗王的异族、仇人，阴谋害死汗王，从中夺得指挥建州的指挥使，乃至在长白山称汗。可是，每次策划都未能如愿。如今，明军发兵攻打赫图阿拉，岂不是用他人之

手灭己之敌的良机？他本想在汗王未定御敌大策之前，把军心搅散，使满洲军不战自垮。可是正当施展权术之际，半路杀出个送军情的切捻爱林，因此，他随着汗王走出大殿，来到侧殿门口，想弄清军情的虚实。当切捻爱林有依有据地讲清杨镐带兵九万，他就想趁汗王拿不定主意之机，杀人灭口，叫汗王无法再核准军情。他合计了片刻，就倒背着手，进了侧殿，对汗王小声道："这小子，身穿明服，报军情又不肯说出自己的家母。汗王，他定是杨镐派的细作。"

"胡说！"切捻爱林听到龙敦叽叽咕咕的耳语，怒吼道，"我是堂堂正正的天朝后生。"

天朝！多刺耳的字眼。努尔哈赤多年恨透了天朝的贪官污吏，恨透了当今天子，为此起兵，浴血奋战，以铲除天朝的恶势力，以求安康。可是眼前这个青年，竟在自己面前，以天朝的后生为荣，岂不令人生厌！龙敦的挑拨，加重了他的疑心。暗想：此人不是明人派的奸细，也是别有用心的逆贼。想到这里，他又一次盘问来人。那切捻爱林，不仅不再答话，反而挺起脖子，挺直身板，显出一副大事告成，视死如归的神态。

努尔哈赤眼见这位身穿明服的汉子，这样傲慢不羁的样子，气不打一处来。他一拍桌案，唤来两个手握长剑的武士，怒吼道："奸细！奸细！拉出去，给我斩了！"

等努尔哈赤回到大殿，侍从已把切捻爱林斩首于殿外。努尔哈赤懊丧地在大殿坐下，沉默了半天，忽然卫士又进殿禀报："汗王，佟养性求见！"

努尔哈赤一愣，随之起身，走出殿外。此时，佟养性已两鬓染霜，满脸污垢。努尔哈赤见了，慌忙问道："兄从何来？"

佟养性道："从沈阳牢狱里出来。"努尔哈赤问坐牢何故？佟养性简洁地道："还不都是因为我前两年给您弄了些生铁，以暗助外夷下狱问罪。"佟养性说罢，慌忙问道："切捻爱林把明军出兵的军情，都报告了吗？"

努尔哈赤点了点头，蹙眉问道："他是谁的后代？"

佟养性看了看殿内几位侍从，似有不便，努尔哈赤连忙挥手，把侍从请到殿外。佟养性才眉开眼笑地道："他就是范梨花所生的儿子。"

四十年前，范梨花被明军逼得跳山涧时，恰巧挂在悬崖的松枝上。

傍晚被一户姓万的猎户搭救。从此，就更名改姓，叫起万梨花来。以后她与范江鹄卖艺为生，暗助努尔哈赤捉拿仇人尼堪外兰。自万历十八年春，努尔哈赤进京朝贡，她在悯忠寺看到努尔哈赤而未能说话后，皇太后见她年过三十，容颜已老，就把她赐给沈阳游击贺世贤为妻。几十年来，她朝思暮想，希望能见到努尔哈赤，但，总未能如愿。梨花的心，天天挂着努尔哈赤，四处探听努尔哈赤的消息。万历二十三年夏天，她探听到纳林布录骗出明安父女，暗算努尔哈赤时，就连夜派人给努尔哈赤送信，及时搭救了明安父女。此次，明军四路进兵使她坐卧不宁，当她得知消息的当天，就派切捻爱林前来报信。

努尔哈赤听罢，泪流满面，后悔莫及地双手击头。

男儿眼泪不轻弹。努尔哈赤擦去了泪水，两手发颤地抓住佟养性的手，感激地道："你和切捻爱林都送来了准确军情，我不知如何感谢你和梨花才好？"

"咳，感谢什么？"佟养性抹了一把花白胡楂子道，"咱们和梨花，虽非同宗同族，但仇人却是一个。今后不推倒大明朝，谁也别想过舒心日子！"他解开衣扣，摘下头巾，恳求道："既然梨花托人把我从牢狱里放出来，我就不打算回去啦！汗王，您就收我当个老兵吧？"说着，双膝跪下。

努尔哈赤赶忙扶起在地上跪拜的佟养性，同时称赞其是眼观六路，耳听八方的大将之才。说完便把佟养性迎进了大殿，立即召集各部的将领重新议事。待众人都坐定之后，又有探马前来报告消息，声称在宽甸发现了大量明军，正在向赫图阿拉的方向逼近……

第五十三章

两军交战　施计方得胜

明朝大军压境的消息就如同暴雨一样以最快的速度传遍了满洲大地，这可急坏了萨尔浒山城的夫役民工。黑汉子图鲁什作为率领民工筑城的将领更是着急，他跑到为努尔哈赤搭建的临时大殿，在殿中急得团团转。因为想不到更好的方法，便恳请努尔哈赤让自己领兵出征，宁愿战死沙场。

"莫急！莫急！"在场的安费扬古把图鲁什让到一个座位上，说，"你看，汗王不是正在跟大伙商议军情，制定决策吗？"

图鲁什用袍襟抹了把额头上的汗，扫视了一眼在场的各旗旗主及文官武将，说："还商议个啥？汗王戎马数十年，身经百战，已有兵法十二条嘛！"说着他站起来，像咏经似的念着努尔哈赤总结的十二条兵法，"汗王兵法曰：刺探敌情，知敌知我，诱敌于险，设伏围挫，巧用疑兵，出奇拼搏，集中兵力，各个击破，一鼓作气，速战速决，用计其间，里应外合。"

安费扬古站起来，又把图鲁什按到座位上，问道："这知敌知我，你就说说吧。"

图鲁什摸着黑胡楂子，憨然一笑，伸伸舌头，不再言语。

努尔哈赤见图鲁什安静地坐下来，抿了抿唇髭，道："兵法者，多言常规，然而每战又有每战之法。此次大明发兵号称四十七万，不同寻常。此战将决定我满洲的生死存亡，为此，需要将敌军的将帅、指挥、部署、军器、士气、粮秣等敌情摸清再作商讨，然后再定对策。眼下，大军压境，交战迫在眉睫，望众将速议。"

汗王话音刚落，佟养性第一个站起来，说："汗王，据我在沈阳刺探，明军四十七万是诈。实者，西路杜松部，仅有两万余人；南路李如柏部，也是两万余人；北路马林部两万；再加叶赫二千助战，也不过三万；东路刘�一万，另加朝鲜援军一万多人，总共四路大军，也不过十万有余。"

"好！好！此情十分重要！"努尔哈赤坐在豹皮椅上，点头称赞。

"汗王，"范文程见佟养性坐下，赶忙站起来，道，"据卑职平日所知，明军将帅历来不和。领兵大帅杨镐，既庸懦昏聩，又骄躁寡谋，诸将不服。杜松靠老子身居要职，是有名的花花千岁，贪杯好色，没有带兵的本事。北路之将马林，虽有军衔，但徒有虚名，并无将才。刘綎，外号"刘大刀"，此人身经大小数百战，名闻海内，可能难以对付。至于李如柏，他身为汗王的侄女婿，多年怯懦闻名，卑职不必多言。明军帅与将，将与将之间历来互相忌妒不满，争魁夺功，缝隙很深，他们的将帅不和，我军可以伺机利用。"

"天时，地利嘛！"安费扬古听了佟养性、范文程的陈述，也激动地站起来，说，"兵家胜筹，唯在得天时、得地利、顺人心。眼下虽是初春，但天气尚寒，明军多是江浙、陕甘兵士，怕冷畏寒，天时于敌不利也。至于地利，建州多山多谷，再加之解冻雪融，道路泥泞，对惯于平原作战，长于施放火器的敌军，十分不利。相反，天时地利于我八旗兵士，多习以为常，不会干扰斗志。"

安费扬古说罢，接着几个派出的细作又禀报了明军的部署、士气、粮饷情报。汗王听罢，没有吱声，也没下令，他忙站起来，令侍从找来八个身强力壮、善摔跤的牛录额真，到殿外校场待命。不一会儿，八条大汉先后奉命来到殿外。这时，努尔哈赤率领殿内所有部将，走出大殿，来到练兵的校场。接着把八大汉分成四组，每组二人，分别站在长方形校场的东西南北四面。

八大汉站定之后，努尔哈赤又叫图鲁什挑选三名彪形大汉当他的助手，他们四人组成一组，然后对图鲁什道："老部下，你四面八人就好比你的敌人，现在他们向你包围，看你怎么对付吧？"

图鲁什听罢，连忙脱去袍子，光着膀子，对三个助手道："南面的两个小伙子体格最棒，我去对付，其余的，你们一人一面，自去对付。"最后他朝手心吐了口唾沫，边擦边嘱咐道，"你们可不要叫我在汗王面前丢脸呀！"

较量的办法是看谁把谁摔倒，被摔倒者，就算输。两方准备停当，努尔哈赤一声令下，图鲁什首当其冲，冲向南面，其余三人，也分别独当一面，各自冲向对方。

图鲁什和南面的两个对手相遇，一开始抻胳膊撂腿，迫使两名对手难以靠近。等他面颊流汗、张口发喘时，两名对手，突然一前一后发起强攻。待两人同时靠近，一个抱腰，一个抓手，刹那间，便把图鲁什摔倒在地。与此同时，东、西和北面，也都当了败将。

图鲁什爬起来，吵吵嚷嚷地大喊不服，还要再较量一次。努尔哈赤点头应允。可是，不一会儿图鲁什等四人又以失败告终。

图鲁什向来不服输，他还要再较量一次。努尔哈赤笑道："你看安费扬古怎么斗法。"说着努尔哈赤对身边的安费扬古耳语了几句，安费扬古就带着刚才图鲁什带的三个助手，出场较量。

努尔哈赤一声令下，安费扬古带领三猛士一起向西面距离自己最近的一方冲去。四个人斗两个人，轻而易举地获胜。等南、北、东三方分别先后扑来，他们四人，又分别以最快的速度，将对方各个击败。

校场上响起掌声。努尔哈赤十分兴奋地道："众部将，安费扬古四人为啥能取胜，因为他把指头合成拳头。图鲁什四人为啥吃了败仗，因为他把拳头弄成巴掌，又用指头去捅人。手指头再硬，也难把人捅倒呀！"接着努尔哈赤直截了当地对眼前的战局分析道："眼前明军十余万，我军六万。他们兵分四路，分兵合击。如果我们也兵分四路去迎击，那就像用指头捅人一样，很可能失败。所以，此战……"

突然城门口一阵狗叫，努尔哈赤马上机警地命众将回到大殿。接着他部署道："我南路尚有驻兵五百，先跟明军周旋。不然，如果我们被他们诱到南路，而抚顺所来之敌，就要乘机袭我都城。为此，我应集中兵力先破抚顺一路，其他几路不足为虑。这种打法，暂叫'任他几路来，我自一路去'的拳头打法吧。"

图鲁什首先拍手赞成，众部将也一致同意。于是，努尔哈赤命令老城留下四百名老弱官兵守城，另派以多罗甘珠、巴什泰、李永芳为谍工，立即出动。同时，任命代善为先锋官，率军先行，剩下的六万人，由努尔哈赤及各贝勒、大臣率领，西进迎敌。

中午，天色阴沉。向阳的山坡上，虽然枯草丛丛，但也时而露出片片绿色草芽。高崖上的几株老松，也开始脱去暗绿色的冬装，换上嫩绿春服。然而，在这乍暖还寒的季节，萨尔浒地区，也时常飘来一阵轻雪。

日影西斜，代善率军来到扎喀关，忽然探马来报："禀报大贝勒，清河方向，发现明军。"

代善停马蹙眉道："清河一带山高路险，行军艰难，明军不会很快来到。还是按汗王的部署，西去迎击杜松。"

四月十四日，杜松率领三万大军，来到浑河岸边萨尔浒山口。此时，忽降大雪，西北风卷着烟雪，直扑人面。午前浑河水面还是清水潺潺，而一阵风雪过后，河面已冻了一层薄冰，冰上又落了一层鹅绒似的积雪，茫茫雪野，银白一片。

杜松骑在一匹枣红马上，眼望着不见首尾的三万大军，自得地用右手食指绕着马缰绳绳头，在胸前摇动。

这杜松，刚三十岁出头，长得体态匀称，五官端正，如果他脱去那身盔甲，倒很像个白面书生。他本来是兵部尚书的远房外甥，从小过惯了花花公子的生活。三年前，做知县的父亲，花了五百两银子，为兵部尚书的小儿子做了件像样的"长命百岁"金锁，兵部尚书便在皇上面前提名，让杜松当了个总兵官，镇守山海关。此人跟女人周旋颇有本事，但论起带兵打仗，他却一窍不通。刀枪剑戟俱无功夫，兵法韬略更一概不知。三年来，为了游山玩水，才勉强学会了骑马。此次出征，杨镐奉兵部尚书之命，特意为他配了两员副将，以应付战事。

可偏凑巧，在两员副将中，杨镐偏偏挑中抗夷有功的皮廷相。这皮廷相，为了趁机捞一把，很想攀附皇室的这棵大树，所以对杜松有言必从。至于另一员副将，已年过花甲，本不想出战，无奈皇上有令，才勉强随从。这样，三万大军，实际上还是杜松一人说了算。

出征前，杜松做了场梦。他梦见出师之后，所向无敌，自己骑着一匹神马，驰骋于白山黑水，云间水中，最后他孤胆获胜，官升至兵部尚书，独得皇上赏银万两。出关后，他一直自得地回味着梦中的情景，感到兴奋、甜蜜与幸运。即使眼下即将与敌短兵相接，他依然觉得身轻似燕，翱翔于云间。

雪越下越大。杜松一心想夺平定满洲的头功，似乎一切严寒，他并不在乎。正在他远眺萨尔浒山之际，忽然哨探飞马来报："禀报总兵大人，界藩山发现满洲筑城夫役多人，那里披甲兵士甚少。"

"好！"杜松骑在马上，右手一挥当即下令，"火速进军!"

明军进入萨尔浒山区，迎着西北风前进。大军进入萨尔浒山第二道山口，忽然一队人马飞下山冈，顿时箭飞刀闪，冷不防将明军长蛇

似的队列，拦腰冲断，明军的队伍一时大乱。

此时，杜松与皮廷相正并驾齐驱，走在队列的前头。当他听见马嘶人叫，杀声震天的声音，勒马回头观看时，忽然探马来报："禀报总兵，刚才是一伙满洲刁民在突围！"

杜松向那队人马逃去的方向看去，只见一个身着葱绿色旗袍，身跨青马的姑娘，正站在山头指挥众人后撤。他眼望着那满洲姑娘的倩影，动心了。杜松眯着细眼观赏了半天，突然一个明军哨探押着一个满洲青年向他走来。

"禀报总兵大人，"哨探走近杜松，跪下禀报道，"部下抓住一个筑城的满族青年。"

杜松瞥了一眼那其貌不扬的满族青年，心里依然惦着远处的那个满族姑娘。于是问道："傻小子，你可认得远处的那个姑娘？"

"认得！认得！"满族青年爽快地用汉语回答道，"她叫多罗甘珠，是满洲第一大美人！"

杜松眼盯着美人，问那青年道："你能不能把她给我叫来？"

满族青年连连摇头，道："她是界藩城的公主，我哪敢去叫她。"

说话间，多罗甘珠已走远。杜松望着她的背影，心如猫抓。此时，他已忘了自己是统率千军万马的将帅，而一心想着男女之乐。他跳下马来，走到满洲青年身边，突然问道："你帮我想个什么办法，能把她捉住？"

满族青年又摇了摇头，无可奈何地道："界藩城只离这二三里路，你自个去抓呗，反正城里没几个人。"

风雪终于停了，天也渐渐黑了下来。杜松心中有些焦急。皮廷相站在杜松的身边，听着他的问话，再看其表情，皮廷相心里早已明白，杜总兵此刻心内一定十分焦急。于是眼睛一转，便心生一计，对杜松说道："杜总兵，此时天色已晚，我看咱们不如先在此地安营扎寨。我带些兵士先在萨尔浒驻守，您带些兵去界藩查看情况，等您回来我们再商议征战策略，您看如何？"

杜松此时也没有更好的方法，只好点头答应，当即便留给了皮廷相两万兵马，自己带领着一万兵马在副将的陪同下进入了藩城。

第五十四章

永芳来访　皮廷相意降

皮廷相留驻萨尔浒，马上命两万人马分山上山下设营，然后各营伐木筑栅，挖壕设障，傍晚时分，各营安排就绪，接着点火造饭。疲劳的兵士钻进营帐，早已四肢无力，双目发涩，不一会儿，除了值更哨兵外，多数已入梦乡。皮廷相坐在牛皮大帐正昏昏欲睡，忽然侍卫进帐来报："禀报副将，帐外有一故交求见。"

皮廷相眨了眨双目，用右手指肚抹去眼角的眵目糊，刚站起来，只见一位身着明服，方脸下留着黑须的人进帐施礼。皮廷相一愣，刚想称呼，忽而又改做打手势，把来客让到马扎上坐下，然后回身辞走侍卫，坐到来者身边，小声道："哎哟！李永芳老兄，你怎么跑到这里来了？"

"我十分感谢你，"李永芳抓住皮廷相的大手道，"一年前，你为了救我，险些遇难，吾将永志不忘！"

皮廷相的圆脸盘儿映着灯光红了一下，就摇手道："何足挂齿！何足挂齿！"他似乎为了掩饰一下不安的情绪，下意识地用手摸着两腮，表情痛苦地道："可惜张承荫总兵已在援战中作古！"

"可惜，人死了，还落个无能的名声，"李永芳抹着眼角的泪水道，"如若张总兵在天有灵，定会破口大骂！"

皮廷相霍地站起，气愤地道："当今的世道，尽忠就是愚忠！"

"是呀！"李永芳接着道，"我们在沙场卖命，那些朝内的官员有几个惦着我们的小命？有谁抚慰我们的家室？张总兵死于疆场，不仅轻如鸿毛，如今连他的眷属都被赶进深山老峪。皮老弟呀，今后可要长个心眼呀！"

皮廷相一时心烦意乱，问起李永芳失踪的后事。李永芳作了如实的讲述。他说，自被汗王努尔哈赤收编后，仍坐镇抚顺，擢升副将，并将汗王之孙女妻之，结缘修好。汗王本人慈善爱民，不杀不掠，不动民间田宅。抚顺城内的百姓，依然平安度日。李永芳凑近皮廷相身边，拍着他的肩膀道："依我之见，满族汗王，比那些虐民敛财的明官，不知要好多少倍！"

皮廷相听罢，赶忙走到大帐门口，放下厚厚的帘子，转身道："老兄，降服的名声，可不好听呀！"

"咳！啥叫降服？"李永芳脸色铁青地道，"当年姜子牙弃殷助周，兴起周朝，为世人称道；韩信离开异地，为汉王做帅，打下汉朝天下，成为美谈。为啥别人替汗王努尔哈赤出力，就招来白眼儿！"

"努尔哈赤不是夷人吗？"皮廷相直截了当地说。

"夷人，夷人，夷人就比华夏的子孙矮人一等吗？"李永芳气愤地说，"成吉思汗被称为夷人，可是如今哪个汉人，有他那样的雄才大略、气吞山河的气概？难道神州万里，只有汉人才可以戴皇冠吗？"

"亦不尽然，"皮廷相道，"金朝、元朝不也出现过太平盛世吗？"

李永芳缓了口气，道："古人说，人皆可以为尧舜。有朝一日满洲人进关，推翻了朱氏王朝，以贤明代替昏庸，繁荣代替贫穷，岂不是人人乐道的好事吗？"李永芳拍了一下皮廷相的肩膀，鼓励地道，"到那时，再回头评说往事，岂不有趣！老弟，凡事都要三思呀！"

皮廷相本无心恋战，也不想此战取胜，升官晋爵。此时，经李永芳一番劝说，动心了，脑海里浮现出种种幻觉……

帐外漆黑，皮廷相隔着幔缝朝外瞥了一眼，仿佛自己陷进一座黑牢。接着四周传来啾啾的鸟鸣、嗷嗷的狼嚎、呱呱的鸦叫。他毛骨悚然地朝李永芳瞥了一眼，问道："李游击，听这四周的动静不妙呀！"

李永芳道："噢！皮副将真是耳灵得很。老兄，实话相告吧，你已经被汗王的大军包围了！"

"多少兵马？"皮廷相大惊失色，映着烛光，脸色一阵紫、一阵白。

"四万五千！"

"我的老天爷呀！"皮廷相如牛似的身躯扑通一声倒在地上，仰面朝天地傻愣了片刻，忽又坐起，赶忙抓住李永芳的胳膊，愤然骂道："杜松这个狗杂种把我撇下，不是叫我白白送死嘛！"皮廷相双腿有些发颤了，他求救似的哀求道："李大哥，你帮我拿拿主意吧！"

"你想死，还是想活？"

"当然想活了。"

"你想体面地活，还是归顺？"

皮廷相为难了。他知道，李永芳所指的体面，就是不战而逃，像抚顺一战那样，既不舍身又可求仁。归顺吗？广宁的大片财产，四房姨娘又怎么办？李永芳见皮廷相为难的样子，只好不阴不阳地道："皮将军，金鼓在你手里，怎么个敲法，可由你自己安排喽！"鸦叫、狼嚎，声音越来越大。皮廷相再次恳求道："李大哥，请你替小弟向汗王求个情，只要对我能说得过去，我皮某绝不会做出不义之事。"

李永芳笑了笑，拍着皮廷相宽厚肩膀，道："真是个'老皮条'！"说着走出帐外，由卫士送出大营。

皮廷相送走李永芳回到帐内，山下的铳炮营两个游击上山通报敌情，道："禀报副将，山下发现满洲兵！"

铳炮游击是皮廷相的两个心腹，他听完禀报，不假思索地道："今晚满洲兵四万五千，我兵只有两万。你们可要小心从事，千万别激怒那个汗王！"

"那满洲兵要进攻呢？"一个游击不解其意，反问道。

"炮朝天放！"另一个大脑袋游击抢先道。然后转脸对皮廷相道，"副将，等杜总兵打出个眉目，咱们再见机行事，是不是？"

皮廷相嘿嘿笑着，拍着大脑袋游击的肩膀，亲近地笑道："你这小子的大脑袋真没白长！"

三个人同时乐了。

说笑间，山下螺号响起。

第五十五章

满军得胜　女子也征战

皮廷相虽然从李永芳那里得到满洲兵的动向，但心中仍然无底。他暗想，万一李永芳未能向汗王表述自己的心情，发动强攻，到时候吃亏挨打的还是自己？再说那嗖嗖的利箭也没长眼睛，万一碰上几支，射中前心，岂不命归西天？想到这里，他马上命令各营立刻燃起火把，待命应战。

明军兵营各成方阵，每营挖三层壕沟，沟外骑兵列队，再往外是一排排铳炮，铳炮下炮手直立待命。等点燃火炬的命令传来，山上山下顿时明如白昼。

努尔哈赤骑在马上，立在山北，把明军的布防看得一清二楚。他等劝降的李永芳回来，探明了皮廷相的意向，就马上发起强攻。

又一阵螺号响起，努尔哈赤统率的四万多大军，同时从四面将明军包围。弓箭手听到发箭的螺号声，立即弯弓搭箭，照直向明军炮手射去。

一排排炮手应声倒下。没倒的立即点火发炮。可是，明军在明处，满洲兵在暗处，每一发铳炮发出，只能在远处的山林里闪光，而丝毫伤不着满洲兵士。

满洲兵借着炮火的光亮，跨过壕沟，冲入敌阵，刀光剑影顿时吓得明军胆战心惊。

明军新入伍者为多，都没见过阵势，他们眼见一个个满洲兵如狼似虎，哪还顾得打仗，一个个丢下兵器，四处逃窜，一时明军大乱。满洲兵如入无人之境，一阵砍杀。明军纷纷倒毙，尸横遍野……

黎明时分，萨尔浒山上山下的二万明军，除逃命者，全部被歼。

杜松率领的一万精兵，在那个满洲青年的引导下，傍天黑时便来到界藩城外。

界藩新城三面靠山，一面临水，新砌的石头城墙巍然屹立。杜松骑在马上，走在前头，眼见那美人闪进城里，关上城门，一时怅然若失。他沉思了片刻，转脸问身边的向导："小伙子，你能把那姑娘请出来吗？"

满洲青年马上答道："她怕您抓她才躲进城里的，您这千军万马堵在城门口，她是不会出来的。"

"那我们大军撤离城门呢？"杜松像馋猫见鱼，看见女人就迈不动腿，他舔着被风吹得干裂的嘴唇问道。

"那也许能行，"满洲青年为难地摸着后脑勺，道，"满洲人历来好客，我进去说说，也许那姑娘还能亲自给您送壶酒呢，不过……"

杜松心里发痒了，他见满洲青年迟疑的样子，追问道："不过什么？"

"不过您得把兵撤出去一里，我才能进城。"

"咳，这有何难，"杜松满不在乎地道，"反正天色已晚，城门紧闭，就是我明知努尔哈赤住在城里，也不敢攻呀！"

于是，杜松下令大军后退一里，靠近浑河两侧，安营扎寨。杜松住进营帐之后，马上派两名亲兵陪着满洲青年去请那位美人儿。

这满洲青年并非乡间百姓，而是努尔哈赤派的谍工，是图鲁什的儿子巴什泰。巴什泰自从抚顺一战被削职为民以后，心里十分懊悔，此次受汗王指派，一心想将功补过，自然办事也就胆大心细了。他带着杜松的两个亲兵，来到城下，叫开城门。

巴什泰早已和多罗甘珠商量好了暗计。巴什泰进城后，找到多罗甘珠，向多罗甘珠述说了经过，多罗甘珠马上转身回到院内。不一会儿，一个老阿哈挑着两桶酒，多罗甘珠随在身后，如约走来。

巴什泰陪着多罗甘珠回到杜松的军帐，把两桶酒放下，马上向杜松禀告道："大人，您要我请的人，我已请到了！"

杜松两眼发直地盯着多罗甘珠俊俏的脸儿，他瞅了半天，才问道："你家是卖酒的？"

多罗甘珠装作羞怯的样子，答道："是的。"

"城里有努尔哈赤的兵马吗？"

"连个穿甲的人影也没有。听说大军都在赫图阿拉。"

"你没撒谎？"

"您手里有军刀，俺敢说谎吗？"

　　杜松盘问一番，似乎消除了疑虑。他马上用白瓷碗从桶里舀了一碗酒，咕嘟咕嘟地一饮而尽，称赞道："好酒！好酒！"说着他从左手指上摘下一枚金戒指，抓住多罗甘珠白嫩的手，放到她手心，笑道："姑娘，这个够不够你的酒钱？"

　　多罗甘珠摇头道："用不了！用不了！"

　　"用不了，算大人送给你的。"巴什泰见机插话道。

　　多罗甘珠转身欲走，杜松猛地抓住她，笑道："姑娘先别走，等我喝完，还要再来一桶。"说罢，他叫卫士用铜壶装了满满一壶，一甩手道："把这些分给副将、游击。"

　　杜松把巴什泰及卫士打发走后，手拎着酒壶，一边喝一边对多罗甘珠道："好姑娘，你坐下，等卫士把酒桶拎来，我就叫人把你送回家去。"

　　夜幕降临，军营内闪着灯火。不一会儿，各将领的军帐里传来猜拳行令的吆喝声。

　　夜静、更深。多罗甘珠坐在军帐的地毯上，一盅一盅地为杜松斟酒。杜松越喝越高兴，越高兴越能喝。多罗甘珠边斟酒，边躲闪着杜松那不怀好意的到处乱摸的手。当多罗甘珠发觉杜松醉眼发涩，舌根发硬，前言不搭后语时，又一连给杜松灌了两碗，不一会儿，杜松烂醉如泥。多罗甘珠趁机摘下杜松的宝剑，悄悄地溜出帐外，神不知鬼不觉地将帐口的两个卫士刺倒，立刻将杜松的大帐点着，随之溜走。

　　总兵的大帐火光冲天，一时吓坏了左近的兵将。正当军营大乱之时，皇太极率领的二旗大军势如破竹般冲进军营。

　　火光、喊声、杀声，把杜松吓醒。他从地上爬起来，支撑着摇摇晃晃的身子，冲出帐外便扑通一声跌倒。请战的部将，把他扶上马，还未等坐稳，突然一箭飞来，正中杜松头部，接着未披甲的前胸又中数箭，便一头栽到马下死去了。

　　慌了手脚的明兵，一个个如丧家之犬，到处乱窜。一时只听咔嚓咔嚓刀枪撞击声，应着马嘶、人喊，交织成惊心动魄的鏖战曲。

　　长庚陨落，努尔哈赤率领的四万多旗兵，结束了萨尔浒山头的激战，立刻回师界藩。

　　皇太极率领的一万五千精兵与努尔哈赤的兵马会合夹击，使界藩的明军腹背受敌。战斗更加激烈，明军死伤无数，血流成河。那些侥幸逃出大营的明军，妄图履冰北窜，可是前脚踏上去，后脚就陷进冰洞，不一会儿就一命呜呼。黎明时分，明军的旌旗、器械、甲杖、尸体壅浮于浑河之上，致使河水滞流。杜松统率的三万大军，一夜之间，全部溃散。努尔哈赤命兵士打扫完了战场，命人造饭歇息，忽然探马来报：尚间崖又发现大批明军兵马！

第五十五章　满军得胜　女子也征战

第五十六章

对垒斗智　皇太极出征

黄昏，西北风夹着小雪依然没完没了地下着。

马林身披盔甲，骑在一匹膘肥体壮的枣红色蒙古马上，率领二万多开原城的步骑兵，来到萨尔浒西北三十里处的山谷尚间崖。

马林曾跟随李成梁多年，当年他靠着李成梁这棵大树，由一名卫士，很快升为备御、游击、副将、总兵。他镇守开原多年，靠克扣军饷，发了大财，成了开原、铁岭一带的富翁。可是，好景不长，李成梁一倒台，他的总兵官衔，也随之被撤，削职为民。他闲居家中，无事可做，便舞文弄墨，以文会友，结交名士，串通官府，也过得十分快活。从军为将二十多年，他从未看过兵书，更不研究兵法，凭着运气和身后强大的支柱，浑浑噩噩，风平浪静地过着豪华的生活。

一个月前，马林由在京一位文友荐举，杨镐重新起用他为北路大军主将。驻守开原的几个中级军官，联名写信给杨镐，说："此人庸懦无能，不可信赖，恳请大帅另选将领。不然，会辱国误事，危及天朝。"但，杨镐自负，不仅不听劝告，反而又给马林增派了五千骑兵。对此，马林十分感激，写血书致杨镐："腰悬赤子头，誓取努酋首。"

此刻，马林遥望远山，手抚剑柄正做着升官发财的美梦。

他远眺峰顶一棵挺拔的红松，正诗意大发，忽见前面半山腰的小径上，飞来几匹战马。

战马驰骋，惊飞了山野的小鸟、野兔、狍子。

马林伫马立镫，朝来者看去，见为首的披甲骑士身材高大，膀阔腰圆，黑黢黢的方脸上，一对牛眼睛，直愣愣地望着他，飞驰而来。他看了一阵儿，觉得十分眼熟。等来者赶到跟前，他才认出领头的是皮廷相。他慌忙迎上去，心中又惊又喜。因为一天多沉默的行军，未探听到满洲军的动向，虚实不知。他想，皮副将到来可能通报军情，或者助战，若不，怎么会半途到此？想到此处，马林立刻下马，迎上去施礼，笑道："皮副将凯旋至此，请受老兄一拜。""屁！"皮廷相坐在马上，愤然骂道，"杜松这只骚狐狸，真不是东西，为了个娘们，中了满洲人的奸计，丧师辱国！"说着皮廷相失声痛哭起来。

马林见军情有变，为稳定军心，马上命全军停下，扎营待命。不一会儿，马林把皮廷相迎进帐内，听他细说了一遍杜松全军覆没的全部经过。马林听罢，额头上不禁渗出汗珠。

"老兄，"皮廷相用袖口抹了一把泪水，劝慰道，"咱们一起为官多年，镇守边陲。虽说立功不多，但苦劳也不少呀！哪想到杜松到这不到两天，就丧师数万！马老兄，你我虽非同胞手足，可情谊可贵呀！咳！为了你的前程，你也要做防备呀！老弟孤身到此，只此一言，为了大明朝……"说着，皮廷相抽出宝剑，就要自刎。

马林慌忙夺过宝剑，摔到地上，紧紧抱住皮廷相，哀求道："老弟是大明朝的功臣，怎能如此轻生？"

其实，皮廷相并无意自裁，他只不过做做样子，以引起马林对生的留恋而已。马林把皮廷相让到座上，又感激地道："老弟，兵败之时，仍不忘愚兄，吾心中十分不安。"

"唉！咱们是生不逢时呀！"皮廷相叹道，"当年朱洪武开国之时，打一仗升一次官，分一次浮财。可是，到了如今，朝廷里尔虞我诈，互相倾轧，难道你我就这样为他们卖命吗？"

"谁叫我们天天吃军饷呢！"马林无可奈何地说，"吃军饷的人，不打仗，于心有愧呀！"

"哎呀呀，你这个死脑瓜！"皮廷相像老母教导孩子似的道，"杨镐比你吃的军饷多得多，可是人家名为经略统帅，坐镇沈阳，用动一刀一枪吗？"

马林如梦初醒，可又无计可施，只好叹息："事到如今，你看咋办为好？"

"见机行事呗！"皮廷相用十分轻松的口气道，"胜败乃兵家常事，皇上还有闹肚子的时候呢，打次败仗，杨镐还能把我们吃掉？"

"老弟！"马林忧虑地道，"此战非同小可。大明朝几乎倾黄河以北的大兵，与满洲人决一雌雄。这一仗若全溃，大明朝就要丧失元气，满洲的汗王，就有可能入关。未来的日子将不堪设想呀！"

"哪管那么多？当兵的有奶就是娘！"皮廷相话刚落音，突然探马

进帐来报："禀报总兵，西南方向，发现满洲兵！"

马林顿时慌了手脚，他深知努尔哈赤不仅是勇敢的斗虎英雄，百发百中的神箭手，而且还是个很有军事韬略的将才。当年他从抚顺把努尔哈赤抢到广宁，又几次斗虎惊动全城，就暗自佩服努尔哈赤的智勇双全。眼下跟这样的人较量，其结果将不堪设想。

西天放晴，长庚在西天闪烁。马林出征时想凭着四十七万大军围剿赫图阿拉，企图浑水摸鱼取胜的心情，一时烟消云散。此时，他经过一番衡量，决定转攻为守，立即传令全军安营扎寨，布起他的"牛头阵"。

马林军一分为三。左翼偏将和右翼偏将各率军七千，其余由他统率。三军因军旗颜色不同，分别称为黑旗军、红旗军、黄旗军。

三军停下，马林立刻派左翼偏将率军速奔尚间崖西南约五里处的斡珲鄂漠扎营，又派右翼偏将率军直插尚间崖东南五里处的飞芬山据守。然后自己统率余部驻守尚间崖，依山结成方阵，环营挖三层壕，壕外排列骑兵，骑兵外布枪炮，枪炮外设骑兵，壕内布列精兵。这样三营相距数里，形成牛犄角形的阵势。等他布置完毕，回到帐内，点着红烛，笑着对皮廷相说："老弟，这'牛头阵'也许是兵书上不曾记载的。以我之见，此阵既可相互救援，又可以战车、战壕阻击满洲兵的铁骑，然后以炮铳、火箭制伏努酋的弓矢。"

"妙！妙！马老兄若能胜努酋，我将第一个为您请功！"皮廷相从怀里掏出酒壶呷了一口，奉承道。

马林闻到酒香，酒瘾顿时上来。兵营尚未安顿就绪，他就陪着皮廷相喝起酒来。

天色微明，努尔哈赤派出的探马一一回到萨尔浒军帐，向汗王禀报了北路马林军"牛头阵"防守阵势。努尔哈赤喝了碗马奶子，吃了块苏叶饽饽，就传令八旗将士，拔营进军，集中三倍于马林的步骑兵，速向萨尔浒西北进发。

日出东南，努尔哈赤亲自统率一千精骑，来到斡珲鄂漠的黑旗营。黑旗营防守甚严，盾车屯营，环营挖壕，排列枪炮。八旗军离黑旗营约一里许，黑旗营内明军先发火炮，乌铳枪，一时浓烟滚滚，火燃枯草。努尔哈赤的先遣队受到阻拦，死伤多人。努尔哈赤先后派出两批大刀队，都未能冲破明军的方阵。努尔哈赤的右胳膊也被敌方炮火击伤。黑压压的明军，潮水般地涌来。

恰在这时，皇太极率领的五百白盔白甲白马的快骑从右翼杀来。

皇太极今年二十七岁，正是血气方刚、风华正茂之时，再加骑技弓法训练有素，他冲杀在千军万马中，真如猛虎下山。

他身披铁甲，外罩白斗篷，黑鬃的雪花马如离弦之箭，嘶叫着冲向敌营，他手抡大刀，左砍右杀，刹那间冲出一条血路，随之兵卒进营，推倒明军的盾车、火炮，砍死五百铁骑。在敌营如同入水蛟龙，冲突、砍削、狂奔，明军顿时乱了阵脚。

皇太极正拼命冲杀，突然他骑的雪花马被明军飞箭射中，雪花马嘶叫着，竖起前蹄。他眼见战马将要倒下，恰在此时，忽见身后跑来一匹惊马，他灵机一动，双手朝马背上一摁，身子向后猛地一纵，来了个"过梭"，稳、准地落在跑来的惊马的背上，又继续拼杀。

皇太极从小跟着阿玛努尔哈赤射箭，马上的功夫甚精，无论是卧马技、立马技，还是滚马技，样样精通。就是上马，他也与众不同，什么反背上、抓鬃上、夺鞍上、纺车上，他做起来得心应手，如同马戏团的驯马师，样样自如。至于箭功，他功夫尤为精湛，他骑在马上弯起弓来，身稳、眼尖、臂平、力大，什么右手箭、左手箭、兜底箭、花马箭、旋身箭，样样干净利索。

眼下，皇太极冲杀在千军万马之中，凭着他娴熟的马技弓法，时而立马挥刀，时而卧马弯弓，弄得明军眼花缭乱，弄不清他的箭来自何处。有时明军的弓箭手，向坐在马背上的皇太极射去，可是明军箭一出手，箭就落空，他早已单腿跨镫，伏在马背上一侧，回身射出旋身箭，把刚才进攻他的明军弓箭手射死；有时他抡起战刀，呼呼生风，飞蝗似的箭头未等近身，他早已左拨右撩，前抡后挥，把箭拨回落地。在他的坐骑周围，地上的箭头，如同秋天的高粱茬子，使明军的神箭手束手无策，无可奈何。

皇太极的五百铁骑把黑旗军的大营搅乱了，一时铁骑驰突，越堑破栅，厮杀拼搏，所向披靡。黑旗军领兵大将，营破战死，明军见帅将身亡，一个个便丢盔弃甲，四处逃命。

整个斡珲鄂漠交战，不到一个时辰，马林的黑旗营，就全营覆没。

中午，努尔哈赤的八旗军马会合后，便直逼尚间崖。

马林军中兵士多是周围林寨新入伍的庄稼汉，入伍打仗，本非心

愿，行军时已有不少人偷偷逃跑。此时一听努尔哈赤几万大军蜂拥而至，更无心应战。马林也自知军心浮动，就当场抓了几个逃兵，问罪斩首，才算勉强镇住。

螺号阵阵，满洲军势如排山倒海。马林选派了几个善骑的游击，前去阻挡，自己便悄悄溜回开原。群龙无首，明军溃散。不到一个时辰，北路的一万多大军，死的死，逃的逃，伤的伤，被俘的都被赶入满洲人居住的村寨。皮廷相见投马林无望，便带着两个亲信，逃回沈阳。

第五十七章

总兵拜庙　败局成定数

　　杨镐几日未接到军报，心情十分焦急。这天早晨，他特意到沈阳城东门内天齐庙拜庙求神。东北多年道教盛行，远在汉平帝时，这里就修了座天齐庙。据道教讲，庙里所供东岳天齐王，率领群神五千九百个，主管生死，是百鬼之帅。杨镐走进大庙，跪在天齐王神像下，往香炉里插了三炷香，然后闭目祈祷。

　　烟香萦绕，杨镐的思绪也随着袅袅升起的烟云，出现种种幻觉：战鼓咚咚，旌旗蔽日，四路明军如同奔腾的河流，直冲向满洲人的老家——赫图阿拉。随之，赫图阿拉山崩地裂，眨眼间，满洲人陷进地洞，被洪水吞没……唢呐响起，歌舞不止，杨镐率领千军万马回到北京，步入皇宫，宫娥们为他斟酒洗尘，皇上为他戴上桂冠……

　　歌声笑语，令人陶醉。杨镐正合掌再拜，忽然一个侍卫悄悄跪到身边，俯下身子，耳语道："经略大人，杜松、马林二路大军，已全军覆没！"杨镐睁开双眼，瞥了侍卫一眼，表示诧异。侍卫见杨镐有疑，马上朝身后一指。杨镐回头蓦然发现满身血污的皮廷相，陡然目瞪口呆，一下子瘫软在跪垫上。三个侍卫一时慌了手脚。皮廷相马上叫侍卫把杨镐抬进轿里，送回总兵衙门。

　　回到沈阳总兵府，经过急救，杨镐渐渐苏醒过来。他睁开眼，躺在软榻上，仰望着云字卷的天花板，如坠云空。恍惚中，他似乎觉得皇上差来御史，向他问罪。他被五花大绑地捆走，送回皇宫，带到宣武门外斩首。他似乎觉得冰凉的刀已搁在脖梗，本能地呼叫道："救命呀！"

　　"大人！大人！"皮廷相在外屋，听到杨镐呼救，慌忙闯进里屋，忙喊："大人，大人！"俯身一看，蓦地发现一条二尺多长的灰蛇，正从杨镐的脖子底下钻过。他顿时额上冒出冷汗，后退了一步，头昏脑涨，如同夜半遇鬼。

　　长蛇倏然而走，皮廷相强打精神，看了看杨大人的脸和脖子底下，又看了看自己脚下，确信再没有第二条灰蛇，于是咳嗽一声，慌忙问道："大人，您有什么吩咐？"

　　杨镐从恐惧中睁开了惺忪的睡眼。一见皮廷相的手，如同溺水之人抓住一块木板，悄声道："皮副将，你看李如柏、贺世贤和刘大刀三个人后果会如何？"

　　皮廷相未加思考，口齿爽快答道："大人，南、东两路大军，多行走于峻岭丛山，行路已够辛苦的了，何况尚须打仗！"皮廷相趴到榻边，又道，"再者，满洲兵骑马善射，又惯于山林生活，如今又是胜利之师，余勇可畏。所以依末将之见，南、东两路大军，会比西、北两路更惨！"

　　杨镐四肢无力，如同大病之后的病夫，有气无力地仰面躺在软榻上，他半眯着眼问道："皮副将，你看下步棋该咋走？"

　　皮廷相站立俯首，虔诚地道："恕末将直言。辽东一战，若遭惨败，您将以丧师辱国之罪问斩无疑！"

　　杨镐陡然打了一个冷战，额上又渗出冷汗。

　　皮廷相俯下身子，边给擦汗，边道："大人，眼下求全已不可得。不过，您如若能保住南、东二路兵力，可望减罪。"

　　"狼狈而归，叫我有何脸面见人？"杨镐哭丧着脸道。

　　"瞎瞎！带兵的谁没打过败仗！当年诸葛亮能掐会算，呼风唤雨，不还有失街亭嘛！"

　　"皇上可能稀里糊涂地饶我一命，可是那些朝内大臣会把我推进油锅！"

　　"大人，顾不得那么多了，您赶快差人把李、贺、刘三将召回来吧！"

　　"咳！"杨镐又愁了，他轻咳了一声，道，"派谁去呢？"

　　眼下确实无人可派。当初，杨镐只有胜利的打算，并无失败的准备。他把所有的将官都已派走，若不是皮廷相半途而归，整个沈阳城根本找不出第二个能统兵领将之人。他有心派皮廷相出马，可是心里又怕，万一努尔哈赤兵进攻沈阳，自己守个空城，岂不是束手待毙！

　　皮廷相亦是惊弓之鸟，他心里也很怕再次派他进山玩命。此人打仗无能，可是玩弄权术颇有本事。他灵机一动，计上心头，献策道：

"大人，沈阳不能留个空城！依小人之见，李如柏、贺世贤尚有家眷在此，何不派他们亲人至前营，规劝其夫？至于刘大刀一路，我选两个亲信去也就是了！"

杨镐寻思了片刻，颇觉有理，就点头应许。不一会儿把李如柏之妻金尼雅，贺世贤之妻梨花找来，将东征赫图阿拉战况，一一做了交代。

梨花已是年近花甲之人，听了既不喜，也不表示悲。因为这正是她心中盼望的结局。几天前，她派儿子切捻爱林给狱中的佟养性两次送信，就是盼着满洲军取胜，又不伤害自己的亲人、丈夫。所以，此刻她心情平静地坐在大堂一侧，仔细观察着金尼雅的表情。

金尼雅已是两个孩子的母亲，她坐在梨花右侧，低着头，安然地玩着手腕上的银镯子，给人一种高深莫测之感，其实，金尼雅早就心里有谱。她身为赫图阿拉的骨肉，喝苏子河水长大的人，怎能容忍别人去践踏、去杀害养育自己的亲人？几天前，她坐在灯下，对将要出征的丈夫李如柏反复嘱咐道："夫君，你不要忘了，当年你玩弄五门出殡时，是伯父在张御史面前替你讨了好话，才使你免于一死，保留了总兵的官职。再说，为妻也是满洲族人。你切莫做出忘恩负义之事。"当时，李如柏曾咬破中指，写下血书："不伤害满洲一兵一卒！"所以，当她听到北、西两路溃散，李如柏还未曾与满洲兵相遇时，心中暗自佩服丈夫讲义气，有心计。

杨镐见二位部将的夫人如此平静，就捻着胡须，强作镇静地道："两位夫人，我身为主帅，思虑再三，为保全辽东实力，想派你们到前营将李如柏、贺世贤两位将军招回，以待再战。"说罢，将拟好的一封亲笔信交给金尼雅，道："李夫人，事关重大，望两位夫人，火速起程！"

金尼雅马上站起，叩首道："遵命！"梨花也随之站起，作揖而别。

当日，梨花和金尼雅同坐一辆三匹马拉的篷车，由十名骑士陪同，立即踏上征程。她们出城南门后，过浑河，穿过白塔铺，直奔玛哈丹，打算半路截住李如柏的兵马。

车过玛哈丹，进入崎岖的山路，篷车开始颠簸起来。第二天黎明，篷车在大山沟里穿行，车身晃荡得更加厉害。车子跑着跑着，忽然前辕辘被石头垫了一下，接着车身一阵摇晃，随之金尼雅被颠到梨花的

怀里。梨花慌忙抱住金尼雅。金尼雅刚刚坐好，忽然左手上的翠玉戒指滑落到车厢内的地毯上。

梨花俯身拣起，放在手心里端详了一番，不禁一愣，心想：这戒指不是我当姑娘时戴的吗？她沉思了片刻，想起十四五岁时在广宁李总兵府的朝朝暮暮，回忆她与努尔哈赤在葡萄园私会赠戒指的情景。随之暗想：这不正是当年我赠给努尔哈赤的信物吗？

金尼雅见梨花望着戒指出神，就笑道："贺夫人，看来您十分喜欢这枚戒指喽！"

梨花拢了拢花白的鬓角，道："是的！"

"那就送给您好啦！"金尼雅爽快地道。

梨花点头答谢，把戒指戴在左手无名指上，笑着问道："这戒指是谁送给您的，何时戴起？"

金尼雅笑着，把努尔哈赤如何巧扮侍从，陪同张御史出差广宁；如何机警地揭破李成梁五门出殡的假象，弹劾李成梁；如何深谋远虑收留李如柏；李如柏如何到赫图阿拉朝拜努尔哈赤；努尔哈赤又如何将自己许配给李如柏为妻的事，一五一十地说了一遍。

梨花听罢，紧紧握住金尼雅的手，激动地道："你就是汗王的亲侄女？"

金尼雅点了点头，眨眨眼睛，反问道："贺夫人，您见过我家大伯？"

梨花刚想点头，忽又摇头。

马拉篷车又一阵颠簸，忽听车厢外几声清脆的鞭响，车夫马上喊道："前边就是虎拦岗！"

金尼雅听说篷车已进入满洲界，心中暗喜。她转身趴在车厢窗口，拉开紫色的窗幔，眼望着日夜盼望的故乡的山，故乡的水，眼泪禁不住扑簌簌地落了下来。

马车在峡谷间行进，路上不断出现马粪、破衣、断戟、散失的草料。不一会儿，探路的骑士回身来报："前面已见明军的车马！"

梨花按捺不住激情，也趴到窗口，向前看去。

此刻，李如柏、贺世贤率领的兵马已到虎拦岗南山脚下。

当他们得知杨镐差派两位夫人到前营送信，心中又惊又喜，于是马上传令全军鸣金歇息。同时，派出侍卫接迎。

日至中天，梨花、金尼雅及随从等人，来到前营大帐。李如柏看过杨镐的亲笔信，不阴不阳地道："早知如此，何必当初？"他把信递给身边的贺世贤，随之安然坐下。

　　贺世贤看罢，脸色铁青地说："半路撤军，岂不是逃兵？男子汉大丈夫，舍身取义，以身殉职，乃天经地义。如今叫我们当逃兵，这不是把我们赶上罪人之路吗？"

　　"贺总兵不必多虑！"李如柏坐在一个破旧的木箱上，坦然地说，"既然领兵的帅将下令，我等只能服从，不得违抗！"

　　说话间，探马进帐来报："禀报两位总兵，前面发现满洲骑兵，请速作迎战准备！"

　　贺世贤猛然将长剑抽出，连声吼道："战！战！不战，我无脸去见辽东的父老！"

　　这时梨花陡然站起，道："夫君，您可知杨经略委派吾二位女差之意？"

　　贺世贤一愣，把脸转向夫人。梨花道："我们来时，杨经略有话在先，如不能把两位总兵准时劝回，就拿我们两个女流之辈人头是问。"

　　"哼哼！"贺世贤冷笑了一声，把剑推回鞘内，愤然道，"兵部侍郎，兵部侍郎，不懂兵法，不会打仗，为这等人卖命真是羞煞人也！唉！"

　　梨花见丈夫态度转变，立刻改变了规劝的主意，反而用起激将法，嬉笑道："夫君若不遵命也可，如果孤军奋战，旗开得胜，为大明朝立功，晋升兵部尚书，为妻的我脸上也增光！"

　　贺世贤嘿嘿冷笑，在帐内转起圈子，一字一板道："当今的世道是带兵的不打仗，当官的不问政。可是加官晋爵，一个个都变成竹签子脑袋……嘿嘿嘿，若想到这些，我就想马上退兵！"

　　李如柏蓦然站起，笑道："这么说贺总兵打算保留两位女差的脑袋喽！"

　　贺世贤点头默许。

　　此时，又进来一个哨探禀报："满洲骑兵来到对面山下！"

　　李如柏见事不能再延迟，马上下令立刻退兵！

　　军令一下，各营顿时欢腾起来，一个个挥枪舞旗，如同得胜凯旋。

第五十八章

真假明军　起嫌隙轻敌

努尔哈赤率军击败杜松、马林两路大军之后，马上回到赫图阿拉，集中全部兵马，准备迎击东、南两路大敌。四月十七日清晨，他正坐在大殿派兵迎击李如柏，忽然探马来报："南路明军不战自退！"

努尔哈赤捻着唇髭笑道："我料李如柏不会忘恩负义！如此举动，两兵不伤，正合我意。"

阿敏笑道："这都是阿伯深谋远虑所致！当初阿玛并不赞成嫁我家阿妹金尼雅为李如柏之妻，说三道四，现在看来，谁是谁非，何高何低，已见分晓。"

安费扬古也笑道："自古大智大勇，才能称得起贤君圣汗，没有超人的才智怎好称汗？"

众人说笑间，又有探马来报："刘綎大军已抵阿布达里冈，离我都城仅有五六十里路！"

努尔哈赤听罢，一拍桌案，道："迎敌！"

这时众旗主肃然起立，努尔哈赤当即命令扈尔汉率军一千先行，随后又派代善、阿敏、皇太极等率大军堵截伏击。部署完毕，各路兵马，立即树旗排队，飞马迎敌。

此时刘綎率领的一路军马，正在阿布达里冈下的一个村寨劫掠。

刘綎出身于将门，从小随父征战，久经沙场，屡建奇功，威震四方，是有名的刘大刀。此人身高体壮，勇猛无比，在战场上，只要抡起他的一百二十斤重的镔铁大刀，数十人也难靠近。所以，历来为朝廷重视。为此，刘綎也居功自傲，骄横日甚。此次出战，他一心想夺头功，梦想晋爵。他从宽甸出发后，一路不顾山路陡峭，大雪封山，昼夜兼程。半路上虽遭满洲军拦挡，但他自率精兵开路，进军颇为顺利。当他攻下眼前阿布达里冈下的村寨时，已进入满洲境地三百里。

阿布达里冈下，有座二百多人的小城堡。刘綎率军攻下后，马上将城堡里仅有的二十多个男人杀死，然后将女人集中起来，按年龄大小，相貌美丑，分成甲乙丙三等。然后按军功大小，分别配给各级将领晚上过夜。这天，中午分配完俘物，忽然抓住一个汉人，刘𨫭把战俘带到帐内严加审问，那战俘道："杜松的大军已进赫图阿拉，正在城里摆酒设宴，小的是趁机逃出来的！"

刘𨫭听罢一惊，随之顿足叹惜道："首功已被杜松所夺，我等何必马不停蹄？"于是他当即下令就地歇息半日，也摆酒设宴，犒劳众军。

日落西山，黄昏已至。刘𨫭喝得酩酊大醉，被抬到军帐。月牙初上，刘𨫭正睡得鼾声如雷，忽然一个探马闯进大帐，吵吵嚷嚷地道："总兵大人不好了，满洲军就要进堡了！"

刘𨫭一惊，醉意减去大半，他爬起来，披上甲，钻出大帐，翻身上马，接过侍卫递过的大刀，迎着战鼓，一马当先，冲出大营。

明军如同潮水，随着领兵大将冲向正面攻来的满洲军。此时迎面杀来的正是皇太极统领的骑兵。

两军相接，刀光剑影，杀声震耳。刘𨫭舞起镔铁大刀，左右盘旋，上下飞舞，确有万夫不当之勇。皇太极虽然剑法甚精，但因刘𨫭力大过人，大刀过长，难近他身。一时两将交手，胜败难分。

刘𨫭正杀得有劲，忽然山顶上冲下一路军马，人人高举火炬，手拎大刀，如同猛虎下山，势不可挡。刘𨫭迎着火光看去，只见三面大旗上，都写着斗大的"杜"字，他禁不住自语道："杜总兵来助我也！"

刘𨫭话音刚落，忽然一员大将已飞到马前，只见那员大将头戴金盔，身穿铁甲，由于火光刺眼，他一时未能看清来者何人。刘𨫭刚想发问，那将军抢先问道："你莫非就是总兵刘𨫭？"

"卑职正是……"刘𨫭话未说完，只见来将以迅雷不及掩耳之势，举刀劈下，刘𨫭一声惨叫，落下马来。

刘𨫭的护军见势不妙，急忙相救，未等刀起，早被拥上来的扮成"杜军"的满洲兵拦住劈死。

明军见领兵大帅被杀，一个个便无心恋战，纷纷逃命。一个个满洲兵卒挥刀驰马，四处追杀溃逃的明军。号称四十七万大军的最后一路人马，全部被歼。

夜半，满洲兵就地宿营。当代善、皇太极、阿敏会聚军帐，代善脱去身上明军的金盔铁甲时，皇太极笑道："阿哥扮的假牌杜军，真是滴水不漏，实在叫人佩服！"

阿敏也道："明天到汗王面前，小弟替你请首功！"

代善咕咚咕咚地喝了两碗水，用衣袖一抹嘴唇，道："萨尔浒之战仅是初战，大战还在后头，立功的机会多着呢，二位贤弟且莫着急。"

三旗主说笑了一阵儿，就各自睡去。第二天黎明，各路兵马凯旋而归。

萨尔浒之战历时五天，阵斩明将三百余人，兵士四万五千多名。满洲兵全部回到都城的当天，努尔哈赤命每旗各宰牛八头，祭天庆贺。

当天宴毕，努尔哈赤单独把佟养性叫到自己的住室。佟养性刚刚在炕沿坐下，努尔哈赤连忙从炕柜里拿出五根金条，道："萨尔浒一战是生死攸关之战，您替我送来翔实的军情，又到刘大刀营中假扮逃俘，特赠小物，以赏功臣。"

"哪里，哪里，"佟养性慌忙站起，把金条推到炕里，道，"此战多亏梨花夫人，若不是她，我上哪里弄到军机情报？"

努尔哈赤眼里露出怀念之情，小声道："我是该重谢她，不过何日能相见？"

"那就一不做，二不休，攻下沈阳城，就不难相见了嘛！"佟养性摩拳擦掌地道。

努尔哈赤摇了摇头，道："沈阳卫城池坚固，拥兵数万，恐怕一时难以攻下……"

"我有办法！"未等努尔哈赤说完，范文程揭帘进屋，施礼笑道。

第五十九章

里应外合　舒西来自荐

火盆，暖炕，屋内温暖如春。

范文程在暖炕旁的木椅上坐下，擦擦汗，接过侍女端上来的茶水，呷了一口，道："沈阳城固然城池坚固，然而事在人为。"他慢慢地在手心里托着细瓷茶碗，反问道，"汗王，您说阿布达里冈一战，为啥能速战速决，刀劈有名的刘大刀？"

"贵在施计用谋，假扮明军，以假乱真。"努尔哈赤捻着胡须说。

"若想攻打沈阳城，也得施计用谋。"范文程道。

"那我们就趁热打铁，假扮成明军，明天就去攻打沈阳算啦！"佟养性挽袖子、撸胳膊，大声道。

"明天？"范文程连连摇头，道，"你发兵去攻打沈阳，如果开原、铁岭的明军趁机捅咱们的老窝怎么办？"

努尔哈赤连说有理，有理，然后凑到范文程身边又道："先攻开原、铁岭，解除后顾之忧，而后发兵沈阳，范秀才，你看何如？"

范文程慌忙站起，道："这正是卑职要献的第一策！"

"那第二策呢？"佟养性着急地问道。

"调虎离山，里应外合。"范文程说着，又举棋不定地道，"不过……"

"不过什么？"佟养性追问着。

范文程眼盯着佟养性，道："这要看时机，要弄清沈阳城内的真实情况。"

说话间，使犬部、萨哈连部归顺的女真人前来求见，努尔哈赤立刻更衣接见。

努尔哈赤把客人迎进客厅稍息之后，就设宴款待两部酋长及福晋。席间，努尔哈赤得知使犬部酋长舒西熟悉开原总兵马林，于是宴席一散，就把舒西夫妇单独领到自己的住处。

舒西今年三十一岁，从小在乌苏里江上划船打鱼，长得身强体壮，膀阔腰圆，方方的脸庞，浓浓的眉毛，那绛紫色的脸上吊起的眼梢透出几分豪气。他身穿豹皮背心，足蹬鹿皮靴，头戴鳇鱼皮凉帽，一眼看去，就知他是野人女真中赫哲人的后辈。

宾主落座之后，努尔哈赤又上下打量了一下舒西的穿戴，问道："酋长，看你这副打扮，先祖想必是赫哲人喽？"

舒西霍地站起，答道："小人正是！据老辈人讲，俺的先祖称'肃慎''棘鞨''黑斤'，辽金之后称野人女真。"

努尔哈赤打着手势让舒西坐下，令阿哈送给他一袋烟，说："什么生人女真、野人女真，统统是对满族的蔑视。我想，族不分高低，国不论大小，都应该是平等的。"

"汗王所言极是！"舒西的福晋李玉姬激动地站起来，施礼说道。

努尔哈赤吸着烟，瞥了李玉姬一眼，发现她唇红齿白，面色粉白细嫩，旗袍下露出一双浅口缎面鞋，于是断定她是朝鲜人的后代。他吐了口白色的烟圈儿，笑着说："看福晋这副长相，恐怕不是女真人喽？"

"贫妇是朝鲜人！"李玉姬答道。

"不错。一看你的长相，就知道你是朝鲜人。"努尔哈赤说着，朝舒西一指，又问，"那你怎么做了他的福晋？"

李玉姬连忙答道："俺阿爸叫李民突，在朝鲜姜元帅部下当幕僚，萨尔浒大战时，姜元帅协同刘大刀作战，兵败乞降。俺跟阿爸过江到长白山本想游山逛景，看看大明朝的山河，想不到俺父女失散，阿爸至今下落不明。几天前，俺流落到浑河边，本想跳河寻死，不承想被舒西酋长搭救。所以……"

"所以，以身报恩，做了酋长的福晋，"努尔哈赤接过李玉姬的话茬说，"这么说，你们是千里有缘天保佑喽！"

李玉姬红着脸儿，说："其实，天也未必可靠。俺出生十八年了，天天念天朝，想不到一进天朝，反倒把俺撇了！"

"大明朝出了昏君，哪还能顾得了属民？"努尔哈赤说，"有句老话说，树多不怕狂风，合心的喜鹊能捉住老虎。咱们这些属民，只要抱成团，就不怕如虎的昏君。几千年的历史，汉人也好，女真人也好，朝鲜人也好，谁也离不开谁。只要咱们这些大大小小的喜鹊合成群，就能开创天下太平的盛世。"

"汗王，俺就是想开创个太平盛世，才来投奔您的！"舒西再一次站起来，摩拳擦掌地说，"鸟无头不飞。只要您像现在这样与昏君血战到底，俺舒西愿跟您一生征战到底，死而无怨。"

努尔哈赤下座亲自为舒西斟了一杯茶，说："我正为此事，才单独到陋室同你小叙。"汗王说着坐下，又道，"听说你同开原马林很熟。"

"对，他是开原总兵，过去，他曾差人到俺使犬部搜东珠、买人参、购貂皮。有几次，是俺亲自将采购的宝物送到开原。他虽明面上说是购买，其实就是搜刮女真人的血汗。对这样的吸血鬼，还是一刀捅死他为好。"说着，舒西弯腰拔出匕首，身子一挺，说："汗王，您就派俺去一趟吧！"

"莫急，莫急，"努尔哈赤捋须笑道，"俺想先派你们夫妇到开原将马林的兵马多寡，兵士心理，粮饷虚实，将吏智庸的军情弄清楚，然后声东击西，里应外合，智取开原。酋长，不知你意下如何？"

舒西一拍胸脯，道："汗王出言即是军令，卑职如有违误，愿拿脑袋担保！"

努尔哈赤哈哈笑着，拍着舒西厚实的肩膀："好样的，好样的！等我与众贝勒商量好攻城之策，定派你当细作。"舒西当时高兴得跳起叉鱼舞来。

第六十章

千秋大业　只身能犯险

　　崇寿寺塔尖披上晚霞，西天火红一片。老汗王听完探哨的报告，既没言语，又没下令，便悄悄地离开墓地，走到一片松林，沉思默想：来自铁岭的明军，究竟是援军，还是游勇？是偷袭，还是掉头的蚂蚱？

　　铁岭是明朝沈阳北部重要城堡。今年四月，明廷派李成梁第三子李如桢为辽东总兵官。此人靠其父的名声，曾充任指挥使，官至右都督，并在锦衣卫曾任南、北镇抚司。他虽出身将门，但不懂兵法，没上过阵，此次受命，他借父兄权势，又以锦衣近臣自诩，未及出关，就遣使与总督评是非，论高低，闹得朝议哗然。他到辽东后，失宠的杨镐以其祖籍为铁岭人，就派他守铁岭。可是，李如桢到任不久，得悉萨尔浒败北，已觉铁岭岌岌可危，于是串通杨镐，屯驻沈阳，铁岭仅派参将丁碧领兵把守。一个多月来，老汗王曾三次派谍工向丁碧送了厚礼，探知丁参将与李如桢有隙。半月前丁参将曾对谍工说："如汗王围城，将不反击。但要给我点面子。"

　　老汗王想到这里，回身对围上来的贝勒、大臣说："铁岭的三千人，可能是做做样子，不会入城。"

　　汗王话音未落，又一探马来报："铁岭来的兵马已撤。"

　　老汗王笑了笑："各旗收兵庆贺开原大捷。"

　　过了月余，老汗王又亲率八旗官兵，趁铁岭空虚，悄悄带兵围攻这座沈阳周围的重镇。七月二十五日，兵临铁岭。此战由于参将明着开门迎敌，暗地引导八旗军入城，全城很快被攻陷。辽北两座重镇被扫平，努尔哈赤更加雄心勃勃，决心夺取辽阳、沈阳，进入辽河流域。于是他从铁岭收兵回城之后，立即着手战前筹划，刺探军情，秣马厉兵。制钩梯，造盾车，发动辽沈大战。

　　努尔哈赤统率八旗军的节节胜利，引起辽东几座重镇的守将的恐惧，也引起满洲内部反对势力的不安。

汗王的叔叔龙敦，已经是七十岁的老人。自从努尔哈赤世袭建州左卫都指挥使，他就妒忌万分，几次勾结努尔哈赤的继母、舅父，以及努尔哈赤的仇人尼堪外兰，想把努尔哈赤害死，以便自己接任都司的敕封。然而随着尼堪外兰的毙命，努尔哈赤继母、舅父身亡，他的美梦都成了泡影。他一时身孤力单，只好曲意从命，以曲求伸，等待时日。

三天前，龙敦跟随大军进入铁岭，偶然在一家梨园见到沈阳卫的老游击贺虎。这贺虎是沈阳总兵贺世贤的叔叔。贺世贤多日来很怕开原、铁岭失守，就暗地派他回老家坐镇铁岭，掌握辽北军情。龙敦年轻时曾在铁岭马市与贺虎有过交往，两人曾是酒肉朋友。那天两人在梨园见面，自然又惊又喜。当日，贺虎就请龙敦到他家喝酒叙旧。贺虎向龙敦透露，如果龙敦能将努尔哈赤除掉，皇上可以给白银万两，同时敕封都指挥使，代代承袭，龙敦听了喜不自禁。

一天，努尔哈赤在铁岭卫游击府摆酒设宴欢庆开原、铁岭大捷，龙敦便伺机而动。

各贝勒、旗主、大臣欢聚一堂，论功行赏，兵士们也都在各自的营帐喝酒。席间，各贝勒、旗主一一向汗王敬酒，龙敦一反平时长辈骄横的神态，串通手下大小牛录额真，向汗王大献殷勤，轮番向汗王跪地敬酒。汗王无奈，只好一盅接一盅地喝下去。

时至深夜，三星西移，老汗王喝得酩酊大醉。两个侍从立刻把汗王送到后府衙内歇息。一个个旗主大臣也喝得东倒西歪。这时，龙敦趁机抽身悄悄地离开了大厅，偷偷地走向后衙门。后衙门是一套三间的瓦房，正中一间的方桌后，摆着一把虎皮椅。龙敦进屋，只见老汗王侧身坐在虎皮椅上，右肘擎着腮鼾睡。他进屋到左右两间仔仔细细地察看了一遍，见室内别无他人，于是牙一咬，心一横，满脸杀气，猛然从腰间拔出腰刀，直奔熟睡的汗王。

老汗王鼾声如雷。龙敦一个箭步蹿到他跟前，正举刀向汗王刺去，突然从桌下蹿出一条大黄狗，猛地扑向龙敦。

吓得龙敦出了一身冷汗，他惊恐地抽回手，便挥刀冲大黄狗刺去。大黄狗灵巧地躲过凌空冲来的大刀，骤然竖起前爪，扑到龙敦的肩上，冲龙敦脖子就是一口。

龙敦急忙躲闪，大黄狗扑了空，龙敦转身抡起腰刀，一刀砍死了

大黄狗。

大黄狗的惨叫声，惊醒了汗王，他睁开惺忪的睡眼，迷迷糊糊地看见一条黄色似狗非狗，似狼非狼的东西，伏在龙敦的胸前，前爪深深地插进龙敦的锁子甲缝里，夺拉着脑袋，口里流着鲜血。

龙敦做贼心虚，他对汗王皮笑肉不笑地说："汗王，我把这狗误认为闯进您身边的恶狼，叫我一刀砍死了！"

黎明，老汗王醉酒醒来，发现自己的随军猎狗死在衙内，忽然想起昨晚龙敦进帐的一幕，于是惊呼道："来人！"

"嗻！"

随着应声，跑进两个佩刀的侍卫。

"快去把龙敦给我抓来！"

侍卫应声转身，这时大臣安费扬古进来禀报："昨晚龙敦勾结明军暗谍，已逃向沈阳。"

"内奸！无耻！"努尔哈赤愤然骂道。

"汗王，龙敦这些年，可握有我满洲不少军机情报呀！"安费扬古担忧地说，"我看先派两人去沈阳把他抓回来。"

老汗王摇了摇头，多皱的脸上，挂着忧虑的疑云，他叹息了一声，"明军有心把他勾走，就不会叫一般人近身，定会严加保护！"

"此事危及我满洲的安全，不除掉这个内奸，叫人难睡安稳呀！"安费扬吉也愁眉不展地说。

汗王穿衣整冠，心中似乎有了个谱儿，他叫安费扬古坐下，说："此事只有我去为好！如果我找到梨花，事就好办了！"

"去不得！"安费扬古霍然站起，劝阻道，"您是一国之主，怎好孤身去闯虎穴？万一您有个三长两短，我们这些大臣，怎好向后辈交代？"

汗王道："不，只有我去才能把那条狼牵回来。为了满洲人的千秋大业，虎穴我也该去。"

秋日的一天，汗王化装成药农，带着侍卫巴什泰离开了萨尔浒城。他们两人经过三天的步行，来到沈阳城东北的一座高山。汗王放下背篓，胡乱采些野百合、五味子、黑芝麻等草药，装满了两背篓，就坐在一棵核桃树下歇息。此山离沈阳城只有三十多里，加之天晴气朗，站在山顶，可以清晰地看到沈阳城高耸的东门城楼。

努尔哈赤站在山巅，遥望城门楼，蓦然想起梨花，想起误杀的切捻爱林。他暗自思忖：今天如爱林活着，不是可以奔走于浑河上下，刺探军情，传送情报，为攻克沈阳出把力，何至由我亲自出马，冒此风险呢！想到这里，他又想起梨花，懊悔地喃喃自语："不知她知不知道儿子被我所杀？如果她知道儿子由我所杀，一定会痛哭流涕，悲恸欲绝。唉！我真糊涂呀！"

巴什泰见努尔哈赤喃喃细语，就慌忙掏出一个黄裱纸的小本子，问道："汗王，您说什么？要我记下来吗？"

巴什泰跟随努尔哈赤专门记录沿途山川河流，地势地形，以备出兵沈阳时供各路兵马使用。巴什泰见努尔哈赤低着头，就又连忙追问道："汗王，此山记个什么名字？"

"悔山！悔山！"努尔哈赤声音低沉，面现愁容。

巴什泰记下山名，收拾好背篓，两人就又沿着山路向南山坡下走去。努尔哈赤走在山路上，心中依然默念着切捻爱林的名字。他边走边想：如若我真的见到梨花，谈起误杀其子事，她问我儿子的尸骨埋在何处，我该怎么回答呢？是呀，努尔哈赤确实无言以对。因为萨尔浒一战军情急迫，当时把切捻爱林问斩之后，无人收尸，接着两军混战，尸体遍野，切捻爱林的尸体也无处辨认。一年多来，他甚为此事懊悔。眼下如若真的碰见梨花，怎么去安慰她呢？想到此处，他悔恨已极，禁不住泪如泉涌。

巴什泰见汗王痛哭流涕的样子，慌忙问道："汗王，您有什么心事？"努尔哈赤依然不语。

两人默默地走了一段路，来到一条山沟，见沟内草木茂盛，青松蔽日，泉水叮咚。努尔哈赤走到泉边，双手捧水，喝了几口，忽然想起古人言讲"衣冠墓"，他灵机一动，马上把巴什泰叫到身边，道："巴什泰，我平常见你会画人，你可会用泥捏人？"巴什泰道："会，可是捏不太好。"

努尔哈赤一把抓住他，欣喜若狂地道："那你就给我捏个人吧！"

"什么样的人？"

"壮年小伙子，"努尔哈赤道，"虎背熊腰，浓眉大眼，旗袍凉帽。有点儿像我们爱新觉罗氏家族的人。"

巴什泰心灵手巧，不一会儿用泉水和黄泥，在地上堆堆、捏捏，塑造出一个满族小伙子。努尔哈赤左看右看，前瞅后瞧，满意地道："像！像！"

"像谁？"巴什泰笑道。

"这个以后再告诉你。"努尔哈赤边说边在向阳的山坡处，用采药镰刀挖了一个土坑，然后把塑像规规矩矩地安放在坑内，埋上土，挥泪道："切捻爱林，你就在这山泉边安息吧。"

埋葬完毕，努尔哈赤又对巴什泰道："记下这条山沟的名字。""叫什么？"努尔哈赤迟疑了一下，道："埋头沟。"

黄昏时分，努尔哈赤同巴什泰绕道来到城西北的舍利佛塔下。

此塔名为无垢净光舍利佛塔，是辽代所建。塔高十五丈，由八面塔身构成，一层为砖座，一层为佛座，共十三层塔檐。八面塔身均有佛龛，雕有坐佛，并装饰着宝盖、飞天、铜镜。宏伟壮丽的建筑，成为佛教信仰者的朝拜重地。每逢七月十五日，这里都举行盂兰盆会，信徒此日均备好百味饮食，设斋上供，意在脱罪祈福。

这天是农历七月十五，参加盂兰盆会的善男信女多已回城。只剩些坐轿骑马的达官贵人，趁人少马稀之际，专来祈拜。努尔哈赤不信佛教，他只是好奇地站在塔东一片小树林里，从远处窥视，想看看有些什么明官贵人到此。看着，看着，忽然一位雍容华贵的贵妇人，在两个丫鬟簇拥下，走出寺房。努尔哈赤借着夕阳，见那妇人十分面熟，暗想：她就是自己多年思念着的梨花吗？说着，他身不由己地信步走出树林，直奔那妇人走去。

此刻，那妇人已走近篷车，踏上车箱板，掀帘进篷，忽听背后一个男子小声喊道："梨……"

这妇人正是梨花。今天她专门为儿子来祈祷。她虽然只听到一个梨字，但她敏感地已觉察到是在唤自己。她坐在车里，思前想后：是谁在叫我的名字呢？

努尔哈赤奔跑着，刚走近车篷，忽然被几个身着便装的明军拉住。他呆呆地站立着，望着飞奔驰去的篷车，怅然若失。他伫立片刻，想回头去找解手的巴什泰，陡然一个骑马的小个子高喊："那不是满洲的汗王吗！"

话音刚落，十几个彪形大汉蜂拥而至。努尔哈赤正想躲避，两只胳膊早被几个大汉反剪过去，捆绑起来，当晚就被押到总兵府。

努尔哈赤被投进大牢，逮捕他的贺小六马上向贺世贤报功。这贺小六是贺世贤本家兄弟，前几年一直跟着马林当贴身侍卫。满洲军攻打开原时，他正护卫着马林出逃，在大街上忽见努尔哈赤率领一伙精兵赶到，眼见大难临头，他就随着迎箭而倒的人群，钻进死尸堆里，等马林被斩，大军已过，就偷偷地爬起来，半夜溜回沈阳。因此，他对努尔哈赤的相貌刻骨铭心。

贺世贤听贺小六报告活捉努尔哈赤，讥笑道："小六子你要想当官，我替你向上美言几句，可别净开这么大玩笑。"

贺小六起誓道："要不是满洲汗王，我就天打五雷轰！"

"嘿嘿，哪有那么便宜，"贺世贤自然不信，笑道，"千军万马都伤不着他一根毫毛，你赤手空拳，怎能活捉他？"

不管贺小六怎么说，贺世贤就是不相信，于是二十三岁的小六子急得哭起来。

住在后院的梨花听到男人的哭声，马上提着灯笼来到前院，推门步入内室。贺小六眼见总兵夫人进屋，马上抽泣着，向夫人诉说实情。梨花起初一愣，随之镇静下来，坐在檀香木椅上，慢条斯理地问道："那汗王什么长相？"

"高高的个子，浓眉凤眼，声若洪钟！"贺小六出口如同竹筒子倒豆，一口气说完。

"浓眉凤眼，声若洪钟。"总兵夫人半眯着双眼，自言自语，若有所思。"对，对。"这时她想起傍晚在舍利塔下，那喊出一个"梨"字的呼唤声音。于是她坐不住了，站起来走到贺世贤身边，道，"夫君，那汗王是真是假叫我一看便知。"

"你认识他？"贺世贤疑惑地问。

"看看再说吧。"梨花连忙叫来一个侍女，让她提着灯笼带着自己疾步走出总兵府。

沈阳城的牢狱紧靠总兵府，两院一东一西，只有一墙之隔。

梨花在侍女的引导下，出大门往西，走进牢门，说明来意，狱卒就手提一只水罐，带她到后院一间牢房。狱卒打开牢门，提着灯笼进去，假装送水，他用灯笼在努尔哈赤脸前摇来摇去。

第六十一章

知音搭救　咫尺如天涯

努尔哈赤坐在木床上，捧起水罐喝了几口，就跟狱卒攀谈起来。

梨花站在窗下，透过窗户纸缝，把屋里的一切看得一清二楚。她看着，叹息着：他老了！灰白的头发盘在头上，额头上已是道道皱纹，脸上的皮肉已失去红润，变成核桃似的绛紫色，看着，看着，她眼前又浮现出在抚顺马市初次相见时努尔哈赤英俊的形象；想起在老秃顶子岭上的日子；忆起在北京悯忠寺的一瞥。几十年来朝朝暮暮，哪有一刻忘记过他呀！想到这里，她有心破门而入，同努尔哈赤彻夜长谈，然而当她离开窗口，又犹豫起来。她想，如若相认，岂不给汗王带来麻烦？再说半夜三更在狱中与一个素不相识的男子相会，也会给贺总兵招来是非。怎么办？咬咬牙，眼泪往心里流，救出汗王，就是一件幸事。想到此处，她抹了一下眼角，转身走出牢房的长廊，在狱门口找到侍女，一口气跑回总兵府。

此时，贺世贤正坐在堂屋西间吸烟，等待夫人查监的消息。烟雾伴着蚊香，满屋青烟萦绕，贺世贤望着袅袅烟雾，幻想着未来：一千名刀斧手押解着老汗王，进入京城，步入宫殿；宣武门外汗王被斩首示众，人人夸赞贺世贤有功；皇上亲赐蟒袍玉带，黄金白银……

"咯吱"一声，门被推开。贺世贤见夫人进来，慌忙站起，问道："夫人，囚禁之人可是那汗王？""一点也不假。""你不是开玩笑？""人命大事，谁敢开玩笑？"贺夫人梨花脸绷得紧紧的，问道："你打算怎么处置他？"

"押送京城，邀功领赏！"贺世贤高兴得山羊胡子抖着说。

"他与你何冤何仇？"贺夫人梨花坐在炕沿，毫无笑意地问道。

贺世贤不解其意，反问道："夫人你这话是什么意思？"

"君子向来不杀无辜！"贺夫人梨花站起来，两眼盯住贺世贤道，"既然汗王与你无冤无仇，你为啥要伤害他？夫君，你还记得秦王李世民遇险，众生救驾的故事吗？"

贺世贤一时被问得晕头转向，他眨着两眼，坐在太师椅上，又吸起烟来。他吸一袋烟，把烟袋往条几上一扔，站起来问夫人道："你是叫我把他放了？不，不，不能。镇疆守界是兵将之责，我要把夷人放走，岂不是叛国欺君？"

"你的忠心倒是可嘉，"贺夫人梨花道，"可惜，替纣王、秦二世那样的昏君卖命，那可是愚忠！"

贺世贤刚想辩解，贺夫人马上抢先发话："李成梁、杨镐、李如柏、刘綎可谓尽忠尽义，可是他们哪一个有好下场！罢官的罢官，下狱的下狱，逼死的逼死，阵亡的阵亡。难道夫君想步他们的后尘？"

"你这是替汗王说话！"贺世贤六神无主，抖动着肥胖的身子，白净的方脸上肌肉抽动着，不服软地说，"老汗王又与你何亲何故？"

"是我的救命恩人！"

接着梨花把自己从小卖艺，在抚顺被小罕子搭救的前前后后说了一遍，然后扑通跪在丈夫面前，恳求道："夫君，请看在我的面子上，救汗王一命吧。"

贺世贤不加理睬，梨花步步进逼地道："夫君如若不肯给我这个面子，那我就撞死在你脚下。"说着，贺夫人甩头朝椅脚上撞去。

贺世贤见夫人如此恳切，慌忙将夫人扶起，为难地道："我可以答应夫人的请求。可汗王被俘之事，已有人知晓，此事若传出去，岂不招来灭族之祸？"

"谁能认出老汗王？"贺夫人问道。

"贺小六。"

"他有什么凭证？"

"老汗王攻打开原时，他亲眼所见。"

"嗯！"贺夫人梨花笑道，"贺小六临阵脱逃，已够死罪，靠这样的人作证，岂不向外人表明你是窝藏逃兵的罪臣。夫君，你不要再干那种引火烧身的傻事啦！"

贺世贤被说服了。在贺夫人梨花的策划下，以夜审为名，把努尔哈赤请到总兵府，以礼相待。

第二天下午，贺世贤正陪着老汗王宴饮，忽然门官来报："一个沈阳城老相识前来求见。"

贺世贤陪努尔哈赤在正房西间宴饮，为避人耳目，特意到东间接客，门官把客人带来，贺世贤见是个眉目端正的中年汉子，连忙问道："请问客人尊姓大名？"

"沈阳人氏范文程！"

贺世贤听到这熟悉的名字，连忙站起，把范文程让到座位上，致歉道："先生本是大宋范仲淹之后，卑职有失远迎。"

范文程客气了一番，正欲打听努尔哈赤的下落，忽然努尔哈赤推门进屋。范文程一惊，立刻迎上去施礼问安。贺世贤见两人一见如故，笑道："原来二位一条是苏子河，一条是小沈水，异道同归，共入大海哟！"

三人互相寒暄一番，就一起入席再饮。这样，范文程陪老汗王在总兵府一连住了七八天。

一天，京内忽然传来万历皇帝驾崩的消息，沈阳城一片惊慌。恰逢这年辽东碰到百年不遇的大旱，眼看已到秋收季节，辽河两岸的庄稼都是遍地枯黄。高粱无粒，稗谷无穗，而满地乱爬的黑盗虫，把地里仅剩下的野菜，也咬得叶梗皆无。饥荒袭击着辽沈村民，他们一听说皇上已死，一个个生怕兵荒马乱，便四处逃荒，寻求生路。沈阳城内到处挤满求生的难民。

贺世贤眼见这种悲凉景象，十分懊丧。一天傍晚他邀老汗王、范文程再次酌饮，就大发起牢骚来。他坐在八仙桌右侧，喝得红头涨脑，连损带骂道："他整年花天酒地，荒淫无度，一死完事。可剩下我们这些带兵的，一无粮，二缺饷，怎么混下去？真他个奶奶的，皇上，皇上，就是黄了上西天！"他拎起银酒壶为努尔哈赤斟了满满一杯酒，又说："汗王，您也是一方之王，我很佩服你！你能带兵，能打仗，还亲自探察，不怕坐牢房。来，来！"他举起酒杯，邀汗王干杯，边喝边道，"我真佩服你这马上皇帝！"说着推开椅子，向努尔哈赤跪下。

努尔哈赤慌忙将贺世贤扶起，道："小人只是个族人头领，哪能跟真龙天子相比！"

"不，不！"贺世贤有些醉意，手发颤，说话舌头根发硬地道，"什么龙不龙，那都是骗人的玩意。我只信奉一条，能替百姓着想的人，才配当皇上。汗王，您就到北京当个皇上吧。"

范文程马上接着话茬儿道："汗王可是北方夷人哟！"

"什么夷人不夷人，还不都是皇羲、女娲的子孙！"贺世贤又为老汗王斟了一盅酒，自己先喝干，把酒盅一推，道，"当今谁有本事治理天下，谁就该登基坐殿！"

贺世贤话刚落音，贺小六陪着龙敦偷偷地推门进了屋，嬉皮笑脸地道："哟！总兵大人，您长几个脑袋！"贺世贤抬头一看，马上目瞪口呆。因为皇上治丧期间，是不许设宴取乐的。此事若叫皇室知道，定要杀头。

贺世贤虽有几分醉意，但头脑仍很清楚。他想：捕获老汗王之事，只有他一个人知道底细。今后若万一被小六子传出去，必招大祸。今日何不先下手，以除后患。贺世贤历来手脚利落，他想到此处，一面从身上摸护身匕首，一面唤道："小六子，你身后是谁？"

贺小六子刚一转身，一刀飞去，正中贺小六后心，便一命呜呼。跟随贺小六前来拜会总兵的龙敦，见贺小六身亡，转身就跑，他刚跑出门槛，早被范文程飞镖打中后心，于是转眼间，也命归西天。

努尔哈赤见倒下去的，一个是捕获自己的那个汉子，另一个是自己追杀的叛逆内奸，就连忙站起，朝贺世贤拱手致谢，道："日后我若得天下，一定请将军为帅！"

贺世贤拱手笑道："鄙人只要不再受大明朝的窝囊气就是了。"

贺世贤叫近侍把贺小六、龙敦的尸体抬走，又畅饮了一个时辰，便各自歇息。又过了一日，贺世贤便差人把努尔哈赤、范文程两人送至城外。临走的那天，贺夫人梨花站在城楼，遥望着汗王的身影，暗自流下了眼泪。这些天，她既高兴，又觉得委屈。高兴的是，老汗王安然无恙而归；委屈的是，因礼教家法，不得面见汗王，像当年那样促膝谈心。而老汗王走出城门，也恋恋不舍，他一步一回头，心里想着梨花。他在总兵府虽住了数日，但高墙相隔，难得与梨花相见，虽有心与梨花见面，但又不便与总兵提起此事。所以，近在咫尺，遥距天涯。

努尔哈赤传
NUERHACHIZHUAN

第六十二章

博采众议　世功驻沈阳

　　努尔哈赤回到新迁的都城界藩城，心里有些后怕，又有些侥幸。他想：赴沈侦探除奸虽至关重要，但若自己落在他人之手，今日岂不成了刀下鬼，误了大事！想到此处，他又后悔起来，当初为啥不多听听众大臣、贝勒的劝告，致使自己一意孤行，险些铸成大错！他暗思忖：自从称汗之后，为啥直言敢谏的人少了？若长此下去，岂不成了孤家寡人！

　　第二天，老汗王叫来两个木匠，令他们在城门口竖起两根木桩，中间横上木箱，上面写着："欲谏欲诉者，悬其辞于木桩上。"不几天，进谏桩上挂起不少治国强兵、西进伐明、严明军纪、规劝汗王的谏言。老汗王看了十分高兴。过了一个多月，北京又传来新皇上光宗驾崩的消息。次日，进谏桩上就有人进言道："皇上连崩举国人心浮动，朝内各党纷争，吾满洲人应趁机攻破辽（阳）沈（阳），站稳辽东，此策不行，后悔莫及。"

　　老汗王看了连声叫好，赶忙召集八旗部将、大臣到新殿议事。当日决定先扫清沈阳城郊城堡，伺机攻打沈阳，直捣辽阳，割据辽河以东。在范氏兄弟的参谋下，议定先派大臣额亦都、镶蓝旗主莽古尔泰通力合作先围攻蒲河，建立前哨阵地，打开通往沈阳古城的道路。

　　蒲河城位于沈阳城东北，相距有四十余里，是由开原、铁岭运送粮草的必由之路，也是沈阳城北的一个大门。八月的一天，额亦都、莽古尔泰各率领一路人马，直逼蒲河城下。由于开原、铁岭相继被占，蒲河城的明军早已撤出城里，城里只剩下些平民百姓。额亦都、莽古尔泰轻取了蒲河城。忽然探马来报："在沈阳城北二十里的地方，有一伙明军正在挥鞭驱赶逃荒的蒙族人、女真人。"

　　莽古尔泰听了异常气愤，他把马鞭子一挥道："欺人太甚！"他向额亦都抱拳道："额亦都，我先去把那些狼狗撵跑，回头会师。"说罢便率领一队人马，飞驰而去。

莽古尔泰一行涉过忙牛河，迅如闪电，直逼沈阳城北，他们在北门外的官道上与一伙明军相遇。明军多是步兵，哪抵挡得了莽古尔泰的铁骑，双方对杀了一阵，明军丢下百十名尸体，便逃回城里。

额亦都身为大臣，有责任保护镶蓝旗主莽古尔泰，但因莽古尔泰一伙兵精马快，追了半天，也未追上，只好半路停下。第二天，回师界藩后，有人指责额亦都违抗军令，管诉讼的大臣也照章审理，提出要按军法论处，判处死刑。

当天，额亦都自己绑上自己，到大衙门听候审判。这天早晨，老汗王带着诸大臣走进衙内，听候诸大臣审理。诉讼大臣列举了额亦都与部下的过失，决定将额亦都以下的众领兵额真削功降职，没收赏物，各鞭三十。额亦都身为众军之首，当斩不赦。

如果是平时，凡是诸大臣、贝勒一致同意的事，努尔哈赤都依议而行。可是这次对额亦都的定罪，他却一反常态，摇头捻须道："贫时得铁，犹胜于金。吾无部臣之时，额亦都首先来投，他跟我攻城略地，出生入死，血洒疆场，转战千里，为我大金的建立立下了汗马功劳。如今他身负要职，颇孚众望，若以偶尔过失，严酷惩治，岂不是自伐栋梁？眼下大业未就，若因此弄得人心惶惶，将会丧失臣心，引起八旗将士混乱，岂不是自毁长城？"接着，努尔哈赤严厉地责备了额亦都，并向诸大臣求情道，"此次免额亦都一死，只削其功，收回赏物，诸位看如何？"

主管诉讼的大臣何和礼，觉得汗王讲得句句有理，深为汗王的宽厚所感动，就带头站起来道："汗王远见卓识，如此厚爱功臣，我等为之高兴不已。"接着当场为额亦都松了绑。审判刚刚结束，众人步出衙门，忽然一个驻沈的密探闯进来，禀报紧急军情。

三月的沈阳，时暖时寒。有时南风吹来，暖风拂面，人们穿红戴绿穿行在古城四门，聚集东西、南北交叉的十字大街，在鳞次栉比的店铺前，或买或卖，或游或逛，使这座古城显得热闹异常。

然而，有时一夜北风，天气骤然变冷，风夹着雨雪，铺天盖地，周围九里长二丈五尺高的灰砖城墙上，盖着厚厚的积雪，城墙内外宽三丈、深八尺的两条护城河上，解冻的河水又结上薄冰。城内家家院子里绽芽的小树，在寒风中抖动，快活的雀鸟不得不钻进房檐，沉睡栖息。在这严寒的日子，城民也多闭门不出，猫在家里，守着火盆，或坐在热炕头干点小的营生。

天启元年，沈阳城十几万城民和驻军，不仅忍受着天气变化无常的折磨，而且在动乱的时局中，也忍受着天灾人祸的磨难。

自去年夏天明神宗万历帝死后，仅一个多月新继皇位的光宗泰昌帝又吞红丸死于乾清宫。一月之内，梓宫两哭。新继皇位的十五岁的小皇帝熹宗，只会斗鸡养狗，难理朝政。于是朝内党派林立，纷争不息，大臣之间，结党营私，排斥异己，互相讦告，倾轧不已。京城内乱，地方不稳。偌大个辽东，一时成了奸臣争权夺势的角斗场地。数月之内，辽东的大小官员，撤了又换，换了又撤，弄得人心惶惶。近日，掌握朝内大权的太监魏忠贤，为控制辽东的兵权，特意派亲信尤世功出任沈阳总兵，与贺世贤并列，同时增派皇室亲族朱方良为副将。他们到沈阳名为协助贺世贤，实则是排斥贺世贤，进而取而代之。

尤世功是贺世贤的老乡，两人都是榆林卫人。他矮墩墩的个子，罗圈腿，其貌不扬。但此人处事圆滑、狠毒，是那种咬人不露齿的人。萨尔浒之战，他身为游击，隶属李如柏麾下，兵败后，他本应治罪，但他靠自己善于钻营，趁朝内各党纷争之机，与朱方良合谋，首先告发李如柏，御史趁机弹劾，迫使李如柏自缢而终。他由游击很快晋升为副总兵。魏忠贤揽权之后，他又升为总兵。这样他靠权术连升三级。此次到沈阳走马上任，他雄心勃勃，一心想独揽辽东的大权。因此到沈阳后，他加紧在城外修筑各种工事，亲自监督在城外挖堑掘壕，壕中埋下削尖的木桩，并用高粱秸盖在壕上，以伪装掩盖。同时在城墙附近挖掘宽五丈、深二尺的二道大壕，并从北京运来十门西洋火炮，摆在城墙垛口。他骄傲地向官兵们说："沈阳城森严壁垒，固若金汤，努酋如越雷池一步，我敢拿脑袋打赌。"

第六十三章

明官欺满　出兵沈阳城

三月初七，尤世功带着十多个侍从，骑马到浑河岸边的芦苇塘打野鸭子。傍晚在回家的路上，遇到十几个女真人打扮的商人，从城东门走出。尤世功见他们骑着马，马背上搭着布匹、农具，并无兵器，便上前拦住，骄横地说："满达子，休走！快把马背上的东西卸下来，交给老爷！"

一个胖子中年商人，上前施礼，道："我们都是规规矩矩的商人，请大人高抬贵手。"

"胡说！"尤世功嗖地从腰间拔出宝剑，厉声道，"不许你们巧辩，你们是努酋的探子！"

"不，不，"胖子商人连忙跪下求饶，"我们确实是商人。"

"是商人，也得把东西放下。"

尤世功蛮横地吼叫起来。

"你们是强盗！"一个小个子年轻商人，忍无可忍，在马上站起来喊道。

尤世功冷笑一声，长剑一挥，十几个商人立刻被包围。一个个手无寸铁的女真人，有的被活捉，有的反抗被当场打死。明军把商人的首级割下，吊在城东门楼上示众。

次日，潜伏在沈阳城里的范文程，马上派人把尤世功屠杀满洲良民的消息报告老汗王。

老汗王年已六十三岁，他在界藩新城听到同胞被明军无辜杀害的消息，放声大哭，一时昏倒在大殿。三月初十，老汗王与诸大臣、八旗旗主商定，决定当日发兵，攻占沈阳，为死去的同胞报仇。

日照东南，努尔哈赤率领八万满洲军，在堂子前祭天，拜祝曰："皇天后土，上下神祇，我满洲百姓，向来是天朝的疆民，按年进贡，服从天朝。然，自万历以来，边官凌辱我属民，屠杀我父老，为此官

逼我民反。此战愿皇天鉴之，助我戎行，旗开得胜！"

祭毕，八旗大军，张黄盖、吹喇叭、打鼓敲锣，浩浩荡荡分水旱两路大军向沈阳进发。

次日傍晚，两路大军会合于沈阳城东二十里处，设营扎寨，准备翌日攻城。日落星出，明境烽火台一处接一处燃起大火，从城外向城内报警。

当晚，尤世功接到老汗王出兵的消息，他一时慌了手脚，立即派人找到贺世贤、朱方良到总兵府议论军情大事。二更时分，诸将到场。尤世功摆出大帅的架势，在大厅里踱着步子道："眼下努酋发兵，已兵临我城下。此人欺人太甚，我提议明日我城内七万大军，倾城而出，与努酋决一死战！"

朱方良随之骄横地道："此战由尤总兵亲自挂帅，必将旗开得胜，绝不会像萨尔浒一战，兵败辱国！"说罢，故意朝贺世贤瞟了一眼，又挖苦地说，"贺总兵虽与努酋未能刀兵相接，可是半途而归，也心中有数吧，贺总兵您看此战如何？"

贺世贤拍案而起，道："朱副将身为皇室亲兵，出口如此无礼，叫贺某实难容忍。"他霍地拔出长剑掷向尤世功道，"尤总兵，您要看我无能，就给我一剑好了，何必如此旁敲侧击？"

尤世功抓住飞来的剑柄，马上劝道："总兵息怒，总兵息怒！眼下大敌当前，怎好同室操戈？"

朱方良也自觉恶言伤人，马上皮笑肉不笑地道："小弟是和总兵开个玩笑，何必当真！"

"哼！"贺世贤依然怒气未消地道，"我们明军的将官有劲总往自己人身上使，所以常打败仗。而满洲人上下团结精诚，一致对外，所以出师就胜。"

"叭！"朱方良气得顺手抓起一个茶碗摔到地下，嘴唇发紫地道："贺世贤，你不要长他人威风，灭我大明朝的志气！"

贺世贤毫不示弱地道："那你就到皇上那里告发去吧！"

朱方良气急败坏地抽出长剑，走向贺世贤，向他示威。尤世功见势不妙，马上把朱方良喝住，顺口道："朱副将，休得无礼。昨晚上我怎给你说的？"

贺世贤耳听话中有话，就毫无惧色地反问道："君子做事向来不背人！尤总兵，昨晚你们说了些什么，就当面说个明白，可别把我蒙在鼓里呀！"

尤世功干咂嘴，不自然地舔了舔嘴唇，掩饰道："没说什么，没说什么。"

贺世贤气愤异常，便向尤世功一抱拳，道："出兵大计请尤总兵决策，卑职恭听尊便！"说罢，转身扬长而去。

贺世贤回到家门口，气得浑身无力，心悸肉跳。他回到书房，推门进屋，忽见范文程秉着烛光，笑吟吟地迎过来，道："贺总兵，看来你气色不好，一定是受人欺负喽！"

贺世贤也顾不得与客人寒暄，就愤然骂道："当今朱氏王朝的官场，很少有好人！"

范文程听话音，就猜到贺世贤与朱方良唇枪舌剑地争辩了一番。于是他故作惊讶地道："朱方良初来乍到，他不会与你过不去吧？"

"哼！"贺世贤气得出着长气，道，"他是一条十足的看家狗！仗势欺人，无赖至极！"

范文程立即劝道："老话说，君子坦荡荡，小人常戚戚。何必与那些嚼舌的小人一般见识？"

贺世贤把范文程让到椅子上，自己也坐下来，连忙给客人斟上茶，无可奈何地道："如今在明朝做官当兵，叫人生气太多。我早知有今日，还不如早早地投奔老汗王为好！"

"如今也不晚嘛！"范文程呷了一口茶，道，"跟着他们这伙狼心狗肺、卸磨杀驴的人当差，日子着实难混呀！"范文程瞟了贺世贤一眼，道："贺老兄，你若有心，我愿在汗王面前说句话，他会重用你的。"

贺世贤摇了摇头："悔之晚矣！如今我已是大明朝的总兵，吃着皇家粮，穿着皇家的衣。俗话说，吃谁家的饭归谁家管。眼下如若改换门庭，岂不成了叛贼，千载令人笑骂！"

范文程哈哈笑道："愚忠！愚忠！大明朝如今已把百姓、官兵抛弃，此时不反，尚待何时？！"

"反？"贺世贤一愣，沮丧地道，"小小总兵能推倒一座大厦？"

"贺总兵，只要你不愿忍受朱氏王朝的欺压，小弟愿为你献策效劳！"

第六十三章 明官欺满 出兵沈阳城

　　说话间，门吱咯欠开一条小缝。贺世贤机警地向门口跑去，一个黑影不见了。他回到屋里，端起蜡台，四处寻找，都不见踪影。他索性回到屋里，房门大开，仰面朝天地躺在一张板床上。

第六十四章

将帅对决　皇太极得胜

雄鸡报晓了，城东响起进军的螺号。贺世贤已是年过花甲之人，再加之一宿未睡，觉得十分疲倦。他折身刚下地，忽然一个蒙古族卫兵带进一个中年女子，那卫士道："总兵大人，她要求见大人。"

贺世贤一见来人十分陌生，只好点头致意，不便先开口。那女子刚叫了一声"总兵大人"，范文程便迈着轻快的步子，从对面走来，向贺世贤介绍道："这位女子名叫哈布多，是汗……"

哈布多朝范文程递了个眼色，岔过话头，有意奉承道："小人从科尔沁逃荒而来，听说总兵大人为人宽厚，待人和气，特意到府上想找点差事，混碗饭吃。"

城东又一阵号角响起，贺世贤哪顾得了这等小事，就向卫兵一挥手，道："这事你就先安排安排吧。"说罢就去洗漱更衣。哈布多趁贺世贤更衣之机，走进范文程的房间，对范文程说："眼下我一切安排妥当，只欠东风一吹……"

范文程深表敬意地道："贵福晋真不愧女中豪杰，想不到办得如此神速！"

说话间，尤世功专派的差役进屋，此人盔甲整齐，腰系长刀，站在门口，喝道："贺总兵大人，尤总兵请您披甲出征！"

这时，贺世贤已脱去便装，换上盔甲，他在屋里应道："知道了！"说罢，他快快不乐地步出总兵府。绕过院东高墙，来到十字街口中心庙北。尤世功已把集结的七万兵马部署完毕：四门各设万人把守，剩下的三万刀斧手，集结在总兵府后的东西大街上，准备随时增援各门。尤世功骑在马上，见贺世贤神情沮丧，就双拳一抱，施礼笑道："小弟向将军赔个不是，大敌当前，望老兄多多效劳出力！"

"哼！"贺世贤眼皮也没抬，绷着脸道，"尤总兵不必客气，老朽听候您的调遣！"

此刻，尤世功很想叫贺世贤替他当炮灰，寄希望贺总兵能抵挡住满洲的兵马。他暗自合计：等贺世贤的兵马损伤过半，丧失元气时，再统率精兵出城应战，以夺首功。所以他跳下马来，不客气地道："满洲军离城东只有七里路光景，这头阵就靠老兄领功喽！"

贺世贤是经过阵势，打过多年仗的将才，他听了尤世功的命令，冷笑道："此战老朽能落个完整的尸首就不易了，何谈功爵？"说罢，接过近侍递过来的马缰绳，扶鞍上马，奔城东而去。

城东又响起螺号，那声音越来越近，声音越来越大，震天动地，响彻云霄。如同阵阵海涛涌向沈阳古城。努尔哈赤是个善于智取的沙场老将，他一方面利用声势威慑敌人，一方面巧布阵势，真真假假，虚虚实实，引敌人上钩，然后出奇制胜。事前，他已对城内的防御了如指掌，依据敌城设防严固的特点，把正黄、正白、正红、正蓝四旗左翼大军部署到城西，另外把镶黄、镶白、镶红、镶蓝四旗右翼大军埋伏在城东树林、土窑、洼地、荒草沟渠之中，然后由皇太极统领一千轻骑，应着号角，推着盾车，抬着云梯，摆出强攻东门的架势。

皇太极率领的兵马来到东城门外一里许的一片荒地。守卫在城门上的明军见黑压压的满洲兵涌上来，一时慌了神，城门上的炮手未等统帅下令，就点着西洋大炮，轰轰乱放。炮声应着杀声，震天撼地，撕裂人心。皇太极的兵马穿过炮火，越过沟堑，直逼城墙脚下。接着竖云梯，推盾车，佯装强攻。

云梯刚刚架起，攀城的兵士爬到墙中腰，就被明军如雨似的石头、木棒赶下城墙。弄得梯折人亡，惨叫不止。皇太极眼见二十几个刚刚才抓到的明军战俘，攻城毙命，便马上鸣金收兵，佯装丢盔弃甲而逃。

这时，恰好尤世功登临永宁门城楼观战，他眼见满洲军弃尸而逃，心中大悦，便手拔长剑，飞下城楼，下令打开城门，追赶满洲军。他跨上一匹菊花青，一马当先，一路杀声，冲出一里多路。

守护城东的一万多明军，见主帅冲出，也一个个手执大刀，举着盾牌，潮水般地涌出城门。尤世功率领的一万兵勇刚杀出二里多路，忽见逃窜的满洲骑兵转身杀来，接着大路两侧的树林里、土窑里、洼地里、荒草里、沟渠里骤然涌出几万大军，犹如火山爆发的岩浆，决堤的江水，将尤世功一万人团团围住。刹那间，刀兵相接，杀声震耳。一时四野炮火连天，八方快马如梭，刀枪剑戟叮当乱响，马踏人身而过。一会儿，满洲军的骑兵像旋风似的向明军冲去，一会儿明军轻骑向满洲军涌去，整个战场，刀枪乱刺，杀气冲天，难分你我。

两军交战数个回合，明军阵内的大个子先行官落马，一员偏将头盔被满洲军刺掉。两军厮杀混战，刀来枪去，马蹄下人头乱滚，剑去戟迎，头盔上鲜血淋漓。

在千军万马中，皇太极白盔白甲，骑着白马，紧紧咬住尤世功不放。

尤世功一手一根狼牙棒，前后左右，上下乱舞，时拍、时打、时砸，使皇太极难以近身。

皇太极手挥五虎长枪，枪路多变，出枪稳准，一时枪晃如雪飞，枪摆似风摇。两个领兵大将，左右盘桓，战马首尾相咬，旗鼓相当。两人快一枪，慢一枪，虚一棒，实一棒，一来一往，犹如走马灯，难分胜负。皇太极一连用了左八路"龙探爪"，右八路"虎登山"，上八路"鹤展翅"，下八路"猴上天"，枪路枪法神出鬼没，顿时使尤世功招架不住，望而生畏。尤世功交战数十个回合，自觉难敌，于是拨马转身，准备逃走。恰在此时，皇太极追上去先虚晃一枪，来了个"长蛇吐芯"，猛地刺入尤世功的腋下，尤世功惊叫一声，落下马来。

这时图鲁什的儿子巴什泰快马赶来，一刀将尤世功身首分家。

明军见帅将身亡，一时乱了阵脚。皇太极率领的马队，趁机冲了上去，吼叫着，杀入明军阵内，一个个手挥大刀，左冲右撞，把明军杀了个丢盔弃甲，狼狈溃散，四处逃命。

走在队伍最后督战的贺世贤，本无心为昏庸的大明皇上送死，他眼见退回来兵士浑身血污，便凄然泪下。俗话说，兵败如山倒。城东的明军眼见主将尤世功命归西天，一个个便如惊弓之鸟，涌向城门，奔进城内。

守卫西门的明将朱方良听说尤世功战死，马上调出自己的五千兵马，前来增援。他骑在马上，挥刀连砍了几个逃兵，也无济于事，就连他自己也被败下阵来的逃兵人流拥到十字大街口，挤在人山人海之中。

败退的明军刚刚拥到西城门楼下，这时假扮成蒙古难民的哈布多，随着惊慌失措的城内难民，也拥到西城门楼楼下。她鼓动起一百多城民，从门卫那儿抢来钥匙，打开大铁锁，撤下横门闩，推开西城门。

门刚打开，努尔哈赤亲率的左翼四旗大军趁机涌向城门。两股人流相遇，人挤马踏，死伤不计其数。

明军的炮火失去了作用，两军展开了肉搏战，于是从城内到城外，从城上到城下，从屋里到屋外，处处摆开了战场。

混在乱军之中的皮廷相，眼看败局已定，暗想，一个槽头不能拴两匹叫驴，有贺总兵在，我就难升总兵！于是他搭弓射箭，对骑在马上的贺世贤连发数箭，贺世贤后背连中三箭，惊叫连声，猛然栽下马去，立刻被拥过来的乱军踩在脚下。皮廷相见贺世贤再没有爬起来，就悄悄地从一个墙洞，溜出北门外，在城北一个小村找到正在那里养病的贺夫人梨花。他说："贺夫人，眼下城内军情吃紧，贺总兵派我先把您接到辽阳躲避躲避。"梨花关切地问："城内仗打得怎么样？"

皮廷相皮笑肉不笑地道："小打小闹，眼下皇上易位，将官频繁更换，谁还有心卖命？"

"那我就不走了。"梨花倔犟地说。

"不行！不行！"皮廷相快速地眨着老眼皮，心生一计，随机应变道，"即使满洲兵不会伤害您，可是大乱之后，您也架不住土匪折腾！"

"我都是老太婆啦，谁还敢把我怎么样？"

"不行，不行。若知道，您是总兵夫人。如果我不照总兵的话去办，万一有点差错，叫我如何跟贺总兵交代？"说着，皮廷相扑通跪下，哀求道，"贺夫人，您要不走，我就跪死在这里。"

贺夫人见皮廷相如此笃情，一时盛情难却。她当即简单地收拾了衣物，坐上马车，跟着皮廷相向辽阳走去。

皮廷相为啥如此苦苦哀求梨花与他同路呢？这其中也有他难言苦衷：一则，他探知梨花与老汗王有某种说不清的关系，他想将来万一自己被满洲人所俘，梨花会出来说情，留条活命，甚至得到老汗王的重用；二则，如果将来大明军打败满洲军，自己手里有个败将的夫人，努酋的奸细，也就有了邀功请赏的本钱。所以他想千方百计地笼络住贺夫人梨花，以求左右逢源。即使这两方面都得不到，起码也为自己临阵脱逃制造个口实。如若有人追问自己为啥从沈阳逃到辽阳，那就脸不变色心不跳地回答："是贺总兵派我为其夫人保驾！"反正贺总兵已死，上哪追根问底？

大篷车由城北绕到城南，跨过浑河大桥，一路飞跑。皮廷相陪着贺夫人梨花坐在车厢里烦躁不安，忽听浑河下游传来车马之声，她撩开厢帘向远处一看，只见一队队兵马向浑河岸集结，由于路远，又有薄雾，她一时看不清远处是何家兵马，只好怀着惴惴不安的心情，急忙催促车夫快马加鞭，慌忙赶路。

第六十四章　将帅对决　皇太极得胜

第六十五章

明将报国　沈阳终陷落

浑河南岸集结的是明军名将陈策的两万兵马，他们正列阵布炮，准备渡河援救沈阳的明军。

陈策五十多岁，身强力壮。他多年镇守四川，兵精善战，深得兵部尚书的信赖。自萨尔浒兵败后，尚书点名叫他统兵赴辽，充任援剿总兵官，以救关外之急。此人用兵得法，兵士训练有素，自到辽东后，一直坚持野外训练，住在辽阳与沈阳之间的荒山子。清晨他得知沈阳被满洲军围困的消息，便立即集合兵马，拔营驰援。可是当他们来到浑河南岸，只见由沈阳城内逃窜的明军，已涌满大道。于是他急令全军火速前进。

两万川军眼见逃兵浑身血污，腿折臂残，不禁不寒而栗。恰在这时，从城里逃出的副将朱方良看到陈字大旗，他慌忙跑到陈策马下，哀求道："陈总兵，切莫进城！切莫进城！"他见陈策下马，就慌忙扑上来，哭泣着说，"我们七万大军都未能抵住努酋，你这两万人马去拼，岂不是白白送死？"

站在陈策身后的游击官周敦吉，反驳道："我辈不能杀敌救沈，在此三年何为？"

"我们誓死不当逃兵！呸！"

"呸！""呸！"唾弃之声连成一片。

朱方良哪受过这种窝囊气，他双脚一跺，骂道："你们这帮四川'小锤子'，懂个屁？谁敢骂我，我日他老祖宗！"

几个气粗的四川兵，撸起胳膊就冲上来。眨眼间，把朱方良摁到地下，一阵拳打脚踢。

陈策一时急得额上冒出豆大的汗珠，慌忙喝退兵士。一个大胡子四川兵并不知晓朱方良何许人也，他不顾陈策的劝阻，依然用脚踢朱方良的屁股。陈策急了，一把抓住大胡子兵，手执短剑，道："他是皇上的亲戚，领兵副将朱方良，你今日竟敢冒犯皇家，我岂能容你！"说罢，手起剑落，大胡子兵的人头落地，一腔热血喷得陈策满脸，犹如关公。

川军一个个惊慌失措，面面相觑。

等大军渡过浑河，陈策命令，在离河北岸一里许的地方设下两座营盘，以便歇息解乏，再与满洲军决一雌雄。

老汗王率领大军绕城冲杀，明军尸体累累。当满洲的八色彩旗插上沈阳四门城楼，老汗王步入贺总兵府歇息时，忽然探马来报："河南发现大批明军！"

老汗王听罢，喝了几口老酒，立即翻身上马，急令右翼四旗大军，披甲迎敌。

号角阵阵，黄白红蓝四色旗帜，迎风抖动。镶黄旗部将额亦都骑着一匹红鬃马，驰骋在全军最前面。他虽已年近花甲，胡髭很长，但仍气宇轩昂，精神抖擞，风度翩翩。上次初征沈阳，因为自觉年高一时疏忽，险些造成三贝勒莽古尔泰遇险受困，按军法本应斩首示众，承蒙老汗王厚爱，免于一死。自此他多日自愧内疚，闭门思过，决心悔过自新，尽心辅佐汗王，完成满洲大业。这次出征前，他曾挥毫写下"老骥伏枥"四个大字，把它挂在正房北墙上，以激励自己的斗志。

战马飞驰，满洲右翼四旗大军四路排开，犹如四股潮水，从城内涌向城南。大军跃出南城门，涉过五里河，忽见浑河北岸军帐簇簇，旗帜林立，火炮高耸。在一杆陈字帅旗下，站着一排排手执长枪、大刀，腰佩利剑，头戴铁盔，身披铁甲的四川兵卒。陈策统率的两万大军，黑压压形成一层人墙。

陈策久经沙场，熟知兵法，他深知满洲人能骑善射，自己的兵马善于拼搏的长处。于是，他未等满洲兵靠近，就合计好扬长避短的战略，急令三百步兵推出遮箭盾车，随后跟随执枪的兵士，主动向满洲军靠近。

两军越靠越近，明军首先发炮轰击。一时战场上浓烟滚滚，杀声四起，额亦都率领的镶黄旗应着炮声，死伤多人。

火炮声音越来越大，烟火弥漫越来越浓。额亦都趁着烟火弥漫，明军辨不清目标时，突然冲入明军阵地，冲杀拼搏，展开了白刃战。

明军的炮火停止了，两军刀对刀，枪对枪，噼里啪啦，刀枪撞击，

火星飞溅，战斗异常激烈。

两军大战了一个时辰，相互伤亡很大。川军因长途跋涉，水土不服，逐渐有些不支。而满洲兵一个个骑在马上，居高临下，又是以逸待劳，越战越勇。最后满洲军把川军压向浑河沙滩、浅水、苇塘。

此时浑河正是桃汛暴涨季节，落入水中的明军，很快被水卷走，溺死的尸体漂在河上，一个接一个，犹如水中放伐的圆木，漂向下游远方。

额亦都骑在马上，手挥铁矛，与陈策厮杀了多时，两将仍不见胜败。当额亦都把陈策逼到河岸，陈策想趁机转身逃脱时，忽然马踏尸体，前腿失蹄，陈策便身不由己地跌下马来。额亦都手疾眼快，他未等陈策落地，便猛挥长矛，刺透陈策的咽喉，一代名将眨眼间一命归天。

明军失去了指挥，顿时全军溃散。满洲骑兵乘胜追击，大军追过浑河约五里路光景，忽然驻扎在奉集堡和武靖营的两路援军飞驰而至。三四万明军扑来，为首的骑兵边放铳枪，边喊冲杀。额亦都率领的先头骑兵，毫无准备，他们在对方铳枪的射击下，纷纷落马。前军一乱，后军堵塞。一时自相践踏，死伤惨重。额亦都身边的两员大将先后阵亡，正当他心急火燎之时，皇太极率领的镶白旗五千轻骑，冲杀上来。

此队人马，白旗白马白盔甲，五千骑兵如同一把长剑，骤然刺向明军。明军的先头部队，在皇太极的突然袭击面前，一时惊慌失措，纷纷败退。皇太极一路兵马越战越勇，一直追到白塔铺，眼见明军溃散，方勒马回营。

当晚，老汗王率领的大军凯旋，八万大军来到沈阳城东门外，就在万泉河边安营扎寨。

吃过晚饭，混在城内的范文程来见汗王。汗王小声问起梨花，范文程叹息道："听人说，她被皮廷相骗到辽阳去了。"

老汗王顿时目瞪口呆。

第六十六章

总兵潜逃　搬救兵迎战

皮廷相紧随着大篷车后，跑得满头大汗，他的单骑跑到十里河，忽听身后马嘶，猛回头见一匹白马飞驰而来，他顿时一惊，暗想：皇太极的白马，怎么这么快就追上来呢？白马越跑越近，他心里愈发恐惧，竟至一鞭三回头。车马相距半里许，猛听背后叫道："皮副将！"

皮廷相自觉耳熟，打起精神回头一看，见是朱方良策马而至。皮廷相疑是总兵来追，便丢下篷车独自逃走。

朱方良并不介意，因为自己也是被皇太极追到白塔铺，未经拼杀，私自逃命的。他理解皮廷相此时此刻的心情，于是就不再叫喊。当他的白马跑到篷车后，立即翻身下马。他一手牵着马，一手用马鞭子挑开轿帘，突然瞥见贺夫人，随即问道："贺夫人坐车何去？"

贺夫人道："跟皮副将去辽阳。"说着她站起来，把头探出帘外问道："朱总兵，你单枪匹马何往？"

"去……"朱方良说了半截又咽了回去。因为自己是带兵的总兵。总兵就是战场上的统帅，眼下沈阳兵败，只身逃命，岂不令人耻笑？他装作天热，用手扯了扯衣领，接着搪塞道："我要去辽阳搬兵。"

"沈阳很吃紧吗？"贺夫人梨花焦急地问道。

朱方良道："也紧也不紧。"接着把话题一转，问道："皮副将是不是与你同路？"

"是，他说是贺总兵特意派他接我到辽阳。"

盗贼最熟悉盗贼的心理。朱方良冷冷一笑暗想：这小子贪生怕死，真有鬼点子！他一转念，万一他跑到辽阳乱说一通，岂不于自身不利。朱方良想到此处，决计把皮廷相笼络住，以防万一。于是，他快马扬鞭，朝前追去。

白马飞驰，红马紧跑，不一会儿白马追上红马。皮廷相眼见朱方良追上来，一时惊慌失手，马鞭子打在红马的脑门上，红马一惊，竖起前蹄，皮廷相倏然摔下马来，昏了过去。

朱方良翻身下马，将皮廷相扶起，等大篷车赶上来，马上跟车夫一起将皮廷相抬进车厢，自己便独自先行。

朱方良骑着快马，越过太子河，不一会儿来到辽阳城下。他来到城西门时，正好代行杨镐职务的辽东经略袁应泰坐在城楼，等待陈策等人驰援的消息。袁应泰见朱方良单枪匹马而至，自觉战事不妙，于是急令卫士打开城门，将朱方良迎进城内。

朱方良进城后，未等进衙门，就在城楼上，将沈阳失守，诸将身亡，援军败北等事情一一禀报。袁应泰听了异常紧张，立即召集邻近诸部，部署守城。

辽阳是关外的古城，居诸城之首。从战国西汉以来，就是山海关外政治、经济中心，到了金代曾在此设过京城，名曰东京，到了明朝就将辽东都司设在此处。这座城池雄伟壮观，城周三十二里，八座城门高耸。城内街道纵横，店铺林立，颇为繁华。尤其是那座古老高耸、插入云霄的白塔，更增加了古城的威严、壮丽。

袁应泰进士出身，办事机敏，但多年做的是文官，对军事战法所知甚少。沈阳失守，死亡七八万兵马，对他是极大的打击。众将集聚都司衙门之后，袁应泰竟急得不知如何说话。

巡按御史张铨多年在京为官，熟悉官场之事，他见袁经略心急如焚，就代袁应泰应付场面，道："诸帅众将，近日沈阳失守，战事吃紧，辽阳乃辽东之重镇，为保大明江山，请众将献计献策。"

大胡子总兵侯世禄霍地站起道："努酋连取抚顺、沈阳、铁岭诸城，猖狂至极。依末将之见，此夷锐气不挫，必将如洪水决堤，祸及中原。"

朱方良冷冷一笑，道："说的比唱的还好听，侯大胡子，你有本事，到阵上比试比试，不比在家里撸胳膊卷袖子强多了嘛！"

侯世禄觉得朱方良话不对味，寻思片刻，冲着朱方良发起火来："老子打仗多年，身上的箭伤比你见过的娘儿们的奶头还多，别吃饱了胡呲。"

朱方良听侯大胡子把他比作猫狗，顿时火冒三丈，他嗖地抽出长剑道："侯大胡子，你小子别有眼无珠！老子是从小吃皇粮长大的，你他妈从小是狗屎喂胖的，你有能耐，咱到院里遛遛。"

侯世禄哪肯示弱，他也把短剑拔出，吵嚷着就往门外走。

袁应泰一时气得脸色发白，他抓起桌上的石印，往桌上一嗷，厉声道："此处是辽东衙门，哪容你们泼妇骂街！"说着他示意衙役将上方宝剑取来，往桌上一放道，"谁再胡闹，休怪我不讲情面。"

一把上方宝剑把侯世禄、朱方良镇住了。接着张铨道："眼下城内兵马不多，固守乃为上策！等几日皇上派来援兵，再从长计议。"说罢，部署道，"侯总兵，你回到大营以后，立即令军士疏城之渠，放太子河水，将护城河灌满，然后沿壕布置火炮，城内加紧防守，以防努酋突然袭击。"部署完毕，各自回营。

护城河宽约两丈，河深五尺。三月十九日中午，侯世禄率领三千兵士，刚刚用太子河水，把护城河灌满，忽见太子河渡口，烟尘滚滚，旌旗蔽日。不一会儿，一个探马来报："禀报总兵大人，太子河北岸发现众多的满洲军！"

军情告急，侯世禄未敢怠慢，火速进城禀告袁应泰，袁应泰得知后，立即委派侯世禄、朱方良率兵五万，出城迎敌。侯、朱二路大军出城西五里，恰与满洲军相遇。

老汗王坐在马上，忽见前面大路烟尘滚滚，马上下令左翼四旗由额亦都率领，列队迎战。额亦都率领三万大军快马加鞭，与明军相距一里许时，见明军摆出"燕翅阵"飞奔而来，他当即选派正红、正黄两旗大军咬住明军左翼，斩其左翅，再战右翅。

两军交战，号角迭起。满洲军一个个手执藤盾，先发数箭，见敌兵成排倒下，便乘势冲上去，挥刀拼搏厮杀。

明军一开始擂鼓发炮，地动山摇。几颗火炮发出，满洲军顿时倒下一片。但满洲军人多势众，兵不惧死，前面的兵马倒下，后面接着冲上来。等两军接近，明军的炮火已失去效力，于是短兵相接，刀光剑影，厮杀成团。

明军将士易于分辨。临阵后，只要一看盔甲样式、驭骑好坏就会一眼看出谁是主帅，谁是副帅。额亦都骑着黄骠马，手执长柄铁钺，一眼发现侯世禄，便拍马迎了上去。侯世禄是有名的"铁锤子"。手执两把各重五十斤的铁锤，抢起来，虎虎生风，很难向他靠近。他当兵多年，上阵百次，从未受过枪伤。额亦都举钺向他抢去，只见侯世禄两锤交叉，当啷一声，将额亦都的铁钺架住。接着侯世禄的两个护卫

如同两只猛虎，拍马举刀，蜂拥而上。额亦都立即拨马相迎。这时，侯世禄趁机绕到额亦都背后，举起双锤朝额亦都砸去。恰在此时，两个满洲军赶到，举起马叉将双锤挡住。两人大战多时，胜败难分。双方为保其帅，各自护卫越来越多。几十个兵将扭杀在一起，互有伤亡。

日影西斜，两方不分胜负。老汗王眼见守卫辽阳的兵将，不同往日明军，便另派皇太极增援。

第六十七章

两军交战　大汗改策略

皇太极多日野外征战，脸色晒得黧黑，方脸两鬓与漆黑的唇髭，都长得老长。近年，当年跟随老汗王起兵征战的费英东、博尔晋、劳萨、叶克书相继战死、病死，统帅的重担就落在他肩上。连日来，他出营入阵，战场拼杀，甚觉疲倦。但由于节节胜利，众军士气甚高，他依然精神抖擞，神采飞扬。

此次，皇太极出战侯大胡子，依然白盔白甲，骑着白马，他放下过去使用的虎枪改用双刀，迎战侯大胡子的双锤。

清晨，满洲军与明军摆开阵势，皇太极首当其冲，第一个与侯世禄交锋。

侯世禄眼见皇太极单骑来到眼前，立刻拍马上前，抡起双锤，如流星赶月，虎虎生威。他时而抡起左锤朝皇太极天灵砸去，时而又抡起右锤直奔对方的前胸。皇太极左挡右架，刀锤撞击，迸发出片片火花。

两人交战片刻，侯世禄开始有些气喘。这时皇太极转守为攻，挥起双刀，寒气袭人，六十四路刀法施展开来，只见刀光闪闪，如瑞雪纷纷，顿时只见刀光不见身影，逼得侯大胡子只有招架之功，毫无还手之力。

皇太极越杀越猛，一会儿来一招"金龙大张口"，一会儿又换一招"叶里藏花"，一会儿"海底捞月"，一会儿"刀劈华山"。最后，皇太极把侯大胡子逼到一处水塘，侯大胡子坐骑顿时陷进泥坑，侯世禄见无路可走，便陡然跳下马来。

"嗖！嗖！"趁侯大胡子行将下马之机，皇太极弯弓搭箭，一箭射中侯大胡子的咽喉。名噪一时的大将侯世禄，便中箭倒在烂泥塘里。

明军的左右卫队，见主帅侯世禄落马，立刻蜂拥而上，侯世禄的几个亲信跳进泥塘趁侯世禄尚有一口气，便把他架上马背拨马回城。

明军眼见主帅负伤而归，士气大减。不一会儿，只见大小明军跟着侯世禄的战马，拼命而逃。这时，满洲军乘势杀去，明军大败。

此次参战的朱方良本无心恋战，可惜身为总兵，不能做主。再加之袁经略持有上方宝剑，不从者立斩，他不能不从。他上阵以后，只是督战，并不冲锋。他坐在马上，远远看见侯字大旗向城内败退，心中暗喜，便带着几个亲信，丢下帅旗，偷偷向南山跑去。

朱方良率领的一路大军，眼见主帅南逃，便紧随其后。

皇太极见此阵势，亲率二旗兵将，咬尾直追。明军兵卒，哪经得住训练有素的满洲骑兵追杀。当皇太极率军追出六十里，兵至鞍山小城时，明军已四处逃散。

傍晚，皇太极回到辽阳，与满洲大军会合，当晚就露宿辽阳城南。

车夫赶着篷车，到了太子河北岸的芦苇荡，忽听背后人沸马嘶，自觉战事不妙，就掀帘对梨花递了个眼色，示意把皮廷相丢在芦苇里，改道更辙。梨花本来就惦记着沈阳的战事，不愿离开沈阳，她见车夫递眼色，就顺水推舟地点了点头。于是车夫把睡得昏昏沉沉的皮廷相拖下车，丢在芦苇荡里，挥起鞭子，向太子河下游走去。

皮廷相一觉醒来，已半夜时辰，他独自爬起来，向河岸走了半里路光景，来到一片坟茔地，他狐疑地正向前走，忽然坟堆处冒出三个大汉，未等他弄清东西南北，就被蒙面人捆上，不一会儿涉过河，被推进满洲大营。

这时，老汗王正坐在牛皮大帐里审问辽阳城内的一个军士。皮廷相被推进帐内，解下绳子，摘去蒙面巾，一时愕然。

"皮总兵！"受审的军士望着皮廷相，一惊，情不自禁地脱口呼出。

老汗王听到叫声，便向皮廷相瞅了两眼，随之下座，把皮廷相让到右边的座位上笑道："久闻大名，想不到竟在此相会。"

老汗王的客气，感动了皮廷相，他屁股刚着木扎子，又连忙站起，牛眼珠子一转，慌忙施礼道："多谢汗王赐座。"

老汗王见皮廷相很随和，就把手一挥，对侍卫道："拿酒来！"

不一会儿，侍卫把斟满的两碗白酒用托盘端上。老汗王端起一碗递给皮廷相，自己又端起另一碗道："为我们初次相会干！干！"

皮廷相受宠若惊，涨红的脸儿一仰，一饮而尽。此人，脑瓜活，骨头软，他想：既然身进夷营，生路已断，何不先发制人，绝处求生。

想到这里，他又一次施礼道："卑职在明营，虽身兼要职，实则混饭度日，无所事事。汗王陛下，日后自有用处，敬请吩咐！"

"好，好！真是快人快语。"老汗王满意地再一次给皮廷相让座，一一问明辽阳城内的情况，然后征询道："皮总兵，你身在辽东多年，依你之见，若取辽阳，何为上策？"

皮廷相道："辽阳乃关外重镇，城池牢固，又近大河。多年来，驻守辽阳官将，凭借护城之河，没有哪家大军攻进一兵一卒。因此，依卑职之见，不破护城之水，断难取胜！"

"高见！高见！"老汗王道，"皮总兵，你平日和袁经略、张御史过往如何？"

皮廷相摇头叹息道："袁、张二人，为人多疑，自他们来到辽东，凡异己多已剪除。卑职虽身为总兵，但在他们眼里，只不过是为他们卖命的走卒。唉！当今的大明朝官场，是鸡狗相斗，狼虎相争！"

老汗王听皮廷相一番伤心之谈，把原想让皮廷相打进城里的念头取消了。当晚老汗王对皮廷相热情款待之后，与众部将商议，决定对辽阳先放水，后强攻。

第二天清晨，老汗王下令左翼四旗由额亦都统率，去城西挖开泄水闸放水。右翼四旗由皇太极统领，去城东叠坝堵水。然后，伺机攻城。

令下不到一个时辰，皇太极统领的右翼四旗大军首先到达城东，叠坝堵水，河口顿时黑压压挤满人群，一时挖土的挖土，抬石的抬石，河上河下一片繁忙。

这时，站在东城楼上的袁应泰，身着盔甲，翘首远眺，发现了护城口的满洲军，他自觉不好，惊叫道："不好！"

坐在城楼里歇息的张铨听到惊叫，神经质地跑过来，朝城东南一瞥，也发觉军情危急，就凑到袁应泰身边，道："袁大人，护城河历来是护城天堑，河内的水一旦被放光，岂不等于为满洲人打开了城门？"

袁应泰果断下令，立即出动三万步骑兵，打开东城门，沿着护城河列阵布炮，以阻止满洲军挖河。

"轰""轰"，一门门火炮，向对岸的满洲军轰来。应着炮声，倒下一片挖土担石的兵士。

掘闸受到了干扰，老汗王站在高坡，急得额上渗出汗珠。不一会儿，皇太极跑来，对汗王道："阿玛，我看挖河很难一时奏效，先夺下吊桥，压住明军，方能护住掘河的兵士！"

老汗王点头赞许，皇太极立即组织一百名水手，泅水渡河，夺下吊桥。

对岸的明军发现了皇太极的行动，便拼命地向下水的满洲兵士射箭，刹那间有数人中箭，死于河中。这时，皇太极红着眼睛，对身边的三千弓箭手喊叫着下令放箭，立刻压住对方的明军，致使守桥的明军抬不起头来。袁应泰站在河岸发现护桥的兵士压不住对方，便火急调出五门火炮，到吊桥增援。未等火炮运到桥头，满洲的泅水兵士已游到岸边，巴什泰第一个跃出水面，冲上河岸，挥刀砍断吊桥大缆，只听一声巨响，大吊桥眨眼间横在河面。

满洲军呼叫着，奔跑着，冲上吊桥，一股人流顿时涌向护河的明军，展开了厮杀拼搏。

明军的火炮变哑了，护城河的水渐渐变浅了，高处的河底开始露出地面。这时，四旗兵士一字排开，一个接一个跳进城池，踏着泥泞的河底，开始攻城。接着铺草垫路，推着防箭的盾车越过城河，逼近城下。明军兵士，一个个张皇后撤，龟缩进城。

第六十八章

出兵辽阳　又得将帅之才

袁应泰站在城楼，眼望着城外蚂蚁似的败兵涌进城门，一时急得在楼板上踱来踱去，六神无主。

袁应泰年事已高，满头白发，他在京内做文官多年，为人正直、廉洁，自诩出污泥而不染，他对朝内贪污腐化深恶痛绝，冒死进谏。一年前，兵部侍郎的侄子趁萨尔浒战事，克扣军饷五千两。他探知后，立刻告了御状，万历帝派御史张鹤鸣，查清此事，将兵部侍郎的侄子推出午门斩首。

为此，现今掌权的魏忠贤，十分畏惧他，于是趁辽东缺帅，就派他出使辽东，当了个经略。但他深知，在多事之秋把他送到辽东，并非荣升，而是推入火炕。一则，萨尔浒一战大明朝的战将多死于沙场，军饷又缺，士气不振，天朝的军威大伤；二则自己从未带过兵，更不懂打仗，在满洲军铁骑践踏之下，自己很难对付。

近日沈阳失守，奉集堡战略要地被满洲军占据，孤立的辽阳危在旦夕，所以，满洲军兵进辽阳，他就自觉大势已去。不过，为保持晚节，誓做岳飞，不做秦桧，眼下，尽管辽阳被包围，他依然站在城楼，在"袁"字帅旗下，发号施令。

辽阳城头上的火炮吐着火舌，轰轰的炮声，震耳欲聋。

袁应泰站在城头，从早到晚，指挥兵士放火箭、掷火罐，使满洲军无法靠近城墙竖梯登城。

皇太极率领的兵马大半过河，但由于受到阻击，一时难以登城。他站在河岸，十分焦急。正在皇太极无计可施之际，忽然李永芳骑马而至，出现在他面前，献策道："四贝勒，我抓住两个会点火炮的明军兵士。我何不用敌之炮，攻敌之城？"

皇太极听了大喜，连忙叫兵士抬过来二门明军的火炮，掉转炮口，朝城头轰击。

"轰!""轰!"连发几炮,火光四起,此法果然奏效,城头明军一时抬不起头来。此时攻城的满洲军趁机抬着云梯,跑到城下,竖起云梯。

接着,一个个满洲兵士陆续出现在城头,在城墙上、垛口处展开了肉搏拼杀。傍黑时分,整个西城城墙都被满洲军占领。

当天夜里,明军点着火炮,从南北两个城角,展开一次又一次争夺战,但一次又一次都被阻击住了。天亮时,两个角楼的楼道口,光死尸就堆了一人多高,血顺着泄水孔,从城墙流下。

红日出山,进攻城西门的左翼四旗兵士也相继登上城墙,打开城门。八旗兵士势如潮水一拥而入,守城的明军拼命厮杀,两方在城墙上、屋顶上展开了激烈的巷战。

日至中午,鏖战渐渐平息。袁应泰带领一伙文官和卫士被逼到城东北镇远楼,眼看大势已去,急忙将御史张铨召到楼内,痛哭流涕地道:"我是朝廷派到辽东来的经略,在接受任命时,已经宣誓把身家性命和辽东共存亡,现在两座大城丢失了,不仅没脸面去见大明皇上、百姓,就是活在人间也感到羞耻!张大人,您是辽东巡按,本无守土之责,现在你就快快走吧!"

张铨听了,正色说:"袁大人,您这就太小看我张铨了!我身为朝廷命官,无论身在何处,都有守土安民之责,在这城破军殁之时,您把自己成全了,却让我做一个万人唾骂之人,真辜负了咱们共事一场!⋯⋯"

"不,不,不!"袁应泰连忙说,"我是这样想的:城外残兵散卒很多,你出去之后,可以把他们召集起来,重整旗鼓,以退为进守住河西之地,如果那样的话,我袁应泰死也瞑目了!"

张铨连忙摇手,他说:"大帅,那正是您应该做的事⋯⋯"

正说到这里,忽然轰隆一声巨响,身后的西门城楼火光冲天,土木碎石,蹿上天空,又纷纷落了下来,接着就是一片连天的大火⋯⋯

原来,城楼上的火药库染了火,引起爆炸。

趁着混乱,袁应泰带几个亲随转到东北镇的远楼,那是他的家。他对妻子儿女奴仆们说:"咱们的路走到头了!⋯⋯"

家人们刚要和他相拥而哭,他厉声叫道:"哭什么?为国家而死是咱们的福分!来,向京师方向磕头吧!"然后,他亲自关上房门,点火自焚了。

全城除了几处地方还有小规模的战斗外，战事已基本已经结束了。总兵、副将、参将、游击等十多人战殁在血泊中。

皇太极进城后立即率领自己的几百红号军，把住大街小巷，不准旗兵到处入户抢劫。还派出上百匹快马沿街巷摇着令旗高呼：

"大汗有令：私闯民宅者，杀！"

"杀人放火者，杀！"

"强奸民女者，杀！"

"掠人财物者，杀！"

"欺凌汉人者，杀！"

……

与此同时，把范文程拟草，早已写好的安民告示到处张贴。内容不仅有皇太极宣传的十杀令，还宣传满汉一家，各族平等。对匿藏在民间的明朝将士，只要投降，一概不究。游击以上的军官给予优厚待遇……

这都是过去没有的事。

小西门楼上的一声爆炸，结束了明军的抵抗，张铨知道自己下面的任务就是像摸像样地死去，以保持自己的大节。

他"衣绣衷甲"下城，要回到他的巡按衙署去。

"大人，那可不行！鞑子已占领了全城，说不定正到处找您呢！"随从们对他说，劝他把这一身耀眼的大明官服换下来。

但是，张铨怎么也不肯换下官府。

没办法，趁着夜黑，城内又乱糟糟的，随从们拥他出了小南门，想从那里随着逃难的人流逃走。

"事到如今，谁愿意逃就逃吧，我却要回我的衙署去！"张铨说着就扭头向城里走。

他回到官衙面南而坐，等待满洲人来。

从夜半到天亮，旗兵进来了不少。他们看到一个明朝的官儿守着一支烛坐在大堂上，觉得有些好笑，却也不知怎么办他。

过去是有办法的，那就是拉着他的耳朵把他扯下来，再扭着他的胳膊送到上司去，或者干脆把他杀掉。

可是，现在有了大汗的十杀令，十杀令中又没具体到对这官儿怎

么处理？再说，他们也分不清他在这儿凝然地正襟危坐，算不算投降呢？

由于心力绞碎，这个时候，张铨昏倒了。

巴什泰把张铨背到了汗王跟前。

傍晚战火已熄。老汗王及诸王、贝勒相继来到都司衙门。

他们各自占用了经略的几处房间，洗漱歇息。

晚饭后，张铨醒来。他睁开眼睛，一眼便看出头戴顶珠暖帽的是老汗王，他眨了眨眼睛，问道："大王，何不杀我？"

老汗王笑道："为汗爱将如子，怎好将御史大人一刀送命？"

说话间，李永芳进屋。李永芳往日与张铨有旧交，他发现张铨有气无力地躺在软榻上，就跑过去，俯下身子，喜不自禁地道："张老弟真是命大，福大！"

张铨惊奇地盯了李永芳一眼，接着转过身去，面壁无言。

老汗王见李永芳与张铨相识，就故意躲出屋外，让李永芳再对张铨进行规劝，伺机收留这个明官。

李永芳笑着把张铨扶起来，接着又把枕头给他垫在后背，让侍卫送来两碗鸡蛋汤，亲自端给张铨让其喝下，可是张铨依然默不启齿。

李永芳笑道："贤弟，莫非想当陪伴项王至终的虞姬吗？"

张铨合掌作揖道："老兄别取笑老弟啦！"他起身又道，"项王虽兵败垓下，但仍称其为英雄。我之兵败而死堪称何也？"

"大明的忠臣！"

"此忠何益？"

李永芳听张铨话中有话，就有意引话说："死后树碑立传，流芳千古！"

张铨摇首道："为贤君之臣，忠之可敬；为昏君效忠，死亦可悲！"

"贤弟此话何意？"

于是，张铨向他透露了京城内幕，说："自打阉党魏忠贤得势后，他的党羽遍布朝廷内外，而且一个个担任要职，不少无耻的官吏趋炎附势，甘愿拜在他们的门下，自称儿子、孙子，见到魏忠贤跪下就称九千岁，九千九百岁！"他叹息了一声，沮丧地说："如今党内又闹起'移宫''红丸'两案，弄得朝内人心惶惶，人人自危。李老兄，我是不愿意听那污秽之事，才躲出皇宫，来到辽东的！"

"何谓'移宫'案？"李永芳让张铨坐下，不解地问道。

"'移宫''红丸'同出一辙！"张铨接着又道，"神宗在位时，他最宠爱郑贵妃。郑贵妃留居乾清宫，侍候神宗。光宗即位后，郑贵妃理应移出乾清宫，可是自打魏忠贤插手，郑贵妃一心想当皇太后，她就串通李选侍，要挟光宗皇上，不仅郑贵妃要当皇太后，李选侍还要做皇后。当时光宗应诺，谁知过了不几日，光宗皇上吃了一个和尚送的红丸仙药，当晚就暴死于皇宫。这样一方要移宫，一方反对移宫；一方对献药者治以死罪，一方为之袒护。弄得朝内上下其乱如麻。"张铨说着，掀被而起，愤然道，"如此政局，为谁尽忠报国？"

"那就应改换门庭。"

张铨摇头道："我难比老兄，我如今在京内还有五个孩子、妻子和老母。如若归顺满洲人，就要满门抄斩，祸灭九族。唉！如今偌大个神州，竟无张某栖身之处！"

"那，老弟下一步棋打算怎么走呀？"

"上千山，当和尚。"张铨果决地道，他思虑了片刻，又道，"如若汗王有用得着我的地方，张某可暗中协助！"

老汗王坐在内室，将张、李二人的对话听得十分清楚。他听到此处，十分谅解张铨的处境，就慢慢地步出屏风，亲自为张铨斟了一杯黄酒，端上道："张御史果然是个有识之士，可惜生不逢时啊！"

张铨听了感激涕零。老汗王见此情景，又道："老话说，千军易得，一将难求。为汗今日有幸得识君，真如入海得珠啊！"

张铨被感动了，他刚凑近汗王身边想说什么，忽然佟养性推门进屋。佟养性与张铨在京有过一面之识，两人相见各怀心事，寒暄了一阵，感慨万端。佟养性听说张铨要上千山当和尚，甚为惋惜，劝他留下供职。张铨无可奈何地述说了自己的处境。佟养性立即替他向汗王求情道："汗王，张铨身为京官，落到如此地步，实出无奈。他若上山隐居，就从了他吧。今后若改朝换代，他定会出山！"

老汗王历来爱惜人才，在佟养性、李永芳的谋划下，先制造张铨已死的舆论，贴出诛杀张铨的告示，然后改名换姓，把化了装的张铨偷偷送上千山大庙。

张铨走进祖越寺山门，回首对护送他的李永芳拱拱手，念了两句诗：进山为出山，静卧待晴天。

第六十九章

攻占辽东　迁新都安民

攻下辽阳城，连日满洲军又攻克辽东数城，于是辽东明城十四卫，皆变成了满洲的牧马场。

夏日的一个清晨，老汗王在辽阳都司衙门召集诸旗主、大臣议事。

衙门是座青砖瓦四合院，正房五间是往日辽东巡抚办理公务之处。此处高窗亮门，十分宽敞。老汗王占领辽阳后，就选择此处做了临时的汗王殿，凡举国大事，多在此与大臣、贝勒商议。

日影从东窗投进殿内。一个个喜笑颜开的大臣、旗主，相继穿着新袍、新裤步入大殿。图鲁什作为长白山八兄弟的元老，也应邀入殿。

图鲁什已是六十多岁的老人了，然而因他活泼、耿直、心直口快，并不显得衰老。他进殿后双手拎着几个麻袋，走进衙内，嘻嘻哈哈地跟门卫打着招呼，又跟总管笑道："老兄，此战获物甚多，您就高抬贵手，多分给我点儿老粗布吧？"

"绫罗绸缎不要，要粗布干啥？"

"给我孙子做尿布呗！"

图鲁什说说笑笑走进衙内，此时大臣、贝勒多已到齐，只见努尔哈赤正襟危坐，气氛严肃。老汗王目视着图鲁什坐下，又环顾了群臣，说："今日辽东之都已到吾手，此城古称襄平，又是大金京城之一。为此，汗有一事与众臣相商，明日我们是回旧地萨尔浒，还是迁都于此呢？"

按照历次攻城的惯例，毁城分俘之后，立即回旧地。老汗王突然提出迁都之事，群臣一时茫然，不知如何回答为好。图鲁什向来习惯放头炮。他放下手中的等待装俘物的麻袋，果决地道："我老家还有八个大孙子呢，还是回老家好！"

众臣也附议道："回老家！回老家！"

努尔哈赤蹙眉沉思片刻，道："众臣主张回老家，我当然理解。可是，大军一撤，此城必然会被明军再次占领。那样周围归顺的七十多个大小城民，也必然人心思异，逃匿山谷，各奔他乡。况且，等明军重整旗鼓站稳脚跟，我们再来攻取，那就要再次流血流汗。因此，以我之见，移都为好！"

安费扬古马上赞成道："汗王远见！汗王远见！"

众臣虽有穷乡难舍、故土难离之感，但觉得汗王所言有理，也就点头同意。当日决定以辽阳当都城，立即着手搬迁。

辽阳城是平地城市，分南北两重城池。搬迁后，努尔哈赤及诸大臣、八旗将士住南城，一般市民和明朝降官迁居北城。

三个月后，迁都之事一切安排就绪，老汗王十分欣喜。为庆贺迁都之喜，七月的一天，全城举行庆典，摆设大宴。同时根据范文程等人的建议，吸取明代军事、政治建制所长，以满洲旗制为主，将二百三十一个牛录整编，将各级额真改为备御、游击、参将、副将、总兵官。重新委派各旗旗主，任命一等，总兵官额亦都为左翼王，统管左翼四旗；安费扬古为右翼王，统管右翼四旗；扈尔汉授三等总兵官；何和礼为正红旗总管；佟养性为二等总兵官；李永芳授三等总兵官，其他人也分别授职。

皮廷相当日也被授予副将，赐给兵马衣物，他十分感动。他回到新居，蓦然想起梨花之事，自觉心中有愧，于是当晚找到汗王，将梨花如何离开沈阳，到辽阳太子河北岸如何失踪，一一做了禀报，他痛哭流涕地道："听说您与梨花互有救命之恩，我未能把她送到辽阳，末将实在有罪，死有余辜！"说罢，挥起左右手，叭叭连打了自己几个嘴巴。老汗王连忙上前劝住，道："过矣！过矣！副将能从兵荒马乱中带她离开沈阳，免受战乱之扰，已有大功，何谈有罪？"说罢，亲自斟上一碗黄酒敬给皮廷相，以表谢意。

皮廷相受宠若惊，将黄酒一饮而尽，用袖子抹了抹嘴角，抱拳道："末将受汗王如此厚爱，但愿为您效力，死而无怨！汗王，请给我调拨兵马，去寻梨花。"

老汗王摇了摇头，道："副将先回去歇息养身，另有重用。寻找梨花之事，我另派佟养性去办。"

第七十章

寻找梨花　代善终受教

皮廷相拭去泪水，走出衙门。老汗王立即召见佟养性，商量寻找梨花之事。

第二天清晨，佟养性带领七八个随从，扮成平民，各自骑着毛驴老马，涉过太子河，四处打听梨花的下落。第四天，佟养性依据百姓提供的线索，找到沈阳城东。当他们一行，刚刚涉过万泉河，忽见东门外黄泥岗下围得人山人海。他们急忙骑上骡马，直奔黄泥岗。佟养性下马走到一个土岗上，忽见人丛中，包围着一位老妇人，那妇人被五花大绑，身背斩首招子，面东而跪。他又向妇人身旁看去，见大贝勒代善站在一旁，手举长剑，吼道："贺夫人，最后再给你抽袋烟的工夫，我看你降不降？若再不降，哼！"代善举起明晃晃的长剑。

"住手！"佟养性耳听贺夫人的名字，知道是梨花被满洲兵所俘，于是急忙跑下高坡，直奔人群而来。

佟养性拨开人丛，跑到梨花跟前，躬身道："贺夫人，您受惊了！"

看热闹的人，一个个愕然。等佟养性给梨花松了绑，同代善耳语了几句，就把贺夫人请到一辆大轱辘车内，急忙赶回城里。

佟养性回到沈阳总兵府，立即向梨花说明了来龙去脉。梨花笑了笑道："我已是快入土的人了，一死了事，何劳汗王如此挂心！"她感激地拭着泪水，反问道，"佟家兄弟，汗王眼下身体可好？"

"他壮实得很！"佟养性道，"你们分别多年，他时常挂念着您。若不是汉人有三从四德，一女不嫁二夫的规矩，他非得把你接到新都不可！"

梨花叹息道："我一辈子是受折腾的人，享不了皇后的清福，也许这也是命中注定？"

佟养性笑道："圣人之言，有可信的，也有不可信的。如夫人能冲破世俗篱藩，内助汗王大业，他一定高兴得跳起来！"

梨花摇摇头，轻唉了一声，说："时至今日，木已成舟，过去的就算过去啦！"

"那，夫人下一步有何打算？"

"听说当年的养父尚在，我想投奔他。"

"他叫什么名字？"

"万海。"

"现住哪里？"

"广宁城里。"

佟养性再三劝说，让梨花回辽阳，可是梨花只是不从。他好话说尽，不得不由梨花自作主张。第二天，佟养性为梨花选派了几个汉子，给了些银两，就把她送往广宁。

梨花走后，代善追问道："佟总兵，您身为满洲的大臣，怎能私自放走敌魁之妇？"

"此话不便细说，等见了汗王，再议论吧。"佟养性有口难言地推辞道。

过了数日，佟养性见护送梨花的汉人回来，就同守护沈阳的代善一起离开沈阳，赶回辽阳。

代善骑马走在路上，十分纳闷。佟养性为何对贺夫人如此关照？贺夫人与家父有何相干？一连串的疑问弄得他一路烦闷不语。

原来在一个多月前，沈阳城一切恢复正常之后，代善被派到此城守卫。一天他在北门外巡视，忽然一个城民报信说，城北堡子里发现贺世贤的夫人，他闻讯后当即派人将贺夫人梨花抓来，投进大牢，经再三审问，她闭口不承认是贺总兵的妻子，昨天甚至骂代善，忘恩负义，有眼无珠。因此，代善在盛怒之下，打了梨花五十大板，并决定翌日斩首示众。

太阳落山了，天气凉爽了一些，代善、佟养性的马，跑得快了些。傍黑时分，他们来到辽阳城。

佟养性回到辽阳，把梨花闲居沈阳城郊，被代善抓获，以及殴打、问斩一一做了回禀。老汗王听了勃然大怒骂道："小小代善，无法无天！怎敢擅自乱杀无辜？今后各大臣、贝勒、将官，也如此仿效，岂不等于纣王重生，秦二世再现？"说罢立即传令各大臣、贝勒，马上到衙门议事。

　　诸王众贝勒到齐，老汗王立即将代善私自设牢，乱杀无辜的事，向众人做了陈述，然后训诫道："自古明君，凡料理国事，皆利于民，凡断民案，求其公正。汗用众臣，就是要为民着想，顺乎民心，扬善弃恶。大贝勒留守沈阳，与汗所想背道而驰，于天理难容。为严其法，汗决定惩罚之。"

　　经各大臣商议，对代善立即裁决：一、没收在沈阳城战中，所赐的一切俘获品；二、半年不许带兵。

　　平日，努尔哈赤十分赏识代善，器重他刚毅勇敢。此次，虽有过失，总想教诲他日益长进，久后能料理国政。再就是出于对长子的偏爱，想把自己蒙受梨花的恩惠，向他讲明，让他知道自己能有今日，也是来之不易，使之从中领悟一些处世之理，为人之道。

　　一天清晨，老汗王把代善叫来，跟他一起到辽阳白塔前散步。他们穿街越巷，来到二十多丈高的白塔下，老汗王合掌朝塔拜了一拜，转脸问道："代善，此塔何时所建？"

　　"听说是金大定年间所建。"

　　"此塔为谁所建？意在何处？"

　　代善摇头不知。于是老汗王向他述说了白塔的来历。此塔是佛塔，是金世宗完颜雍为其生母贞懿皇后李氏所建。李氏原是辽阳渤海贵族的后裔。金初，李氏家族举族降金，颇受优待。李氏到了成年，美貌出众，十分贤惠。后来嫁给金太祖三儿子完颜宗辅做元妃，生下完颜雍。当完颜雍十三岁时，宗辅突然病死于外地。李氏因不满金廷的夫死妻嫁的陋习，便丢下爱子，回到辽阳出家当尼姑。1155年，完颜雍来到辽阳，出任东京辽阳府的府尹，突然在寺院见到分别二十多年的母亲李氏。李氏见儿子在海陵王朝受排挤，就与其弟李石谋划，联合辽阳各派势力，乘海陵王昏政昭著，民怨沸腾，征战乱杀之机，举兵起事，完颜雍从此称帝，年号大定。金世宗称帝后，仁改安民，深得人心，不久由辽阳到达北京，统一了北方，开创了一代帝业。李氏死后，金世宗为对有大功的老母表示敬意，就在其母当年修行之处，建了这座佛塔。

　　老汗王讲罢，感慨地道："梨花，终生坎坷，历尽人间之苦。她在患难中，几次救我，暗助我业，终生难忘。她的恩德，你我都不应忘怀。百年之后，我的后辈要为她烧香祭灵，这也是我对你这个做长子的信赖和委托。"

代善听罢，向白塔拜了几拜，然后道："父王所言，后辈铭记在心里。等我们攻下广宁，一定设法把她老人家找到，让她好好享几年清福。"代善几句话，感动得老汗王热泪直流。

第七十一章

满汉同等　颁"计丁授田"

　　老汗王迁都辽阳数月，眼见战乱逃离的民众，相继回到老家，无衣无食，他整天睡不好觉。一天，他把诸臣、贝勒找到衙门，说出了自己的忧虑。他拿出一本土地造册，道："眼下辽阳有荒地二十万垧。海州有荒地十万垧。这些土地有些是汉官所占，有些是战死、逃走农户丢下的。我想把这些土地分给住在这两地的汉民、满人，以养两地的民众，抚慰将士。"安费扬古首先站起支持，道："汗王历来爱民如子，体察民情，此举一定深得人心。"

　　图鲁什有些想不通，就开门见山地说："分给满洲人尚可，为啥还要分给降民？"

　　老汗王解释道："以汗之见，满汉应该平等，其民应一视同仁。以往大明朝视我满洲人为夷人、野人，倍加歧视、污辱，所以激起我满洲族的反抗，以至今日揭竿而起，竖起大金的旗帜。前有车后有辙，我们切勿再做欺侮汉族平民的蠢事。"

　　汗王一席话，说得图鲁什哑口无言。范文程当即提议参照明朝辽东的军屯制，后金牛录屯田制，把三十万垧荒田收归后金所有，然后按男丁计算，每丁授田六垧，其中五垧种粮，一垧种棉。同时规定三丁耕官田一垧，每二十丁抽一人当兵，一人服役。

　　老汗王十分赏识范文程的奏议，当场欣然同意，接着又补充道："汉民善料农田，长于耕作，满洲人会养牲畜，又会渔猎，满汉人等合居一处，同住、同吃、同耕，必将农丰屯富，丰衣足食。"

　　图鲁什是直性人，有不明白的地方，张口就说。他听完汗王一席话，问道："汗王，谁去管那些汉人？"

　　汗王立刻笑道："还是不说管好！既讲平等，焉分高低？"接着又打比方道，"假如你是主人，别人为仆。那做主人的，就要首先同情仆人；而仆人，也应该体谅主人；仆人种田与主人共食，而主人所获之财，也应当与仆人共享。犹如当年我们八兄弟在长白山一样，有福共享，有难同当，那样岂不共享其乐！"

众人深为汗王的博大胸怀所感动，一致赞成"计丁授田"之策。第二天，各旗就分头丈量土地，将土地分给满人和汉人耕种。

"计丁授田"颁布之后，辽沈地区背井离乡的百姓，逐渐回到故土，社会日益安定，街市瓜果菜蔬逐日增多，辽东几个城市开始繁荣。

夏日的一天，额亦都作为大臣，去各地巡视"计丁授田"的状况。黄昏时分，来到辽阳城北的十里河屯，这里住着一牛录满汉民众，由游击达奇管理。

达奇是额亦都的第二个儿子，他从小跟着汗王的眷属长大，吃穿不愁，出户有车，再加之他聪明伶俐，很受汗王的宠爱。一次，汗王为他的十八岁生日，做了一对猴头儿菜，他接过来尝了一口，大叫不好吃，就吐在地上，把剩下的扔到院子里，额亦都听说后，气得脸色煞白。当日，额亦都以聚友饮酒为名，召集来不少亲友，众人酒兴正酣，忽然额亦都拍案站起，命侍从将达奇绑来。侍从对此不敢怠慢，只好照办。额亦都见到达奇，抽出短剑，喝道："达奇，赶快跪下。你小小年纪，竟对汗王无理。今日对山珍海味都食之生厌，明日吃仙桃岂不嫌腥？如此傲慢、奢侈的后生，今日不治，久后必负国败家。"说罢，挥剑要斩。众人连忙上前阻拦，把达奇支走。从此，达奇十分惧怕其父。额亦都对达奇要求也更严。

额亦都骑马进屯后，一个五十多岁，长得满面皱纹的老头，忽然跑过来，朝他磕头要钱。额亦都慌忙下马，将老人扶起，问道："各地都计丁授田，你为何不分田耕种？"

"庄稼人，谁不想种地？"那老汉拭着眼角的眵目糊道，"可俺这屯里，光'计丁'不'授田'。"

"那田哪去了？"

"据小民所知，本屯十户人家土地，都被住本村的一个游击占去了。"老汉气愤地又道，"这游击贪占成性，吃喝玩乐，跟大明朝的官员一样。"

额亦都听罢，从身上掏出十两银子送给老汉，然后翻身上马，直奔游击驻地。此刻，达奇正在一所新盖的砖瓦房里，同两名备御在堂屋饮酒。

　　额亦都径直走进堂屋，二话没说，就命令达奇道："把计丁授田花名册拿来！"

　　达奇一句话也不敢说，慌忙从抽屉里抽出名册，恭恭敬敬地交给额亦都。额亦都一页一页翻了一遍，又问道："三百人丁的田，都分下去了吗？"

　　"一户不差，全分下去了。"

　　"有没有没分到的？"

　　"如果有半点儿差错，达奇愿受天打五雷轰！"达奇扬着粗眉毛，瞪着圆圆的豹子眼，理直气壮地说。额亦都问着，手有些发颤，嘴唇儿也在抖动。他耐着性子，用手指着名册，问道："这十户，分没分到？怎么手印是一个人摁的？"

　　"阿玛，那是别人代签的。"

　　"把手伸过来！"额亦都立即抓住达奇的右手，捏住他的食指，在印泥里沾了一下，摁在花名册上方。他大吃一惊道："这十个手印分明是你所摁。达奇，你知不知道虚报兵丁，克扣授田，是要治罪的？"

　　达奇还要狡辩，额亦都下令立刻将其抓获，送到辽阳大衙门。

第七十二章

大义灭亲　万民得安居

　　额亦都押着儿子回到辽阳，立即向汗王禀报。在场的诉讼大臣审查了达奇克扣授田的罪过，按刑律，应立即惩办。老臣图鲁什听说后，首先跑到衙门，替达奇说情："汗王，达奇是开国功臣之后，念其年幼无知，就免罪一次吧！"

　　另外几个老臣，也随之附议道："汗王，您不看僧面，也要看佛面，就饶过达奇这一次吧！"

　　老汗王刚想开口，额亦都突然离座，转身跪在汗王面前，道："汗王，达奇之罪，切勿饶过。此辈仰仗老子，负我满洲，为非作歹，今日若不严惩，久后必坏大事。汗王，俗话说，蚁穴可毁长堤。我满洲的大业，可不能败坏在他们手里！"

　　老汗王令他起来，额亦都又道："达奇若不定罪，老臣跪死不起！"

　　老汗王被额亦都的忠贞感动了，他步下虎皮椅，亲自去扶额亦都，道："达奇所犯罪过，理应削职为民，汗听你的。"

　　额亦都站起来，高兴地拭着泪水，命传令兵立即将达奇假报名册、克扣授田之事写成文，布告各旗，以免此类事件再次发生。

　　达奇脱去游击衣帽，回到家里，一头倒在炕上，唉声不止。额亦都听说后，马上走进达奇的屋里，手拎一把锄头，叫达奇坐起来，道："达奇，你已经是个二三十岁的堂堂男子汉，应有些骨气。在哪里倒下，就应在哪里爬起来。"

　　达奇连声应"嗻"，抽泣不止。过了一阵儿，他拭着泪水，望着竖在墙角的锄头，道："阿玛，您身为后金的大臣，开国元勋，让您的儿子去种田，您不觉得丢人吗？"

　　"我跟汗王，从小上山挖参都是受苦受累的人！从来不觉得挨累出汗丢人！"额亦都说着，进而开导道，"男子汉志在四方，一切要靠自己去闯。靠别人，靠老人，自己不争气，直不起脊梁骨，成不了

大器!"

达奇见说服不了阿玛,只好勉强接过锄头,下地种田去了。

额亦都大义灭亲、送子种田的事,很快在满汉百姓中间传开,众人十分佩服。不久,辽河上下出现了埋头务农、加紧练兵的繁忙景象。

辽沈地区的安定,引起明朝驻辽东官员的妒恨。尤其是皇室之后朱方良,更加仇视。此人,自几个月前,被皇太极追至鞍山,腿负箭伤,从死人堆里爬出来之后,含恨逃回广宁。近月来,伤愈之后,妄图独占辽东的野心不死。最近听说新任巡抚要到辽东,就想搞点惊人之举,取悦巡抚,以谋辽东总兵之职。六月的一天,他与几个心腹化装成马贩子,赶着十几匹蒙古马离开广宁,渡过辽河,来到辽阳郊外,露宿太子河岸,窥视时机。

正巧这天,老汗王领着总兵以上的文官武将到太子河南铲高粱。几十个人铲了一会儿,顿时汗流浃背。随来铲地的图鲁什热得一时难忍,就跑到河边,脱下衣服,跳到太子河里洗起澡来。

随从的侍卫见护卫官下水,也就都脱衣扑扑通通地下水。老汗王带着各总兵官坐在柳荫下歇息,他见图鲁什等人游得十分痛快,就转脸对其他总兵官道:"你们谁热,谁就下河里洗洗吧。"

众人见汗王不拘礼节,就相继脱下衣服,跳进水里。最后岸上只剩下额亦都及老汗王。

烈日当空,天气愈来愈热。跳进河里洗澡的官兵,顺着河流,越游越远。

老汗王歇息了一阵,觉得坐得两腿发麻,就站起来,直直腰,伸伸胳膊,觉得十分舒服。他站立了一会儿,忽见对岸柳树毛子里有人影闪动,他机警地朝额亦都小声喊道:"额亦都,你看对岸!"他话刚落音,只见嗖嗖射来几支毒箭。额亦都慌忙站起,扑向老汗王。额亦都刚站到老汗王胸前,冷不防又一阵毒箭射来,只听他惊叫一声,后心中了一支毒箭,应声倒下。

老汗王俯下身子,见血已从额亦都后背渗出,粗布白背心已被血染红。等众人上岸,额亦都已不省人事。

皮廷相给额亦都拔出毒箭,敷上些随身带的白药。又看了毒箭头,箭杆上的标记,惊叫道:"这是朱方良干的!"老汗王听罢,马上命护卫士兵过河追踪。

战马飞驰，烟尘四起，满洲卫队的快骑追了十几里路，未见刺客的踪影。他们一时无可奈何，就掉转马队返回辽阳城。

次日，黎明时分，额亦都的家里传来哭声，额亦都为掩护汗王，身中毒箭，医治无效，与世长辞。

噩耗传到汗王府，老汗王悲恸已极，哭昏过去两次。当日汗王下令全城为开国元勋祭奠三日。整个葬礼，按满族古老的风俗，给额亦都制了一副"葫芦棺"，汗王亲自动手为他做了两样供品：烧猪一头！鸭一对。半斤重的大馒头两盘，并备木墩子四个，分设于祭筵两旁，名曰"木兰墩子"满筵。

安葬那天，老汗王亲率贝勒、大臣登上阳鲁山，站在茔地前，他追述了额亦都十三岁离家，流浪多年，年轻有志，与汗王结拜盟誓，东拼西杀，战功卓著的一生经历，然后道："人贵有志，额亦都年少时就说，大丈夫生在世间，莫要碌碌无为，而应轰轰烈烈干一番大业。这样的人，虽死犹生，死而无憾！"松涛呜咽，千树俯首，参加葬礼的人，深为满洲族失去了一位英雄而惋惜。安费扬古拭着泪水，接着老汗王的话说："浑河之波，后浪推着前浪，额亦都大臣虽离开人世，然其魂灵犹在，如日如月，为我引路，荡我心胸！"

"活捉朱方良！"

"推倒大明朝，为满洲的英雄报仇！"

呼声震撼山谷，冲入云霄，图鲁什挥着双臂，在额亦都的新坟前，呼叫着，集合了一列整整齐齐的马队……

第七十二章　大义灭亲　万民得安居

第七十三章

出使辽东　张鹤鸣无奈

立秋这天，广宁城里的达官富商家家杀鸡宰羊，置酒设宴，忙活着"抢秋膘"。一些小户人家，虽无钱摆宴，但也多到肉铺买上半斤四两肥肉，弄些韭菜，包一顿荞麦面饺子，再打二两烧酒，用大碗盛着，全家轮着各自喝上一口。

晚饭时，广宁城大街小巷到处散发着酒香和油炸菜馔的香味，时不时传来划拳行令的吆喝声。

然而，在偌大个广宁城，独有全城院落最大、门户最高的总兵府，特别冷清，这里既不摆酒，又不设宴，连府内的三只看家狗，都溜到邻近人家趴到桌子底下啃骨头去了。

此刻，新任兵部尚书张鹤鸣私访辽东，正愁眉苦脸地坐在总兵府后院卧室的太师椅上，抽着闷烟。

水烟袋呼噜噜呼噜噜一阵接着一阵，张鹤鸣越抽越觉得口苦，他抽了两袋，自觉无味，索性把水烟袋往桌上一蹾，忽地站起，便在屋里倒背着双手，踱来踱去。

西天的浮云，一块块如晚归的马群，在天空飞驰。

张鹤鸣的卧室忽明忽暗，这变幻无常的天气，更增加了他的烦恼。他在这寂无人声的屋子里，在这远离妻室的地方，禁不住回忆起那些不愉快的往事。

在京城，自明神宗驾崩之后，朝内党派如林，分成齐、楚、浙三大派，各立门户，争权夺位，闹得不可开交。张鹤鸣为人正直，不愿参加派别之争，随之也就成了水中浮萍，整日在府内沉默不语。

数月前，辽阳失守，朝内文官武将齐奏皇上，弹劾了兵部尚书。当另派兵部尚书时，各派谁也不愿从本派人选中物色，其因在于辽东近年屡遭惨败，兵折无饷，在这多事之秋，谁若治军，等于自套绞索。所以朝内议奏几次，无人入选。最后不得不委派威名卓著的三代贤臣张鹤鸣代理兵部尚书，去辽东收拾残局。

张鹤鸣此次出使辽东，心乱如麻。一则，他赏识努尔哈赤的魄力、胆略，不想去伤害他。二则，他目睹大明朝国政昏暗，明知自己无力回天。所以在痛惜、哀叹、敬佩、盼望之中，出京来到辽东。

掌灯时分，佟养性突然骑马来到总兵府，拜会张鹤鸣。两人一见如故，张鹤鸣视佟养性为上宾，设宴款待。席间，议起努尔哈赤，佟养性趁机问道："张大人，汗王曾口谕，他想和您私会攀谈攀谈。"

张鹤鸣满口答应。三天后，彼此在辽河、太子河、浑河交汇口的西平堡如约相会。

深秋的辽河平原，赤橙黄绿，美不胜收。西平堡到处堆放着黄的玉米，红的高粱，绿的秋菜。在堡中心的一座四合大院里，院主人佟米年从清晨起，就亲自忙着筹办酒菜，盼望着贵客的到来。

日影西斜，张鹤鸣、努尔哈赤先后骑马而至，佟米年在佟养性的引导下，将化装为商民的张鹤鸣、猎人打扮的努尔哈赤一一迎进大院，让到上房。

歇息片刻之后，酒宴便在堂屋摆好。张鹤鸣、努尔哈赤在佟养性的陪同下，便开始宴饮。努尔哈赤首先端起酒盅，面对鬓发斑白的张鹤鸣笑道："御史大人！不，兵部尚书大人！为我们第二次相聚畅饮！"

张鹤鸣眨了眨松弛的眼皮，问道："那第一次，是在哪儿呢？"

"哈哈，真是贵人多忘事。"佟养性笑着，插言道，"大人，您忘了，万历十八年，汗王进京朝贡，在您府上……"

"噢！记起了，记起了！"张鹤鸣手拍右腿，哈哈笑道，"就是我第一次出使辽东，努尔哈赤识破李成梁五门出殡的那年……"

三人提起往事，谈笑风生。佟养性为两位官人，一边斟酒，一边道："老话说，年年岁岁花相似，可是三十多年了，人和人倒各自不同啊！当年天朝的御史，荣升为兵部尚书，由四品官，升为二品官，真是可敬可贺！"

"唉！"张鹤鸣摇头说，"莫提官场之事。老弟不知我的难言之苦呀！"

"咦！大人，此话从何说起？"佟养性自觉话题引得对，又故作惊讶地问。

张鹤鸣毫无顾忌地说："如今的官场是火场，是水场，酸甜苦辣，应有尽有。"说着，他讲述起魏忠贤网罗党羽，剪除异己，假传圣旨，干预朝政等事。他干了一杯酒，借古讽今地说："当年秦二世独宠指鹿为马的大太监赵高，致使威震四方的秦朝瞬即灭亡。如今大明朝，看来又要重蹈覆辙喽！"

佟养性是个脑瓜儿很活的人，他见张鹤鸣哀怨悲愤至极，就耍起欲擒故纵的手腕，摇头道："大明朝不能灭亡。"

"何以见得？"张鹤鸣瞪着醉眼盯着佟养性反问道。

"大明朝有您这样的忠臣，主事军务，还能有错？"佟养性脸儿绷得紧紧地说。

"咳！"张鹤鸣叹道，"我只是个有名无实的角色。辽东安宁，他们邀功；辽东失利，我解甲归田！"

"哪里！哪里！"佟养性连劝加激地说，"您是万历年间的贤人！您要还乡，谁来辅佐皇上？"

"大明朝的皇帝，一代不如一代！"张鹤鸣愤然站起，自斟自饮了一杯，道，"日近黄昏，只有妖魔鬼怪才肯陪夜神，去度暗夜！"

佟养性哈哈笑道："听大人的口气，您不甘与那妖魔鬼怪为伍喽！"

张鹤鸣扑哧笑道："你这佟老弟，真不愧是'牛贩子'！"

三人说说笑笑，日至黄昏。努尔哈赤从张鹤鸣那里听来不少朝廷内幕，他神情轻松地跟张鹤鸣开玩笑："张大人，您如今是兵部尚书，握有兵权。您对我准备是生擒，还是处死？"张鹤鸣摇头道："老朽非汗王对手，只不过当一天和尚撞一天钟。不过，新任经略，您可要严加提防。"

"新经略何人？"

"熊廷弼！"张鹤鸣随之介绍道，"此人进士出身，身长七尺，有胆知兵，善左右射。然，性刚自负，好骂人，在朝内人缘甚差。"

"那新任巡抚呢？"佟养性插话问道。

"新任巡抚名叫王化贞。这个人任性狂妄，素不习兵，好放炮，说狂话，此人对你们无大威胁。"

老汗王此次约会的话语并不多，他只想通过佟养性与张鹤鸣的闲谈，探探兵部尚书的口风。到了秉烛时分，老汗王见张鹤鸣醉眼模糊，就离席告辞。

第七十四章

广宁新官　话聊"望海棠"

秋末冬初，王化贞走马上任来到广宁。老汗王闻讯，立即派李永芳、佟养性亲自到广宁拜会。这天清早，李、佟二人五匹马驮着上等礼品，来到巡抚衙门。衙内的总管禀报之后，王化贞更衣下楼，到门口迎接。

王化贞乃诸城人，其人长得矮粗，活像个地缸子，他那红枣似的脸上，长着显眼的朝天鼻，一眼看去，丑陋无比。他出门抱拳，操一口山东口音道："久闻永芳老兄大名，卑职有失远迎！"

李永芳慌忙还礼，指着礼盒，道："末将在辽东多年，多谢朝内诸位关照。此礼菲薄，略尽地主之谊。"

王化贞快步上前，两眼眯成一条缝，道："老话说，强龙难压地头蛇，俺初来乍到，还望老兄多多指点。"

当日，王化贞宴请过李、佟之后，傍晚就驰马城西，游医巫闾山去了。

医巫闾山是东北三大名山之首，此处峰峻涧深，苍松掩映，景物奇幽。三人下马，步入山门，沿着石阶步步升高，他们游览了大石棚、圣水盆名胜之后，不一会儿便踏上望海堂的阶梯。李永芳首先踏入寺院，手扶石栏，远眺沃野，俯视脚下的雾霭，禁不住感叹道："此处，真乃仙境，难怪东契丹王选择此地，修身养性，以避世俗。"

"怎么？此寺有典？"王化贞的朝天鼻喷着粗气，兴致勃勃地问。

李永芳点了点头，坐在石凳上，讲起望海堂的来历。传说辽太祖出兵征服了渤海国王之后，就改渤海国为东契丹国，把长子耶律信封为国王。耶律信聪明好学，少有抱负，他来到广宁之后，就选择医巫闾山，修了座藏书楼，题名"望海堂"。以后他带着万卷书史，来到楼内终日苦读。日复一日，年复一年，他通晓古今治国之道，才学很高。但，他有个做皇上的弟弟十分忌妒他，就派人害他。耶律信闻讯后，立即离开医巫闾山，跑到唐朝古都，做了唐朝的官吏，干了一番事业，写下"小山压大山"的著名诗句。

佟养性听到此处，插话问道："永芳老弟，这'小山压大山'是什么意思？"

李永芳捋了一把胡髭，道："他弟弟是皇上，可谓大山，他在一地为王，故称小山。"

"有胆量！有胆量！"王化贞搓着手，称赞道，"世上敢跟皇上比高低的人不多。"

李永芳笑着问道："王大人，你呢？敢不敢……"

王化贞立即明白了李永芳的用意，忙道："俺这个不大不小的三品官就够过的了，岂敢压人？"

"咳！你这就太自卑了！"李永芳道，"兵部尚书张大人，当初不就是个四品官嘛！如今官升正二品！"

王化贞捻了捻胡子，官瘾上来了，他小声说："王某并非不想升官。今天俺在真人面前不说假话，虽然朝内有人替俺说话，可惜，一是有熊廷弼作对，二是有老汗王难斗。"

"那我们可以助一臂之力嘛！"李永芳、佟养性异口同声地道。

王化贞激动地站起来，仰望骆驼峰，俯视辽西大地，仿佛这一切都囊括在自己手中，他成竹在胸地说："只要二位知己做俺内应，俺管保三个月内，立即踏平赫图阿拉。"

李永芳笑道："一旦辽东取胜，别忘了李某就行了。"

"哈哈哈，"王化贞得意地道，"辽东要取胜，你们二位一个当经略，一个当巡抚……"

"那么大人你呢？"李永芳一眨眼睛问道。王化贞也一眨眼睛，得意地用右食指朝天上一指，彼此会意地哈哈大笑起来。

明月出山，三人又谈唠了一阵子，就下山回城。

过了数日，一天，王化贞正忙着为李永芳找个漂亮的儿媳妇，在广宁城几家富户来往奔走，突然坐镇山海关的兵部尚书兼右副都御史熊廷弼专程来广宁。

熊廷弼六十多岁，身高七尺，膀阔腰圆，方面大耳，卧蚕眉，豹子眼，气度不凡。他骑马走在广宁的大街上，看到他，会令人立刻想起当年不可一世的辽东总兵李成梁。

王化贞向来不服人，他远远地看见熊廷弼的高大身影，与自己矮小身材相比，顿觉矮了半截，心情十分不快。再加之熊廷弼比他官大一级，事事要受其节制，皇上又亲赐熊廷弼麒麟服，郊宴饯行，妒意自然加重。

王化贞硬着头皮前去迎接，但他故意在大街上东瞅西望，迈着方步，以傲慢的态度迎接骑马而至的熊廷弼。

王化贞把熊廷弼迎到府内，摆酒设宴。两人刚喝了两盅，熊廷弼就对辽东军务发号施令道："我此次前来，想与老弟切磋辽东防务。努酋自萨尔浒一战，节节获胜，但凡事总有阴有阳：他善骑射，速战速决；不过短于攻坚，缺乏水师，后方不稳，兵力不足。我应避短扬长，三方严防：一、陆上以广宁为中心，集中主要兵力，坚城固守，沿辽河西岸列筑堡垒，用步骑防守，从正面牵制满洲军的主力；二、海上各置舟师于天津、登莱，袭扰满洲人辽东半岛沿海地区，从南面乘虚击其侧背，并利用各种兵力，扰乱其后方，动摇其军心，待努酋回师内顾，即乘势反攻，可收复辽阳。眼下当务之急，就是修筑城池，充实军备，守……"

"叭！"王化贞把景德镇瓷盅摔在地下，涨红着脸，拍桌子道："守，守，守，你这是'乌龟之策'，怕死就不要出关！"

熊廷弼是个宁折不弯的人，他本来对王化贞的傲慢已有察觉，眼下见身为部下的王巡抚放肆无忌，出口不逊，顿时火气冲天，骂道："不要狗仗人势，无法无天！老子南征北战，屡立战功时，你才是个小小进士！"

"呸！"王化贞气急败坏地挖苦道，"熊大人你不要忘了，你已经是被罢过的辽东经略！"

熊廷弼最忌人揭短。一年前他被罢官，本来怒气未消，王化贞眼下提起，如同火上浇油，他气得脸色铁青，奋力将八仙桌一翻，满桌的美酒佳肴，稀里哗啦，全翻到地下。然后怒气冲冲地跨出门槛，命侍从牵过马来，当天就离开了广宁，回山海关驻守。

熊经略与王巡抚争吵的消息，很快传到辽阳，老汗王得知后，暗自欢喜。当日就召集大臣、旗主等人议事。众人坐定，老汗王叙说了熊、王二人之间主守、主攻的矛盾，然后道："我满洲若想入关，必克广宁。而广宁城池坚固，又有十三万大军，攻之实在不易。我思虑再三，想趁经略、巡抚不和之机，速取广宁。但，攻以何策，如何发兵，我想听听诸位高见！"

巴什泰首先站起，道："老话说，外甥打灯笼，照旧（舅）。还用攻沈阳的办法，保准取胜！"

皇太极摇头说："沈阳战法再用，恐怕不灵。我们围城，他不出城；我们引蛇出洞，他不予理睬，岂不枉费心机？"

安费扬古道："王化贞速胜心切，此人又狂妄自负，只要他略取小胜，就会不引自出。"

"言之有理！言之有理！"老汗王称赞道，"历来军家处事，既要想到天时地利，也要想到带兵人的脾气，这样制定大策，才会立于不败之地。"

接着，安费扬古献策道："依臣之见，在远离都城之地，可以先让出寸土，以诱敌深入。待王化贞略为动心，立派李永芳额驸前去策应，然后在辽河之岸摆下战场，将深入之敌，分割吃掉。"

"好！好！"老汗王连连点头，但又皱眉道，"让出何地为好，眼下举棋难定。"佟养性插言道："镇江堡为妙！那里有吾弟佟养真守城，兵士多熟汉语，又是本地人，或攻或退，极为有利！"

"对！对！"安费扬古接着道，"明将毛文龙经常出没于沿海，那里有他的耳目。只要我们略有动静，毛文龙会立即出动。"

老汗王听罢，拍案而起。

第七十五章

大明残阳　乏力难回天

　　七天后，广宁城传来毛文龙偷袭满洲占地镇江堡成功的佳音。王化贞立即上报朝廷。十日后皇上下令嘉奖王化贞领兵有功。授奖这天，恰巧李永芳特意赶到广宁城，前来贺喜。晚宴之后，王化贞把李永芳带到自己的卧室，小声对李永芳道："李游击，镇江大捷人心大振，我想趁热打铁，攻过辽河，直取辽沈，你看如何？"李永芳道："正合我意。如若打过江东，我也就不会再受异族的夹板气啦！"

　　"为官深知辽东父老兄弟的心情，如你能助我一臂之力，我当终生不忘。"李永芳叩首道："末将甘愿效劳，死而无怨。"接着，李永芳又献策道："广宁守城之兵，可偷偷潜往辽河沿岸，待我再与蒙古骑兵联络，等几路大军会合，我在河东做内应，此战必胜！"

　　王化贞高兴地拍着李永芳的肩膀，道："今晚我就速奏皇上，速取河东，待明年春天，让辽东大地，都挂起大明的旌旗！"

　　两人唠至夜半，拟定了分兵防守、全面出击的方案。待侍女将夜宵端来，忽然门外传来马蹄声，不一会儿，管家提着灯笼，领进一个人来。

　　"李永芳！"来人进屋惊叫道，"大明朝的罪臣！"

　　来人是谁？正是从沈阳、辽阳败下阵来的总兵官朱方良。

　　一个多月前，他被派到锦州做总兵官。近日他听说毛文龙在镇江堡取胜，就想与王化贞密商，偷袭江东，出奇制胜，以求加官晋爵。

　　王化贞被朱方良突然的喊声惊呆了。他疑惑地盯着李永芳，想从对方的神情变化中，看出点儿破绽。

　　但，李永芳泰然自若，只是安然地吸烟，从嘴里吐出一口口白烟。王化贞见此情景，对朱方良道："总兵言之过矣！汉朝能出个苏武，明朝就不会出忠臣？"

　　这时，李永芳站起来，以攻为守地道："朱总兵，请你点出我李某

的罪状，末将死而无怨！"

朱方良眨巴着三角眼，干舔着风干的嘴唇，支吾道："抚顺失守，你逃向何处？"

"守在古城！"

"那老汗王为啥没把你杀掉？"

王化贞听朱方良话无凭证，就从中调解道："一城失守，亦非他一人过失！至于老汗王杀不杀他，也不是他个人的错处。朱总兵，我看还是精诚团结为重，共守边陲为好！"

朱方良摇头道："我与他水火难容！"

李永芳冷笑道："就算我失守抚顺有罪，那失守沈阳、辽阳，是谁的罪呢？你身为沈阳总兵，大城失守，尚能活到今日，老汗王是不会对你刀下留情的！"

朱方良一时气得脸色铁青，他吼叫道："王化贞，今日你若不把李永芳投进大牢，我明日就要奏请皇上，革你的职！"

老鼠怕猫，猫怕狐，一物降一物。王化贞深知朱方良是皇族弟子，只好把李永芳关进大牢。

七天后，皮廷相满面污垢，穿着破衣，骑着一头毛驴来到广宁。他走到巡抚衙门，连声呼叫，总管急忙把他带到府上，去见王化贞。皮廷相走进大厅，扑通跪下，连磕了两个响头，哭丧着脸道："巡抚大人，请您赶快发兵，攻过辽河，为我大明臣民申冤报仇！"

王化贞慌忙把他扶起，问道："皮总兵，有何冤屈，坐下慢慢说来。"

皮廷相坐在椅子上，从袖筒里抽出一张布告，交给王化贞。王化贞展开一看，只见上面写道："查李永芳，系大明朝忠臣。在辽东留居多时，到处煽动明人，杀人放火，无恶不作。近日潜逃，若有抓捕者，赏银三百两。"王化贞看罢，连忙问道："皮总兵，前些天，你身在何处？怎么得此布告？"

皮廷相瞪着牛眼睛，委屈地道："自辽阳兵败，我一直被关进大牢！三天前，李永芳的一个表弟用一百两白银买通狱卒，将我夜半放出。出城后，我在城北民房的墙头上，揭下这张布告，偷了一匹毛驴，就直奔广宁城，想请大人为他们报仇雪恨！"

王化贞听罢，抖动着布告，自语道："李永芳本是忠臣，眼下不明不白地被投进大牢，岂不冤枉？"接着他传来牢头，命牢头立刻放出李永芳。

牢头为难地道："朱总兵回锦州前，一再嘱咐，没有他的口令，不许放出李永芳！"

王化贞气得脸色煞白，道："你是听巡抚的，还是听总兵的？"

牢头哑口无言，只好将李永芳从牢里放出。当天，王化贞请皮廷相作陪，设宴为李永芳压惊，以表歉意。

皮廷相不期而至，使王化贞倍加相信李永芳。第二天就按照原来商定奇袭河东的计划，把广宁城内的十三万兵马，沿着辽河以西的大小村堡布防扎营，每五十步搭一个土窝棚，置军六人，划地分守，一字摆开，号称"蛇阵"。

天命七年正月十五，老汗王头戴貂帽，身穿皮裘，率领各旗青年男女，以及福晋子女一万多人，来到太子河上，做跑冰比赛。日上三竿，老汗王骑马来到太子河岸，分八旗依次坐在木椅之后，顿时鼓乐齐鸣，在乐声中，各贝勒的夫人、汉官各妻妾、蒙古贝勒的夫人、各游击的夫人依次分组，只见一个个夫人身穿各色皮棉旗袍，头戴狐皮裘帽，足蹬冰滑子，油头粉面，打扮得花枝招展。

组织跑冰的巴什泰，见众夫人一字排开，准备停当，立即打了声口哨，接着，挥起铁锤，敲起云板。

刹那间，一个个年轻漂亮的女子，如鹰似燕，飞跑在冰河之上。跑在最前的是多罗甘珠，飞在她身后的是哈布多。巴什泰的妻子是个有名的胖子，她跑出不到半里路，就腿直抖、发喘，她刚想站下歇歇脚，突然脚下的冰滑子朝前一跳，随之惊叫一声，便仰面朝天地摔到冰上。圆胖的身子在冰上滑了一丈多远。观赏跑冰的人，哄然大笑，老汗王也乐得眼角流下眼泪。

女子跑冰结束，老汗王亲自赏给第一名银子二十两；第二名十两。其他各人，凡参加者，也各赏银三两。巴什泰的妻子尽管跑在最后，但为表扬她的坚强，老汗王特给她加银二两，这样倒数第一，共得银五两。

男子跑冰刚刚开始，忽然一个探马跑来，凑到老汗王耳边，禀道："汗王，集结在河西的明军，开始向我河东移动。"

探马刚刚退下，李永芳派来的密探又来禀报："西平堡的明军，劫

掠了河东一座满洲村寨，把旗民押向广宁。现正密谋偷袭鞍山、海洲城。那里的明军官兵不足万人，是东线明军的老窝，可一举歼之。而后，直取广宁，救出满洲儿女。"

老汗王听罢，立即命令敲起云板，不一会儿，跑冰比赛的男儿，分八旗集结完毕。汗王与诸大臣、贝勒商议之后，命令他们火速回城，中午发兵攻取西平堡，直捣广宁府。

东北的正月，依然寒风刺骨。八旗兵士骑在马上，并不觉得寒冷。因为他们一个个深信汗王谋事周密，出战必胜。所以一个个快马加鞭，心花怒放。

翌日傍晚，老汗王率领的九万大军来到西平堡，将小小城堡团团围住，然后命神箭手将劝降书射进城内。

过了一个时辰，守城总兵站在城楼上大叫道："满洲鞑子，你们有胆子就攻吧！老子劝你们一句，今晚若攻不下，明天我们援军一到，你们一个也跑不了！"

老汗王冷笑一声，命令各旗推盾车，竖梯子，火速攻城。

第七十六章

引蛾扑火　守株待狡兔

高悬的圆月，时而被浮云遮住，时而又挣扎着露出云层，凄然俯视着大地。

西平堡随着时明时暗的月光，人心也在浮动。守城的将官王小贞，三十一岁，是王化贞的小儿子。此人随父赴辽，初任总兵，却与其父大不相同。从外貌上看，其父是矮个子，而他却长得又高又壮，黑黝黝的脸，粗大的手脚，走起路来，如同铁塔搬家，父子相貌差之千里；从性情上看，其父骄狂轻敌，而小贞，却深沉矜持，寡言少语。另外，父子同到辽东，其军事战略想法也各异，老子主战，速战速决；儿子却主守，稳扎稳打。为此，父子到辽东数月，见面就吵嘴。白天满洲军开始围攻西平堡，王小贞就深感其父"蛇阵"的构思太荒唐，太失策，此阵犹如散开的羊群，可能被饿虎一一吞掉，到时候连相聚在一起壮胆的机会都没有。

城外篝火片片，满洲军围着城堡屯驻着九万大军。入夜以来，满洲军遵照汗王的军令，每个时辰抽两牛录兵马，轮番攻城，其余各旗兵士扎营歇息。

王小贞站在城头，指挥着全城三千兵士，在城墙上，一会儿跑到南门，一会儿又跑到东门和西门，点燃火把，飞箭投石，跑得满头大汗，腰酸腿疼。他有时累得实在不支，就手扶着城墙垛口，望着广宁城的方向，埋怨起王化贞：什么三品四品，打起仗来，晕头转向，真是皇上瞎了眼，乱差乱派，堂堂巡抚，屁事不顶！

夜猫子在寒夜惨叫，王小贞身披棉甲，禁不住打着寒战。

"禀报总兵！"王小贞正坐在城墙内侧歇息，突然一个哨探跑过来，小声报告道，"据小人探知，城外满洲军共计九万。"

"什么！"王小贞噌地跳起，惊叫道，"九万？"

"是，总兵，只多不少！"哨探附到他耳边说，"总兵，西平堡守是

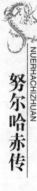

守不住的，您为了三千兵士着想，快想点儿办法吧！"

"不！我堂堂巡抚的儿子，绝不当逃兵！"

"总兵，"哨探哽咽着，哀求道，"此时不走，城内的雕翎箭，用不到明日中午就用光，到那时若援兵不到，岂不束手待毙？"

"当兵就是等死。沙场就是兵士的最好坟墓，你若怕死，就滚吧！"

东方露出鱼肚白，老汗王坐在城东一座小山上，指挥着千军万马，向西平堡发动了新的攻势。一个个身强力壮的兵士，得令后如同下山的猛虎，展翅的雄鹰，推着盾车，飞跑着，遮住城上明军嗖嗖射来的雕翎箭，喊叫着，直逼到城墙脚下。随后登城的兵士竖起梯子，如同攀藤的猿猴，噌噌噌，顺梯而上。

这时，督战的皇太极立即命令伏在战壕里的弓箭手，朝城头猛发弓箭。一时飞箭如雨，直逼得城头上的明军抬不起头来。

登城的白旗兵士，趁机攀上城堞，拔出腰刀，与明军展开白刃战。

刀光剑影，映着初升的朝阳，耀人眼目。喊杀声、惨叫声，惊飞了城内的麻雀，扑棱棱，抖动翅膀，一群群飞出城外。

城内的明军一夜未得歇息，清晨又没吃饭，一个个又饿又乏，头晕眼花，哪敌得住如狮似虎的满洲骁勇的兵士！阳光下，寒风中，只见一个个明军兵卒，如同卸下车的秫秸，一个接一个被枪挑刀劈，滚下城墙。

王小贞正伏在城头挥剑指挥，突然城外飞来一支雕翎长箭，正中右眼，箭头将眼球射穿，他咬着牙，猛地将箭拔下，血淋淋的眼球随着箭头夺眶而出。

王小贞惊叫一声，把带着眼球的长箭搭上弓，嗖地又射出城外："浑蛋！浑蛋！统统全是浑蛋！"也不知他是骂眼前的满洲军，还是骂其父王化贞，或者骂当朝的皇帝。此时，在死神逼近的时刻，也许骂所有的人，甚至也在骂他自己，然而，落花已去，春难留也。王小贞叫骂着，一连刺倒两个攻上城来的满洲军，当他再次挥剑刺向左侧的一个满洲兵士时，突然后心挨了一剑，他惊呼一声"皇上"，随之倒下。日至中天，全城攻破。

皇太极率军攻进大牢，救出被明军抢掠来的满洲少女、老人和小孩，忽然探马来报："增援的三万明军，正从西北飞奔而来！"

皇太极一惊，立即去城外找汗王禀报，要求出兵迎敌。老汗王抓住皇太极的袖口，笑道："莫急！莫急！"

皇太极甚觉奇怪，问道："阿玛，此时若不出兵迎战，恐怕沿途百姓遭殃！"

老汗王打了个笊篱捞丸子的手势，小声说："你忘了李永芳设的'引蛾扑火'之计了？"

一句话，提醒了皇太极。几天前，李永芳曾去广宁，表示愿意为王化贞效劳，并主动提出，如果明军愿意一举歼灭满洲大军，他愿带领在河东的一千汉人做内应，来个里外夹攻。王化贞本来速胜心切，听了自然喜不自禁。当即联络蒙古大军，布置沿辽河守备点的防守驻军，加紧训练，争取在"二月二，龙抬头"之前，联合攻下鞍山、海洲，然后直取辽阳，活捉老汗王。此次，广宁明军出动，就是要到西平堡会师主力，窥伺时机。

不过，王化贞的一整套设想，李永芳已通过密探报告给老汗王，并提议，将明军会师之地，变成葬身之地。所以老汗王不紧不慢地下令道："左翼四旗，埋伏在城外大道两侧壕沟。其余各旗进城，守株待兔。"

军令一下，各路兵马，各就各位。老汗王进到城里，命令兵士马上把路上、墙下的明军尸首拾走，然后紧闭四门，让护门的兵士换上明军的服装，自己悠然地坐在城西北的角楼，时不时朝广宁的方向眺望。

此时的辽河平原，冰天雪地。老汗王吸完一袋烟，站在角楼西侧，凭栏远眺，只见远处的大路上，一条如蛇似龙的长长队列，由远而近，由小变大。等他看清了为首的"王"字帅旗，不禁暗自赞道："永芳之谋，高也。"随之，下令城内各路兵马，准备迎敌。

三万明军越来越近，老汗王已看清为首的正是李永芳。只见他身披盔甲，骑在一匹枣红马上，如同胜利而归的将领，神情自若。李永芳越加鞭，离西平堡城越近。此时他已从楼上的"斜插城旗"的暗号中，得知满洲军已占领本城，于是他离城越近，心越激动。等他来到城西，离城门约有一里路时，向身后的各路总兵抱拳道："末将先走一步，向城内的令郎报喜迎接诸将！"

李永芳猛加一鞭，顿时枣红马飞跑如箭。老汗王见李永芳独自打马而来，立刻叫护城的兵士放下吊桥，打开城门，把李永芳接到城里。

李永芳进城后，城内鼓乐大奏。三万明军以为守城官兵大礼相迎，一个个喜上眉梢，整军列队，准备入城。

礼乐已毕，立即响起螺号。城外的满洲军听到螺号声，顿时跃出壕沟，射箭挥刀，呼叫着冲向明军。

明军本无防备，一个个被突如其来的喊杀声，吓得蒙头转向。等披甲的满洲军从大路两旁，如决堤的洪水冲来，他们才明白受到伏击夹攻。为首的几员总兵官见势不妙，急忙打马进城。

等明军拥至城下，老汗王立即下令，城头万箭齐发，为首的明军将官，在不明敌友的情势下，多被乱箭射死。

遭到伏击夹攻的明军，眼见将官多被击毙，一个个便丢盔弃甲，拼命四处逃窜。

西平堡之战，满洲军大胜。接着，老汉王又命大军兵分三路，横扫河西明军各个据点，指定三日后到广宁会师。

第七十七章
百川汇集 大汗斥昏君

范江鹄的儿子范文亮从辽河岸被抓到广宁，关了多日。这天中午，皮廷相看见他，一口咬定他是范文程的亲兄弟，王化贞当即大堂提审。

巡抚衙门大堂里既高又黑，再加上大厅内横眉立目的衙役，显得十分阴暗可怖。衙役把范文亮押到大堂，跪下。只见堂上王化贞正襟危坐，惊堂木一拍道："堂下所跪何人？"

"范文亮。"

"哪里人氏？"

"先祖家住江西，乃北宋大臣范仲淹之后。"

"呸！"王化贞小胡子一撇，朝天鼻翕动着，吼道，"还有脸说出范仲淹的大名！"然后惊堂木又一拍，道："你知罪吗？"

"小民不知身犯何罪。"

"哼！"站在公案桌旁的皮廷相，捋着粗胳膊，瞪着牛眼睛，道，"什么无罪？你是恶贯满盈！"接着他历数道："你伯父范鸿身为抚顺军士，兵变造反；你的父亲范江鹄夜半打死铁场场主，畏罪私逃，为努酋卖命为奸；还有你本家兄弟范文程叛我大明，为夷人出谋划策。你们范家老小，哪一个不是大明朝的死敌？"

范文亮哈哈冷笑道："这话你说对啦，我们范家就是大明的死敌！"他脖子一仰，怒斥道，"我范氏家族本是爱国之家，可是腐败的朝廷，把我家一个个逼得走投无路。老话讲，官逼民反，民不得不反。我家伯父范鸿之死，范文程半生颠沛流离，范梨花屡遭劫难，终生坎坷，这一桩桩、一件件，哪件不都是由于大明朝昏庸所致？哪件不都是你们这些奸臣促成？"

"住口！"王化贞气得站起来，眼珠子瞪得溜圆，惊堂木不停地拍着，望着眼前这个二十六七岁的青年，吼叫道，"大胆刁民，今天是我审你，还是你审我！"

皮廷相气得双手发抖，顺手从衙役手里夺过一根木棍，跑向范文亮，举棍要打。王化贞连忙喝住："不得动手！"

范文亮泰然地朝王化贞瞥了一眼，只见那位巡抚大人眯着眼，倒背着手，迈着方步，朝他走来。王化贞上下打量了一眼范文亮，自得地嘿嘿一笑道："等我大军把努酋灭掉，我就把你们范氏兄弟的头，一个个割下来，穿成串，到辽阳各地示众！"

惯于察言观色、见风使舵的皮廷相，见审案接近收场，就献媚地跑到王化贞跟前，道："巡抚大人，到那天，末将愿做监斩官。"

"哈哈哈！"范文亮扬着浓重的眉毛，一阵大笑，接着霍然站起，指着皮廷相道，"你这个常败将军，可不要忘了，你已经从老汗王那里讨了个副将的官衔。哟！皮大人，你这样朝秦暮楚，时东时西，就不怕到阴曹地府受判官惩治！"

范文亮的冷嘲热讽，揭到皮廷相的痛处，他顿时暴跳如雷，再次举起木棍，朝范文亮打去。

皮廷相棍子还未落下，只听门口惊道："巡抚大人，不好了！满洲大军攻到中安堡。"

王化贞摇头道："李永芳曾与我密谋，等满洲军一到，他就力做内应，城里城外夹击，击败努酋！"

探马将西平堡阵亡的将官衣物递上，道："大人，您中了李永芳的奸计了！"

皮廷相历来眼疾手快，他瞥了一眼血染的明官战袍，顿时惊叫道："大人，兵临城下，还不快逃！"

皮廷相凄惨的叫声，如同夜猫子夜半嚎叫，在场的衙役一个个吓得面如土色。

王化贞哆嗦着双手，还想去整理文牍，皮廷相一把抓住他的长袖，呼叫道："大人还不快走，晚一会儿就没命啦！"

衙役们见皮廷相转身要逃，一个个如惊弓之鸟，涌向大门口，拼命逃窜。

王化贞原一心想东渡辽河，得胜凯旋，哪料想转眼兵败，空城已难再守。于是他被人扶上灰兔马，夹在竞相逃命的官军中，灰溜溜地逃出了广宁城。

老汗王豪爽好义，体贴平民，除暴安良的种种传说，很早就传遍广宁。特别是他与李成梁的斗智，已成为街谈巷议的话题。所以，当辽沈被攻克之后，广宁的百姓就编了一首顺口溜，在民间传唱：想汗王，盼汗王，汗王来了除霸王。鸡鸭牛马得安宁，平民百姓得安康。

日影西斜，广宁城内的百姓眼见都府的大小官员，骑马坐轿纷纷南逃，一个个大开院门，互相交头接耳，议论纷纷。不到抽袋烟工夫，一位年过百岁、当年在李成梁家里当仆役的老人，手拎铜锣，四处敲打着喊叫道："老汗王来了，还不快快到城东迎接！"

城民们听说老汗王努尔哈赤归来，一个个喜不自禁，东邻西舍奔走相告，将过年时准备的馒头、炸糕、丸子装进篮筐，把埋在雪里的猪肉扒出来抬着，几家烧锅的老板也把几年的陈酿老酒抬上马车，还有的现从鸡架上抓来几只小鸡，从羊圈里牵出一头头肥壮的绵羊，一群群，一伙伙，敲锣打鼓，吹着喇叭迎出广宁城外三里处。

老汗王见百姓带着礼物涌来，便下马致谢。

站在道旁手拎铜锣的百岁老人，见汗王走来，立即丢下槌、锣，摘下皮毡帽，扑了上去，老泪横流地呼叫道："汗王，您可回来了！"

努尔哈赤一愣，连忙将老人扶住，上下打量着银须白发的老人，刚要张口打听。老人就拭泪道："我就是当年李总兵府的更夫孙有！"

老人话音刚落，老汗王扑通双膝跪下，抱拳谢道："多谢老人当年救命之恩。"

白胡子老人连哭带笑地道："唉！谢什么，还不是您福大命大。"他赶忙拉起汗王，也不知是哭是笑，用袖子紧擦着鼻涕眼泪，泣不成声地道："赶快进城吧，百姓都等着您呢！"

老汗王带着兵马，被百姓簇拥进城。当日，家家户户拿出过年时的食物，一一招待满洲官兵。

傍晚，老汗王带着两个随从，来到城西十字街路北的热闹小街，在关帝庙西侧的一间小土房里，找到了百岁老人孙有。老汗王进屋，孙有正坐在炕上打瞌睡。土房又低又小，四壁已被烟火熏得亮黑亮黑。五尺长的土炕上，除了铺着的谷草，一床露着黑乎乎棉絮的旧被子，再没有其他衣物。汗王的目光从炕上移到炕下，除了看见几件土盆、土锅、木勺之外，再没有看见可口的饭菜、值钱的东西。

老汗王看完，禁不住长叹了一声。

孙有老人听到动静，霍地爬起，他揉了揉惺忪的睡眼，借着窗户

透进来的亮光一看，发现了汗王，立即跪到炕上，道："谢主隆恩！"

老汗王转身坐到土炕上，哈哈笑道："您老人家，可真把我当成皇上啦！"说着将老人搀着坐下。

孙有老人泪眼婆娑地道："您如今领着千军万马，统管着白山黑水的河山，怎么不可跟当年的明神宗媲美？"

老汗王道："我宁肯回到长白山挖参，也不当明神宗那样的皇上！"

"这倒也是个理儿！"孙有老人赞成地道，"历代皇上多吃喝玩乐，不问百姓困苦。您可不能当那样的吸血鬼！"

汗王跟孙有老人谈唠了一阵儿，就叫随从抬来一架二人抬的小轿，把孙有接到李成梁当年住的总兵府。

当晚就把三间正房，俘获的衣物，外加一头红鬃大马，十亩好地，都统统送给孙有老人。

孙有搬进新房，老汗王还把一个十七八岁、无家可归的姑娘留给他，让姑娘专门侍候老人，欢度晚年。

汗王的贤德感动了周围的百姓和明军下级军官。不久，锦州、大小凌河、松山、杏山等四十余城的守卫官，纷纷率其所属投奔广宁，归顺满洲军。每天，在通往广宁的大道上，骑马的、推车的、抬轿的、挑担的，男男女女，老老少少，络绎不绝。广宁城成了人的山、人的海。

二月初二，老汗王在总兵府设百桌大宴，款待归顺的各城堡守御官。他坐在当年李成梁办理公务的太师椅上，对众汉官道："此府，当年是辽东总兵的官府，卑职曾在此为李成梁端茶倒水。可是转眼五十年，此地又成了我的汗王府，你们说这是何故？"

一个胖得圆圆的、剃过发的乡绅，满脸堆笑地道："这是天意！这是天意！"

有些乡绅也随声附和，七嘴八舌地道："那是汗王的福分所致，祝汗王万岁！"

老汗王笑道："这就且算做天意吧！不过，万岁的皇帝，一氏的天下，历史上是没有的。自夏商以来，秦汉隋唐，五代十国，由宋至元，有一个皇帝是万岁的吗？没有。有一姓一氏统治千年吗？也没有。其因何在？"

老汗王环视着大厅里的武官乡绅，一个个面面相觑。汗王见无人回答，就又笑道："暴虐无道者，必亡！"接着他历数起桀王暴虐无道，仅有五百里地的文王起来，获得了天下；秦始皇暴虐无道，泗上亭长刘邦单身起来，推翻了秦始皇；大辽的天祚帝，要金太祖起舞而污辱他，要杀害他，金太祖愤然起兵，夺得大辽的江山；金朝的末代皇帝在蒙古族成吉思汗来叩头时，看到他相貌不佳，就想杀害他，结果成吉思汗起兵征讨，灭掉金朝。最后老汗王道："从古至今，由大变小，由小变大的兴亡事例甚多。就以南京、北京、汴京而议，那里就不是一姓一氏盘踞之地，而是女真、蒙古、汉人轮流统治的都城！"

一个中年武将听罢，马上站起来道："当今大明朝的皇上，也是暴虐无道，所以他仗仗都败。"说着，这位武将，一叩首道，"汗王，您何不趁此良机入关，独得神州，推翻朱氏王朝，也叫成千上万百姓舒舒气！"

老汗王离开座位，走过去，亲自为那中年武将斟了一杯酒，赞道："你不愧是有见解的将官！"

武将端起酒杯，一饮而尽，习惯地祝道："汗王万岁！"

在座的人也都随之兴奋地祝福："汗王万岁！"

第七十八章

古庙相会　旧人终话别

二月十三那天，老汗王突然打听到梨花的下落：半年前，梨花的养父死后，她到广宁城西北的万紫山出家当了尼姑。数月来，她平日咏经，抽空进山采药，凭着她当年在京内皇城耳濡目染御医诊病的知识，为当地百姓治病。日复一日，她的医道比一般乡医都显得高明，深受百姓的欢迎。不久前，她拿出自己多年的积蓄，在娘娘庙一侧，新盖了一座尼姑庵，起名慈仁寺。因此到这里进香求医者，都尊称她为慈仁大师。还有的病人，因娘娘庙修于万历年初，俗称这里的法师为"万历妈妈"，所以到这里求医的老人、孩子多尊称她为"万历妈妈"。

这天午时，老汗王决定带着两个近侍，身着民服，借朝山问医的机会，去见梨花。

万紫山位于城西北，老汗王三人步出城门，直奔西山。不一会儿来到山脚下。他们登山入庙后，老汗王让近侍在庙门外静候，独自一人进庙焚香。

此刻，梨花正身着缁衣，正襟危坐，为一个老妇人祈祷。法事完毕，到庙侧一间耳房，开方给药。老妇人走后，老汗王进庙焚香，他跪在蒲团上，面向慈祥的观音塑像，低头小声祷告道："我乃凡人，多年颠沛流离，终日思念亲人，多年神情恍惚。有时白日时常落泪，晚间常常梦中惊醒。几十年，朝朝暮暮，春春秋秋，遥望长白山，痴醉如迷，求菩萨给医治解脱！"

坐在一旁专为他人祈祷的梨花，起初闭目细听，当听到祷告到长白山时，她突然睁开了眼睛，望着扎着头巾、身穿紫袍的努尔哈赤。她望了一眼，又闭上双目。然而，过了片刻，她又情不自禁地睁大了眼睛，静思了片刻，朝小尼姑使了个眼色，就把努尔哈赤让到耳房。

小耳房，就是小药房。这里除了成排的药箱、药架，就是简单的几椅。努尔哈赤在小尼姑的引导下，进屋坐在木凳上。不一会儿，梨花慢慢进来。她为努尔哈赤切脉后，朝小尼姑一努嘴，示意她到庙内去接待其他信徒。

小尼姑出屋关门，努尔哈赤向门口瞅了一眼，发觉小尼姑走远，就倏然站起，向梨花扑过去。

梨花虽然是出家进庵之人，但并未拘于法规，拒绝人之常情。当努尔哈赤的脸贴到她的脸时，两位老人都泪如泉涌，随之是呜咽抽泣。几十年来，盼望的日子到了。然而，似乎又觉得那么遥远。一时，悲喜交加，感慨万端。

两人无言地泣哭一阵之后，梨花把努尔哈赤让到一张木板凳上，用衣襟拭着泪道："你身子骨可好？"

努尔哈赤呜咽着说："已是年过花甲之人，不咳不喘就算好呗！"接着他把话题一转，道，"梨花，我对不住你！长白山……叫我……"

梨花未等努尔哈赤说完，就泰然地安慰道："一切我都知道了！只要能把信送到，叫你千军万马脱险，就是我最大的欣慰！"

"梨花！"努尔哈赤又激动地伸手抓住梨花的手，无限感激地摇着，一句话也说不出来。

梨花又问道："长白山八兄弟还有几个活着？"

努尔哈赤长叹一声："除了安费扬古、图鲁什健在外，都为满洲人的大业捐躯喽！"

"你们几个人，能把关外的江山变成一统天下，确实不易呀！"

"若不是你把我从李成梁家里救出来，恐怕难有今天！"

"这也是你的福分、造化！"

努尔哈赤说着站起来，恳切地说："梨花，你还俗出庵跟我走吧？"

梨花笑道："我已是朽木，出庵何用？"

"不，"努尔哈赤道，"只要你出庵，我就为你在辽阳盖座新城，好享几年清福。这样，我的心，才觉得安稳。"

梨花摇头，又笑道："如今我能亲眼看到你统领千军万马，除恶扬善，为挖参的、打猎的、跑腿子的、闯江湖的人，撑腰打气，不再受李成梁之辈的欺凌，就觉得很幸福！"

努尔哈赤着急了，他紧紧地抓住梨花的手，再次恳求道："你若不答应跟我走，我就跪下不起来！"

第七十八章　古庙相会　旧人终话别

"不能那样！"梨花拭着眼泪说，"我已是出家之人，不想还俗。再说，你已经有了妻室儿女，往事忘了吧！"

"不，不，"努尔哈赤瘦削的长脸上，忧愁满面，他声音颤抖地说，"我不会忘记你，我的后代，也不会忘记你！"

梨花拭着眼角的泪水，笑了笑说："我死去，只要孩子们能为我烧炷香，想着我，我就心满意足了！"

"不！"努尔哈赤又道，"我已经跟孩子们说了，没有你，就没有我，更不会有今日天下。百年之后，我要叫孩子们为你每年烧香磕头，敬你为圣母！"

梨花马上摇头道："我只不过是个凡夫俗子，颠沛流离一生的女人，受不了大烟火！"

梨花越谦恭，努尔哈赤越感到心神不安，最后他几乎哭出声来，叫道："梨花，我再次求你，跟我走吧！"

努尔哈赤说罢，猛地跪下。

"吱扭"一声，突然门开了。

梨花抬头看去，只见小尼姑推门进来，她便随机应变，对跪着的努尔哈赤道："大人，不要跪下谢我。您的病情已有好转，应快到庙堂里谢谢菩萨！"

"是的。"小尼姑接着对努尔哈赤道，"大人，慈仁大师，人称万历妈妈，心善仁慈，从不受人跪拜，请大人还是快些退出，到大庙里去吧。"

努尔哈赤只好站起，抹了一把哭得通红的泪眼，随着梨花步出便门。

第七十九章

朽木难雕　代善戏继母

随着后金在战事上的节节胜利，随着努尔哈赤的日见衰老。后金宫廷中的夺嫡之争也日趋激烈了。

皇太极和他的大福晋又在扳着指头数……

宽泛地说，能够有资格觊觎汗位的有四个大贝勒和一个小贝勒。

四个大贝勒分别是代善、阿敏、莽古尔泰和皇太极。

一个小贝勒是多尔衮。

阿敏虽然位居贝勒之二，但他是没有份儿的，因为他老爸是舒尔哈齐。舒尔哈齐是努尔哈赤的胞弟，因想和努尔哈赤争位，被努尔哈赤杀了。大汗虽重用了他的儿子阿敏，但绝不会把汗位传给他的。

莽古尔泰也失去了可能性。他像努尔哈赤的其他儿子一样，战功赫赫，威名远震。可是这人性情鲁莽，缺少智谋。努尔哈赤早就说他不能任大事。另外，他还干了一件丑事，使努尔哈赤把他看成畜生。他的母亲是努尔哈赤的一个小妾，小妾的地位不稳固，必然要给自己做些打算，这就造成了人们对她的偏见，例如自私自利等等。一次，努尔哈赤当着众人的面批评她，说她做了些偷鸡摸狗的事。莽古尔泰觉得面子上下不来，就回家把亲娘杀了。这事，使努尔哈赤怒不可遏，虽然没有把莽古尔泰杀掉，但骂他是没有人性，是畜生一样的东西！

努尔哈赤是绝不会把汗位传给一个畜生的。

对皇太极来说，最有竞争力的还是代善。

其实原本作为长子的褚英，位居太子之位。如果不出意外的话，他应该是继承汗位的人选。但是他不知珍惜，做了一些糊涂事，又被人乘其机，不但丢了太子位，而且还被处死了。

之后，代善曾经一度夺得了太子大位。

在这其间，皇太极的地位得到提升，太子位几乎是伸手可及的了。

但只要还没到手，大汗还没有册立，其中的变数仍是难说的。

何况，大汗对代善和皇太极的看法又有些动摇呢！

代善的功劳和皇太极比肩，难以分出伯仲。但他的忍辱负重，他的忠厚仁慈，他的长兄仪态，仍给大汗留有深刻的印象。

这些日子努尔哈赤又在想是不是对代善的处分有些过重呢？在努尔哈赤看来，代善最大的过错就是与大妃阿巴亥过从甚密。

那一年，努尔哈赤感染了风寒，支撑着虚弱的身子，由两个阿哈陪着，来到书房外几株老杏树旁晒太阳。

春日的一个傍晚，汗王的大妃阿巴亥，带着十岁的儿子多尔衮和他的小弟多铎，从界藩城来到辽阳，特意看望病中的丈夫努尔哈赤。

她一进屋，见汗王面容憔悴，身弱体虚，便一头扑到炕头上，手扶着汗王的面颊，呜咽起来："汗王呀，俺刚离开您二年，就把您折腾成这般模样。这都怨俺心狠如铁，不能前来照料照料您呀！"

老汗王听到大妃悲切的哭声，禁不住也落下泪。他躺在炕上，那一滴滴眼泪从眼角滚到缎子面长枕上，他抬手抓住大妃白嫩的手指，一时说不出一句话来。

大妃阿巴亥，是乌拉那拉氏族，满太贝勒的女儿，十二岁就聘于努尔哈赤为妃。她生得体态丰腴，眉眼妩媚，再加之聪慧机巧，深得努尔哈赤的喜爱。努尔哈赤的原妃佟佳氏死后，很快就封她为大妃。

前年在界藩城也是一个春日的黄昏，努尔哈赤出外狩猎归来，忽然觉得腰酸腿疼，头晕目眩，因年事已高，便产生了"夕阳余晖人意懒，南屏钟声送晚归"的悲凉心情。当晚，他歇息片刻，觉得身上松爽了好多。便打发阿哈将阿巴亥找来，置办了一桌大妃平时爱吃的酒菜，夫妻二人，由大妃所生的三个儿子阿济格、多尔衮、多铎陪着，开怀畅饮起来。

六十三岁的老汗王坐在南炕面西而坐，怀里抱着六岁的儿子多铎，筷子不停地给多铎和多尔衮夹菜，娇妻爱子欢聚大堂，老汗王喜不胜喜。他为爱妃斟了一杯海洲葡萄酒，夫妇碰杯饮下，老汗王抹了抹嘴唇儿，说："阿巴亥，你觉得我老了吗？"

阿巴亥娇媚地笑了笑："老了也是俺的夫君！"

老汗王叹息了一声，又说："我年少丧母，终日漂泊；二十五岁起兵之后，年年戎马疆场，劳苦一生，今天才创立了这份基业。如今，我已年过花甲，时常思虑后事。"

阿巴亥听汗王语重心长，就欠身为汗王斟了杯老酒，说："汗王，您有什么心里话，就说吧。"

汗王一仰脖把酒喝下，放下酒杯，说："阿巴亥，我多喜欢你，你是知道的。我想，多尔衮这孩子从小聪明，如你能多加注意教养，长大成器，尔后能承继我的大业，也就了却了我的一桩心事。"

阿巴亥赶忙点头致谢。老汗王笑了笑："此事我思虑再三，觉得大贝勒为人忠诚持重，日后就把你们母子托付给代善吧。"

阿巴亥有了汗谕，当晚高兴得一宿没睡。第二天，她便派人给代善送去一些大贝勒平时爱吃的点心。又过了几天，阿巴亥浓妆艳抹，穿戴整齐地去代善家里看望大贝勒。这年，恰好阿巴亥三十一岁，代善年长她六岁。一对少妇壮士，一来二往，便倾心爱慕，情深意浓，时常暗地私会。有一天，大妃亲手做了一盒三花糕，派贴身侍女送给代善。侍女进屋后，打开点心盒，用小手捏起一块三花糕，塞到代善的嘴里，她见大贝勒有滋有味地嚼着，就问："大贝勒，你吃着甜吗？"

代善笑着，点了点头。侍女连忙从内衣里掏出一封信塞到代善的手里，说："还有比这更甜的！大贝勒，您好好看看吧，她对您可是一片赤心呀！"

代善听侍女说话太露骨，就绷着脸儿，训斥道："不许闲扯嘴！"

恰在这时，大门咣当一声推开，四贝勒怒气冲冲地走到代善跟前，指着信说："拿来，我见识见识。"

代善惊慌地抖着手，掩饰地说："大妃托我给她办点小事，八弟切莫多疑。"说着把信纸揉成团，丢进燃烧着的小火炉里。

皇太极"哼"了一声，转身就走。

当晚，皇太极就把此事告诉了老汗王。老汗王听说后，气愤难平，他顺手抓起身边的陶瓷茶壶、茶碗、烟盘、玉碟，狠狠地摔到砖地上，骂声不绝，他恨不得抽出长剑，把大妃一剑刺死。然而，转念一想，大妃膝前带着幼子，家丑不可外扬，只好假借阿巴亥偷拿公物送人为由，把大妃幽禁在界藩冷宫……

第八十章

阿敦告密　再做大汗梦

努尔哈赤这人很坦诚，心里有什么往往留不住，特别是上了年纪以后，就好絮叨了。当和老臣们说起代善来，总是带着欣赏的口气说："瞧，我十多个儿子中，最中意的还是代善呀！模样端庄大方，有帝王之相，脾气呢，又能容人，别人顶他几句，他也从不着恼。他是有些过错，可是谁又没有过错呢？——人非圣贤，孰能无过？唐太宗了不起吧，要不是魏征时刻纠正他、提醒他，他还不知犯多少错误！你们想：要是给代善配上个魏征那样的大臣呢？……"

这些话很快就传到了皇太极的耳朵里了，他真有点心惊胆战。

萨尔浒战后，皇太极成了努尔哈赤唯一的宠儿，努尔哈赤的眼睛老是打量着他。皇太极的确有着许多优点，那些优点都是灿烂耀眼的。但过分地耀眼也不行，过分光亮也会变成阴影。努尔哈赤心里又在打鼓了：这孩子心机太多，计划太周全。如果他掌了大权，谁还能够制约他呢？他曾说过，他的脚步是不会在山海关前停止的，他还要前进，他要把整个中国全部揽在手里！一个人想全部拥有，往往一切都不能拥有！

另外，他好胜心太强，不管哪一场战斗，如果不能夺取头功，他绝不罢休！

特别是在攻占辽阳以后，他公布"十杀令"，张贴"安民告示"，那气魄，那声势，就好像他是后金的独裁者！

努尔哈赤承认他那几手的确高明，给后金赢得了威望和群众，却好像把女真的传统给弄丢了，祖宗的成法固然有许多不合理处，可是丢掉了总有些舍不得。

他没有理由反对皇太极，教人害怕的就是这个"没有理由"……

努尔哈赤对皇太极一个不满意的字也没有说，但皇太极从努尔哈赤的一个眼神，一声叹息，从他一个难以捉摸的动作，体会到了父汗心窍的每一细微颤动，也就是说，他什么都知道。

他极害怕功亏一篑……

那个小贝勒多尔衮也是令人担心的。无论什么事，父汗总是偏向他一点，一次，努尔哈赤望着才十一岁的多尔衮，对他的弟弟，一个几乎什么事也不管的老王爷说："你看，他像不像一条小龙？"

"是个有本领的孩子……"老王爷回答。

"他能不能坐上汗位？"

"别开玩笑了，老哥！"

"怎么开玩笑呢，如果现在就把汗位交给他，我在一旁看着他长大，不行吗？那秦始皇坐龙廷不是才十二三岁吗？"

皇太极可不想把父汗的话，像那位叔王一样，看作玩笑。

另外，代善不在计算吗？……

又一次较量来到了。

这一次的引火人是阿敦。

阿敦姓爱新觉罗，是努尔哈赤的本家，因为他后来被努尔哈赤处死，他和努尔哈赤的血缘多远多近，已无从查考，后来大清的史家把这些有关碍的事件全部删掉了。

但在他获罪前毫无疑问是后金的一位显赫人物。

见过阿敦的人都说他相貌伟岸，智慧超群。努尔哈赤在建旗开始，自领两黄旗，其中一旗的固小额真（旗主，实际的指挥者）就是阿敦。

在以后的许多战役中，阿敦的表现都十分出色。因为在每次的授奖中，他的名字都排在前列，这在朝鲜、蒙古的历史中都有记载。

在辽、沈战役之后，努尔哈赤更把重要责任交给了他。叫他担任"都堂"的官职。大概相当于现在的"办公厅"长官，他每天处理军国要务，统辖各个地方，日夜不停地操劳。如他在辽东广设墩台（地方侦察机关）安置哨探以加强边防和控制民众……

像那些过为己甚的人一样，他为了巩固自己的地位，也在时刻地窥测方向。

他看到努尔哈赤年纪大了，老病缠身，正为选择接班人弄得十分苦恼。这是后金的关键时刻，如果在这时跟错了人，举错了旗，不仅有误自己的前程，或者还会引来杀身之祸！

一天，努尔哈赤叫来精明过人的阿敦，在说出了自己日夜烦恼的

大事后，问他："阿敦，你对我的孩子是最了解的，依你看，我把大位交给谁好呢？"

阿敦吓得魂不附体，他把努尔哈赤问题在脑子里转了几圈后，机警地说"大汗，您是最英明的。俗话说，知子莫若父，有谁比您更了解自己的儿子呢？我实在不敢在这事上说三道四。"

"别在我面前耍花腔！"听了阿敦的话，努尔哈赤斥他道，"我叫你来是想听一听你的心里话，你却用一些话敷衍我！"

看样子是非说不成了，阿敦在心里盘算了又盘算，近一两年，他看出来皇太极在努尔哈赤面前最受宠，要是皇太极成为太子，的确当之无愧。再说，他和皇太极的关系也是最好的。他想推举皇太极，但他绝不敢从自己的嘴里吐出那三个字，就含糊地说："大汗，依我看，还是智勇双全，大家称赞的人最好……"

努尔哈赤点点头："好了，你下去吧，我明白你的意思了，你是说皇太极。目前当得起智勇双全的也只有他了！"

阿敦乐不可支，他料定自己的话说到大汗心里去了，不久的将来，皇太极必登大位。要是事情到此为止也就算了，因为这是大汗和他之间的一次极为秘密的谈话，别人是不知道的。

阿敦却不想这样算了，他要让皇太极知道在努尔哈赤面前是谁推荐了他。将来皇太极践位后必定论功行赏，他可不愿埋没了自己。他决定找个机会去皇太极那一趟。

这天晚上，阿敦到皇太极那儿去了。

几层门岗都没有询问他。因为他们都认识阿敦，是后金国炙手可热的人物。

阿敦一直走到皇太极的客厅，上了台阶，他听到厅里已有几个人，他们在谈话，而且情绪很激昂。

他弯下腰，从窗纸的小洞里往里瞧，他看见里面有三个人，他们是皇太极的"铁三角"，即皇太极、莽古尔泰和阿济格。

莽古尔泰发生了弑母那件事后，差点儿掉了脑袋，是皇太极拼命把他保下来的，他虽不受父汗待见了，可是还是保住了一旗的固山额真和四大贝勒之一的地位。那天代善也在场，可是他却没为莽古尔泰说一句好话。

其实，代善不是不想说，而是他没了说话的资格，他已经被和大福晋的事和迫害亲子的事弄得遍体污秽，把太子位也丢了，他还能为谁辩白呢！

莽古尔泰从此和皇太极成了生死兄弟。

阿济格是努尔哈赤的第十二子，和多尔衮是一母所生。年纪虽小，却早就跟着父汗纵横沙场了，他没立过什么显赫的功勋，但也从没畏首畏尾呀，但努尔哈赤好像看不上他，一提起他的弟弟多尔衮就眉飞色舞，一提起他来就怅然若失！

阿济格觉得十分失落，就常常跑到皇太极面前一把鼻涕一把泪地哭诉。皇太极防备的是多尔衮，对阿济格却无任何成见，为了牵扯多尔衮，他很需要阿济格。

"十二弟，别伤心，有你四哥呢！"皇太极安慰他。

"四哥，你要是做了大汗，可别忘了你这个苦兄弟！"阿济格抱着皇太极求他。

"不会忘，绝不会忘！"皇太极说，"可是，我怎么能当大汗呢？你可不要胡说！"

"怎么胡说？褚英死了，代善废了，你说还有谁？再说，你听不见朝廷里外的议论吗，哪个不盼望你继承汗位呀？"

忽然，他听到里面有一阵剧烈的响声，好像倒了什么东西似的。

阿敦想拔腿跑掉，可是不由得又往里面瞧，他看见莽古尔泰和阿济格双双跪在皇太极面前，一齐叫道："兄弟参见大汗，愿大汗洪福齐天！"

皇太极笑嘻嘻地把他们拉了起来，并说："你们闹什么？那事儿还不见影儿呢，要是我真地做了大汗，将和你们共同议政……"

莽古尔泰起身时弄倒了一把椅子，发出很大的声音，阿敦就乘机跑了。

房里的人大概是兴奋极了吧，他们什么也没听到。

过了一会儿，皇太极把门推开一条缝儿，向外喊道："来人！"

一边的耳房里有人应道："贝勒爷，奴才在这儿候着哪！"

"到后面厨房去，叫他们送点吃的东西来！"

"是！……"

大概厨房里也是早就"候着"了，只半锅烟工夫，就有两个侍卫把饭送来了。

皇太极打量了一下侍卫放在桌上的杯盘碗筷，心里动了动，问道："怎么，准备了四个人的？"

"不是四位爷吗？"侍卫反问道。

"四位？还有谁呢？"

"阿敦进来了……"

"你看看，这里有阿敦吗？"皇太极问，样子极为惊异。

侍卫傻了，眨着两只惊恐的眼睛，"他……确实来过……"

"为什么不报告？"

"阿敦以前来过多次，也都没有报告……"

皇太极不说话了，他在想着这件事。

莽古尔泰急了，他骂起来："你们干什么？心叫狗吃了？"

阿济格也说："这样的侍卫，要是在我家里，早就打死了！"

两个侍卫连忙跪下向三位爷磕头求饶。

"你们起来！"还是皇太极冷静，"没你们的事，是我没有好好地对你们说清楚，如果是白天，你们那样做就对了，可是这是夜里呀！以后想着……"

"是，是！"侍卫吓得满头大汗。

"阿敦……什么时候离开的？"皇太极问。

"回爷的话，"其中一个侍卫说，"那，奴才就不知道了，因为不多时奴才就换班了。"

"是这样？"皇太极说，从抽屉里拿出一串铜钱扔给他们，"走吧，没什么事。玩一会儿就睡去，可别喝多了酒误事！"

侍卫们走了。

阿济格怕极了，脸色煞白："怎么会有这样的事？事情还没做，就泄露出去了！……"

莽古尔泰搓着手说："我看立刻去把那个阿敦宰了，叫他永远闭口！"

"先别谈这事了，"皇太极说，把筷子分送到他们面前，"先吃饭，先吃饭……"

阿济格说："你们吃吧，我是一点儿胃口也没有了。"

"吃什么吃！"莽古尔泰嚷道，"皇太极，我不是说你，在你家里竟发生这样的事！"

"你们呀，就这么点胆子？"皇太极脸上竟有了笑影，"就是明天要砍头，今天也要吃个肚儿圆！大丈夫能成旷世伟业，也能担塌天风险，更能够慷慨赴死！你们呀，嘿，还说要跟我干大事呢？"

说完，他就拿起筷子自顾自地吃了起来。

莽古尔泰和阿济格仍有点垂头丧气。

"没事儿的，"皇太极给他们解释，"阿敦也许什么也没有听到，他踏上台阶，听到咱们在说话，说不定就走了。像他那样聪明绝顶的人，是绝不会管贝勒们的私事的。说真的，他们躲还躲不及呢！"

莽古尔泰听了皇太极的话觉得有理，顿时轻松起来。

阿济格心眼细些，仍不放心："四哥说的是其中一种情况，假如他果真听到了呢？"

"这也有可能，"皇太极呷了一口酒，"阿敦听得清清楚楚、明明白白。可是他知道这事儿的严重性，那是比死都可怕的！他能说出去吗？他有天大的胆子也不敢！这时候呀，他在家里胆战心惊得要死，恨不得把自己的耳朵割下来！——再说，他还是我的人……"

阿济格还是没有得到宽慰，他说："四哥，那也许是你一相情愿的想法。要是阿敦发了疯，真的把这事儿透露给代善呢？"

"那可能性很小，但也不是一点儿可能也没有，"皇太极说，"但代善这人办不出漂亮事来，他总是弄巧成拙，或许他还要弄得自己一身污秽也说不定……"

"别再想了！"莽古尔泰对阿济格叫道，"咱们就跟着皇太极跑吧，没事的！我看准了，他才是真龙天子！吃吧，快吃吧！"

还真像皇太极所分析的，阿敦回家后，吓得黄鼻子黄脸，一头扎倒床上，吷吷地喘，妻子怎么问他，他也不吭声。熬到半夜，妻子找来了御医。御医给他号了脉，说是受了惊吓。可是像阿敦这样的朝廷大员，谁能吓着他呢？虽百思不得其解，妻子还是按方子给他抓了药……

过了些日子，阿敦的病好了。他笑自己傻，那怕什么？他们三个人的谈话，我就让它烂到肚子里好了，谁也不会知道的。

他是努尔哈赤的侍卫头儿，有时，他比努尔哈赤的儿子们都和大汗亲近。因此，努尔哈赤有些许变化，他都十分清楚。近日，使他惊讶的是努尔哈赤的心理天平竟渐渐向代善倾斜了。他常常向阿敦问起

代善的事，言语间带着赞许和亲情。

"还是代善可靠呀，老实人就是有错也好改正，"努尔哈赤说，"一个人要是太有能力，太聪明，就要小心他，因为谁都可能败在他的手下！"

阿敦想：努尔哈赤真是老了，老人的心和年轻人就是不一样，年轻人喜欢雷厉风行的人，锋芒毕露的人。老年人就不是这样了，他喜欢老成可靠的人，办事稳妥的人。看样子努尔哈赤最后要把自己创下的江山放在代善手里了。

我要见风转舵，该从皇太极这儿转到代善那儿！

他回想这两年，跟皇太极跟得太急，贴得太紧。为这，代善一定很不高兴。我得想法买代善的好才行，要不就来不及了。褚英曾说：他掌权后就要大杀大砍，把那些对他有过节的人收拾干净。代善就不这样了吗？

于是，阿敦开始往代善家跑了，每次去总带上好些礼物。也许，过去他跟皇太极跟得太出格了，代善没给他个好脸。他说："皇太极是我的好兄弟，你亲近他，我没意见，跟他的人多着哩。可是你和他们不一样，你是个跟屁虫，我是最讨厌跟屁虫的！"

代善的话吓得阿敦胆战心惊。

怎样才能改变这种情况呢？想来想去，只好动用他那张"王牌"了。一天，在代善家里喝酒喝到半夜，就想挨着代善睡一觉。

已有些醉意的代善骂他道："跟屁虫，这些日子你虽离皇太极远些了，可是浑身还有一股屁臭气，回家去吧！"

"大贝勒，跟跟……你说……说吧，"阿敦醉得厉害，他的舌头都发直了，"幸亏我是皇皇……太极的跟屁虫，我……我才能救你，要不……你的头……头掉了，还不知哪里下的刀……刀呢！"

"你说什么醉话？"代善问他。

"皇太极他们要……要杀……杀你哩！……"

一句话，有如雷声震响，代善那点醉意没有了，他一把抓住阿敦的袍子，把他提到床上。几个纽扣嘎崩崩地断了，"阿敦，你说什么？"

"我……我没说什么，"阿敦的酒也醒了，他猛地觉得自己说错了话，就想抵赖，"我……我喝醉了，是……是说的醉话！"

代善抬起一条腿，跪在阿敦的肚子上，压得他喘不上气来，接着从靴子里拔出一柄雪亮的短刀，摔在他的胸口上。"阿敦，你要是想活，就把你的话说完！从此跟着我走，将来我不会让你吃亏，你想要什么我都给！要不，我立刻就割了你，并且向大汗报告，说你挑拨我们兄弟间的关系！你知道，大汗是不会怀疑我的话的！"

"我说……我什么都说！"阿敦尖叫着，"爷，从此，我就是你的人了！"

"你放心！……"

代善把腿放下来，又一把将阿敦拉起，摔在地上。

"说！"

看到代善对他的凶样，很怀疑将来他的许诺是不是能够兑现，可是事到如今，不说也不行了，他就把那天夜里在皇太极家听到的他们的秘密策划从头至尾地说了。

代善吓得魂飞天外，他信了，完全信了！

与父汗大妃的事，弄得他身败名裂，迫害前妻儿子的事，又雪上加霜，惹得大汗把他的太子位也褫夺了。如今他在父汗面前颜面扫尽，在家里也孤苦难耐。可是皇太极仍不放过他……

对此，他也理解，虽然，他如今像一块石头那样无知无觉了，但他是横在皇太极路上的石头，皇太极还是要把它敲碎的！

"大贝勒，我说的这些不重要吗？"阿敦说，"我认为太重要了！这些都是火药，你只要把它点着，轰的一声，他们三个就完蛋了！"

是的，阿敦说得对。

代善觉得全身发热，血液在奔流，磨得血管嚓嚓地响。

"到时候，你能作证吗？"

"要是大汗问起来，我就实说！"

"嗨……可惜，大汗已经不看重我了！"

"不，不，不是你说的那样，大贝勒！"阿敦爬到代善的脚边，"现在情况有了变化，大汗又偏向你了……真的，我一点儿也不骗你！"

他把听到的最近大汗对代善和皇太极的评价都说了……

代善认真地听着，他觉得每一句每一个字都极其宝贵。

他坐在床上哭了，哭得像小孩子一样。

就在这一刻，代善竟一下子觉得前程似锦，他觉得那失去的太子位，仁慈的父汗还给他留着。你瞧，父汗褫夺了他的太子位，可是过

了这么久，也没有给别的人，就让它在那里空着、悬着。为什么呢？

这就是父汗在等待着，好有一天再还给他！

许多日子以来，他已经心如死灰了，不再妄想了，只等着将来皇太极做了大汗后，自己好好地辅佐他，做他的好兄长，做他忠心不贰的臣子……

啊，原来，那朵希望的火并没有死，它还在心灵的某个角落燃烧着，不过很微弱很微弱罢了。

现在，它忽然猎猎地冲天而起了！

第八十一章

兄弟斗法　皇太极获胜

第二天一早，代善就跪倒在父汗面前，哭着把阿敦告诉他的事说了。

"你说的都是真的？"努尔哈赤怒火满腔。

"真的，我怎么敢欺瞒父汗呢！"

"你听谁告诉你的？"

"阿敦，是您最相信的阿敦！"

"把阿敦叫来！把皇太极、莽古尔泰、阿济格都给我叫来！"努尔哈赤对身边的侍卫叫道。

代善端详着父汗，他极为震怒。气喘着、颤抖着，似乎就要晕倒，就要爆炸，就要裂成碎片。他怕了，怕得要死……

努尔哈赤真的怒火冲天。他最怕最烦最叫他痛心的就是家庭的分崩离析。他杀了自己的亲弟弟、亲侄子、亲儿子。太子立了又废，废了又立……这许多事，每一场都把他的脏腑搅得鲜血淋漓！

这一次如果是确实的，那他又要在亲族中大开杀戒！要是把他最珍爱的皇太极等再杀了，他身边还有什么亲人呢？

他已经到了风烛残年，他还能经受得起吗？

他的敌人，国内的国外的，他们一定在那里笑，在那里开怀大笑！看着他在这里自残手足，自砍臂膀，自败家国！

这一定不是真的，他决不准它是真的！

皇太极、莽古尔泰、阿济格陆续来了，他们一看情势，就知道那件要命的事发了，就战战兢兢地跪下了。

努尔哈赤看了他们一眼，却没有说话。

一会儿，阿敦来了。

他一触到努尔哈赤锐利的目光，就知道天塌了、地陷了！他看到大汗变了模样，脸面缩了一圈，眼睛像两个窟窿，鼻子扭歪了，胡子

乱七八糟，两颗又黄又尖的牙齿凸露着。

"跪下！"努尔哈赤喝道，"夜猫子，你一叫就要出事！"

阿敦的魂儿没了，他恨不得现在就死，也不愿回答努尔哈赤的提问。

"皇太极，"努尔哈赤已经气得不能把一句话连贯地说出来，"我问你……你和莽古尔泰、阿济格密谋……要杀害代善？"

皇太极装出五雷轰顶的模样，两眼上翻，接着又扑倒地上，哭叫道："父汗，这是哪个坏蛋造的谣言？真是又恶毒，又拙劣！整个后金国都知道我和大哥的深厚感情！我知道大哥比我好，比我宽容大度，有王者之风，我是非常非常尊重他的！父汗，您不会相信的，朝廷上也没有人相信！您可要为我做主呀！……"

接着，阿济格、莽古尔泰也呼天抢地地大喊冤枉……

"阿敦，这件事，是你对代善说的，对吗？"

"我……我……我没说呀……"阿敦想赖掉。

他一要赖，代善可着急了。父汗是绝对不允许无中生有的，何况是这样的事！他对着阿敦厉声叫道："阿敦，你这个狗东西，昨天夜里你在我家是怎么说的？你敢当着大汗的面撒谎！"

"那时，我喝醉了酒，说的什么……我怎么知道呢？"

努尔哈赤稍微轻松了些，他恨不得阿敦出这个熊样子。

代善可难以下台了，他只得把昨夜的事，从头至尾详细地说了一遍。除说了阿敦听到的皇太极一伙的密谋，还说了努尔哈赤这些日子对代善看法的变化……

他的叙述，不管谁听了也会认为是真实的，因为它是那样地可信。

"阿敦，"努尔哈赤把桌子一拍，"你敢说你没有说！"

"是……是我说的……我该死！"

"阿敦，你真的听到皇太极他们这样密谋？"

阿敦回头向皇太极那边看了一眼，正遇到皇太极那逼人的尖刀一样的目光，他连忙缩了回来，讷讷地说："大汗，我该死！……是我编造的……一切都是我编造的！……"

"你为什么要编造这样的谎言？什么目的？"

努尔哈赤的逼问，阿敦知道是在往死路上引他了，他可不愿向那儿迈步。

"我，我想讨大贝勒的好……那天夜里，大贝勒又用刀逼着我……"

努尔哈赤不想再问下去了，他恨不得有这样的结果。

其实，他心里跟明镜似的，皇太极他们的密谋很可能是事实，阿敦没有撒谎，他也不敢撒谎，不过在代善和皇太极之间，他没有胆量招认罢了……

人太精明了就变得糊涂，阿敦就是这样……

努尔哈赤不恨阿敦，但是，他得死！

皇太极又赢了，谁对他也没奈何。上天偏向着他，后金大概是他的了！

"蠢蛋！老实自私、胸无韬略，就会变成这个样子！"努尔哈赤看了代善一眼他那窝囊相使人生厌，他在心里对代善说，"不过，通过这一件事，你保住了你的性命。皇太极以后不会对你怎样了，谁会招惹一个对他无害的人呢！"

努尔哈赤令侍卫把阿敦拉下去关起来，等待处理。

"代善，看到了吗？全是阿敦那家伙挑拨的！"

"是的，皇太极、莽古尔泰、阿济格都是我的好兄弟！"代善泪汪汪的，他胸中的那团希望之火这次真的熄灭了！

皇太极哭着向他扑去："大哥，你永远是我的好大哥！"

莽古尔泰、阿济格也爬过去，和他们抱在一块儿……

第二天，努尔哈赤召集家族和大臣会议，向他们宣布阿敦的罪状是："交构两间，挑拨亲族关系，散布有损国政的话……"交给大家议论处置。任何专制国家，只要当权者指谁有罪，那必然会引起"群情激愤"，人人都想"踏上一只脚，叫他永世不得翻身"。

诸贝勒及各执法大臣一致的意见是：令众人活活打死！努尔哈赤也像任何专制者一样，这时装出一副仁慈模样，他说："你们的意见是正确的。但我看先把他关起来。不是我可惜他，也不是袒护他，因为我曾说过：'对于大将犯了死罪，可先监禁在高墙里边。'现在怎好违背这一规定呢？"

于是，阿敦被绳捆锁绑囚禁在监狱中，家产被没收。这天是天命六年九月十八日。不久，他就被杀，时间在几个月之后。

通过这件事，努尔哈赤明白皇太极是一条真正的龙，代善不是他的对手，多尔衮也许能行，可是他太小了，皇太极一把就能捏死他！

第八十二章

孤独悲哀　阿巴亥归来

努尔哈赤看着自己的儿子们为了一个汗位费尽心思，斗来斗去，感到从没有过的孤独与悲哀……

家人围绕着他，想尽办法安慰他，可是他极为厌烦，大声叫着要他们走开。

后来家人们征求他的意见，谁愿意在身边照顾他？

"叫大妃来吧！"他忽然说。

大妃是谁呢？自从大妃阿巴亥被他废了后，一年有余了，那个位子一直空着。大家懵了，以为他又要立新大妃了。

看到大家张口结舌的样子，他说："是她呀，是阿巴亥呀！"

大家一下子明白了，大汗虽然赶走了那个美丽端庄、善解人意的阿巴亥，可是她一直在他的心里，他还没有忘记她。

这时，阿巴亥还在赫图阿拉，被圈在一个小小的别院里。

阿巴亥被休弃后，被没收了所有财产。幸亏，她的三个儿子和一个女儿仍是大汗的阿哥和格格，领取着应有的俸禄。每天，她为几个孩子忙碌着。一听到大墙那面的欢笑声，她就心如刀绞，捂着脸痛哭。

"别哭了，额娘！"孩子们劝她道，他们还是很孝顺的。

"瞧，咱们什么也没有了！"

"额娘，你还有我们呢！"多尔衮最乖，他的话最暖她的心，"有我们几个，你就什么也不用愁了。"

有时，她忙得衣衫不整，蓬首垢面，多尔衮就劝她说："额娘，你还是父汗的大妃呢，这怎么能这样子呀！"

"我还是大妃吗？"她又要落泪了。

"怎么不是呢？你在我们心里永远是！我想，父汗终究会想起你来的！"

多尔衮的话，多少给了她希望。

当大汗府中的一个女侍骑马慌慌张张地跑来，把大汗要阿巴亥到辽阳去照顾大汗的话告诉她的时候，阿巴亥惊得一句话也说不出来，接着就激动得又哭又笑。

"大汗是那样说的？"

"一点儿不错，大汗谁也不要，只要你！"那女侍说。

"只要我？"

"嗨，我的大妃，你熬到头了，大汗一直没有忘记你！"

好久，阿巴亥仍然没有从兴奋中解脱出来。

但这事是等不得的，于是女人们围上前去帮阿巴亥梳洗打扮。这时的阿巴亥三十稍多，她本就是个美人坯子，只稍加修饰就又显得光彩照人了！

大家把阿巴亥簇拥着上了马，在儿女和护卫队的簇拥下赶了两天路，来到了辽阳大汗宫。

使阿巴亥难以置信的是迎接她的仪式极为隆重、盛大，一进街口，地面就被白席铺严，临近大汗府时，脚下就是红毡了。街道两旁站满了欢迎她的人群，其中有牛录以上的官员，有努尔哈赤的贝勒近臣，大门前，有努尔哈赤和贝勒们的福晋和妃嫔，她们都着了盛装，打扮得花团锦簇。贝勒们、福晋们、臣僚们、家人们……一批批地在她面前跪下来，向她祝贺，向她敬礼。

阿巴亥哭了，也想和过去亲近的人说几句话，可是谁也听不见谁的声音，因为锣鼓喧天、鞭炮齐鸣把什么声响也淹没了！

她在宫女们的簇拥下，进了汗王府。大汗身穿王服，向她掀髯微笑，老远就跑下台阶，张开两臂向她迎上前去。

"阿巴亥！我的阿巴亥！……"

他们相拥着走进宫去。

过一会儿，大臣、贝勒们散去了，努尔哈赤也脱去了沉重的礼服，他们重又相见。

"阿巴亥，我终于又把你迎回来了！"大汗说。

"大汗！……"阿巴亥跪下去，搂着努尔哈赤的腿，哀哀地哭。

"你们去吧……"大汗向周围伺候的人挥挥手。

众人走后，努尔哈赤把阿巴亥拉起来，要她像过去那样坐在他的腿上。阿巴亥听话地站起来，犹豫了一会儿，坐上努尔哈赤的腿，但她立刻又站起来了。因为他的腿只剩硬硬的两条骨头了。

"大汗，您怎么这样瘦呀？您经不起我坐了！"说着又哭起来。她心疼曾经和她朝夕相处二十几年的丈夫。

"来吧，来吧，我的阿巴亥！"

阿巴亥找了个小凳子放在努尔哈赤的两腿之间，坐下，依偎在大汗的怀里。

"你知道吗，阿巴亥，我一天也没有忘记你！"

"谢谢大汗……"阿巴亥连做梦都在等这句话，现在听到了，激动得嘤嘤地哭。

"我也日夜地思念着大汗……

"别哭了，阿巴亥，让咱们好好说几句话！"努尔哈赤颤颤地从衣袋里摸出一条手帕想给阿巴亥抹泪。那手帕黑黑的，有种汗臭气，还沾了一些烟草的碎末，阿巴亥心酸得要号啕大哭。

"大汗，我也一肚子话想对你说！"

"那咱们就好好地拉一拉，拉它个三天三夜！"

"你不累吗，大汗？"

"不累，有你在我身边，就不累。——阿巴亥，在所有妃子中，我最喜欢你，你该知道呀！"

"知道。可是一年前的那天，你可把我吓坏了！"

"是吗？但你想过吗，你也太让我伤心了！"

"别说了，大汗，别说了……"

"是呀，别说了。我不知自己还能活几年，我把以后的日子都给你，都给你……"

晚上，大汗和大妃早早地睡下了。阿巴亥原就是个娇小的女人，艰苦日子更榨干了她的血肉。这时，她蜷缩在大汗的怀抱里，像只小猫儿。

"阿巴亥，还记得咱们那些美好的年月吗？"

"怎么会忘记呢？一辈子忘不了，死也忘不了！"

"不知我还行不行……"

"行！一定行！……"

他们相互抚摸着，一种欢乐充盈了他们的全身。

"阿巴亥，我觉得自己又年轻了……"

"努尔哈赤，你本来就不老嘛！"

阿巴亥只有在被窝里时，才敢忘情地喊他的名字。

他们累得浑身是汗，可是他们终于做成了那件恩爱的事。

第二天，努尔哈赤向贝勒和大臣们宣布恢复大妃的名誉和地位，这是很得人心的。一年前的那件事，使所有人的心里都遮上了一片挥之不去的阴影。现在好了，那片阴影被风吹散了。

只有一个人感到忐忑不安，那就是皇太极的大福晋博尔济吉特氏。

"皇太极，"在四贝勒晚上回家时，她说，"我看，要出大事了！"

"可别乱说，会出什么事呢？"

"我如今还说不出……"

经她这么一说，皇太极也觉得朝廷中的气氛不太正常，莫非那件大事就要来到？他望了大福晋一眼。

"准备着吧，皇太极。"

"对，准备着……"

第八十二章 孤独悲哀 阿巴亥归来

第八十三章

汗位争夺　创八王共治

大妃的到来，在汗王府上下，又引起人们对汗位接替的种种猜测。有的说："将来还是多尔衮继承汗位，大贝勒摄政辅佐。"也有的说："照序齿而论，代善居长，又是四大贝勒之首，理应是未来的汗王。"还有的说："皇太极是汗王掌上的一颗明珠，大汗的龙椅必由他坐。"

大妃阿巴亥听了种种议论，又唤起她重做皇后的美梦。她权衡了各方的利弊，觉得要想推举自己的亲生儿子多尔衮接替汗位，首先要击败竞争的对手大贝勒、四贝勒，然后劝说汗王，生前立皇太子，死后合法当政。

这天，她一切思虑周全，便穿戴一新，来到汗王爷跟前，亲手做了道汗王爱吃的"扒熊掌"，带了一瓶家制的老酒，然后摆到八仙桌上，陪汗王吃晚饭。汗王多日没吃到熊掌了，他见一盆炖得又烂又香的熊掌，食欲大振，于是不拿刀筷，直接下手抓起一块熊掌，放到嘴里，慢慢嚼起来。熊掌越嚼越香，抓菜的手越来越勤，不一会儿，一大盆熊掌叫汗王一个人吃得干干净净。他满意地瞟了大妃一眼，笑着说："当年，我在长白山落草时，抓住狗熊，吃熊掌时，就是这个吃法。不用碗筷，不放油盐，煮熟了，抓起来就吃。"

大妃陪笑道："那时候，您哪能想到今天当了主宰关外的汗王！"

汗王叹息一声："今日的基业来之不易呀！"

"老话说，创业难，守业更难，"阿巴亥慢慢把话题引到汗位上，故作忧虑的样子说，"可是古往今来，历朝历代，先祖开创的大业，多毁于不争气的太子之手。"

"对对。西汉时，汉平帝九岁称帝，由于年幼无知，大权旁落，叫王莽废掉；到了东汉和帝，母后临朝，宦官国戚互相残杀，造成党锢之祸，最后葬送了汉家王朝；西晋时，晋武帝大封同姓子弟为王，造成各自为政的局面，酿成八王之乱，群雄混战；至于陈桥兵变、辽金更迭，哪朝哪代，不都因皇位继承者不利、无能，而毁掉先祖开创的江山吗！"老汗王滔滔不绝地引经据典，口若悬河，议论了一番。

老汗王刚才只吃熊掌，并未喝酒。此时因长篇大论，似觉口渴。他抬手去抓酒壶，早被善于应酬的大妃抢先抓到手里。大妃连忙给汗王倒了满满一杯，双手举着送到汗王唇边，老汗王张口喝光。大妃笑着问道："汗王爷，对您的汗位，您有啥想法？"

老汗王闭口不言。

大妃见汗王双眉紧锁，就试探地问道："汗王，两年前，您在酒桌上说汗位……将来让，让给多尔衮……"

"不要说了！"老汗王霍地站起，说，"我自有主张。"

屋里只有汗王与大妃两人。阿巴亥觉得机不可失，就笑着用话激汗王："您也做了这么些年汗王了，怎么说话也不算数了？"

一句话，把汗王激恼了。他抓起酒瓶，摔到地下，大声吼道："你妇道人家，休问国家大事！滚！滚！"

大妃见老汗王真的来了脾气，只好忍气吞声退出汗王府。

第二天，天至亥时，老汗王突然把府内的阿哈全部找来，叫他们把已经成年的儿子和四大贝勒招来，宣召要事。大殿里摆好一张方桌，四周放着檀香木的汉椅。不一会儿，大贝勒代善、二贝勒阿敏、三贝勒莽古尔泰、四贝勒皇太极先后进殿。接着，住在外地的汗王三子阿拜、四子汤古代、六子塔拜、七子阿巴泰、九子巴布泰也相继骑马来到汗王府议事大殿。

老汗王见诸子济济一堂，心中大悦。他坐在中堂的虎皮椅上，接受了诸子的朝拜问候之后，就命范文程、额尔德尼抬来连夜铸好的两尊铁鼎，放到桌上。

两尊铁鼎，都是一尺多高，大小相仿，造型相似，只是一个八足，一个独足。诸子坐在两旁，不知汗王摆鼎的用意，一个个或蹙眉沉思，或眼盯着铁鼎鉴赏其工。岁数最小的巴布泰觉得两鼎造型设计古怪，便起身问汗王："汗王，我看的古鼎都是三足二耳，为啥这两尊一个八足，一个独足？"

老汗王抹了抹胡髭，说："小九子，你把那尊独足的给我在桌上立起来。"

巴布泰弯腰把独足鼎抓过来，看了看，见鼎足好像冰锥子，他双

手捧着在桌上立了半天，似觉立好，可是手一离开，铁鼎马上歪倒。他一连立了五次，一次也没成功，只好丧气地坐下。

莽汉子塔拜长得又粗又壮，他见九弟立不起来，暗想：堂堂男子汉，能挥一百多斤的大刀，难道小小的铁鼎还立不起来？他不服气地站起来，自告奋勇地抓过独足鼎，猛地往桌上一蹾，桌面上顿时砸出一个窟窿。他小心翼翼地立了一阵，结果仍和巴布泰一样，没成功。

聪明过人的皇太极见六哥九弟都立不起来，心里觉得十分好笑。他站起来，扫视了兄弟一眼，就抓过独足鼎，轻松地放在八足鼎旁边，叫独足鼎身紧靠着八足鼎之身，当时就立住了。

老汗王满意地笑着，问皇太极："四贝勒，你说八足鼎为啥不立自稳？独足鼎立半天反倒立不起来？"

皇太极说："多足易平，独足难牢。"

"对对，"老汗王脸上堆着笑容说，"今天我把你们弟兄叫来，就是想借物论理，商定汗位的继承大事。如今我年事已高，身体欠佳，鉴于古今历史，我想扫除历代中国王朝'唯天子第一'之弊，立八王共治国事的新体。"

诸子想不到汗王突然提到汗位继承大事，于是一个个洗耳恭听，目不转睛。

老汗王饮了一口茶，清了清嗓子，接着说："我死了之后，嗣登大位为汗的，不要选择那种恃强恃力的人，因为这类人凭借暴力行事，必有损于民。你们八旗旗主之中，应选择既有才能又善于接受劝谏的人，继承我的汗位。推选时，一定有合谋共议，谨慎选贤，特别要防止品德不正的人侥幸入选。继位后，若发现才能浅薄，不能主持正义，甚至只顾享乐，不理国政者，应立即通过众议换掉。一定坚持贤者为君，八主共议，谨防一人独断专行。否则，就像足鼎一样，难站难立。新汗只要照此去办，江山必定万世永存！"

老汗王说罢，诸子肃然起立，三呼万岁，相互拥抱，拍掌拥护。

这时专管起草文书、管理汗档的额尔德尼立即将汗王所言记下，归入汗王老档。他整理完毕，笑着对范文程说："范章京，自神州立国以来，两千余年，恐怕'八王共治'的政体，独有汗王兴起吧？"

"创举！创举！"范文程挥臂赞赏着。

第八十四章

火速迁都　沈阳复兴盛

东京新城沐于花红柳绿的春色之中。雄伟的宫殿，黄瓦红墙，新筑的城池，碧水环绕；飞檐起拱的庙宇，栉比鳞次的灰色砖瓦衙门，以及富有满洲风俗的木栅小院，座座相依，使这座新京城显得更加壮丽辉煌。

东京城坐落在太子河东一处高坡，它前临太子河，背依绿山，离辽阳老城八里。城墙高三丈五尺，东西宽二百八十丈，南北二百六十二丈五尺，共长六里零十步。巍峨的高墙，宽大的城郭，设八大城门。城东有迎阳门、韶阳门；城南有龙源门、大顺门；城西有大辽门、显德门；城北有怀远门、安远门。八门门楼威严壮观，耸立城头，遥遥相对，犹如踞守山城的卫士。

一天清晨，老汗王率领诸臣、贝勒徒步来到城西南一座新筑的功德大殿，鉴赏殿内的壁画。殿内高大宽阔，洁白的四壁画着努尔哈赤自起兵以来几十年间的功德：十三副铠甲起兵、智擒诺米纳、处死尼堪外兰、费阿拉称王、古勒山之战、破哈达、灭辉发、鲸吞叶赫、并服野人女真、联姻结盟、创建八旗、制定满文、智斗总兵、计袭抚顺、萨尔浒大战、巧取开铁、夺取辽沈、占领广宁、修筑新京……一幅幅色彩绚丽、形象生动的壁画，再现了汗王的功德。众人看后，无不拍手叫绝。老汗王看毕，正坐在殿内木椅上歇息，忽然哨探进来，打千道："禀报汗王，海城、鞍山一带村庄，惨遭毛文龙偷袭，劫走二十匹蒙古快马！"

老汗王一惊，随之走下交椅，在大殿里走来走去，皱眉沉思。中午，他把诸王大臣辞走，用过午膳之后，就到后宫歇息。他躺在御榻上，朦胧中觉得东海卷来阵阵巨浪，那浪头铺天盖地，翻过高山大河，直奔新城而来。他仿佛看见占据辽东海岛的明廷总兵毛文龙，耸立浪尖，手挥狼牙棒，犹如一条恶虎，朝他扑来……老汗王吓醒了，他揉

了揉惺忪的眼睛，起身四下看看，并无人影，就又躺下。然而，这次躺下，他再也闭不上眼睛了。他呆呆地望着天花板，思绪万千。

日影西斜，老汗王马上传令诸大臣、贝勒进殿议事。等诸王大臣们到齐，列坐两厢之后，他开门见山地说："诸臣、贝勒，眼下新城虽刚刚落成，但我想此地不能久住，我想迁都沈阳为好，尔等意下如何？"

诸王大臣一听异常吃惊，一个个面面相觑，猜不透汗王心意。他见众人不语，就指名道姓地问起老臣图鲁什。

图鲁什慌忙站起，疑惑地说："我满洲王朝迁都不过几年，连汗室的祖坟都迁来了，建了个东京陵，此处本应久住，为何又要迁都？"

大贝勒代善也附议道："东京城新建的宫殿刚刚落成，大部分旗民尚未定居。如若眼下迁都，其人力、物力岂不消耗过大？汗王，以孩儿之见，劳民伤财之事，不能轻举妄动！"

接着又有几个老臣直谏反对。只有皇太极站起来，慢条斯理地说："汗王所想，英明之至！"他环视了一下，观察着众人的表情，接着陈述道："沈阳是四通八达之地，它南临浑河，直通苏子河，可以从老家采运木材，还可到浑河打鱼。再说，它西与明境相接，若西征明朝，可以渡辽河，又直又近。如此圣地作为都城，岂不更好？"

老汗王点了点头，说："四贝勒所言，略有道理。"接着他又点名问了几位大臣，发现能真正理解他心思的人不多。老汗王迁都用意何在呢？

他主要考虑了辽东军事的发展变化，掂量了自己眼下的处境。自萨尔浒之战，攻占辽沈，占据辽东后，明王朝虽然军事上受挫一时，但实力仍很雄厚。辽河以西各城镇，还集结着大量兵马，直接威胁着后金的政权。眼下流窜沿海各地的毛文龙一伙，日渐活跃。此时，若长居辽阳，就可能受到辽西的明军与海上明军夹击的被动局面。如果辽河以西的明军东进，收复失地，直插入沈阳一线，不仅满洲大军遭到南北夹击，而且可能切断八旗大军的退路。到那时，就悔之晚矣。老汗王之所以主张迁都沈阳，就是因为沈阳与抚顺、建州相连，如果与明军大战万一失利，还可以迅速撤出沈阳，直奔抚顺、赫图阿拉山区，保存实力，等待时机。沈阳作为进可攻、退可守的战略要地，怎能不占？老汗王听完诸王大臣的不同陈述后，就把自己的想法，细说了一遍。众人点头赞许。

范文程兴奋地站起，叩首道："汗王深谋远虑！真不愧当代少有的军事名家。"

于是，决定三日后，火速迁都沈阳。

三月初三的清晨，薄雾笼罩着东京新城。早餐之后，八旗兵丁眷属依照各旗的顺序整军列队，备马套车，整个京城顿时沸腾起来。八只螺号齐鸣之后，一面面彩旗迎风招展，一列列队伍开始向北进发。老汗王率领着十万大军浩浩荡荡在无边的平原上奔驰。当大军来到太子河岸，汗王马上向各旗传令：仁马歇息。

老汗王扶鞍下马，率领子侄数十人，站在河岸，遥望埋葬先祖的阳鲁山的东京陵，叩头焚纸，然后祈祷道："列祖列宗，晚辈即日与祖宗分手，望多谅后生不孝。为了满洲大业，不得已耳。等他日毁边入关，重振国威，吾等定来为先祖焚化纸钱！"

香烟袅袅，纸钱为烬。老汗王又在侍卫的簇拥下，同福晋一起上马，涉过太子河，离开了辽阳京城。

第二天中午，车队、马队、旗兵耀武扬威地涌进沈阳城。当日，老汗王被本城士绅商贾请到总兵府大院，接受各界的朝拜祝贺。这时的沈阳城，已是断壁残垣，四门城楼多缺檐残破，小十字街已失去往日的繁华，长安寺、城隍庙、三官庙也人烟稀少，香火不多。整个沈阳城，千疮百孔，满目凄凉，唯有北门外的崇寿寺白塔，傲然挺立，俯视城池。

老汗王进城后，立即动员八旗兵士整修城池，加固城墙，并以十字街为中心，在南北通天街的东侧，营建宫殿。一天早晨，老汗王特意宴请工匠邓公池，请他设计、主持修盖宫殿，扩建城墙。邓公池熟悉历代皇宫的建筑，也研究过辽、金、元时期的宫廷建筑。他当即建议道："城墙要扩建，大殿要新盖。"

皇太极马上问道："城墙如何扩建？"

邓公池站起，闪动着明亮的豹子眼说："明代城墙矮而窄，是兵家一忌。以小人之见，城墙应将原来高一丈，加高为三丈五尺，原有四门改建为八门。

"为啥改为八门？"陪坐在一旁的老臣图鲁什问道。

邓公池又转过身答道："皇城不同于民城，历来皇城都是神圣象征。所以，我想，新城应按照天干地支，设八门入关，再建城楼——钟楼和鼓楼、四塔。这样八门八卦，郭圆像天，城方像地，四塔如象，两楼如仪，如此皇城岂不是天堂再造于地。"

范文程听了击节叫好："很有学问，很有学问，邓老弟，真若鲁班再世。"

邓公池连连摇头，道："岂敢！岂敢！"

老汗王未加言语，只是亲自让侍从斟了一杯酒，赐给邓公池。邓公池一饮而尽，老汗王急切问道："那大殿如何设计？"邓公池连忙施礼，道："容小人到下房一趟，回来再禀。"

邓公池离开正房，走到前厅，将来时寄放的一只木箱放在长条几上，然后打开木箱，立即拖出一座大殿的木制模型，放在几案一头，施礼道："请汗王过目。"

老汗王及众人回头，都不约而同地惊叹道："好一座金碧辉煌的大殿！"

此殿八角重檐，黄瓦金顶，柱廊宽敞，须弥座台，周围绕以雕刻精美的荷叶净瓶栏杆，特别是正门红漆大柱上，那两条张牙舞爪、栩栩如生的蟠龙，更衬托出大殿的雄伟气势。

图鲁什站起来，呆望了半天，笑着问道："邓大人，这大殿为啥建成八角殿？"

邓公池习惯地抹了抹狮子鼻道："老话说，四纪维地，八柱承天。这天地之间的御座，自然是真龙天子的了！"

"妙！妙！"范文程赞不绝口地说，"辽代早有八方公用殿。我看，这殿奇就奇在不落俗。紫禁城内的金銮殿尽管富丽堂皇，独居中央，但未免有些孤高离群之感！"

"对！对！"老汗王喜形于色道，"我这个马上皇帝，从来喜欢千军万马，绝不做孤家寡人！"

范文程接着感慨道："辽、金两代各自推举'夷离堇'和'勃极烈'，所以辽太祖、金太祖颇得民心，又深知民意，因此'八方公用殿'成为天子爱民的象征。"老汗王慢慢站起，捻须道："我看这大殿就叫'八方殿'吧！"

图鲁什带头拍手赞成，孩子似的跪到老汗王跟前，笑道："汗王，只要您和后代不忘八方公用殿，管保满洲大业，万代不衰！"

老汗王笑道："不过，要出个败家子，也很难保证百代！"

众人说说笑笑，一致赞成邓公池的设计。老汗王当时就命令镶白、镶蓝两旗，由皇太极、范文程、佟养性、邓公池等人主持监督，第二天就开始营造宫殿。

第八十四章 火速迁都 沈阳复兴盛

第八十五章

营建新都　惜才树谏桩

　　额亦都之子达奇，与邓公池之弟二十多岁的邓公泊专管运输木材。这木材从浑河上游的吉林哈达伐来，由浑河放排，直运到沈阳城南的万泉河口，然后用大车拉回沈阳。

　　一天，达奇与邓公泊率领五十名兵士和十名汉人船工，放排来到萨尔浒河口，此处山高谷深，河水湍急，再加之暴雨之后，河水暴涨，不少木排行至此处，常被峻峭的岸崖撞散，随之一根根红松、曲柳、楸子顺流而下。这天放排的是一个五十多岁的老船工，名叫周兴。他因水土不服，时常腹泻，身子十分虚弱。他撑篙行至 S 形的河湾，突然木排左颠右晃，"咣"的一声撞在豹头崖下。木排散了，一根根缸口粗的云杉如同脱缰的野马，飞驰而去。

　　达奇见此情景，二话没说，噌地从后排跳到前排，一脚把老船工踹到河里，骂道："饭桶尼堪！饭桶尼堪！"

　　老船工在急流中，沉下浮上，顺水漂流，眨眼间，鬼见愁下的旋涡就把他吞没了。

　　这时，站在后排上的邓公泊猛地跳起，纵身跃进水里，顺着旋涡，潜入水底，将老船工拦腰抱起，又顺着水势冲出水面。当他把老人推上木排时，老船工已被水呛得奄奄一息。邓公泊跃出水面，爬上木排，立即抢救，过了抽袋烟的工夫，老船工长吁一声，才苏醒过来。

　　老船工得救了。木排穿过崇山峻岭，行至抚顺平原地区，渐渐平稳下来。邓公泊把老人放在后排的草垫子上，然后凑到达奇跟前，斥责道："游击大人，你做事如此手狠，也欺人太甚！我想，额亦都大臣若有灵，定前来治罪于你！"

　　邓公泊一句话，刺痛了达奇。然而，他只敢怒不敢言。其原因何在？

　　原来，五年前，额亦都在世时，有一次达奇到沈阳北山狩猎，马刚出城门，就将一个汉人的十岁孩子踩伤，那汉人纵身跃到马前，将达奇拉到马下，要到老汗王面前告状。当时达奇傲慢已极，目无汉人，飞起右脚把那汉人踢伤。第二天额亦都听说此事，就集合镶黄旗兵士，在众人面前述说达奇的罪过，然后当众抽出长剑，要达奇自尽。恰好，老汗王路过此地，为达奇初犯旗规讲了点儿情，才幸免一死。额亦都看在汗王的情面上，当众责骂道："这小子乳臭未干，竟如此傲慢，若今日不严惩，他日必将误国败事。今天看在汗王的面上，饶你一死，下次若再犯，定斩不饶！"自此，达奇老实了几年。但自额亦都死后，他又老病复发，仰仗其父是左翼总兵官、一等大臣的功劳威望，更加有恃无恐。

此刻，达奇虽然不把邓公泊放在眼里，但他也怕此事万一告到老汗王那里，老账新账一块算，会招来自身受苦。于是变骄横为无赖，嬉皮笑脸地说："此次，多怨小弟一时性子不好，望贤兄多多包涵。"邓公泊见达奇服软，也就将此事压下，不再追究。

木排在宽阔的河面缓缓而行，两岸的垂柳一簇簇甩在身后。邓公泊回到沈阳后，立即协助其兄建造大殿，分管木匠活计。

八方殿是座八角重檐的木架结构，邓氏兄弟带领三十名手艺精湛的木匠，挑选上好的木料，经过细量初锯，精心地锛削斧砍，刨刮砘凿，然后支柱架梁，安斗扣拱，铺椽设檐，装门加窗。不久，又在泥瓦匠及各类漆、油、粉刷及石匠的共同合作下，一座金碧辉煌的大殿、座台高筑的皇宫和八旗办公的十王亭相继建成。

八月初八，老汗王在八方殿举行大殿落成典礼。八旗诸王、大臣、总兵、将官应邀来到殿前，他们分左翼、右翼两厢站好之后，老汗王坐在殿内的金交椅上，右手一挥，乐师们马上在殿外奏起喜庆曲，三百名青年男女，穿着艳丽的满族服装，跳起"空齐舞"。

一时宫廷上下，鼓乐喧天，载歌载舞，热闹异常。

歌舞之后，文人书生纷纷前来献诗祝贺，城内所有的汉族墨客都来献诗题匾。老汗王看过一张张阿谀之作，如同嚼蜡，再看看那些写景辞赋，又觉平庸。他本想从众多的题词之中，挑选一幅得意之作，悬挂在宝座之后，可惜未有一个中意的。

颂诗匾词送上一个时辰，最后范文程从匾词中挑选一幅送给老汗王。他注目一看，只见在一份白绢上，写着四句话：

木多一撇，正少一横，

一点不见，两点全欠。

站在一旁的一个文官看罢，马上向老汗王提议道："此匾荒唐已极，岂不是戏弄汗王吗？"

另一个连鬓胡子武士凑到跟前，浏览了一遍，然后一拍腰间的刀柄，向汗王施礼道："汗王，此人对您如此无理，我马上到门外把他抓来，当众惩办。"

汗王看了半天，不明白这四句话的用意何在，不过绢上的十六个大字，写得龙飞凤舞，颇见功力，心里很想见识见识此人。他朝武士点点头道："快到门外把题匾人请来，如他真的有心戏弄于我，等弄明白再惩治也不迟呀！"

武士一手拎着题匾，大步流星地走出殿外，在宫墙大门口宣召之后，果然找到那个题匾人。此人二十多岁，眉清目秀，举止大方，穿一身浅色明服。他随武士穿过御道，踏上殿阶，步入大殿，朝汗王施礼之后，就站在一旁。

老汗王上下打量了一下这个青年，并无恶意，只是捻须凝思。站在一旁的一个文官见汗王不语，就厉声喝道："你这奴才欺负吾满族人不懂汉语，竟在匾上胡言乱语，戏弄汗王，你可知罪吗？"

那青年施礼答道："小人并无戏谑之言，而是金玉良言，治国之策！"

"你还嘴硬！"武士一拍刀柄，怒目而视地喝道，"你若不从实招来，我当场就给你一刀！"

老汗王马上一扬手，劝阻武士，和气地问道："请问座前的后生，姓甚名何？"

"姓邓，名公泊。"

"噢！"老汗王抹了一下嘴巴，接着问道："你这四句话，哪句是金玉良言，治国良策呀？"

那文官着急地揉着衣襟，插话道："汗王不要信他胡诌八扯！'木多一撇，正少一横'正好是'禾止'二字，这哪里有一点治国之理呀！"

邓公泊转身面向那文官，从容地说："这就怪先生只见其一，不知其二喽！那两句并非'禾止'，而是'移步'。"

老汗王听罢一愣，然后捻须沉思，觉得有理，就立即问道："那后两句又是什么意思呀？"

"禀报汗王，"邓公泊施礼，显得有些文质彬彬地答道，"'一点不见'，是'视'字，'两点全欠，是'钦'字。四句话合起来就是'移步视钦'四个字。"

老汗王琢磨了片刻，觉得有理；就暗自高兴地问道："你为我题'移步视钦'，其意何在？"

邓公泊又施礼道："奴才是想，您坐在宝座上处理国事的时候，不要忘记百姓，要常到下面体察民情，才能把国治好！"

老汗王听了喜不自禁，他立即移步下殿，亲自把邓公泊让到一旁坐下，命侍从摆上几案，自己亲侍笔墨。

邓公泊端坐几案一旁，平心静气，挥毫自如，立刻写下"移步视钦"四个大字。当天找来雕刻名匠，精雕细刻，真金铸塑，不久就挂在大殿正中，作为座右铭。同日，老汗王就下令为邓公泊加官晋级，官升参将，并令其留在宫内专管民情调查。

老汗王迁都沈阳后，依然保留进谏自由的风习，在宫墙外的正门西侧竖起"进谏桩"，随时倾听各方面的奏议、检举。

邓公泊进宫后，每天两次出宫，专门到"进谏桩"前，及时取下署名或不署名的奏章书札。

一天清晨，他从"进谏桩"木架上取下一片桦皮小札，只见上面写道："兵骄必败，士腐必垮。汗王坐殿不到几年，竟有兵将居功自傲，欺压平民，霸占国宝，不可一世。若长此下去，真金可腐，长城可倾。"下面的落款是"浑河老船工"。

此谏言传到老汗王手里，他坐在大殿反复看了数遍，自语道："金玉良言！金玉良言！"当时汗王脱去蟒袍，换上便服，离开宫殿，同邓公泊一起骑上马，直奔船工集居的五里河一带，查访那位"浑河老船工"。

五里河在浑河北岸，这里住着三十多户常年在河里打鱼，或专门以摆渡为生的渔民船夫。邓公泊进村后，首先想起和自己一起伐木放排的周兴老船工。于是，首先来到周兴家里，登门拜访。周兴把客人带到院里葡萄架下，沏上茶，边饮边谈。三人谈唠了一阵，邓公泊从褡裢里掏出那张"桦皮奏折"，问道："周老伯，你可知这'浑河老船

工’何许人也?”

"你们打听他干啥?"周兴不以为然地答道。

"我们想请他谈谈心里话。"

"我不见汗王不谈。"

"我可以代您向上传禀吗?"

"您现在在何处供职?"

"在皇宫。"

"那好,那好。"于是,周兴谈起三天前的一件事。

三天前,周兴驾船和小女儿在浑河打鱼,大网撒下之后,忽然被水中的一块石头挂住。网挂住后,父女二人想了不少办法,都没摘下。于是周兴不得不脱衣下水,潜入水底。他潜入水下顺着网一摸,摸至一块长约七尺、宽近二尺的光滑石板,他心中暗自欢喜。因为他听老人说,辽金之战时,辽兵大败后,曾将浑河北岸的"石经幢"推入河内。据说这"石经幢"是辽初所制,上面刻着《佛顶尊胜陀罗尼经》,多少年来屹立在浑河北岸,镇妖降怪,至使浑河未能泛滥成灾,成为人们心目中镇妖魔鬼怪的降魔石。当时人们以能见到它为荣,再加之它造型奇特,八角八面加上天盖、底座两面,共有十面,人们也往往称它为"大十面"。看的人多了,传来传去,就传成"大世面"。以后本地人就把是否见过"大十面",当成是否见过大世面的标准。因此,"大十面"就成为沈阳人心目中之宝。

周兴从小仰慕"大十面",所以当天他就丢下渔网,和小女儿一起打捞。父女二人把石板打捞上岸仔细一看,果然是六百多年前的"石经幢"。父女二人欢喜异常,当天把"石经幢"运到家里,把它保存起来。可是"石经幢"刚刚放好,看热闹的人尚未走完,达奇正好打猎路过他家院门口。此人入院后,如入无人之境,见到"石经幢"如获至宝,当即在村内抓了一个车夫,强令将"石经幢"装在车上,打算运到自己家里。小女儿哭叫着不依,上前拦住辕马,被达奇一脚踹倒。周兴气愤地冲上前去,要与达奇撕拼,被船工们劝住。于是达奇骑在马上,监护着马车,把"石经幢"运到大南门内,搬到自己家里。当晚,船工们凑到一起,愤然不平,才替周兴用桦皮写了那份奏折,以求老汗王明镜高悬。

老汗王听罢,抿着唇髭,愤然站起,骂道:"无赖!回去立刻关起来！"

周兴见老汗王如此动气，笑道："老兄，你动肝火有什么用？老汗王若像历代皇上那样，只顾吃喝玩乐，不顾百姓死活，咱们百姓还不是甘受气！"

邓公泊大笑道：

"周大伯，你眼前这位老翁就是汗王！"

周兴一愣，仔细瞅了瞅汗王的模样，马上跪下磕头请罪："小人冒犯天子，死有余辜！"

努尔哈赤哈哈笑着，赶忙将周兴扶起，道："我拜佛不信佛，什么真龙天子不真龙天子！你从小摆船打鱼，我从小挖参打猎，还不都是一样的人！"

周兴一时热泪横流，道：

"您真是天下少有的明君！"

三人谈唠了一会儿，老汗王当即邀请周兴陪同进殿。邓公泊陪着汗王、周兴一路快马加鞭，不到一袋烟工夫，便回到宫殿。

黄昏时分，老汗王下令诸大臣、部将速到大殿。等众人到齐，分左右两厢站定，诉讼大臣马上将达奇叫出队列，宣布了达奇的罪过。达奇听了，在大殿台阶下跳起来，抵赖道："诉讼大人，你说我伐木放排时，欺压周兴，摧残无辜，有什么罪证？控告我抢掠国宝，窃为己有，凭据何在？"

"住口！"这时老汗王坐在金交椅上，怒不可遏道："小小达奇，竟如此狂妄，来人！"汗王一声令下，将周兴从后宫请上大殿。老汗王走下交椅，陪着周兴步下台阶，向正仰天傲立的达奇走去。老汗王走近达奇喝道："达奇，你看他是谁？"

达奇映着晚霞，蓦地瞥见周兴，随之扑通跪下："汗王，奴才知罪！奴才知罪！"

老汗王未加理睬，接着诉讼大臣宣布达奇终身监禁的判决。等侍卫把达奇押走，老汗王道："我满洲人，今日能独踞辽东，平民安康，不受他人欺凌，实在来之不易！可惜才安宁几日，竟有人居功自傲，无视法规，仰仗老子的一点功绩，目空一切，为所欲为。此风，若警钟不敲，满洲的大业，将半途而废！"汗王为使后人吸取达奇的教训，决定将"石经幢"立在宫门之外，以戒后人。

　　第二天，老汗王送走周兴，回到汗宫，忽然探马进宫来报："梨花被劫到宁远，城内守将将要处死她老人家！"

　　老汗王顿时胡子一抖，默默不语，陷入沉思。

第八十六章

梨花被劫　张栓献良策

汗宫建立在沈阳城内的北侧，镇边门西南的城墙脚下。远远看上去它就是一座长方形的两进院落。宫门在正南方向，入门便是阿哈、卫士的住处。第二进院落筑在高台上，宫门与穿堂门的中间，走廊上平铺着鹅卵石搭成的御路，沿石级而上，正面是三间正殿，殿顶由黄绿两色的琉璃瓦铺砌而成，正殿的东西两侧，各建有宽敞的一座配殿。

汗宫的建造典雅小巧，比之萨尔浒、界藩、赫图阿拉的宫殿，更显现出庄重、宽敞、富丽的特点。特别是屋顶那象征皇权的黄色龙砖彩瓦，为这座建筑增添了几许尊贵，显现了其至高无上的权力。

汗宫是汗王的寝所，而非殿堂。老汗王自辽阳迁都沈阳，就一直住在这里。

这天，汗王在正殿听说梨花被明军从广宁尼姑庵抓到宁远，他霍地从腰间抽出龙虎纹宝剑，大叫道："赶快发兵，解救亲人！"

在场的几个贝勒、旗主立即应："嗻！"

范文程慌忙施礼道："汗王，您不必着急！"

代善一跺脚道："梨花是汗阿玛的救命恩人，眼看她危在旦夕，焉能不急？"

范文程又慌忙朝汗王施礼道："容小人细言！"

"说吧！"老汗王把剑插进鞘里。

"朱方良密谋抓我们的亲人，绝不是要梨花老人一死，而是意在于您？"范文程说。

"要我怎么样？"汗王坐下问道。

"他可能伙同明军新经略，以梨花当人质，要挟您。"

佟养性接着说："范老弟言之有理。"他走到汗王跟前又道："如果朱方良想加害梨花，只要派个密探，到万紫山趁机暗害也就算了，何必抓到宁远？"

"更叫人疑虑的是，"范文程又道，"梨花老人被抓的消息，是从宁远传来的。这就叫醉翁之意不在酒喽！"

"依尔之见，如何为好？"汗王焦急地问道。

"可派几人到宁远要人，"范文程献策道，"只要我们的人一到，朱方良之辈就会露出狐狸尾巴。"

老汗王觉得范文程说得在理，于是，当日就选派范文程、范文亮等七人星夜赶赴宁远，向朱方良要人。

七天后，范文亮独自一人被放回，其余六人，都被当场扣押，并要范文亮捎来口信说："老汗王若不让出广宁，就拎着脑袋到宁远城下相见！"

老汗王在宫内听完范文亮的禀报，气得踢翻桌案，怒吼道："明人欺人太甚！明人欺人太甚！此气不出，我难做满洲之汗！"

他刚要召集众臣发兵，忽然卫士禀报道："千山一个名叫智远的法师，前来求见！"

"智远何人？"老汗王气得急躁起来，大叫道。

站在一侧的一个谋士走到汗王跟前，小声说："可能是出家的张铨。"

老汗王自近两年安费扬古、扈尔汉、何和里诸大臣相继去世后，失去了一批谋臣，此时，他正需要有见解的谋士，于是当即更衣出宫，命人将法师请到八角殿。

法师登上台阶，走进大殿，叩首抬头，猛见汗王端坐在龙椅上。老汗王立即惊喜地道："果然是张大人，请坐，请坐。"

张铨在一旁坐下，老汗王立即问道："法师远道而来，有何急事？"

张铨口念阿弥陀佛，然后道："僧人听说梨花被朱方良拖到宁远，特为此事而来。"

"您在庙里，是怎么听说的？"汗王奇怪地问道。

张铨整了整袈裟道："近日从宁远、北京去了几个官人。他们都和我一样，不愿在官场受气，只好躲进深山老林，隐居而终。所以宁远、北京的许多传闻，都会传入我的耳中。"接着，张铨细述了明廷的重大变化。他说："自满洲军占领广宁之后，辽东经略熊廷弼、巡抚王化贞相继入狱，阉臣魏忠贤抓住熊廷弼丧师败兵之事，陆续又逮捕了在京官员，一大批正直的大臣惨遭杀害，张鹤鸣被迫告老还乡。如今的京城已是阉党的天下，白天无日，夜晚无光，贪官污吏，四处横行。"张铨拭了把眼泪，又说："友人多已升天，我还做什么隐居之士？大丈夫不肯为正义而献身，岂不空活百岁？"

老汗王慌忙从御坐上站起，兴奋地道："那就同我一起发兵，直取宁远！"

张铨摇了摇头说："宁远城非同关外其他老城。这几年，在守城明将袁崇焕的经营下，又加固了城墙，配备了火器。此城高三丈二尺，宽达二丈四尺，城墙之上又加筑了高六尺的射箭护身墙，再加之袁崇焕有一批训练有素的兵将，取其城，确实不易呀！"

老汗王听了张铨的口气，有些恼怒，他压住火问道："你今天是想破城救人，还是动摇我的军心？"

张铨慌忙施礼道："小人只有破城入关之意，岂敢来此动摇军心？"

"那你的诚意何在？"老汗王如同审讯一个俘虏，毫不客气地问道。

张铨连忙从怀里掏出一卷裱糊精致的长卷，铺在殿旁的长几上道："汗王您看。"

老汗王瞥了一眼，发现是一张《九边图》，就紧走两步，低头细看。只见图上清晰地绘着辽东、蓟州、宣府、大同、偏关、榆林、宁夏、固原、甘肃等九个地区边防的重要标记。老汗王早就听说过《九边图》，但从未亲眼见过，眼下偶然目睹，顿觉心胸开阔。

张铨见汗王兴趣盎然，就笑道："汗王，卑职不仅想陪您攻下宁远，还想直入中原，横扫九边，斩尽杀绝污吏贪官、昏君腐臣。"

张铨年轻时曾在京内参与绘制《九边图》，近几年隐居深山，无事可做，就独自照《九边图》当年的样子，无师自通地绘了这张默记的《九边图》，希望有一天能重整山河，恢复盛唐之治。张铨望着长图，又对汗王解释道："不是卑职无诚意，而是觉得眼下时机不利。"

"何以见得？"老汗王低头看着图，反问道。

张铨凑到汗王身边说："卑职听说朝廷要派高第接替辽东经略，此人是魏忠贤的党羽，根本不懂军事，他懦弱无能，胆小如鼠。只要一换他，就会事半功倍，轻取宁远。"

老汗王思虑了片刻，忧愁地道："那梨花和我派去的范文程等人，如何解救？"张铨道："我们可以采取缓兵之计，尔后看准时机，突然发兵。"

老汗王与众臣商议，一致赞同。过了数月，果然传来高第走马上任的消息。

入冬，高第冒着关外凛冽的寒风，乘着四人抬的小轿来到宁远城。他进城的当天，就把守城名将、四十二岁的袁崇焕叫到衙内，下令道："撤除锦州、右屯等地的全部军营，退守山海关！"

袁崇焕当即反对道："兵法有进无退，已经恢复的地方，怎能随便放弃？若锦州等地一丢，宁远等地便受到威胁，山海关就失去了屏障。末将之职就是守住宁远城，若死就死在这里，我绝不能撤退！"

高第一时气得嘴唇发紫，吼道："小小边官，岂敢违抗军令？"

袁崇焕腾地站起，抽出腰间的宝剑毫无惧色地道："大人若逼我退出宁远，我就死在你面前。"

高第见他的态度如此坚定，最终无可奈何，只好为袁崇焕留下了几千明军。第二天，高第就向锦州、右屯、大凌河、松山、杏山等地的明军进行传令，立即拆除守城的器械，全军火速撤退到关内。

高第的退令刚刚下达，明军就一窝蜂似的涌向了山海关，纷纷争抢着入关，生怕自己惨遭毒害。在辽西各地的道路上，到处都挤满了车马驴骡，步骑官军，以及无数被迫弃家丢园的百姓们。一时间哭声、喊声震天，响彻了凌河上下。

经过战争洗礼的山海关外，冻死、饿死、挤死、被人马践踏而死的妇孺老人不计其数，尸体躺在秋后的田野上，就如同收割的高粱秸捆一样，丢在路旁，无人过问……

第八十七章

宁远之战　明将施毒计

努尔哈赤坐在八角殿上，手捧着暖炉，一次又一次地接到辽西探马呈上来的密报，看着从战地传过来的捷报，连冷都顾不上了，直接放下了手炉，脱下蟒袍，在大殿中来回踱着方步，拍腿叫好。

天命十一年（1626 年）正月十四，努尔哈赤和大臣们经过商议，做出了西征的决定，全力解救被明军扣压的范文程、梨花等部将和亲人。自从广宁一战之后，八旗大军还没有参加过大规模的战役，兵将们经过几年的养精蓄锐，满洲大军更显得兵强马壮，士气高昂。行军途中，虽然路途艰险，风雪严寒，但他们依然威武雄壮，高歌猛进，满洲大军势不可挡。

正月二十三这天，老汗王努尔哈赤率领的十三万大军浩浩荡荡地来到宁远城北。他骑在一匹蒙古快马上，眺望远处的宁远城郭、门楼，暗想：朱方良之辈能把范文程、梨花藏在何处？此城如何攻取？兵马越走，离宁远城越近，在离城五里许的地方，老汗王举目看去，只见城池严整，军士环城而立，刀出鞘、箭上弦，几尊新式西洋大炮，如同卧狮蹲在城头，威严无比。老汗王暗自赞佩袁崇焕守城有术，治军有方。老汗王正在思虑如何攻城，忽然一个探马驰马而至。

探马跳下马，送上一封书信道："这是城内守将射下的挑战书。"老汗王展开信纸，只见上面写道：

满洲汗王陛下：

　　闻陛下亲率十几万大军，攻吾宁远，深表谢意。

　　宁远之城，历来是军事重镇。近两年经卑职修整，城池高大坚实，设防严密，可谓铁壁铜墙。吾久闻老将横行天下，如贵军能攻下宁远，吾等将大头朝下，前去欢迎。若攻不破，请陛下自动让出锦州、广宁诸城，归还大明。

另，三日内，若不退军，吾等将拿范梨花、范文程等人斩首示众，祭我战刀。

宁远城守将袁崇焕、朱方良

老汗王看罢，哧啦一声撕毁，掷之于地，长剑一挥道："欺人太甚！快快攻城！"

站在一旁的范文亮，坐在马上，抱拳道："攻城之事，要周密计议。"

代善气得满脸通红，反对道："难道你就不想赶快救出你的同胞兄弟？"

"卑职愿以大局为重，"范文亮向代善点头致意道，"如若眼下凭意气用事，当即攻城，正好中了贼人的奸计。"

老汗王如同入水多时的潜水者，骤然钻出水面，摇着脑袋，猛然清醒地道："文亮言之有理！"当即下令八旗军退至离城五里之外，安营扎寨。

这时，宁远的情势确实很危急，袁崇焕手下的兵力，只有一万多人，还不足满洲军的一个零头。其中，一部分将士，因为主帅高第逃跑，军心浮动，惶惶不可终日。若不是诡计多端的朱方良提早抓住梨花、范文程等人当做人质，要挟对方，兵士们早就失去生的念头。袁崇焕十分厌恶朱方良的为人，但，对他谋划人质的花招，却十分赞赏。入夜，袁崇焕把朱方良找到帅府，研究对策。朱方良蛮有把握地道："努尔哈赤是个重义气的人，我们就应利用他这点'鞑子气'，略施小计！""如何施计？""满洲军个个善射，只要我们把七个满洲人质，绑上城墙头，就可以当挡箭牌，叫汗王手中握箭不得发，这样我们的城就易守了。"

"光守城也不行呀？"

"满洲军不懂得西洋大炮的厉害，等他们集中攻城时，我们连发大炮，保证满洲军尸首成堆，到那时，汗王就会不战自退。"

"他们若不退呢？"

"我们就拿范文程先开刀。只要先斩了范文程，老汗王就会为报范梨花的救命之恩，使梨花免于一死，而自动退兵！"

袁崇焕得意地拍着朱方良的肩膀，笑道："你小子花里胡哨的鬼点子可真不少。等有一天我当了兵部尚书，一定请你当军师！"

朱方良也得意地笑了。他自参战沈阳、辽阳连连败阵之后，威信皆无。后来他仗着自己是皇室的亲族，才免于一死，暂留宁远，协助袁崇焕共守此城。但，他想主宰辽东的梦，一直萦绕于脑海。所以，他只好攀袁崇焕这棵树，以求荣升。出于种种幻想，他才亲自带人到广宁大庙里，将梨花抢来，投进大牢。接着，又扣压范文程等人当人质。他很欣赏自己布下的几步高棋。城外虽是大兵压境，但他走出帅府，依然钻进妓院，去过他那灯红酒绿的生活。

正月二十四日黎明，北风呼啸，天寒刺骨。朱方良分别将范梨花、范文程等七人绑赴城墙，在东西南北四墙要害处，让七个人质面向城外，给他们绑在城垛一尺多粗的旗杆子上。

不一会儿，满洲军的探马立即报给老汗王。他闻讯后，差点儿气昏，等他清醒后，立即传令进军。大军来到北门，老汗王抬头看去，只见城头上梨花、范文程被五花大绑地捆在杆子上。按照平日的打法，登城的兵士在弓箭手的掩护下，推盾车，竖梯爬城。然而，眼前面对亲人、爱将，他怎能忍心让飞蝗似的快箭，朝自己人射？箭是不长眼的，万一飞箭射到亲人身上，岂不成了自相残杀？不能，不能！老汗王决定让登城的兵士顶盾牌强攻，不许城下发一弓一箭。

满洲军得到攻城的命令，第一梯队登城兵士携带云梯，推着盾车，铺天盖地涌到城下。登城的兵士迅速地越过护城河，来到城墙下竖梯登城。

登城的兵士顺利地爬上城头，刚刚双脚离开木梯，手攀砖垛，忽然脚下一滑，一张张梯子以及梯子上的一连串登城的兵士，都滑下城墙。站在远处指挥作战的老汗王觉得十分奇怪，等跌伤的兵士被抬过护城池，一打听，才知明军早在城上泼水成冰，等人刚好登上城头，用脚奋力登城之际，正好趁着脚劲，把梯子蹬歪，于是梯倒人滑，难以登城。

老汗王正急得火冒三丈，只听城上明军又喊道："老汗王，赶快撤兵吧，不撤，梨花要冻死啦！"

梨花仰首挺胸，知是敌人施计，就朝老汗王喊道："汗王，不要管我，你们赶快攻城，救出文程！救出乡亲！"

梨花的每一句喊声，都如同尖刀刺着老汗王的心肝。登城不成，他就命另一梯队,用撞车撞城,凿墙成洞,破城而入。

穴城战,满洲军已多次运用,曾破取了数城。此次,图鲁什凭着往日攻城的经验,第一个自告奋勇带兵凿城。他在八旗兵佯攻的掩护下,携带撞车、铁镐、斧头等攻到城下。

所谓穴城,就是先在城墙墙脚下,凿成空洞,然后逐渐扩大,最后城墙塌陷。图鲁什一队人来到城下,用盾车遮住城墙上飞来的雕翎箭、飞石,挥锹舞镐,凿了半天,果然凿开缸口粗的一个墙洞,墙洞在撞车的冲击中,逐渐扩大,到了傍晚时分,城墙的一角竟开始塌陷。

城墙倒塌,城内的气氛骤然紧张起来,一个个明军提心吊胆,有的偷偷溜下城墙逃走。袁崇焕眼看军心动摇,城池难保,暗想:虽然明军多数英勇,但城中炮石火器毕竟有限,更不可能指望高第派兵来援。想到这里,他决定速战速决。于是他立即命令城上的兵士投石掷木,把一捆捆燃着的枯草投下城墙,同时命令炮手,向满洲军密集的地方开炮。

城上的大炮是从欧洲引进的西洋炮,此炮的炮身长一丈多,重六千多斤,一次就能装火药几十斤,再装上铅弹、铁砂,射程达二里多远,杀伤力很大。袁崇焕一声令下,炮手们立刻燃起大炮。刹那间,炮声震耳,火光一片。应着炮声,满洲军倒下一片,顿时血肉横流,尸体遍野。

看到此等惨景,被绑在城头的范文程朝汗王高声喊道:"汗王,不要管我们,赶快撤兵!"

日落西山,天渐渐黑下来。老汗王不得不鸣锣收兵。

翌日,努尔哈赤同兵士们一起吃过早饭,又来攻城。此次,他采用的是声东击西的办法,一面组织穴城战,一面组织佯攻,以消耗明军的炮火。双方交战了一整天,袁崇焕眼看火药用去过半,十分焦急。黄昏时分,朱方良走进城北城楼,来见袁崇焕,他见主帅急得在城楼里团团转,就献策道:"主帅,现在该用最后一招喽!"

"什么招?"

"砍死范文程,逼迫汗王退兵。若再不退,就斩梨花。"

袁崇焕立即采纳了朱方良的毒计,立刻命令全城四面同时开炮。袁崇焕站在炮前,亲自指挥,守城的炮手,居高临下,见哪里满洲军多,就往哪里开炮。一时炮声隆隆,火光夹着巨石、砂弹,如风似雨,打到哪里，哪里死伤一片。

这时，朱方良趁机带着两名刀斧手，走到范文程跟前，然后停下炮火，朝汗王喊道："老汗王，现在你退不退兵？不退，我就开斩了！"

"汗王，不要中计，要以大局为重呀！"范文程在城上喊着。

过了片刻，满洲军又重整旗鼓攻城。袁崇焕见汗王没理茬儿，就右手一挥，只见刀斧手，手起刀落，范文程顿时身首分家。

努尔哈赤见此心如刀割，他急忙脱去战袍，手握雕翎长箭，冲上前去，边跑边喊："满洲人凭着好马快刀，没有攻不下的城池！"他手挥长箭，搭弓射上城头。正在此刻，猛听"嗖"的一声，明军从城头上用火炮射来几块巨石，冲上去的大军，又死伤一片。

在激烈的炮声中，老汗王也被巨石崩伤，额角、面颊与两手鲜血直流。

当两名刀斧手走近梨花时，老汗王把头一低，抹了一把泪，道："退！大丈夫不以一城一地得失为胜败！"

一声令下，全军偃旗息鼓。梨花站在城头，见满洲大军向后撤退，对努尔哈赤大声哭喊，让其放弃自己，解救全城的百姓要紧。老汗王听着梨花的哭喊声，想起小时候梨花舍身救自己的一幕幕画面，不禁泪流满面，他朝城头瞥了一眼，为了大局，他轻声唤道："梨花你等着，等到明年春暖花开的时候，我们一定再次攻城，救你……"话未说完，努尔哈赤身上的炮伤便引起了一阵剧痛，随之便昏了过去。代善见老汗王伤情严重，赶忙叫士兵把昏倒的汗王抬走，随后便下令全军撤退。

第八十八章

疾病缠身　祭奠亡亲人

同年二月，代善率领着兵马回到沈阳。老汗王在汗宫静养多日，但伤口却始终难以愈合。直到六七月份炮伤才得以痊愈。

同年七月，代善与各位贝勒共同商议，希望六十八岁的汗王去清河温泉洗汤以保重身体。可是刚到清河不久，不是什么原因，汗王的后背生出了个毒疮，发作起来疼痛难忍，时冷时热，令其坐卧不宁。

朝廷中的太医来看过多次，有的说是痈疽，有的说是普通的脓疮。他们给大汗开了药方解毒泻火。吃了几天药，那疮没有下去，反而越鼓越大，整个脊梁都红肿得厉害。这时，却不像开始那么痛了，又换上了奇痒。痒了几天，那东西破了，淌出了几碗脓血。

努尔哈赤觉得有点轻松，睡了几天的觉。

贝勒们围着太医问："父汗的病到底怎样？"

太医说："只要疮合了口，病灾就过去了……"

这些日子，阿巴亥昼夜地守在努尔哈赤身旁，再累再脏的事情也自己担当。福晋们想和她轮流守夜，可是阿巴亥绝不离努尔哈赤的炕边，她说："我自己就行……我自己就行……"

努尔哈赤也说："我谁也不要，只要大妃……"

皇太极的大福晋博尔济吉特氏也来了，努尔哈赤很喜欢她这个儿媳。她问阿巴亥："我替你几天？"

"不用，真的不用。"

博尔济吉特氏拉着阿巴亥的衣袖来到外面的廊檐下。她望着阿巴亥那虽然消瘦但仍俊美的脸，关切地说："要不找人和你轮流一下吧，这样不好……"

阿巴亥以为是说她的身体，就说："我身子能行……"

"你还有几个没成年的孩子……"

"不要紧，他们也是大人了。"

话不能说得太露，博尔济吉特氏走了。她想：在大汗临终前，他对阿巴亥这么好，会给她一些特权的，在大汗归天之后，她定是个说话算数的人。那时，她会想起我这几句话的。

不管太医们如何努力，努尔哈赤的背疮就是不合口，整天淋淋漓漓。可是他的精神好了些，常常对来看望他的人说起过去的许多事。不过只一会儿，他又厌了。

经常说的只有两句话："天意呀！真是天意呀！"

儿子按时前来向他请安问好，给他谈前线的消息。

他只默默地听着。

要是请他说点什么、他就摇摇头说： "这是天意呀！天意呀！……"

一次，大妃阿巴亥问他道："大汗，你说的天意是什么意思呢？依我看，上天一直是护佑我们的。"

"阿巴亥，那是过去呀！如今可……"努尔哈赤说着，不住地叹气，"你说，我在什么地方招惹着上天了呢？"

"不会的，"阿巴亥说，"你圣明仁慈，怜惜生灵，怎么会惹着上天呢？"

"杀人多了吧？"

"绝不是！你杀人是为了救人呀！"阿巴亥安慰他，"如果没有你带领大军东征西战，咱们女真人会建立后金国吗？没有自己国家的人，是永远被人家欺侮的！"

"也是呀，也是呀……"他说，"阿巴亥，你给我准备一份祭品，不，两份吧……"

"大汗，你要给谁……"

"你别管了，只准备去就是！"

两份祭品很快就准备好了。有纸锭、冥钱，香烛和三牲。

"阿巴亥，你和我去祭奠两个人吧！"

"好的……"阿巴亥没有问他要祭奠什么人，只答应着。又偷偷地指使一个丫头去告诉了大贝勒代善。

不久，代善来了，同来的还有三大贝勒。他们都劝大汗不要去祭祀什么人，等身体恢复后再说。要是这事非办不可，他们就代替父汗去做。

第八十八章 疾病缠身 祭奠亡亲人

努尔哈赤想了想说："好吧，我不去了……我原想去祭奠一下弟弟舒尔哈齐和你们的大哥褚英的……"一听这两个名字，大家都黯然神伤。

是的，谁都知道，努尔哈赤是迫不得已才采取那样绝情的手段的，可是，那杀的毕竟是爱新觉罗家的亲骨肉呀！

"这些年咱们东征西讨，冷落他们太久了！"努尔哈赤说，"阿敏，你就带一份去祭奠一下你的父亲吧！他原是我的好兄弟，同胞兄弟……后来他竟违背上天的意旨走了邪路……你就对他说：他的大哥没忘记他……"

大汗的话还没有说完，阿敏就泣不成声。

努尔哈赤又对代善说："那一份是给你哥准备的。褚英是我的好儿子，是条好汉，是爱新觉罗家真正的子孙！我本来想把大位传给他的，可是他却被鬼迷了心窍……"

代善也哭起来。

"皇太极，莽古尔泰，你们也一齐去吧，舒尔哈齐和褚英都是你们的亲人呀！"

七月中，太医终于对贝勒们说出努尔哈赤的病症，他得的是背痈。

这是一种可怕的病，在当时是无药可医的。

现在，痈毒已经散开，整个脊背以及脖子都肿起来了。那疮口就像烂菜花一样，红白相间，脓血不止。

"他怎么会得这种绝症呢？"皇太极悄悄地问太医。

太医说："表面上看，这是一种巨疮，实际上是气恼、愤怒郁乎中而发于外，往深处说，应该说是一种心病。"

皇太极点点头："还有办法吗？"

"难说……"太医说。

皇太极认为太医说得很对。

努尔哈赤一生多次受伤，那点箭伤对他来说，根本不算什么。对他伤害最大的是宁远的败北。

清代的历史对这点毫不隐讳地说：努尔哈赤自二十五岁起兵以来，战无不胜、攻无不克。唯有宁远一城没有攻拔，怀愤恨而回。

努尔哈赤是后金的最高统治者，战争的失利，他应负主要责任。除了军士们多年没有打大仗、硬仗，锐气大减，训练荒废，武器不精而外，后金上下明显的轻敌思想也是重要的内在原因。

可是大明那面正好相反，他们屡屡败北，将士上下都同仇敌忾。袁崇焕等将领又能充分发动军民群众，以民族仇恨激励他们，所以他们人人都抱定必死的决心，准备背水一战。再加他们的武器比较精良，在战术上也不断革新，所以取得以少胜多的胜利。

努尔哈赤没有深刻地检讨自己，而是把这一切归于上天。

"天意呀，天意呀……"所以他老是这样说。

但归之于天意，并没有使他得到解脱，他感到十分内疚、愤怒和灰心。这对一个快七十岁的人来说，的确是难以承受的。

第八十八章　疾病缠身　祭奠亡亲人

第八十九章

病乱投医　沈阳传噩耗

有病乱投医，这在帝王家也是一样的，有人提出一方，说是以清河温泉洗涤可以去五毒，于是，众贝勒、福晋都劝努尔哈赤到清河去试一试。

"好吧……"大汗同意了，"我也愿意到那边去散散心。"

七月二十三日，努尔哈赤把军国大事交代给代善，就带着他的许多太医和内侍到温泉去了。临走，他看阿巴亥泪汪汪的，就对她说："阿巴亥，你这些日子劳累至极，瞧你单薄的样子，你就在家好好地歇一歇吧！"

阿巴亥哭了，她一直送努尔哈赤到车上。努尔哈赤挣扎着坐起来，从他满脸的皱纹里挤出一个笑影，"放心吧……你瞧，我谁也没带……"

皇太极带了一千名侍卫。

努尔哈赤到温泉后，情况有些好转，他开始有点相信这一疗法了，天天在水里泡着。可是五六天后，病情就很快恶化起来，一沾水就疼痛钻心。但他坚持洗着，盼望着奇迹出现。又过了五六天，疮口开始抑止不住地流血。他对温泉浴的治疗方法完全绝望，拒绝再到水里去。

他没说回家，谁也不敢把他送回去。

皇太极时刻不离地守在他的身边，想听他说点什么。他想：人在这时候，会有一些要紧的话想说的。

可是没有，努尔哈赤一句话也没说。

他整天躺在床上迷迷糊糊，有时嘟哝几句。皇太极把耳朵放在他的唇边，竭力想听清他的话语。一次，他还真地听到了。努尔哈赤说："你们，这么多人呀……有三万……五万……十万……百万……你们断腿少胳膊的，浑身鲜血淋漓……可是我不怕你们……你们向我讨命？……嘿嘿……我就要到你们那里去了……我只一个命……你们却有上百万命呢！……我赔得起吗？……"

皇太极知道父汗梦到什么了，不觉毛骨悚然。

八月十一日，大清早努尔哈赤就坐起来了。他的神智清醒了许多。

"我要回家。"他说。

皇太极赶忙说："父汗今日精神很好！回家就回家吧——我去准备车辆。"

"车颠簸得厉害，我想坐船。"

"坐船更好，我去预备。"

"皇太极，派人骑快马回沈阳报个信儿，叫大妃来接我！"

"好的，父汗，我立刻派人。"

这日下午，皇太极准备了五艘大船，把父汗安排在中间一艘最大的船上。两岸有骑兵护送。他们沿太子河顺流而下，进入浑河后遇到前来迎接的大福晋。

大福晋向皇太极问了丈夫的情况后，就去见大汗了。

大汗十分清醒，他拉着阿巴亥的手，要她在自己身边坐下。对她说："阿巴亥，我就要走了……"

阿巴亥一时没有听懂努尔哈赤的话，就说："是呀，咱们回家吧，哪里也不如家里好。"

"不，不，我说的是我要去那边了，——你要记着我的好。"

阿巴亥仍没有十分明白大汗的话，她说："大汗，是的，我不会忘记您的恩情！……"

"把孩子抚养成人……"

"是……"阿巴亥这才明白就要发生什么事了，她惊慌失措，在舱里转了几圈，伏在努尔哈赤身上哭起来。

这时，努尔哈赤吭吭地咳，咳得几乎缓不过气来。阿巴亥连忙抚摸他的胸膛。

"你瞎忙什么……"努尔哈赤颤抖着把阿巴亥推开，"阿巴亥，你去把皇太极叫来吧，我要把多尔衮的事托付给他……他还太小，不能处理军政大事……"

"是。"阿巴亥出去了。

皇太极走进父汗的船舱时十分激动，他以为父汗要对他说那几句最要紧的话了。

"皇太极，来，坐在我的床边。"努尔哈赤又咳起来。

"是。"皇太极坐下了，他望着父亲。从父汗嘴里冒出了一股浓浓的紫血。

皇太极想给他抹去，可是努尔哈赤喝道："坐下！……"

皇太极只得乖乖地坐到他身边。

"孩子，你要对我发誓，我死后，按我说的去办……"

"我发誓，父汗。"皇太极说着，泪水已经流到下巴。

可是，他什么誓也没有发。

"多尔衮……我以后，多尔衮……"

努尔哈赤只说到这里，就直瞪着眼睛不说话了。

皇太极又等了一会儿，父汗仍是那样子。

"父汗！父汗……"他叫道。

努尔哈赤的面容变了，变得像纸一样白，而且瘪缩得厉害。

皇太极扑到努尔哈赤身上，大哭起来："父汗，你怎么啦？……父汗……"

听到哭声，阿巴亥走进船舱，她还比较冷静。她走到努尔哈赤的床前，紧紧地握着他的手："大汗，你走了？你劳累了一生，也该好好地歇歇了！……"

看到阿巴亥，皇太极想起父汗说的那三个字："多尔衮"，吓得出了一身冷汗。父汗也对阿巴亥说过什么了吗？一定说过——他想。

他走出船舱，才听到阿巴亥的痛哭声。

皇太极站在船头，眼睛里已经没有泪水了，倒像是燃烧着火，通红的火！他恨父汗……父汗是怎么了？是精明还是糊涂？多尔衮，一个什么也不懂的孩子……

船队已至瑷鸡堡，距沈阳还有四十里。

皇太极派快马到沈阳传报噩耗。

努尔哈赤的遗体运到大汗宫正殿大殓后，就按照满洲人的丧葬礼仪一步步地进行。沈阳城里哭声震天。各种白色的哀幛、丧坊布满全城。

后金国沉浸在哀痛里……

第九十章

偷改遗命　皇太极即位

皇太极成了朝廷，特别是爱新觉罗家族关注的中心，因为大汗归天时，只有他在父汗身边。代善也成了后金举足轻重的人物，因为他成了爱新觉罗家族的族长。

皇太极把代善请到灵堂边的一间小屋里。他向代善跪下，哭得上气不接下气。代善把皇太极拉起来，让他说一说"当时"的情形。皇太极仔细地说了，并把一张纸条交给代善。

"大哥，这是父汗说着，我记下的……"

代善看了一下，立刻把它藏在自己的袖筒里，还向窗子和门掠了一眼。

那上面只有几个字："令大妃陪葬……"

"当时，船舱里还有别人吗？"代善问。

"没有了……"皇太极望着代善。

代善沉默了一会儿，他说："皇太极，这事就你知、我知，算了吧。你想大妃前几年才遭遇了不幸，恢复名分后也没过上几天好日子……再说，阿济格、多尔衮、多铎都还小……"

皇太极知道代善的意思，他想把"父汗的遗言"毁弃，让阿巴亥活下去。

皇太极着急了，他想：如果阿巴亥活下去，她就是父汗唯一的大妃，在国家大事上尤其在汗位的继承上，有着绝对的说话权力。无论哪个贝勒将来做了大汗，都得认她做亲母，都得奉她为太后。是不是有人会趁机拥戴阿济格或者多尔衮继承汗位呢？那么，他皇太极可就永远永远没机会了！

"大哥，这怎么行呢？"皇太极说，"这是父汗的遗言呀！"

"皇太极，阿巴亥才三十七岁呀！咱们怎好看着她死呢？好在这事只你知、我知……"

"大哥，不是这样的，还有天知、地知、父汗知呢……"

代善没话说了。

皇太极走过去搂着代善的肩膀，亲昵地对他说："大哥，你想一想，万一被人知道了，你是大哥，你会担多大的干系呀！新的大汗会把你当做爱新觉罗氏的不孝之子、不容于天地的败类处理掉的！"

代善听着，"还有呢，大妃为什么曾被父汗废黜呢，还不是为了和你过分亲近？你若是违抗父汗的遗旨把他留下来，人们会想起那件事来，你怎么为自己辩解呢？"

代善为难了。他低头想了好久，点点头。"我是以为……只有你我知道……"

"大哥，在当时，我是觉得只有我一个人在父汗的身边，但，是不是真地就是我一个人呢？我也实在拿不准，因为那时我悲痛得乱了方寸……要是有人站在舱门口呢？要是有人在窗外谛听呢？……"

代善被说服了。

第二天，代善以努尔哈赤长子的身份，召集家人、亲眷到大汗的灵前，把努尔哈赤的遗言宣布了。

大家呆了一会儿，就又号哭起来。

女真人过去就有拿活人殉葬的习俗，爱新觉罗家的祖上就有逼妻妾殉葬的事。努尔哈赤的第一个大妃，皇太极的母亲死去时，努尔哈赤曾令两个丫头为她殉葬。几天来，努尔哈赤的十多个妃子和难以数计的丫头们就胆战心惊，唯恐这一厄运落到自己头上。现在好了，她们放心了，可以轻松地号哭了。

阿巴亥起初好像没有听清楚，以为是说的别人，眼睛还向四下里看，可是，当她终于明白那遗言时，脸色霎时变得雪白，接着就晕倒了。

皇太极安排人把她送到一旁的房里，并派几个婆子把她看守起来。在以后的三天里，她得洗浴，净身（把屎、尿排泄干净），装裹，然后自杀。准备和大汗一同安葬。

过去，那些倒霉的人，精神上往往经受不了这样难以忍受的折磨，早早地找个机会了断自己。可是，她们的尸体大多很不理想，如果一头碰死，弄得头破血流，难看得很。要是吞食鸩毒死了，死后会七窍流血，也不雅观。都不像自愿去陪伴死者的样子。

最好的办法是吊死，那虽死得慢些，受点罪，但死后脖子上仅仅留下一道浅浅的紫红色的印痕，血色一退也就看不出什么来了。

所以必须派人紧紧地盯着她。

反应最强烈的是阿巴亥的三个儿子和一个女儿。

他们旋风一样冲进母亲的房里，抱着额娘痛哭。

"额娘……额娘……你不能走！我们不让你走！……"

"为什么要这样？……你已经受过一年罪了，还不够吗？……"

"我们三个在这儿守着，看谁敢动你一指头！"

女儿身体柔弱单细，这时已哭得只剩一口气了，她说："额娘……我要和你一齐去……没有了额娘……我还活什么呀？……"

阿巴亥已哭得晕去几次，这时反而冷静多了。她说："我的苦命的孩子，这是你们父汗的意思……"

"什么父汗的意思？"阿济格叫道，"是父汗亲自对你说的吗？"

额娘摇摇头："听说，是你们父汗说着，由皇太极记着……"

"由皇太极记着？"多尔衮吼道，"那个坏蛋，一定是他伪造的！他看到父汗对我们好，他嫉恨，他恨不得灭了咱们一家！"

"别这么说，我的孩子！"

"额娘，父汗亲自对我说过，要我来继承他的汗位……"

阿巴亥赶紧把他们搂到自己胸前，以堵住他们的嘴："你们看周围都是耳朵，都是眼睛！"

阿济格知道其中的利害，吓得不敢乱说了，他只是抱着额娘的两腿抽泣。

多尔衮和多铎仍然像受伤的野兽那样号叫着。

"父汗那么多的妃子，为什么这样的事要摊在我们身上？"

"这一定是那个皇太极搞的阴谋，我饶不了他，我要和他拼命！"

他们一家在这里又哭又嚎痛不欲生的时候，代善正在外面的院子里飞快地走来走去。他的心在流血。

六年前，他做了太子不久，大妃就开始和他接近。那个比他小七岁的女人一下子就让他动心了。他无法拒绝她的情意，就和他来往起来。后来就发生了那件尴尬的事，弄得他连大好的前程也丢了，可是，他从不嫉恨阿巴亥，在他心灵的深处仍为她留着一个位置。

忽然，多尔衮、多铎飞跑了出来，在他面前跪下，哭叫着向他

求情。

"大哥，救救我们的额娘吧！你就这样看着她死吗？"

"大哥呀！我额娘就指望你了，你可别让她失望呀！"

"大哥，我们给你磕头了！"……

他们把头砰砰地往地上碰，代善连忙抱住他们，多尔衮还是把头磕破了。

这时，在爱新觉罗的家族里，也只有多尔衮、多铎怀疑皇太极手里的那张可恶的纸条。

代善把除了阿济格兄弟而外的贝勒们召集起来。对他们说："父汗要大妃殉葬的事，还要议一议！"

"还议什么呢？"皇太极说，"那是父汗的遗诏，咱们只能认真执行！"

阿敏大声嚷嚷着附和皇太极说："大汗的遗诏，谁敢不遵？谁不遵，我就和谁拼命！你们瞧着……"

接下来，会上就没人说话了。

"别说了，"代善喊住阿敏，"父汗的去世，已使我们哀痛已极，咱们就别再让新的不幸发生了。大妃一家正遭受着磨难……我不知道父汗是怎么想的，反正……今天，我做长子的就做主了，叫几个丫头代替大妃吧……"

莽古尔泰横起眼睛说："有大哥做主，咱们还有什么话说！这事儿我也真看不下去，父汗已经死了，为什么还要搭上个额娘呢？"

有他开头，大家大起胆来，说话的就多了。

阿巴泰说："就按大哥说的办吧，咱们爱新觉罗家族还有许多事情要做，这时候要分外地团结呀！"

别的如德格勒、济尔哈朗等等也说了话，都表示要遵从大哥的决定，不过他们没有单独发表意见，多数是随声附和。

"大哥！"皇太极又站起来说，"我绝没有违背大哥的意思，但是我仍觉得大哥这样做不够妥当。这样做了，不仅大哥会留下千古骂名，而且大妃也会带着屈辱过日子，我真不知将来她怎么生活！……大哥，那真是生不如死呀！"

皇太极的话是沉重的，无法反驳的。如果留下了大妃也就等于留下了无尽无止的后患，大妃也就难以自处了！她还是大妃吗？

阿敏还要说话，被代善挥手制止了。

就在这时，一个婆子跑进来哭着叫道："大妃跟随大汗去了！……"

大家一下子觉得事情有了结果，心头轻松了下来。

于是，他们赶到大妃的房里，一齐向她磕头、号哭，接着就给大妃大殓，腾出地方让侄男侄女们、各辈的仆妇们、各级臣僚们前来致哀、磕头。

在这过程中有一个纷乱的场景，造成了一个永远的谜。

第二天一早，大妃的灵柩就和大汗的棺木摆在一起了。

到了这天晚上，贝勒们又在代善的召集下聚在一起。因为有人觉得只有大妃陪葬还不够，得再找几个人跟着他们到地下，才算尽到全孝。他们商量了好久，决定再搭上两个妃子和三个侍女。两个妃子中就有那个喜好搬弄是非的代音察。

当夜，那五个倒霉的女人就被勒死了！

阿巴亥最后是如何服从的呢？原来是一位伺候阿巴亥多年的老仆提醒了她。

大妃的三个孩子被人连劝带拖地弄出去了，在周围只有几个看着她的婆子。

老仆说："大妃，要是你还信任我，你就听我一句话。这事，是挨不过去的，越快越好！慢了就会弄出许多事儿来……孩子是大汗的孩子，他们都前程无限，要是再给他们弄出什么不好来，那就是为娘的不是了！……大妃，你到那边去，不会孤独的。我会随你去……"

听了老仆人的话，大妃又想了一会儿，就到里间去了。婆子们都趴在门缝上瞅着。

不久，她们就散开来，边往外跑边说："大妃走了，大妃过去了……"

这时，没人再理那个劝说大福晋的老婆子了，她走到院子里向天叫道："大妃，等等我！我跟你去了。"说着她掀起衣襟把脸一蒙，在石柱上撞死了。

侍者把她拖到一边，找一张破席给她盖上。

因为还没有给努尔哈赤预先造好陵墓，所以只好把他和大妃的灵柩暂厝在大汗府一旁的闲宅里。

　　皇太极即位后，一直想寻找一处安葬努尔哈赤的"吉壤"，至天聪三年（1629年），终于决定葬在沈阳城东二十里浑河北岸的石嘴山上。因为这里"川萦山拱，佳气郁葱"。努尔哈赤的墓名福陵，即现在的东陵。

　　当时入葬时，从东京（辽阳）把皇太极的生母（孝慈高皇后）迁来与努尔哈赤合葬，莽古尔泰的生母（富察氏）也迁葬于此。

　　后金的辉煌时代开始了……